Pilar Eyre

YO, EL REY

la esfera de los libros

Primera edición: enero de 2022

Avenida de San Luis, 25
28033 Madrid
Tel.: 91 443 50 00
www.esferalibros.com

ISBN: 978-84-1384-257-8
Depósito legal: M. 31.971-2021
Fotocomposición: Anzos
Impresión y encuadernación: Anzos
Impreso en España-*Printed in Spain*

YO, EL REY

Para Enrique Badía.

Prólogo a esta edición

Ese aciago día, 15 de marzo de 2020, en que Felipe señala con la marca de la ignominia a su padre mediante un comunicado en el que lo aparta de la vida pública y se desmarca de él y de sus conductas irregulares, sigue siendo el punto final de la vida de Juan Carlos. Después de ese episodio, con el que acaba *Yo, el rey*, y hasta el momento de escribir estas nuevas líneas, ha habido mucho ruido, pero nada ha superado la trascendencia y la importancia de ese hecho. Hasta ahora, como las investigaciones abiertas en España y en Suiza no han llegado a ningún puerto, y la demanda en Inglaterra de Corinna, tampoco, Felipe se ha quedado como único juez de su padre: un juez que ya lo ha condenado. Y nunca se ha desdicho; es más, ha intentado apartarse de él hasta el punto de que sus relaciones personales también están rotas y tan solo hablan a través de personas interpuestas. Por mucho que se empeñen algunos periodistas y algunos políticos en recordarnos que Juan Carlos es inocente porque no se ha demostrado su culpa, ¿vamos a enmendarle la plana a Felipe como hijo y como jefe de Estado? ¿Sabemos más, acaso, de las irregularidades de Juan Carlos y del origen deshonesto de su inmensa fortuna que la persona que ha tenido más cerca?

Su vida acomodada y lujosa en Abu Dabi, los rumores interesados sobre su vuelta a España que recorren periódicamente las redacciones, algunas confidencias reveladas por supuestos interlocutores no borran la tremenda impresión de soledad que trasmite su figura; ¡todos le han abandonado! El hombre que tuvo más poder de España, por el que suspiraban hombres y mujeres, a cuyos pies se postraban reyes y jefes de Estado, el deseado, el adulado, el consentido, el ejemplo para todas las monarquías occidentales lleva ahora la vida de un apestado.

Él, Juan Carlos, el rey emérito, no puede comprenderlo y se debate entre la indignación más virulenta y la docilidad resignada. Cree que ha contribuido a la consolidación de la democracia en este país que salía de una larga dictadura, piensa que los pecados que le atribuyen son exagerados, está convencido de que merece las posibles prebendas que haya podido conseguir o que le han ofrecido en sus cuarenta años de reinado y no entiende la inquina con que le tratan los políticos, la prensa, sus antiguas amantes o su propia familia. Sabe, porque en este país se entierra muy bien, que cuando muera tendrá honores de rey y será enterrado en El Escorial junto a su padre y sus antepasados, pero esta idea no lo consuela y cree que se ha cometido con él una enorme injusticia. Ni en público ni en privado ha hecho autocrítica porque no cree ser culpable de nada.

¿Su futuro inmediato? Como es una persona inteligente, que se ha movido toda su vida en las procelosas aguas de la estrategia política, y reconoce la ingratitud porque él también ha sido ingrato, no se engaña. ¡Nadie quiere su vuelta! Ni el gobierno ni la Casa Real, que lo consideran un elemento tóxico para la institución, ni esos amigos poderosos a los que tanto ayudó y ahora prefieren orbitar alrededor de don Felipe, ¡en el firmamento de la Zarzuela solo puede brillar un astro! Él lo sabe perfectamente y, como decía su abuelo en las mismas circunstancias, «soy un rey en paro y solo me queda morirme…». O como decía su padre, exiliado dentro de su propio país, «molesto… soy una casa vieja con goteras… muchos querrían que desapareciera para siempre…». Como se lamentó él mismo un día delante de los periodistas, «¿qué queréis?, ¿plantarme un pino en la barriga y matarme?».

Con todos los respetos y aunque resulte cruel, Juan Carlos, como figura histórica, murió aquel lluvioso y triste 15 de marzo: «El rey se desvincula de los negocios de su padre… Renuncia a su herencia… nada sabía de sus cuentas en Suiza…». Palabras de su hijo, su verdugo. Cinco meses después Juan Carlos marchó al exilio y allí, en su último día en la Zarzuela, no estaban ni grandes de España, ni los financieros a los que favoreció, ni las mujeres a las que tanto quiso, ni siquiera los miembros de su familia. Solo le despidió el que había sido jefe de los servicios secretos españoles, una presencia para mí con una gran carga metafórica.

A pesar de que las informaciones sobre él y la vida que lleva —quién sufraga sus gastos, con quién se ve, qué relación tiene con Sofía o sus posibles amantes, con quién habla por teléfono— nos llegan con cuentagotas y es difícil distinguir los rumores, las filtraciones interesadas, de las realidades, Juan Carlos tiene en la actualidad un gran interés mediático. No conserva ningún poder, ni influencia; sin embargo, su figura se ha convertido en el símbolo de una época de excesos en la que todo estaba permitido y sigue despertando la curiosidad de los ciudadanos, como prueba el hecho de que este libro ya haya vendido 100.000 ejemplares y vaya a ser el hilo conductor de una importante serie de televisión. Todos quieren conocer los inescrutables caminos que recorrió Juan Carlos desde su triste infancia hasta su lamentable crepúsculo. ¡Todo lo tuvo y todo lo perdió! Es un personaje denostado, quizás inmoral, pero tan extraordinario como los hechos que le tocó vivir. Aquí está la prueba.

1

Cuando se despertó, pensó por un momento, como cada mañana, que estaba curado. ¡No le dolía nada! Se sentía ingrávido, flotando en una nube de algodón. O en un colchón de agua, como el que le había hecho comprar aquella novia andaluza que tuvo. ¿Cómo se llamaba? Era guapa y bajita, pero el colchón era una mierda. Todas las mujeres que me han gustado son bajitas, se dijo, pero acto seguido sonrió porque no era verdad. En su abundante currículo amoroso figuraban altas y bajas, gordas y delgadas, nobles y cortesanas. ¡Había tantas! A veces, para que el sueño llegara más rápido, intentaba contarlas y darles un nombre antes de dormirse, «Merceditas, Carmen, Ana, Conchita, Antonia…, la chica de Melilla, ¿cómo se llamaba? ¿Y la mujer del embajador en…? ¿Dónde era, carajo, dónde era?». Sonreía, como siempre que pensaba en los viejos y buenos tiempos, y con la sonrisa llegaron los dolores, aullando como el perro que al final se deja entrar en casa. La cadera, ese pinchazo constante, la rodilla rígida como si fuera de madera, los hombros por tener que apoyarse en las malditas muletas...

En el contraluz se dibujó el objeto más odiado: la silla de ruedas.

Benito, su viejo ayuda de cámara, descorrió las cortinas con un ademán tan brusco que sus nervios se erizaron, un rayo de luz le hirió los ojos y se puso el brazo sobre la cara:

—Coño.

—Señor, las ocho.

Juan Carlos rezongó: «¿Y qué?». Con un suspiro, que era casi un quejido, se incorporó en la cama y tanteó la mesita de noche para coger los tres móviles que tenía a su disposición con tarjetas extranjeras, pues hacía años que sabía que el CNI espiaba sus conversaciones. Miró las llamadas, ¡nada! ¡Ni Marta, la fiel Marta, había llamado!

Se dejó caer de nuevo sobre las almohadas. Tenía que dormir casi sentado porque si no, se ahogaba desde aquella operación en Barcelona... Sus ojos se achinaron maliciosamente, estuvieron a punto de encontrarse las dos en el pasillo, Sofi y Corinna. ¡Cómo se puso el bueno de Iribarren! Luego comentó que aquel día había envejecido años! Siempre he vivido caminando por el alambre, reflexionó con orgullo de trapecista, haciendo equilibrios entre mi padre y Franco, entre Sofi y las otras. ¡Hasta mis amigos estaban celosos los unos de los otros y competían por ver...!

No, no, de eso no había que hablar ahora. ¡Ya se ocupan bastante del asunto esos periodistas cabrones!

Creen que yo pedía y reclamaba... ¡Yo, el descendiente de diecisiete reyes exigiendo parné como un mercachifle cualquiera! ¡No tienen ni idea! El dinero entraba a raudales, ni siquiera había que mencionarlo. ¡Si ellos supieran!

Benito se acercó.

—¿Le preparo el baño?

Su cerebro tardaba en despertarse varios minutos más que su cuerpo, los medicamentos que tomaba contra el dolor y para combatir el insomnio corrían aún por sus venas, lo que le impedía pensar con claridad. Sabía que hoy le esperaba algo muy importante, y como ese recuerdo le entristeció, dedujo que se trataba de un asunto ingrato. Le preguntó a su ayuda de cámara:

—¿Te han dado alguna instrucción? ¿Hoy qué tenemos?

El hombre lo miró con asombro y respondió:

—¿Hoy? Nada... ¿No recuerda el señor que...?

Ya. Por la tarde.

Con un gesto de la mano ahuyentó aquel pensamiento horrible y, como los niños pequeños, se puso de lado para que lo dejaran en paz. Le costó mucho darse la vuelta y su cuerpo sonaba con ruido de goznes oxidados, llevaba tantas prótesis que bromeaba con sus nietos: «Soy un mecano».

Claro que ninguno sabía qué era un mecano.

¡Sus nietos! ¿Qué iban a pensar de él?

Respondió malhumorado:

—Ya sé, ya sé, ya me acuerdo, no estoy gagá todavía.

El hombre se afanaba por la habitación, recogiendo aquí y allá la ropa que él tiraba al suelo porque nunca había sabido cómo se usaban las perchas, un periódico arrugado..., lo habría arrojado la noche anterior en un ataque de ira. ¡Todos habían tomado partido! Ya no estoy de moda, repetía con amargura la frase de su abuelo Alfonso cuando estaba exiliado en Roma y nadie le hacía caso.

—Benito.

Se detuvo en su tarea, respetuoso.

—¿Señor?

—Tu padre sirvió en Roma, ¿verdad?

El lacayo se acercó a la cama con la ropa en el brazo y respondió, oficioso:

—Sí, señor, era el ayudante de Pepe, el chófer de sus majestades.

—¿Sabes que yo me acuerdo de Roma y de mi abuelo?

El hombre, que no sabía muy bien lo que se esperaba de él, murmuró:

—¿Sí? Pero si vuestra majestad debía ser muy pequeño..., con todo mi respeto.

El rey miró al techo, como si hablara con las deidades celestiales más que con el ayuda de cámara:

—Cuando murió Alfonso XIII...

Benito se persignó:

—... Dios lo tenga en su gloria...

—... yo tenía tres años... Recuerdo que me llevaban al hotel donde vivía y me tocaba la cabeza. Mi niñera se llamaba Ucsa.

—Buena memoria, señor.

—A mi madre le gustaba mucho el cine... ¿Sabes que en los cines de Italia se podía fumar?

Se notaba al hombre algo impaciente para proseguir con sus tareas domésticas, pero aun así respondió:

—No lo sabía, señor.

—Yo casi nací en una sala de cine... Por eso mi vida ha sido como una película de buenos y malos. ¡No sé yo cómo me juzgará la historia! ¿Tú qué crees?

¡Antes, todos le querían, hasta Santiago Carrillo! ¡Se le ofrecían las mujeres más guapas del mundo! ¡Los millonarios le llenaban los bolsillos! Ah, sus hermanos árabes, cuánto les debía... Ahora, sin embargo, se había convertido en un apestado.

El hombre, confuso, no supo qué contestar a preguntas tan enjundiosas, ¡no estaba acostumbrado a mantener con su señor una conversación de persona a persona! Carraspeó tratando de ganar tiempo cuando el rey prosiguió:

—¿Qué diría mi abuelo si viviera?

¿Se sentiría orgulloso o se avergonzaría de su nieto aquel rey desgraciado que cuando le decían los hijos «papá, no fumes», contestaba: «Bah, para lo que me importa vivir o morirme».

¡Roma! Si cerraba los ojos, casi podía sentir el olor de las mimosas de Villa Borghese... ¿Y la luz? La ciudad era plateada por abajo y oscura por arriba.

—¿El señor querrá vestirse de *sport* o con traje?

Abrió los ojos por un momento, desconcertado. ¿Dónde estaba? Ah, sí..., claro... Cantaba un mirlo y se oía el ruido lejano de un coche caro, un Mercedes seguramente. El presente se abría paso con la suavidad del cuchillo clavándose en la mantequilla.

No quería pensar, aún no.

Qué silenciosa estaba la casa. Qué diferencia del hogar de su infancia...

En Lausana, por las noches, hacían formar a los cuatro hermanos y ponían la «Marcha real» a todo volumen. Tenían que mantenerse de pie hasta que se acabara, cuadrándose frente a sus padres, que fumaban y tomaban cócteles.

Papá, dry martini, y mami, un old fashioned.

Margot, como era ciega, se orientaba por pasos, siempre contaba en voz baja «dos, tres, cuatro...». Alfonsito era tan pequeño que terminaba cayéndose y papá le reñía… Menuda tropa de lisiados. ¿No inspiraban compasión en el fondo?

En sus recuerdos, Alfonsito seguía vivo. Nunca habían subido a esa sala de juegos, nunca habían cogido la pistola, nunca…

Por duro que sea el pasado, uno siempre podía huir del presente y refugiarse en el país de los recuerdos.

Allí querría estar ahora, con los muertos.

¡Recordar, sí, los secretos y las mentiras, la alegría y la tristeza! Dicen que la vida es corta, pero en esos momentos le parecía que no se acababa nunca.

Hundirse en el ayer como cuando se lanzaba desde la punta de la playa del Guincho.

—Benito, déjame, que no me moleste nadie —ordenó, finalmente—. Ya pediré luego el desayuno.

El hombre se inclinó y salió silenciosamente, dirigiéndole una última mirada compasiva. Y solo entonces, cuando cerró la puerta a sus espaldas y se quedó solo, Juan Carlos se dio cuenta de que Benito llevaba el rostro cubierto con una mascarilla.

2

—*Bandito, ti ucciderò!*

—*Stampo*!

Errol Flynn se evadía ágilmente en la cubierta de su barco pirata de la persecución de sus enemigos, pero una espectadora, una sola en toda la sala de cine, estaba más pendiente de lo que ocurría en su propio cuerpo que de lo que pasaba en la pantalla.

—Maldita sea, maldita sea, maldita sea.

La que juraba como un carretero, eso sí, en voz baja, era María de Borbón y Orleans, la mujer del Príncipe de Asturias. Se revolvía incómoda en las duras sillas de madera del cine Olimpia, en pleno Trastevere romano, porque la inmensa barriga de casi nueve meses la obligaba a sentarse con las piernas abiertas y, como era tan grandota, le daba golpes sin querer a su suegro, que asistía a las evoluciones del capitán Blood sin dejar de fumar su eterno cigarrillo Laurens, que insertaba en una boquilla de ámbar. Don Alfonso, el depuesto rey de España, que llevaba siete años en el exilio, se quejaba distraídamente porque estaba inmerso en la película:

—María, por favor, coño, cállate y estate quieta.

De pronto, Errol Flynn soltaba una soflama: «*Le donne sono cative, ma non posso vivere senza di loro*», toda la sala se echaba a reír y el que más el exrey, la luz blanca de la pantalla se reflejaba en ese rostro movible, capaz de expresar todas las emociones que caben en un ser humano. Le dio un codazo cómplice a su nuera:

—Es buena la película, ¿eh, chiquituca? Ahí es donde fuisteis de viaje de novios.

Sonriendo también, María asintió. No era tan ingenua como para no advertir que los exóticos escenarios en los que se movía el apuesto Errol Flynn eran de cartón piedra, pero la evocación fue tan fuerte que cerró los ojos para rememorar no solamente los veinte países que habían visitado gracias a la generosidad de su suegro, sino los momentos de intimidad que había compartido con su marido. ¡Desde la mismísima noche de bodas en Frascati, donde sabemos que se consumó el matrimonio por el mismo Juan de Borbón! Se lo aclaró a su hijo Juan Carlos cuando este se quejaba de un leve dolor de cabeza para no asistir a un acto de apoyo a su persona:

—Carajo, el día que me casé estaba hecho una mierda, pero aguanté hasta el discurso de Pemán sin desmayarme. ¡Tuve que joderme y por la noche cumplir, a pesar de todo, con tu madre!

En medio de esa húmeda sala de cine que olía a tabaco y sudor revenido, María enrojeció de placer. El amor y la pasión que se habían despertado en su corazón esa noche ardiente le iban a durar hasta el final de sus días.

Lo que había tenido Juan era, según unos cronistas, un «microbio» parecido a la malaria y, según otros, una enfermedad adquirida en su trato frecuente con mujeres. La consecuencia fue una descomposición estomacal muy poco romántica que se reflejó en su rostro en las fotos de boda: con los labios apretados, ceñudo, la expresión severa, no por responsabilidad histórica, como contaron los cronistas almibarados que se desplazaron a Roma, sino por unas irreprimibles ganas de aliviarse.

María cambió de postura y la presión sobre la pelvis disminuyó. Era su segundo embarazo. ¡Ahora tenía que ser un chico! El continuador de la dinastía, ¿sería rey algún día? Claro que, para llegar a eso, primero se tenía que morir el rey, después debía subir al trono Juan, y después…

¡Pero, primero de todo, tenían que ganar la guerra Franco y los suyos!

Los suyos, que eran los nuestros, como decía su suegro:

—¡Franco lo primero que hará cuando gane la guerra es reclamarme! ¿No ves que fui su padrino de boda? ¡Es monárquico hasta las cachas, esto lo saben aquí y en Pompeya! ¡Volveremos!

En esa esperanza vivían todos.

Claro que quizás lo que llevaba dentro no era un varón, sino otra hija.

La revoltosa Pilar había venido al mundo justo nueve meses después de la boda. Una boda deslucida y triste en la iglesia más fea de Roma, Santa María de los Ángeles. Un puñado de nobles de segunda fila, un traje de Worth que le iba grande, un ramo de gladiolos comprados a la florista de la esquina y una patria lejana con las heridas abiertas a punto de desangrarse en una guerra civil.

Delante de aquel panorama desolador, el rey había exclamado con amargura:

—¡Estoy pasado de moda!

Tampoco asistió la madre de Juan, la reina Victoria Eugenia, aunque por distintos motivos. En el exilio, en París, a los dos meses de irse de España, todo el odio acumulado por casi treinta años de infidelidades y humillaciones públicas había estallado como una fruta podrida y Ena le había soltado a su marido con gotas de saliva escapándose por su boca:

—¡Ahora que ya no tengo obligación de aguantarte, me largo, Alfonsete! ¡No quiero ver tu fea cara nunca más!

Había abandonado a la vez marido e hijos y se había ido a Londres a vivir con su madre. Lo primero que hizo fue elegir un prestigioso abogado para reclamarles al rey y a la República española una pensión acorde con su estatus de exreina. Un pleito que se aireaba libremente en la prensa y del que María solo hablaba en voz baja para no disgustar al tío rey, porque así le llamaba, ya que era primo hermano de su padre.

Lo segundo que hizo la reina fue contratar a detectives para que le dieran cumplida cuenta de las andanzas de su casquivano marido, al que no lograba desalojar, a pesar de todo, de su enamorado corazón.

Los detectives no debían de ser muy duchos en el oficio porque se paseaban ostentosamente frente al Gran Hotel hasta que un día el rey los hizo entrar:

—Me daban pena los pobres, mojándose por un sueldo de mierda.

La madre de María sí que estaba en la boda. La severa princesa Luisa de Orleans, a la que sus hijos trataban de usted, hacían reverencias y besaban la mano, le había dicho fríamente:

—Bueno, ahora no defraudes al rey: ¡a tener muchos hijos!

María, que era una mujer práctica que no creía en los cuentos de hadas, no se hacía ilusiones respecto a su marido. Sabía que se había casado con ella porque era la única opción que tenía a mano: una princesa sin un duro, y ahora menos, ya que la República había confiscado fincas y fortuna, pero pura sangre por las dos ramas y emparentada con todas las familias reales de Europa. Y, además, y lo más importante, estaba sana. La terrible tara de la hemofilia, que había diezmado a los descendientes de la reina Victoria de Inglaterra, desde los zares a los duques de Hesse, e incluso había matado a un hermano de Juan, su querido Gonzalín, no le afectaba. Las mujeres no la padecían, pero eran trasmisoras de ese «veneno o sangría», como la llamaban los tratados médicos. Pero como su madre era una Orleans, estaba «limpia de polvo y paja», según decía el doctor Castellani en un lenguaje no demasiado científico.

Claro que el tío rey hubiera querido para el Príncipe de Asturias una princesa de una dinastía reinante, pero María de Saboya, la hija del rey de Italia, había comentado que el príncipe español le parecía «tonto». Y las acciones de un príncipe destronado se cotizaban, además, a la baja en la bolsa monárquica.

Ay, otro pinchazo.

—Tío rey.

Alfonso se volvió a ella con cierta inquietud:

—¿Va a llegar ya ese sinvergonzón? Ya sabes que ahora quiero un chico, ya se lo he dicho a Juan.

María apenas pudo mascullar:

—Se hará lo que se pueda. —Sin transición y con los dientes apretados, le pidió—: Dame un cigarrillo.

Alfonso se echó a reír y, mientras le tendía el paquete y le encendía el pitillo con su Dunhill, preguntó algo preocupado:

—Pero ¿tú no salías de cuentas dentro de tres semanas?

María se alzó de hombros, ¡era tan imprevisible el doctor Castellani, el médico de la familia real italiana, un hombre de mundo que cantaba arias y llevaba capa como un seductor de melodrama! Gustaba a las señoras, que lo llamaban «Aldo» con languidez, y él les recetaba veronal para todos sus males. Pero María no confiaba mucho en sus dotes médicas, ¿pues no había dicho que Pilar, con un añito, tenía el sarampión? Fue la niñera checa la que le explicó que su alteza era así, coloradita de natural, y el médico le hizo una reverencia y le besó la mano con tal unción que la checa, una mujer terrible con bigote, no se lavó durante una semana.

María se quejaba de que eso era una falta de higiene, pero Juan la disculpó:

—Mujer, déjala, será la vez que habrá estado más cerca en su vida de perder la virginidad.

Había sido también el doctor Castellani el que había visitado a María y a sus hermanas, Dola y Esperanza, para certificar cuál era más fértil de las tres y destinarla al tálamo del heredero de la corona para dar muchos retoños al anémico árbol monárquico. Es curioso constatar que ni las hermanas ni sus padres se sintieran humillados por este requerimiento de don Alfonso, antes bien, lo consideraron un honor. Para el padre de María, al que en familia llamaban Nino, la palabra de su rey valía tanto que había enviado un hijo alegremente a la guerra «para defender los valores monárquicos», y cuando les comunicaron la muerte del pobre Carlitos en Éibar, el perfecto cortesano había escrito inmediatamente a don Alfonso para contárselo y añadir, compungido: «La única pena que tengo es que el otro chico no pueda incorporarse inmediatamente para defender la causa de vuestra majestad porque se ha roto una pierna y está enyesado desde la cintura hasta el tobillo».

No se conoce a qué tipo de manipulaciones sometió *il dottore* a las tres hermanas; solo se sabe que salió de detrás del biombo tras el que las había examinado y dijo con rotundidad:

—La más fértil es María.

Así se lo comunicó Nino al rey, quien se apresuró a coger a su hijo por banda y decirle:

—Te casarás con María.

Y Juan, aunque hubiera preferido a Esperanza, que era más mona, respondió:

—Pues muy bien.

El capitán Blood peleaba espada en mano con unos malandrines, *«Banditi, banditi...»*. El doblaje italiano le iba muy bien a aquel actor guapo de fino bigotillo, y María, de forma instintiva, se puso una mano sobre el vientre porque temió que uno de aquellos mandobles hiriera a su hijo. El niño estaba quieto porque era ya tan grande que no tenía sitio para moverse. No como Pilar, que no paraba de dar patadas. «Este será futbolista», había vaticinado María para sí misma, porque en esa época no se consideraba de buen gusto hablar de estas intimidades, ni siquiera con el marido.

Pero esta vez su «inquilino» era un niño tranquilo; parece que le sentaba bien la media botella de champán de la Veuve Clicquot que le obligaba a beber cada día el tío rey. Aunque las mujeres embarazadas solían quedarse en casa porque exhibirse no se consideraba de buen gusto, don Alfonso estaba tan solo que María se veía obligada a acompañarlo mientras Juan desaparecía a dar unas misteriosas clases de arte en los museos romanos. Se reunían en el Gran Hotel, a veces se hacían servir en el comedor, iban al cinematógrafo o simplemente paseaban por Villa Borghese. Las encinas enormes le recordaban al rey los árboles de la quinta de El Pardo donde iban de excursión cuando los hijos eran niños, llevaban cestas de merienda, se metían en unos toneles y se lanzaban monte abajo.

Se sumergía en los recuerdos, en ese pasado donde Gonzalín no se había muerto y los españoles le querían. Unas elecciones lo habían desalojado del trono, pero él se empeñaba en decir que se había ido voluntariamente, «para no derramar ni una gota de sangre española».

Pero cuando hablaba con María no recordaba esos días aciagos. Tampoco se acordaba de los palacios ni de los grandes desfiles; eran los lugares pequeños los que calentaban su corazón:

—Mira, hay una tabernita en la Cava Baja que sirve los mejores callos del mundo —se llevaba la mano en racimo a la boca y se besaba la punta de los dedos en un gesto popular que lo rejuvenecía—, ¿y qué me dices del vinito ese de jerez que los Domecq embotellan solo para los amigos? Cuando estuve en Las Hurdes con el doctor Marañón, llevamos unas frascas y…

Con el embarazo avanzado, María apenas podía moverse y entonces se quedaban en casa, montaban tertulia en el salón, invitaban a los hermanos y a algún español de paso por Roma y Juan «cazaba» noticias en la radio-maleta que le habían regalado los grandes de España por su boda. Pero a María le entraba sueño.

—Hoy Franco ha tomado Bilbao.

Jaime, Juan y don Alfonso se turnaban para gritar:

—¡Viva España!

—¡Viva! —contestaban los otros.

María se quedaba dormida en medio de una nube de tabaco, los gritos intermitentes del sordomudo Jaime, la voz falsamente melosa de la cuñada Emanuela, el tintineo de las agujas de tejer de Beatriz, la hermana de Juan que también estaba embarazada, y el tono áspero del *principone* Torlonia. De vez en cuando Juan les pedía mientras giraba el dial buscando alguna radio española: «Callad, coño, que no se oye».

A las doce en punto captaban Radio Sevilla y escuchaban las arengas que el general Queipo de Llano enviaba al mundo, en las que contaba los triunfos del ejército de Franco. Sus diatribas furiosas contrastaban con el apacible saloncito amueblado en ese estilo racionalista que se llevaba entonces y esas personas que no habían pegado un tiro en su vida que no fuese para abatir a algún animal indefenso.

—Que se preparen las mujeres de los pueblos que vamos conquistando… ¿No les gusta el amor libre? Pues ahora sabrán lo que son hombres de verdad y no esos milicianos maricas que no sirven para nada.

—¿Qué dice? —preguntaba Jaime, que al ser sordo no se enteraba.

—Que los rojos son maricones —traducía el oficioso periodista.

Jaime reía con la enorme bocota abierta, ya que además de ser sordo tenía algo mermadas las facultades mentales, circunstancia por la cual su padre había decidido apartarle de la línea de sucesión, aunque era mayor que Juan.

Cuando María empezaba a roncar, su marido la miraba con disgusto y entre Petra, su doncella, que estaba con ella desde que nació, y la vizcondesa de Rocamora, su dama de honor, se la llevaban al dormitorio, la desnudaban, la sentaban en la bacinilla y le ponían el camisón, todo sin que la Princesa de Asturias se despertara.

El capitán Blood dio un salto tan inverosímil de barco a barco que el cine entero se vino abajo con los aplausos, María pegó un respingo y pensó: ¡quién estuviera en casa! En ese momento le acometieron unas ganas terribles de ir al lavabo y se apretó el bajo vientre.

—Ay.

—¿No puedes esperarte a que termine la película?

—Lo intentaré —respondió dócilmente, aunque en esos momentos estaba viendo las estrellas, y no precisamente las que salían en la pantalla.

—*Aspettatemi!* —gritaba Olivia de Havilland.

Al final, el rey, impaciente y viéndola removerse en el asiento, arrojó el cigarrillo al suelo y dijo con cierta brusquedad:

—Bueno, vámonos, que aún te veo dando a luz en el pasillo. —Acto seguido despotricó contra el hijo—: Este chico mío, qué mala cabeza tiene, irse a cazar a La Mandria... Todo para no desairar a los Medici... No, si en su escudo de armas debería poner: «Siempre quedar bien».

Alfonso fingía bromear atolondradamente, pero estaba al tanto, como su nuera, de que Juan se había ido con una sobrinita de los marqueses de Medici del Vascello, cuyo padre había sido embajador de Italia en Madrid. El inmenso palacio del Piamonte, lleno de lagos y cabañas, era el lugar ideal para vivir amores clandestinos.

Como decía Errol Flynn en la película: «Las mujeres son malas, pero no podemos vivir sin ellas».

María se envolvió en el abrigo de pieles que le llegaba hasta el suelo. La noche era desapacible y ventosa, y las finas agujas de lluvia racheada se incrustaban en el rostro paralizado por el frío. Al cabo de unos minutos el abrigo estaba mojado y le pesaba horriblemente, le temblaban las manos y notaba los pies tan hinchados que debía llevar los zapatos como babuchas. Pero Alfonso la cogió del brazo, respiró hondo y le dijo:

—Te irá bien caminar. —Y luego añadió, desabrido—: Vaya, me he dejado el sombrero dentro. —Dudó si volver, pero al ver la expresión de su nuera rectificó—: Bueno, qué más da.

María sabía que retrasaba todo lo posible el momento de irse a su solitaria habitación de hotel, la número 32, donde veía pasar sus días vacíos e interminables sin que nadie llamara a su puerta. Su gran temor era qué haría Franco cuando ganase la guerra. Él había contribuido a la causa con un millón de pesetas y convencido a Mussolini para que enviara doce aviones, pero no se fiaba al cien por cien del taimado general. ¡A ver si el gallego se la iba a jugar y no lo llamaba, aunque se lo hubiera prometido!

Pero ¿se lo había prometido o él había preferido creerlo así?

Había tomado la costumbre de hablar solo, mascullaba barbaridades e insultos, y María se mantenía en silencio porque entendía el sufrimiento que anidaba en el corazón de su suegro. ¡No concebía que los españoles hubieran dejado de quererle! Se lo había oído comentar a su suegra con la perspicacia que da la amargura: «Alfonso es como una mujer a la que su amante ha dejado para irse con otro».

—... Cabrón..., me la va a dar con queso ese cochino... No te puedes fiar de los gallegos..., nunca sabes si suben la escalera o la bajan...

Arreció la lluvia y María tuvo que mirar dos veces porque no daba crédito a sus ojos: ¡advirtió, horrorizada, que unos regueros de tinte negro le empezaban a bajar a su suegro por sus augustas sienes! El tinte se escurría mezclado con agua, manchando el albor almidonado del cuello duro de su camisa, y María sintió apuro al pensar en su humillación al ponerse frente al espejo, por lo que procuró apartar la vista y actuar como si no pasara nada, rezando por dentro para no encontrarse con ningún conocido. El camino hasta su casa, en el *viale* Paroli, se le hizo eterno. Cuando avistó las tenues luces de su ventana, casi se echó a llorar de alivio. Vivían sobre una droguería y un establecimiento que se definía muy por encima de sus posibilidades «alta peluquería». Le gritó «¡baja!» a su doncella Petra, que estaba asomada a la ventana.

No podía con su alma, pero se vio obligada a decirle a su suegro al advertir su mirada de desconsuelo:

—¿Quieres subir? Podemos tomar una copa… —Aunque se moría de ganas, Alfonso denegó mudamente, y María le ofreció angustiada—: ¿Quieres que te baje un sombrero de Juan? No vayas a coger una pulmonía.

Lo vio tan desvalido y vulnerable que, en un impulso repentino, con un sollozo atrancado en su garganta, se arrodilló y le besó la mano. El rey se retiró tan bruscamente que casi la hizo caer:

—Va, va, déjate de tonterías con el sombrero… Cuida a ese muchachote, que es el futuro de la dinastía.

Petra, después de un instante de desconcierto al ver a su majestad con el rostro lleno de churretones, ya estaba ayudando a levantar a su señora.

—Llama a Beatriz, ella sabrá qué hacer —le advirtió Alfonso.

Se fue calle abajo, una figura solitaria y triste reflejándose en el asfalto brillante como charol.

Beatriz, la hermana mayor de Juan, estaba casada con el gigantesco Alejandro Torlonia, flamante príncipe de Civitella-Cesi. Nadie sabía muy bien de dónde venía este título tan rimbombante, pero la madre era una americana millonaria y eso bastaba. ¡Unas princesas destronadas que encima trasmitían la hemofilia no estaban en situación de ser muy exigentes a la hora de casarse! Eso si encontraban marido, porque la pobre Crista, la otra hermana, iba camino de convertirse en la solterona de la familia, sin ningún pretendiente en el horizonte.

Precisamente en el palacio de Torlonia, en la *via* Bocca di Leone, habían vivido María y Juan al principio de su estancia en Roma, pero debían dormir con gabardina por las goteras y decidieron cambiarse al pisito del *viale* Paroli que ocupaban ahora.

Beatriz acudió enseguida a la cabecera de su cuñada. Ni a ella ni a don Alfonso ni a la propia María se les ocurrió avisar a Juan, al fin y al cabo, el padre de la criatura.

Esa noche se desató una tormenta terrible, cayeron los árboles centenarios de la Villa Borghese, se fue la luz, se interrumpió el servicio de tranvías... Al final, Pepe, el mecánico, consiguió llevar un coche a la puerta de la casa y la condujeron a la clínica angloamericana. No necesitaron hacer sonar el claxon sacando un pañuelo por la ventanilla, que era la forma de mostrar que llevaban un enfermo, porque los alaridos de María dejaban claro que dentro del coche viajaba una parturienta.

El alumbramiento duró toda la mañana, estaban a punto de recurrir a los fórceps cuando, a la una y media, apareció la cabeza del niño y las enfermeras empezaron a tirar. En ese preciso instante, un relámpago pareció rasgar el cielo en dos y se oyó un trueno tan espantoso que los cristales de las ventanas estuvieron a punto de rajarse, y cuando sacaron a la criatura, cosa rara, salió llorando, con los puños apretados contra los ojos. Exhausta y sudorosa, María levantó la cabeza y no preguntó si estaba bien, si no: ¿Es un niño?

La comadrona le enseñó el cuerpo desnudo de su hijo.

—*Lui e un macho.*

Era el 5 de enero de 1938, el mundo se rompía en pedazos, la patria lejana se desgarraba en una guerra atroz, y en medio de los rayos y truenos de una tormenta horrorosa vino al mundo el futuro rey de España. ¡Tres kilos y medio de rey! Cuando entró Alfonso en la habitación con un gran ramo de flores, María le dijo:

—Señor, deber cumplido.

El rey se echó a reír para ocultar su emoción. Encendió un cigarrillo y fue a mirar la cuna. Por un instante, parecieron intercambiarse las miradas del ser recién nacido y del viejo rey, el pasado y el futuro se cruzaron como en un sueño, y Alfonso XIII, con los ojos tristes del destierro, se volvió a su nuera y le dijo en voz baja:

—Gracias, María.

Fue la cuñada la que se dio cuenta:

—Pero ¿no habéis avisado a Juan? Angelita, ponle un telegrama.

La pobre Angelita se equivocó y, en vez de poner *«Bambino nato»*, puso *«Bambola nato»* (el muñeco ha nacido), pero aun así Juan lo entendió. Cogió su Bentley, otro regalo de boda, y «regresó a tanta velocidad que rompió una ballesta». Es un recuerdo falseado para quedar bien ante la historia, ya que en realidad Juan se lo tomó con bastante calma y no llegó al hospital hasta el día siguiente.

El rey le llevó a su nuera, agradecido por haberle dado un heredero, un broche con una esmeralda enorme que había sido de su popular tía, la Chata, a juego con unos pendientes y una sortija. Decidió llamarle Juan y añadió el Carlos para atraerse a la rama carlista de la familia y también para distinguirlo del padre.

—Este cabroncete nos reconciliará a todos. —Metía el dedo en la cuna y le tocaba la cara—. ¿Verdad que vas a servir a España y serás muy bueno con tu abuelito?

Estaba de buen humor y le echaba el humo al recién nacido «para fortalecerle los pulmones». Pero la verdad es que se sentía incómodo y ya no sabía qué contarle a su nuera para mantenerla entretenida. ¡Antes que su hijo, llegó el periodista de *ABC* Cortés Cavanillas a rendirle honores al heredero del heredero! ¡Llegaron antes el marqués de Torres de Mendoza, los condes de los Andes y de Aybar, y Fofó, el marqués de Castel Rodrigo, y Totora Núñez de Prado! Hasta Edda, la hija de Mussolini, se asomó por la puerta y dijo que no entraba porque estaba resfriada.

Todos preguntaban por el Príncipe de Asturias y al final, aburridos, alguien propuso echar unas manos de póquer. Y ya iba doña María a aceptar con los ojos brillantes, ya se incorporaba en la cama y le pedía una «mañanita» a la vizcondesa de Rocamora, cuando la mirada severa del rey cortó cualquier intento de esparcimiento.

Consiguió sacarlos de la habitación porque no sabía ya qué explicación dar acerca de la ausencia de su hijo. Tan furioso estaba que decidió gastarle un bromazo. La mujer de un miembro de la delegación china, chinos los dos por supuesto, había tenido un niño en el mismo hospital. Un bebé de pelo muy negro y ojos rasgados. Don Alfonso bajó con la criatura en brazos a la puerta de la clínica y se lo presentó dramáticamente a Juan con estas palabras:

—He aquí al heredero de la corona española, ¡tu hijo!

Juan lo cogió con gran emoción, bajó la mantita para descubrir el rostro y miró a aquel vástago del Celeste Imperio con estupor. Estuvo a punto de soltar una de esas inconveniencias que nunca se borran de la memoria cuando el padre, alarmado, le gritó:

—¡No es el tuyo, no es el tuyo!

María, siempre sincera, dijo:

—Juanito era tan feo que los dos hubiéramos preferido al chino.

3

Después de Navidad, don Alfonso se negó a salir de su modesta habitación del Grand Hotel. Un cuarto lleno de objetos viejos, caótico como su propia vida. Una cruz de hierro en la pared, la bandera roja y gualda que izó en Cartagena el barco que lo llevó al destierro. Y el reloj que estaba en su despacho de Madrid marcando irremediablemente su tiempo de descuento.

En el armario exiguo, unos trajes oscuros hechos a medida en Londres, ya que nunca más había vuelto a ponerse uniforme. ¡No tiene más ajuar que ese! Desde que salió de España, hace diez años, siempre ha vivido en hoteles.

En un rincón, en el suelo, un montón de periódicos atrasados y en el respaldo de una silla, una toalla mojada. Olía a tabaco y al alcanfor que la duquesa de la Victoria, que era enfermera, calentaba en un infiernillo.

—No abráis las ventanas, que entra esta repugnante humedad romana.

¡No advertía que la atmósfera era irrespirable! Como no podía dormir acostado, el embajador de Perú le envió un sillón ortopédico, donde permanecía día y noche.

Apenas comía, ni siquiera los caldos de pollo que le llevaba Edda Mussolini, quien intentaba contarle los avances triunfales de las potencias del eje, Alemania, Italia y Japón.

—Derribamos tantos aviones ingleses que no debe quedar ni uno... Los griegos no quieren rendirse, pero mi padre, el Duce, ha dicho que...

Pero él levantaba la mano, ¡no le importaba! ¡A él solo le importaba España!

—¿Y España?

—Colabora, pero de momento no interviene. ¡Franco dice que están en la miseria, tratando de levantarse de su propia guerra y que no están para ayudar a nadie!

¡En la miseria! Cerraba los ojos con desesperación, se frotaba las sienes intentando borrar esa pesadilla, pero arrancaba a toser y esputaba en una palangana saliva sanguinolenta. Y es que fumaba incesantemente, encendía un cigarrillo con otro, tenía la pitillera de oro que se cerraba con un zafiro siempre al alcance de la mano, incluso mientras dormía.

—Papá, no fumes —le decían las hijas.

—Bah, para las ganas que tengo yo de vivir...

No tenía ganas, era cierto. Había visto cómo las garras de la muerte habían arrebatado a dos de sus seis hijos, Alfonso, el mayor, y el menor, Gonzalo, los dos hemofílicos, esa enfermedad que había aportado a la familia la maldita reina inglesa. ¡Sí, él ya sabía que estaba enferma cuando se casaron, pero confió en su buena suerte! ¡En la baraka, como dicen los moros! ¡Pero la suerte le volvió la espalda, como siempre!

¡Enferma y frígida! ¿Quién da más?

Gonzalín había muerto en sus brazos después de un choque leve con su coche en el Tirol. El médico del pueblo le decía: «No es nada», pero él sabía que estaba reventado por dentro. Su Gonzalín, la alegría de su corazón, el más listo de la familia desde Alfonso X el Sabio. ¡Tan listo que estudiaba para ingeniero!

Después de la muerte de su hijo, al que enterró en el modesto cementerio de Carintia, le cogió tal aborrecimiento a su mujer que no podía soportar que se hablase de ella en su presencia. ¡Ella, ella era la culpable! ¡Había llevado ese veneno a la familia, esa tropa de lisiados eran culpa suya!

A su paso, cuando estaban en España, la gente del pueblo se persignaba porque decían que atraían el mal de ojo. Hasta se llegó a publicar que raptaban y asesinaban niños para chuparles la sangre. Alfonso, el mayor, tenía que vivir en un cuarto con los muebles cubiertos con mantas porque el golpe más ligero podía matarlo. ¿Tanto le costaba hacer bien lo único que tenían que hacer las reinas? Parir hijos. ¡Hijos sanos!

Los tenían las lavanderas y las sirvientas, hijos sanos, ¡tampoco era pedir mucho! Sus hijos naturales, media docena, no tenían tara ninguna. ¡Ella era la culpable!

Ya en el exilio, su hijo mayor había presentado su renuncia al título de Príncipe de Asturias que le correspondía para casarse con una señorita cubana, Edelmira Sampedro, a la que había conocido en un sanatorio para tuberculosos, en Suiza. El rey se había alegrado de esta renuncia porque sabía que su heredero no podía ser un enfermo que estaba tendido en cama la mayor parte de su vida.

—Alfonso, has hecho bien. ¡Tu renuncia es por España!

—¡Por España!

—Te voy a dar el título de conde de Covadonga porque sé que lo llevarás con honor.

—¡Viva el rey!

Y el flamante conde de Covadonga se encontró sin saber qué hacer con su vida. No había recibido ninguna instrucción, escribía con tantas faltas de ortografía que sus cartas eran casi ilegibles y, rodeado desde que había nacido de servidores y cortesanos que solo hacían lo que a él se le antojaba, era fácil presa de timadores, cabareteras y traficantes de drogas. Separado de Edelmira, a la que en familia llamaban Puchunga, se volvió a casar con otra cubana, Marta Rocafort, una modelo que lo abandonó a los dos meses de la boda. El príncipe, aunque obsesionado con el sexo, no podía consumar las relaciones y esto le producía una gran frustración que se traducía en ataques de ira en los que lo rompía todo y peligraba su vida.

Vivía entre Estados Unidos y Cuba, su padre le pasaba una asignación justo para que no muriese de hambre. Intentó dedicarse al cine, se empleó de relaciones públicas y vendía automóviles. Se le despertaron unos celos horribles contra sus hermanos:

—Juan es un cerdo y las hermanas, unas cochinas.

Bebía de forma desaforada y compraba y consumía estupefacientes. Hacía declaraciones a la prensa explicando que, aunque ahora lo hubieran arrojado a la basura por ser demasiado democrático, él era el heredero de la Corona española y cuando terminara la guerra, la reclamaría.

Los periodistas americanos lo jaleaban:

—¡Cuando te sientes en el trono, acuérdate de nosotros!

Cobraba por cada entrevista.

Al final, el 6 de septiembre de 1938, justo el día en que su sobrino Juan Carlos cumplía nueve meses, el desventurado príncipe estaba en un *night club* de Miami con su «novia», una vendedora de tabaco llamada Mildred Gaydon, apodada la Alegre por los parroquianos del cabaré en el que trabajaba. Salieron en coche y, bajo los efectos de la morfina y el whisky, Alfonso chocó contra un poste de teléfonos. Fue enterrado en el Graceland Memorial Park y al sepelio solo asistieron tres personas, ninguna de ellas de su familia.

La Alegre no acudió, arguyendo que estaba demasiado triste.

Dos hijos muertos, dos.

Don Alfonso, ya muy enfermo, tenía las fotos de estos hijos desventurados en la mesita de noche y a veces se abstraía contemplándolos y pasaba la mano por sus rostros. Junto a las fotos, una botella de Chartreuse. Cada día se vaciaba y el marqués de Torres de Mendoza la sustituía discretamente por otra.

Don Alfonso miraba el rostro albino, ojeroso y demacrado de su hijo mayor y le pedía perdón sintiéndose vagamente culpable, pero a Gonzalín le dedicaba los tonos más tiernos del lenguaje humano:

—Luz de mis ojos, el tesoro de mi casa, desde que te fuiste no tengo ni consuelo ni esperanza.

Gonzalín, eternamente joven, con el perro Peluzón a sus pies. Un callejero que se habían encontrado en Carabanchel y que los había acompañado al exilio.

—¿Sabes, María? Las chicas le ponían gafas y gorro para ir en el coche —le contaba a su nuera.

Ay, quién volviera a aquellos tiempos.

Al rey la muerte le rondaba desde su nacimiento de hijo póstumo y no le daba miedo. «¡Es mi amiga!», susurraba en la alta noche, cuando solo las monjas velaban rezando el rosario. Tenía apenas cincuenta y cinco años, pero la vida se le antojaba muy larga.

Juan siempre era bien recibido en la habitación porque era el único que actuaba con naturalidad. Reía, contaba anécdotas, siempre mirando el reloj:

—Ayer Juanito vio un cordero atado en Villa Borghese y se empeñó en llevarlo a casa. Duerme con él en la habitación y no sabes cómo bala.

—¿El cordero?

—¡No, Juanito!

Alfonso se rio tanto que creyó morir. Hasta llamó a su confesor, el padre jesuita Ulpiano López, para que le llevara la extremaunción.

—¿Qué hacían mis hijos? —le preguntó al sacerdote cuando pasó la crisis.

—Lloraban desconsoladamente.

—¿Y el Príncipe de Asturias?

—No, señor, él no —contestó el cura con sinceridad.

—Pues me alegro mucho, porque si hubiera llorado, no serviría para rey.

—El duque de Segovia es el que estaba más afligido.

Pero don Alfonso descartó a Jaime, el duque de Segovia, con un gesto de la mano. Y es que el pobre Jaime, segundo en la línea de sucesión, también había firmado su acta de renuncia cuando lo convencieron de que con su sordera nunca podría ocupar el trono:

—Jaime, ¡por España!

El infante, al que nunca se hacía caso, se emocionó por esa atención inusitada.

—¡Por España!

Y el rey le había dado el título de duque de Segovia.

Jaime, por su padre, se hubiera dejado cortar en pedazos. Sin embargo, a veces tenían que decirle que don Alfonso no podía recibirlo. Su forma de hablar, sus gritos destemplados, su disipación alcohólica, por no hablar de su conducta con las mujeres, a las que intentaba meter mano fuera cual fuese su condición, ¡hasta a las monjas!, avergonzaban a su familia.

—Jaime, papá está cansado... Pasa mañana.

Y a Jaime sus pies lo llevaban a las putas callejeras de la vía Salaria; con ellas pasaba más tiempo que en su casa. Tenía un apetito sexual desaforado, que solo podía satisfacer con prostitutas de baja estofa, que le contagiaban una enfermedad venérea tras otra, para las que el doctor Castellani le recetaba tandas de inyecciones Wasserman.

El doctor avisaba a Emanuela para que ella y sus hijos tomaran medidas profilácticas para no contagiarse.

Alfonsito, el hijo mayor, decía con lengua de trapo:

—A papá, las señoras malas le pegan enfermedades.

Cuando Emanuela preguntaba al médico qué se podía hacer por su marido, el sofisticado doctor no le daba demasiadas esperanzas:

—El duque de Segovia padece una cierta incapacidad mental que le impide contener o disimular su satiriasis, una enfermedad muy corriente entre los miembros de la familia... Es un ansia inmoderada de copular. Tenga paciencia y mézclele estas pastillas de bromuro con la comida. Si por la noche usted no puede dormir, tome veronal.

Jaime se gastaba su asignación en putas y en «amigos» sinvergüenzas, y luego vendía objetos de plata que hurtaba de su casa o pegaba sablazos a los nobles que iban a ver a su padre. Don Alfonso amenazaba entonces con quitarle su sueldo, pero el hijo se echaba a llorar.

—Papá, si no me pasas dinero, ¿de qué voy a vivir? ¡Yo no puedo trabajar!

La duquesa de la Victoria oía a su majestad mascullar entre dientes:

—Uno tonto, los otros hemofílicos y las chicas trasmisoras. ¡De una camada de seis solo me queda Juan! Pero qué poco preparado está este chico mío, carece de formación y por dentro sigue siendo un niño.

Solo le entretenía la visita de sus nietos. El que más, el heredero del heredero. Sentaba a Juanito en sus rodillas y le decía:

—La primera palabra que tienes que aprender no es papá ni mamá, ¿sabes cuál es?

El niño jugaba con el bigote de su abuelo.

—Beeee.

—No, be no. Has de decir España.

Alfonso, el hijo de Jaime, se acercaba y pronunciaba perfectamente «Es-pa-ña», pero el rey lo apartaba sin hacerle caso.

Pronto llamaba a las niñeras para que se los llevaran. Sentía una fatiga insoportable y se sabía condenado. No solo por la tuberculosis que padeció cuando era niño y había heredado de su padre, sino por la angina de pecho similar a la que había matado a su madre, la reina regente María Cristina. Su existencia sedentaria, el alcohol, el tabaco y los excesos que había cometido toda su vida le pasaban factura. Pero, sobre todo, lo mataba que Franco hubiera ganado la guerra y no lo hubiera llamado.

—El gallego me la ha jugado al final.

Pero no quiere perder aún la esperanza, ¡admitir que no va a volver a España sería como clavarse una daga en el corazón! ¡Hace diez años que falta y para él han sido como diez siglos! Se reúne con su pequeño grupo de asesores y deciden que Juan envíe un telegrama de felicitación: «Uno mi voz nuevamente a la de tantos españoles para felicitar entusiasta y emocionadamente a vuestra excelencia por la liberación capital de España. La sangre generosa derramada por su mejor juventud será prenda segura del glorioso porvenir de España. Una, grande y libre, arriba España. Juan de Borbón».

Esperan la respuesta ansiosamente.

Mientras, preparan el equipaje para su regreso a la patria soñada. ¿Los juguetes de los niños? Saben que el país está arrasado. ¿Habrá papel de váter? ¿Sabrán lo que es eso?

¿Volverán a vivir en el palacio de Oriente?

—Claro —decía el padre—, podéis regresar a vuestras antiguas habitaciones, si queréis.

Pero Juan protestaba:

—Ahora que soy Príncipe de Asturias y tengo familia, merezco un apartamento más grande... Además de que en el ala Sabattini hace mucho frío.

—¿Frío? —discutía Alfonso—. La humedad de aquí sí que es mala, ¡pero el frío de Madrid no ha matado a nadie!

¡El airecillo del Guadarrama, quién pudiera respirarlo ahora!

Estuvieron semanas esperando noticias con el alma en vilo. Espiaban al cartero, iban a la central de telégrafos, los que entraban en la habitación de don Alfonso primero preguntaban: «¿Hay algo?». Después se limitaban a escrutar la expresión del rey. Cada vez más sombría.

Al final llegó la respuesta. Franco daba las gracias, sin más, y acababa: «España una, grande y libre. Arriba España».

Se quedaron estupefactos. ¿Qué quería decir eso? ¿Era una invitación? ¿Un aplazamiento? ¿Una chulería?

Don Alfonso, para que le queden claras a Franco sus intenciones, decide conceder una entrevista a *L'Écho* de París: «Voy a obedecer al general Franco como un soldado más a su servicio…». Cree que el Caudillo captará la indirecta y lo reclamará con entusiasmo desbordante.

—¿Ha dicho algo?

—Nada, majestad —responde el duque de Torres y, oficioso, añadió—: Quizás están intentado que le traduzcan la entrevista al haber salido en francés.

Alfonso, que es más avispado que todos sus asesores juntos, sabe que no es cierto, pero está tan ansioso que por si acaso…, por si acaso insiste con un nuevo telegrama, ofreciéndole a Franco la más alta condecoración por hecho de guerra: «Creyéndome autorizado para ello, me sentiría dichoso si el Caudillo de España luciera sobre su pecho la laureada de San Fernando, jamás tan bien otorgada, por habernos llevado a la victoria». La frase final resulta patética, más sabiendo que el rey, incluso en familia, exigía la rígida etiqueta austriaca que había traído a España su madre: «Faltando al protocolo, le envío como en otros tiempos un fuerte abrazo».

¡Faltando al protocolo el rey de España cuando es el protocolo mismo!

¡De Nos abajo, ninguno!

Y lo peor de todo es que el telegrama ya no tuvo respuesta.

Pasaron los meses, se deshicieron las maletas, aunque todo seguía teniendo el aire provisional de las historias no resueltas.

María y Juan tuvieron un nuevo hijo, una niña, Margarita, a la que en familia siempre han llamado Margot. A los dos meses, la niñera advirtió que Margot era ciega. Se consultó, cómo no, al doctor Castellani, que dijo que tenía que ser ingresada en una institución para discapacitados. Se consultó al oftalmólogo doctor Arruga, de Barcelona, quien diagnosticó que no había operación posible porque la infantita había nacido sin retinas.

El padre Ulpiano quitó importancia a la ceguera de Margot:

—Bah, que se eduque con sus hermanos... Dentro de poco, nadie advertirá que es ciega, ni ella misma.

Poco a poco, el rey fue perdiendo ese *charme* legendario que hacía que las mujeres cayeran a sus pies: algunas lo perseguían por toda Europa y le enviaban cartas de amor. ¡Todas hablaban de sus ojos de terciopelo!

De la noche a la mañana se convirtió en un viejo. Dejó de teñirse el pelo, su rostro enjuto se llenó de arrugas, engordó de forma insana, con mucho vientre, pero las piernas escuálidas. ¡Pensar que sus súbditos catalanes le llamaban el Cametas (piernecitas) por su afición a llevar los pantalones muy apretados!

Fue perdiendo su habitual pulcritud. Las chaquetas con caspa, se echaba encima la ceniza de los cigarros, no se cambiaba de ropa interior, necesitaba gafas para leer, tosía mucho.

—Ese cabrón me la ha jugado.

Los cortesanos fingían contradecirlo:

—No, no, os necesita, se volverá a vuestra majestad como hacia el sol. ¡Es cuestión de días!

Hasta la boda de la pobre Crista, la que ya iba para solterona con sus veintinueve años, se hizo deprisa y corriendo porque a nadie le importaba. Se casó con Enrico Marone, un viudo con tres hijos, no muy agraciado, tampoco simpático, pero era el dueño del vermú Cinzano y por tanto bastante rico. El rey de Italia le concedió el absurdo título de conde Marone-Cinzano y don Alfonso autorizó esta boda tan desigual porque, total, qué más daba.

Solo asistieron dieciocho invitados a la ceremonia, que pasó desapercibida en un mundo en llamas porque en Europa se estaba librando una guerra que se iba a llevar por delante a sesenta millones de personas. Alfonso y los suyos estaban convencidos de que iban a ganar los tudescos, con lo que Franco, que era aliado de Hitler, se mantendría en el poder por los siglos de los siglos.

Todo sabe a fracaso, a final, a soledad.

Pero quizás no se le ha dejado suficientemente claro a Franco de qué lado está el rey y se le envía un último y desesperado mensaje a través del duque de Alba: «Aquí estoy, como un español más, esperando sus órdenes».

Pero Franco no había ganado la guerra para entregarle el poder a un rey. Él sería el rey. O el Caudillo, que quedaba más impresionante. Para empezar, se había instalado en el palacio de Viñuelas, que es de un grande de España, el duque del Infantado. Y están arreglando el palacio de El Pardo para vivir definitivamente. ¡Ahora la familia real iba a ser la suya, y no la de los Borbones!

Don Alfonso confiesa con amargura al duque de Alba:

—Cuando me despierto por las mañanas, tengo delante de mí veinticuatro horas vacías. ¡No tengo nada que hacer!

Algunos monárquicos empiezan a pensar que quizás el obstáculo es la persona de don Alfonso y que si el candidato fuera Juan, las cosas serían distintas. Le encargan a Francisco Bonmatí de Codecido que escriba la biografía de Juan de

Borbón haciendo resaltar su falangismo y su admiración por Franco, por si acaso... Nunca está de más... «El Príncipe de Asturias, como un soldado más de la Falange, cara al sol en el amanecer del nuevo imperio, con el brazo extendido gritando viva España, arriba España y poniéndose al lado del Caudillo y su gloriosa gesta en nombre de Dios, de la raza y de la historia».

Pero el panfleto no tuvo ningún eco en España. Cuando José María Pemán quiso intermediar por la familia real exiliada, Franco le dijo con suficiencia:

—Desengáñese, Pemán, los españoles no son monárquicos.

A lo que respondió el poeta gaditano:

—Tampoco son apaches, porque no se puede ser aquello que no se conoce.

Pero al rey todavía le quedaba una bala en la recámara: abdicó en su hijo.

Con una punta de humor le confesó a Beatriz:

—Como comprenderás, gorda, después de esto solo me queda morirme.

¡Ya no regresará nunca a España!

Dicen que el dolor ennoblece, pero no es cierto. Nos hace mezquinos y rencorosos. Señalaba entre todos sus nietos a Juanito con su dedo amarillento de fumador empedernido:

—Prométeme que crecerás en España, yo ya no volveré, ¡pero tú has de vivir en España!

Entre todos sus nietos, solo contaba Juanito.

Juan Carlos no tiene apenas recuerdos de esos días, pero Pilar sí comentó de mayor: «Mi abuelo siempre hablaba de España y estaba muy triste».

Y, aunque se lo había preguntado muchas veces, le pedía a su nuera:

—Entonces, ¿qué te dijo Castellani sobre el infante?

—Que está hecho un toro, que pocas veces había visto una naturaleza tan robusta y unas carnes tan turgentes.

Alfonso miraba melancólico la prole que dejaba, «la piara», como decía en broma María. Los hijos de Jaime y Emanuela, Alfonso y Gonzalo, siempre iban descuidadamente vestidos, los padres estaban tan enfrascados en sus peleas que no prestaban atención a aquellos dos niños que crecían asilvestrados en un hogar infeliz. Además, Emanuela había empezado a verse con Tonino Sozzani, al que llamaban *il bello* Tonino, un agente de cambio y bolsa milanés, y como en el pequeño círculo de la familia real española no había secretos, pronto se enteraron las cuñadas y dejaron de hablarle. Margot correteaba por la habitación y chocaba con la pared o los muebles, los hijos de Beatriz parecían sanos, pero nunca se sabía. Crista estaba embarazada, pero vivía en Turín.

¡Qué familia! ¿Hasta qué generación alcanzará el estigma? ¡Todo por culpa de la inglesa!

Solo su rabia era joven.

Pero aún tiene una tarea que cumplir antes de morirse. Va a despedirse de la hija que tuvo con la niñera escocesa Beatriz Noon, interna en París con las monjas. Juana Alfonsa Milán está montando a caballo y se baja de un salto para abrazar a «papi», como ella lo llama. Sus otros dos hijos, los que tuvo con la actriz Carmen Ruiz Moragas, viven en España y están a cubierto de las necesidades materiales gracias a un depósito en un banco suizo administrado por el conde de los Andes.

Aunque se quejara muchas veces, el dinero no era un problema, ya que era un hombre rico. Bastante perspicaz para los negocios, aumentó las abundantes herencias de su abuela, su tía y su padre. La República cifró su fortuna en treinta y dos millones de pesetas, lo que hoy vendrían a ser cuarenta millones de euros, sin contar los palacios que le fueron incautados. Un tercio de dicha fortuna estaba en el extranjero. Lo cierto es que una investigación de dos años por parte del gobierno republicano no encontró ninguna irregularidad en sus asuntos financieros.

Regresó exhausto a Roma, pasó sin celebraciones sus últimas Navidades, se metió en su habitación y ya no volvió a salir.

Le faltan dieciocho días para morirse.

Cuando su mujer se entera de que está muy enfermo, acude a Roma, ahora no porque siga enamorada de él, sino porque pretende reivindicar su futuro estatus de reina viuda. Pero el rey no quiere verla y debe alojarse en el hotel Excelsior.

Cuando los hijos le dicen:

—Mamá está aquí y quiere venir.

Pide, sacando energía nadie sabe de dónde:

—No la dejéis pasar.

Si se acerca a la habitación, grita:

—Vete, fuera. Largo.

La reina Victoria no se inmuta porque está acostumbrada a los desplantes de su marido y sabe que le queda poco tiempo de vida, pero como es inglesa, aliadófila y, sobre todo, pragmática, reconviene a sus hijos:

—¿Cómo seguís en la Italia fascista? Juanito no puede educarse aquí... Su niñera es alemana y a saber qué barbaridades le estará enseñando...

—Ucsa es...

—Déjate de tonterías, Juan, el infante ni siquiera entiende el español.

—¡Pero, mamá, si tú siempre lo has hablado fatal…, si odias a España! —contrarrestó el hijo, algo picado.

Miró a su hijo y meneó la cabeza con fingida compasión:

—¿Y eso qué? ¡Qué poco conoces la historia! ¡Veo tan claro que Juanito algún día será rey!

—Bueno, yo tampoco lo dudo, pero para llegar a eso primero tendré que serlo yo, ¿no te parece? —opinó el hijo, amoscado.

La madre hizo un gesto evasivo con la mano, tintinearon las dobles pulseras de brillantes que había reclamado y le había devuelto la República española hacía años, con ocho cajas más llenas de joyas:

—Ahora, cuando papá… Podríais venir a vivir a Suiza… Es neutral y se está muy bien, muy tranquilo.

El hijo bajó la voz, atemorizado, mirando alrededor. Estaban en el vestíbulo del Gran Hotel, lleno de gente:

—Mamá, por favor, no hables tan alto, que nos podrían llamar la atención, no sabes cómo está esto. —Luego recuperó el tono normal—: La guerra la van a ganar los alemanes.

Su madre prosiguió a gritos —un hombre con sombrero y gabardina fingía leer el periódico al lado de un tiesto con una enorme palmera—, se acercó un poco más:

—¡Qué ignorantes sois! Si interviene América, como parece probable, serán los aliados los que ganarán y Franco se convertirá en un apestado… Juan, esas declaraciones de adhesión no te convienen en absoluto. Mi sobrino, el rey Jorge, está muy disgustado contigo. —Y remató con saña—: Os hundiréis con él.

—Mamá, en estos momentos nadie sabe cuál es el rumbo correcto —se quejó Juan, molesto.

La reina meneó la cabeza, ya tendría tiempo de influir en este hijo con buenas intenciones, pero rodeado de imbéciles.

Don Alfonso se queja de la luz de las bombillas y ponen velas. Le duele el costado, tiene una sed espantosa y una fatiga sofocante. Le llevan el manto de la Virgen del Pilar, dice que entonces ya no le hacen falta sanguijuelas y manda sacar el repugnante frasco de la habitación.

Un día pregunta por el hijo muerto:

—¿Ha venido Gonzalín? Cuidado con lo que le dais de comer, que tiene el estómago muy delicado.

Se turnan para cuidarlo dos monjas y tres médicos. Por la noche, lo vela la duquesa de la Victoria.

Se le había metido en la cabeza que si Franco supiera que estaba enfermo, iría a verlo, ya que sus relaciones con el Duce eran inmejorables y podía entrar en Italia cuando le saliera de los cojones:

—¿Le habéis dicho que estoy en las últimas? ¿Cómo va a venir si no sabe que estoy mal? Pero decidle de gravedad, ¿eh? Que no se crea que es una cosita de tres al cuarto.

Con la voz cada día más ahilada, se impacientaba:

—¿Lo sabe?

Le contestaban sí, sí, para tranquilizarlo, pero entonces su primer pensamiento por la mañana era:

—¿Ha llegado algo de… España?

Después dejó de preguntar. Ya nada le importaba. Dejó de comer. Trataba de sacudirse las sábanas con ese movimiento espasmódico que tienen los agonizantes.

El día 28 de febrero de 1941, a las doce cuarenta de la mañana, se convulsionó y gritó dos veces:

—¡Dios mío! ¡Dios mío!

Un viento misterioso abrió las puertas de golpe y apagó las velas. El estertor agónico se detuvo y entonces todos supieron que el rey de España había muerto.

Doña Victoria Eugenia se abrió paso en silencio entre sus hijos, se arrodilló delante de Juan y le besó la mano.

Corren por el pasillo los camareros: *«Il re di Spagna è morto!»*.

En el saloncito contiguo, la niñera coge del brazo a Pilar, que se está peleando con Juanito, y la zarandea:

—Basta, ahora tu papá es rey y tu hermano es el Príncipe de Asturias. Tienes que tratarlo con respeto, hacerle una reverencia y cederle el paso y —dirigiéndose al resto de los primos les dijo, severamente—: vosotros también. Se han acabado las confianzas.

—¿Y ya no me podrán llamar Juanito? —preguntó el propio Juan Carlos entre pucheros.

La niñera tuvo dudas, pero al final concedió:

—Si estáis a solas, sí, pero delante de la gente no. Eres diferente a ellos.

—Qué suerte —protestó Alfonso, el hijo de Jaime y Emanuela, un niño reconcentrado que siempre llevaba los calcetines caídos y las rodillas sucias—, yo también quiero ser diferente.

La niñera respondió con brusquedad:

—Tú también lo eres, pero por otros motivos… Además de que no sabemos si es una suerte o no, y límpiate los mocos, que pareces un gitano.

Sandra, la hija mayor de la infanta Beatriz, preguntó, ajena a la trascendencia de aquel momento:

—¿Cuándo comeremos? Tengo hambre.

—Primero serviré a su alteza y después a vosotros.

Juan Carlos, sentado en el centro de la habitación, jugaba con un tren de madera, sin advertir las miradas de sus primos. Hostilidad, celos, indiferencia… Compasión.

Pilar luego declararía: «Nosotros sencillamente dejamos de existir y toda la atención fue para Juanito».

Así empezó todo.

4

Juanito asomó la cabeza por la ventanilla y el viento le revolvió sus espesos rizos dorados.

—*Vive le roi!* —gritó.

Una voz serena se oyó desde dentro del vagón en perfecto castellano:

—Ya sabéis, señor, que no podéis hablar francés en la intimidad, debéis utilizar el español.

Juanito rio locamente mientras la carbonilla del tren se le metía en los ojos:

—Se va el caimán, se va el caimán…

El caimán era Franco y la canción se la había enseñado la reina Victoria, a la que sus nietos llamaban Gangan.

Se llevaba a Juanito a su casa todos los jueves y ese día se lo dedicaba completamente. Le enseñaba cómo se usaba la pala del pescado, modales —«Puntual es no solo el que no llega tarde, sino el que no llega antes de la hora»— y filosofía de la vida —«No expreses tus sentimientos en público, no hagas comentarios personales, ríe y el mundo reirá contigo, llora y llorarás solo».

Al acabar, bailaban la conga alrededor del salón entre las vitrinas que contenían su valiosa colección de jades y los sillones de *petit point* que había bordado ella misma:

Se va el caimán,
se va el caimán,
se va para Baganquilla.

Porque nieto y abuela pronunciaban la erre a la francesa.

La reina había empezado a brillar a la muerte del rey, ¡y es que en el firmamento Borbón solo podía fulgurar un astro! Luego, aquella mujer sometida y despreciada, tanto por su pueblo como por su marido, que confesaba: «Solo fui feliz los primeros dieciséis años de mi vida», se había revelado como una estratega formidable, una mujer ambiciosa y culta que, cuando quería, podía ser mordaz y divertida, sobre todo para entretener a su nieto favorito, que lo era, no solo porque iba a ser rey, sino porque era cautivador y delicioso como un príncipe de cuento.

—*Madame*, ¿podría dejarme fotografiar a su hijo para un anuncio de papillas para niños?

Se lo había preguntado Guido Orlandi, llamado el rey de la publicidad, a María, que lo comentaba con esa sinceridad apabullante que era su santo y seña:

—Yo estaba dispuesta porque la verdad es que pagaban bastante, pero Juan no quiso.

Y es que, desde que se había muerto don Alfonso, habían cesado sus problemas económicos. El testamento era claro: una pensión de seis mil libras para su mujer y el usufructo de un tercio de la herencia para Juan. Los dos tercios restantes se repartieron entre los cuatro hijos, Jaime, Beatriz, Cristina y de nuevo Juan, que resultó el más beneficiado. La cantidad total de la fortuna se cifró en veinte millones de libras, depositados en un banco londinense.

Así, habían decidido atender al requerimiento de doña Victoria y se habían trasladado a vivir a la neutral y cara Suiza. Primero, en el sofisticado hotel Royal, con los hermanos, cuñados, sobrinos y niñeras, hasta treinta personas, y después habían alquilado Les Rocailles, en el elegante *quartier* de Ouchy, en lo alto de una colina que en suave pendiente lleva hasta un lago, helado en invierno, donde patinaban los cuatro hermanos. Sí, cuatro, porque, poco antes de abandonar Roma, María da a luz a su último hijo, al que ponen Alfonsito en memoria del abuelo que acaba de morirse.

Ay, Alfonsito. ¡Cuídate de los idus de marzo!

Ya no eran Príncipes de Asturias porque este título correspondía al primogénito, Juanito. Tomaron entonces el título de condes de Barcelona, lo que hizo exclamar con enfado a su criado Luis Zapata:

—¡Pues estamos buenos! ¡Antes éramos príncipes y ahora solo condes!

A doscientos metros se situaba la fabulosa Vieille Fontaine, la propiedad de doña Victoria, en la *avenue* de l'Élysée. La exreina, al separarse de su marido, primero compró una casa en Londres, al lado del palacio de Saint James, con el dinero que el joyero Harry Winston le había dado por unas esmeraldas colombianas muy grandes que habían pertenecido a Eugenia de Montijo. Cuando el joyero las tuvo en su poder, se dio cuenta de que la mitad de las piedras eran falsas, pero aun así no le hizo reproche alguno a la ilustre vendedora y tampoco quiso que le devolviera el dinero, aunque hay que decir que la reina tampoco se ofreció.

María comentaba entre risas, a espaldas de la reina, claro está, que siempre le causó un ligero temor:

—Era un poco como el timo del toco mocho.

Para comprar la casa de Lausana había tenido que vender la de Londres y también una cruz tallada en una sola esmeralda, única en el mundo, y esta vez el joyero le indicó con prudencia: «Le haré la trasferencia cuando tenga la alhaja en mi poder».

La reina, entre la pensión, la venta de joyas y una herencia misteriosa que le dejó una amiga inglesa, llevaba un tren de vida *a tó meter,* como le gusta decir imitando los modos castizos de su difunto marido. Tenía siete personas a su servicio, incluido un cocinero que iba a refrescar periódicamente su oficio a los mejores restaurantes de Europa, y apreciar la comida y los vinos serán parte de las enseñanzas a su nieto, que desde muy pequeño aprende a distinguir un Mouton Rothschild de un Romanée-Conti. Aunque a Juanito lo que le gusta de verdad es la comida de su casa, gazpacho, tortilla de patatas, cocido, viandas ante las que arrugaba la nariz la que fue reina de España:

—Aceite y ajo, ¡qué combinación tan espantosa!

El tren entra en un túnel y don Juanito toma asiento. Se acaricia ilusionado el escudo que lleva en el bolsillo superior de la chaqueta. Pone «École Ville Saint Jean. Fribourg». De pronto se sobresalta:

—Vegas, ¿en la maleta me has puesto una corbata negra?

—Sí, alteza, ya sabéis que…

Duda. Don Juanito contesta serenamente:

—Ya no soy un niño, Eugenio, me puedes decir que es por si muere un miembro de mi familia, por ejemplo, mi abuela.

—Dios no lo quiera, pero ¿por qué lo preguntáis?

—Porque Morea no se sentía bien… Si hay un fatal desenlace, me gustaría guardar luto por ella.

—Muy bien, señor. —El fiel cortesano pregunta con delicadeza—: ¿Cuánto tiempo creéis que sería conveniente? Guardar luto, digo, al tratarse de una yegua…

Juanito frunce el ceño:

—Quince días creo que es suficiente. —Cierra los ojos—. Ahora voy a descansar un rato.

Al minuto, aquella alma cándida dormía profundamente.

La vida en Suiza no era tan tranquila como podía imaginarse porque allí, en ese cruce de caminos, había ido a parar la *café society* internacional, los millonarios, los reyes destronados que habían huido de sus países llevándose un botín fabuloso, como el rey Carol de Rumanía, que sacó tres camiones blindados con cuatro Rembrandt, joyas por valor de dos millones y medio de dólares y más de un millón de monedas de oro. Los viejos conocidos de toda la vida, desde el príncipe Pierre de Polignac hasta los condes de París, la familia imperial rusa, Charles Chaplin, que vivía en Vevey, o el Aga Khan, se reunían en casa de la exreina de España. Fiestas de esmoquin para ellos y traje largo con joyas para las señoras, en las que María y Juan se sentían como peces en el agua.

¡Son jóvenes, tienen dinero para gastar y un futuro fabuloso!

Su estancia en el país, sin embargo, no pasa desapercibida para las autoridades suizas, cuyos servicios secretos elaboran un informe detallado de sus actividades: «Don Juan suele salir a menudo y vuelve a su casa a las cuatro o cinco de la mañana, muy afectado por el efecto de los numerosos cócteles que ingiere... A veces lo acompaña su mujer, que tiene bastante abandonado el cuidado de su hogar».

No saben los espías suizos que el cuidado del hogar recae en los abnegados vizcondes de Rocamora, aunque lo cierto es que a Juanito y a sus hermanos no les importa esta falta de vigilancia y atención. Son traviesos y maleducados, las niñeras —*mademoiselle* Any, *mademoiselle* Modou, Celina, Berthe...— se suceden porque no pueden aguantarlos, aunque Juanito aprende muy pronto a camelarlas con sutiles sobornos:

—Voy a ser rey de España y te haré dama de la corte.

Si le riñen, les grita:

—¡A ti no te haré nada!

Cuando un grande de España lleva a merendar a los hermanos, promete no repetir la espantosa experiencia. Pilar es antipática, Margot, la más traviesa, porque a la que te descuidas está caminando por el borde de un precipicio, y a Alfonsito, aunque pequeño, se le adivina burlón y malicioso. Desarrollará un arte especial para imitar a las personas.

Estos juicios no abarcan a Juanito porque su sonrisa desarma a cualquiera. Las comisuras de sus labios suben hacia arriba e inician un puchero tan encantador que dan ganas de comértelo a besos.

Todo parece controlado, la única preocupación es saber qué pasará con Franco cuando acabe la guerra europea... Pero entonces ocurre lo inesperado, lo que nadie preveía, y todo estalla por los aires. ¡Don Juan se ha enamorado! De una griega misteriosa, de la que solo se conoce el nombre, Greta, que hace perder la cabeza al inflamable príncipe, que conoce el amor de verdad por primera vez en su vida. ¡Tiene poco más de treinta años y por fin siente correr la sangre por sus venas! Se deja ver con ella públicamente, sin importarle que se entere la gente, cenan en el comedor del hotel Royal y se cogen las manos, después piden una habitación y no regresa a su casa en toda la noche.

Está obnubilado, parece víctima de un hechizo. Le confiesa a su tío Ali, Alfonso de Orleans, que «Greta es la mujer de mi vida... No pienso abandonarla ni separarme de ella, me voy a divorciar legalmente de María y me casaré con la griega».

¡Consternación!

Doña María se entera por su cuñada Emanuela y acude a su suegra, quien le dice con sombría satisfacción:

—Juan es un Borbón... Debes resignarte y hacer la vista gorda, lo llevan en la sangre, ya sabes lo que he sufrido yo.

Y cuando empezó a decir lo de «ríe y el mundo reirá contigo, llora y...», María salió entre lágrimas dando un portazo.

Cuando Franco, en la lejana España, es informado de los propósitos divorcistas del «pretendiente», como ahora lo llama, ordena al general Juan Vigón, jefe del Estado Mayor y monárquico confeso, que arregle el desaguisado. «El pretendiente es un frívolo de bragueta fácil, como todos los Borbones», dictamina desde su acrisolada fidelidad matrimonial. Vigón envía una comisión encabezada por el padre dominico Canal, profesor en el Angélico romano. No consigue nada, Juan repite tercamente: «La quiero y me iré con ella». Interviene hasta el papa de Roma, que envía al sacerdote español Ángel Herrera, que informa desolado: «No hay nada que hacer, se ha vuelto loco».

Al final, Franco le dice directamente que si persiste en sus intenciones, será apartado de la sucesión, ya que es impensable que la católica España tenga un rey divorciado.

¿Cómo? ¿Renunciar a la corona?

Unos ejercicios espirituales en Cuaresma barren las últimas reticencias y Alberto Martín Artajo y Joaquín Ruiz Giménez lo examinan a fondo, meten su dedo en lo más profundo del alma del converso e informan al Caudillo:

—Ha superado la tentación del diablo con la ayuda de la religión y las virtudes de su santa esposa.

Vigón le aconseja que, si se aburre, es mejor que se dedique a la filatelia o a la numismática.

El revisor abre la puerta del compartimento y anuncia: «Friburgo en media hora». Juanito se despierta, vuelve a asomarse a la ventanilla, moquea, vuela la corbata, está a punto de caerse a la vía. Grita:

—Friburgo, ya llego, ¡paso al futuro rey de España!

Eugenio Vegas Latapié, su severo preceptor, le tiró de las piernas para que se sentara y le tendió un bocadillo de queso que había preparado él mismo para merendar. Mientras el príncipe comía, Vegas lo estudiaba amorosamente porque su alumno le había robado su corazón austero y solitario. Y, aunque él había aconsejado a don Juan ingresarlo en un internado para endurecerlo, no dejaba de compadecerse de este niño de ocho años que se desgajaba definitivamente del tronco familiar.

Era un hombre de honor a la antigua usanza, tan pobre que cuando había aparecido por primera vez en Les Rocailles había estado dudando si era mejor comprarse una chaqueta nueva o comer. Y se había comprado la chaqueta para presentarse dignamente delante del que consideraba su rey, aunque eso supusiera ayunar durante días. En los postres había disertado sobre la Inquisición, a todos había gustado por su sabiduría, su espíritu monárquico y su amor a la disciplina, y Juan le había propuesto que se ocupara del príncipe.

Porque don Juanito era enredador, muy revoltoso y tan mimado por sus ayas que no tenía disciplina ni formación.

—Verás que las niñeras lo han echado a perder, hace lo que le da la gana y ni María ni yo tenemos tiempo de educarlo.

Ni tiempo ni ganas. Doña María, que ha seguido el consejo de su suegra y ha olvidado el tema «Greta», está muy ocupada montando a caballo y atendiendo a sus amistades, pero don Juan se siente triste, y no porque añore a la griega, sino porque la guerra ha terminado y el nuevo presidente americano, Truman, considera que Franco puede funcionar como muro de contención del comunismo, ahora el enemigo principal. Don Juan, que creía que las democracias europeas se iban a volver hacia él como hacia el sol, se da cuenta de que es el peón sacrificado en el tablero de la Historia. Sí, Franco ha dicho que España es un reino, que él será el jefe de Estado vitalicio y que, cuando llegue el momento, designará un sucesor de estirpe real y mayor de treinta años. Pero ¿quién será dicho sucesor?

¡Esta pregunta atormentará a Juan los próximos veinticinco años de su vida!

El consejero de don Juan, el inteligente Pedro Sainz Rodríguez, es el que se da cuenta de que la gran baza ahora es Juanito. Es la continuidad, no solo de la monarquía, sino del franquismo, y el Caudillo lo necesita:

—Si jugamos bien esa carta, Franco dejará de tratarlo como un maricón con purgaciones.

Ya no tiene sentido que don Juan viva en Suiza y deciden irse a Portugal, más cerca de España. El dictador Oliveira Salazar, además, los acoge calurosamente. Empiezan los rumores y la prensa portuguesa habla de él por primera vez con este titular entusiasta: *«O futuro rei da Espanha fala cinco línguas, além do dialeto andaluz!»*.

Todos están preparando su marcha... Los niños escogen los juguetes que quieren llevarse, se adquieren cestos para sus perros Damil y Reina...

¡Pero Juanito no! ¡Juanito se va interno a Friburgo! Le compran una maleta de becerro que el príncipe llena de cosas dispares, unos prismáticos, fotos... Su padre le regala una pluma, su abuela, un reloj... Él mismo ha pegado la etiqueta identificativa. Juan Carlos de Borbón. Príncipe de Asturias.

Vegas contempla a su protegido, el principito ha apoyado la frente en el cristal de la ventanilla y está triste. Piensa que a estas horas sus hermanos se estarán bañando y luego formarán a los sones de la «Marcha real» en el saloncito de mami.

Para animarlo, el buen preceptor propone:

—¿Cantamos el novio de la muerte?

El niño se anima instantáneamente. Se ponen los dos en pie:

Soy un hombre a quien la suerte
hirió con zarpa de fiera.

Soy un novio de la muerte
que va a unirse en lazo fuerte
con tal leal compañera.

A Juanito le tiembla el labio inferior. Vegas lo hace sentar y le coge la mano, aun contrariando el protocolo:

—En el Saint Jean estaréis muy bien, don Juanito. Es un internado con mucho prestigio. Los sacerdotes marianistas que están a su cargo siguen la disciplina de los colegios ingleses y acogerán a vuestra alteza con mucha deferencia.

Ya se había ocupado don Juan de que así fuera y conseguido que se contratara como profesor de español a Fernando Granzow, que era novio de la hija de los vizcondes de Rocamora. Tenía encomendado no perder de vista al augusto alumno.

Juanito preguntó como quien no quiere la cosa:

—¿Estarán mis primos Alfonso y Gonzalo?

—No, señor, han sido trasferidos al internado de Montana, en Zúrich.

Otra hazaña de don Juan, que había alejado a aquellos sobrinos tan desgraciados, y por ello llenos de rencor y envidia, de la proximidad de su hijo. Sus padres habían acabado separándose en medio de una tormenta de reproches y denuncias, y lo más triste es que ni Jaime ni Emanuela se habían querido hacer cargo de los dos chicos, que languidecían de internado en internado sin que nadie fuera a buscarlos, ni siquiera en vacaciones.

La única que se compadecía de ellos era su abuela, que les pagaba el colegio, pero poco más. Si los invitaba algún fin de semana a casa, les advertía que su lugar estaba detrás de

Juanito, pero, aun así, Alfonso, tan necesitado de afectos, la quería ciegamente.

Juanito, ya desentendido de sus primos, porque, al fin y al cabo, solo tenía ocho años, preguntaba de nuevo:

—Pero, a ver, Vegas, ¿me aseguras que en este colegio me lo voy a pasar muy bien? Si no, tendré que hacer un comunicado como mi padre…

—Alteza, sin duda ninguna… Son niños que pertenecen a las mejores familias de Europa. Aquí ha estudiado un escritor muy famoso. ¿Cómo se llamaba? Escribió sobre un príncipe como vuestra alteza, era aviador…

Juanito, que tampoco estaba muy ducho en literatura y que nunca había oído hablar de Saint-Exupéry, concedió magnánimamente:

—Es igual, Vegas, pero una cosa, ¿sabrán que soy el futuro rey de España?

—Naturalmente, pero tampoco vamos a alardear de ello, ¿verdad? —contestó el preceptor con suficiencia.

—Claro que no, Vegas, era porque ya sabes que me gusta que estos asuntos queden claros.

El rostro de aquel niño vivaracho y fascinante tomó un aire soñador, pensando en ese colegio ideal en que lo tratarían con la pleitesía debida a su rango. Vegas, que no era nada sentimental, tuvo un arrebato y le dijo:

—Señor, ahora parecéis el Niño Jesús de Praga.

Juanito parpadeó; tan joven y ya sabía utilizar sus armas.

Cuando llegaron, la ciudad le pareció vieja y sombría, acostumbrado a la limpieza algo pastoril y ordenada de Lausana. El coche que cogieron en la estación se detuvo frente a una verja de hierro y un edificio inhóspito y cuadrado, de tejado rojo y ventanas iguales de madera. En la entrada esperaba un pequeño grupo de profesores. Se adelantó un hombre joven, que saludó con una inclinación de cabeza:

—Alteza, soy Fernando Granzow. Vuestro augusto padre me ha encargado instruiros en historia de España.

Juanito le dio la mano y sonrió de forma seductora e irresistible. Le fueron presentados el resto de los profesores:

—*Monsieur* Taylor le dará clase de matemáticas, *le père* Lecompte, de literatura y *père* Rodolphe Maison, su profesor de gimnasia. *Monsieur le directeur* os espera en su despacho.

Un chico le cogió el equipaje y en ese momento se acordó de Vegas, que estaba, sombrero en mano, aguardando en la entrada. Se acercó corriendo y le dio un abrazo torpe que el adusto preceptor encajó con más torpeza aún:

—Eugenio, no te irás lejos, ¿verdad?

El otro se emocionó:

—No, señor, ya sabéis que no tengo otro destino en la vida que cuidarme de vuestra alteza.

Sonrió Juanito y luego entró en el colegio con el trotecillo algo escorado de los niños demasiado altos para su edad, las puntas de los pies hacia dentro y los hombros encogidos.

Eran las cinco de la tarde y, como se habían acabado las clases, se asomaban rostros curiosos por la escalera, levantó la vista y saludó con la mano como hacía su abuela a los españoles que se apostaban a veces a la salida de la iglesia de Lausana, pero se desconcertó al ver que ninguno le contestaba.

Oyó algunas risas ahogadas y pasó un grupo de niños con las raquetas de tenis debajo del brazo que lo miraron de reojo; por las ventanas se veía a otro grupo de pantalón corto a paso de marcha. También le sorprendió que algunos parecieran muy mayores y lucieran incluso un incipiente bigote.

Avanzaron por un largo pasillo hasta llegar al despacho del director, el padre Marcel Ehrburger. Aunque era sacerdote, en lugar de sotana llevaba levita, lo que le daba el aspecto de un cuervo. Le señaló la silla que tenía delante de la mesa:

—Sentaos, alteza, por favor. Granzow, no hace falta que se quede.

—Pero, *monsieur le directeur*... —trató de protestar el profesor.

El cura hizo un gesto enérgico con la mano y el otro no tuvo más remedio que irse y cerrar la puerta. El director se recostó en la silla, juntó las manos e hizo girar los pulgares. Lo observó con experimentada agudeza: un niño guapo pagado de sí mismo, al que seguramente nadie ha llevado la contraria en su vida, y, aunque vestido con la ropa de las clases altas, aquí y allá se dejaba ver que ninguna mano femenina había intervenido en su atavío.

—Así que al final ya lo tenemos entre nosotros, príncipe.

—Sí, padre, muchas gracias por el recibimiento que me has preparado.

—No sé a qué se refiere —contestó el hombre con brusquedad.

Si el director se quedó sorprendido por el tuteo borbónico, que un niño de ocho años llamara de tú a un hombre de sesenta y tres, que además estaba arriba en la cadena de mando, no lo dio a entender. Y prosiguió observándolo pensativamente:

—¿Cómo os han educado hasta ahora?

—Iba al parvulario Rolle de Lausane y también tengo una profesora española, Mercedes Solano, para que me ayude a pronunciar la erre, pero mis padres consideraban que era una ignorante y una inepta y Vegas decía que por su culpa me estaba volviendo marica.

Repetía las palabras que había oído en casa de forma mecánica, sin entender muy bien lo que querían decir.

Monsieur cabeceó y preguntó con engañosa dulzura:

—¿Y qué materia os gusta más?

El niño dio una respuesta que no fallaba y que en casa despertaba gran entusiasmo:

—Amar a España por encima de todas las cosas. —El hombre asintió en silencio. Juanito se iba poniendo nervioso, no estaba acostumbrado a que sus comentarios no despertaran un coro de elogios. Prosiguió—: Mi madre, la reina, te envía saludos.

El otro fingió que no lo oía y cambio de conversación:

—¿Sabéis que vuestro primo Alfonso de Borbón Dampierre, uno de nuestros mejores alumnos, ha sido obligado a cambiarse de colegio por vuestra causa?

Juanito se sintió desconcertado por esta extraña conversación, que no iba por los rieles habituales de servilismo y respeto y, como solo tenía ocho años, su voz tembló al responder con candidez:

—No lo sabía.

El otro preguntó abruptamente:

—¿Cómo andáis de matemáticas?

—Bueno, las clases eran muy temprano por las mañanas y…

—¿Y de geografía?

—Verás, en el despacho hay un globo terráqueo y papá, quiero decir el rey, nos enseña dónde están las principales ciudades de España. —Y añadió, presuntuoso—: Yo las conozco mejor que la infanta Pilar, eso que tiene dos años más que yo.

El director arrumbó al globo terráqueo y a la infanta Pilar con un gesto de mano que hizo sentir muy ridículo a don Juanito, y prosiguió:

—¿Y cómo estamos de ciencias?

Aquí Juanito sonrió triunfalmente, porque su interlocutor era sacerdote y estaba seguro de que su respuesta iba a gustarle:

—Mi preceptor, Eugenio Vegas Latapié, dice que la ciencia es una super…, supre…

—Superchería.

—Sí, que todo lo que no sale de Dios no vale la pena saberlo.

Extrañamente, el hombre tuvo una mueca de desagrado, apuntó algo en un papel, y levantó la vista.

—Alteza, ¿cómo preferís que os llamen los alumnos?

—Príncipe está bien.

—¿Juan Carlos o Juanito? —prosiguió como si no le hubiera oído.

—Ah, pues Juanito.

—Ya podéis iros.

—¿Hoy podré hablar con mi madre? —preguntó el niño con timidez.

El otro lo miró con asombro:

—¿Con vuestra madre? No, claro que no. Esto es una escuela de verdad, no una guardería. Y nuestro lema es conseguir hombres completos. ¿Usted sabe lo que es un hombre completo?

Juanito se las quiso dar de enterado:

—Algo sé…, aunque en el avemaría se diga lo de tu vientre Jesús, en realidad los niños vienen de París.

El director cerró los ojos, dejó pasar unos segundos y luego dijo:

—Vaya a su habitación. Ahí, afuera, le dirán dónde deberá dormir.

El niño se levantaba con encogimiento y ya se iba hacia la puerta, arrastrando los pies después de la entrevista más difícil de su corta vida, cuando *monsieur le directeur* aún le advirtió:

—Y sepa que aquí a los profesores se les trata de usted, de la misma forma que nosotros tratamos de usted a los alumnos.

Juanito enrojeció violentamente, pero trató de recomponerse cuando salió al pasillo. El chico que le había acompañado esperaba al lado de su maleta. Engoló la voz y dijo:

—Ordenanza, llévame el equipaje a mis estancias.

Y el otro se echó a reír dejando ver una dentadura amarilla y mellada.

—¿Ordenanza? ¿Estás loco? Llévatela tú.

Se la tiró encima y se fue corriendo.

Juanito tardó casi una hora en averiguar que le tocaba dormir en el pabellón La Sapiniere, en una enorme sala con treinta camas. Afortunadamente, a él le toco la última, la que estaba al lado de la ventana. Dejó la pesada maleta, agotado, y se fue a mirar el paisaje.

Se horrorizó, porque la casa estaba construida al borde de un precipicio de por lo menos doscientos metros. Abajo, muy abajo, se oía el rugido aterrador de un río caudaloso. Las rocas negras y desnudas tenían un aspecto siniestro y peligroso.

Se apartó bruscamente, cuando sintió una mano que lo cogía por detrás y le obligaba a cruzar los brazos en la espalda. Una voz de aliento podrido le susurró en el oído:

—Mira bien por esta ventana…, alteza… Por aquí tiramos a los príncipes de países fascistas como el tuyo.

Juanito trató de protestar débilmente:

—Pero yo no... Estamos exiliados...

—Cállate —rugió otra voz, y unas manos misteriosas abrieron la ventana de par en par, una ráfaga de viento húmedo entró en la habitación, el abismo se hizo aún más insondable. Se mareó, sintió vértigo y ganas de vomitar.

No podía girarse para ver quiénes eran sus verdugos, pero adivinaba que eran chicos más altos que él. Trató de gritar, pero una mano le tapó la boca. Sentía paseos y carreras por el dormitorio, pero nadie venía a auxiliarlo. Uno le empujó la cabeza hacia abajo y le dijo:

—Mira esto..., alteza. —Le enseñó brevemente el cañón de una pistola—. He luchado en la guerrilla y sé darle una lección a un marica como tú... Ya lo hicimos con tu primito, pregúntale por papá Maurice, a ver qué te dice.

—Pero yo no he hecho nada... —lloriqueó Juanito.

Un puñetazo mal dado, con mano inexperta, le hirió el costado y prosiguió el susurro enloquecedor:

—Cállate, marica.

Otro le tiró del pelo.

—Marica, marica.

—Ándate con cuidado, que ya conozco el sabor de la sangre.

El que hablaba de forma tan melodramática lo inmovilizó con más fuerza, mientras detrás de él se oía a sus compinches rasgar el equipaje de Juanito, la flamante maleta de la que estaba tan orgulloso. Iban voceando el contenido, una caja de bombones, unos prismáticos, un estuche con un reloj..., una pluma... Un billetero con unos cuantos francos. Juanito adivinaba que todo iba a parar a los bolsillos de sus torturadores, pero no se atrevía a decir nada:

—... Un libro..., ¿qué quiere decir *Platero y yo*?

—Es de mi madre, dejadlo, por favor —se atrevió a protestar débilmente.

Con grandes risotadas intentaron rasgar el libro y después lo arrojaron al suelo.

—Todo el dinero que te envíen tus padres nos lo das a nosotros —le dijo el que lo mantenía inmóvil—, y ojito con quejarte, que si no, irás a parar al fondo del río.

Lo soltaron y se fueron con tal rapidez que Juanito no pudo ver el rostro de ninguno. ¡Pero qué más daba! A pesar de los informes que se habían procurado los padres de Juanito, a pesar de que los alumnos eran de buenas familias, en el colegio, en esos años de posguerra, imperaba una gran violencia, la ley de la selva. Era un ambiente casi gansteril, las peleas eran continuas, había alumnos mezclados de todas las edades, ya que la guerra había interrumpido sus estudios, algunos incluso habían participado en la Resistencia e iban armados, otros habían quedado huérfanos, en posesión de grandes fortunas, y se comportaban despóticamente... El rancho era miserable, los profesores eran pobres como ratas y no tenían otra manera de hacerse obedecer que el castigo físico. Los más fuertes se imponían a los débiles sin que nadie pusiera cortapisas a los abusos.

Juanito, temblando como una hoja, se metió en la cama. Comprendió por qué era la única que estaba libre: el ruido estruendoso del río no le dejó pegar ojo en toda la noche.

Cuando se levantaron los alumnos, aún estaba oscuro. Vino el celador a advertirle:

—Tiene que ir a las duchas y después vestirse.

¿Cómo? ¿Volver a ver a esos cabrones? Apretó los ojos, los labios y no se movió. Oyó murmullos, metió la cabeza bajo las sábanas. Se fue vaciando el dormitorio y después, el silencio.

Cuando se estaba adormeciendo, unos pasos se detuvieron a los pies de la cama. Abrió los ojos, un sacerdote de porte ascético le miraba severamente:

—Levántese y acuda a clase con sus compañeros.

Juanito se incorporó, indignado.

—¡No pienso hacerlo! Haz el favor de llamar a mis padres, ayer unos brutos me pegaron y me robaron el contenido de mi maleta. Avisa a Granzow y a Vega, que vengan a buscarme.

El hombre lo observó fríamente. Al final, sacó la maleta de debajo de la cama. Hurgó en ella y dijo:

—Yo no veo nada raro... Aquí está el uniforme, póngaselo. Y le recuerdo que el tratamiento a los profesores es de usted.

Juanito estaba tan enfadado que tartamudeaba y soltaba insensateces:

—¿Qué? Llama a Granzow, él sabrá que hacer. ¡Te recuerdo que voy a ser rey de España, y cuando sea rey, voy a obligar al presidente de Suiza a que te meta en la cárcel!

No supo qué pasó hasta que lo tuvo encima. Un bofetón descomunal:

—Y ahora vístase.

Humillado, con la mejilla roja y el corazón herido, se fue vistiendo a trompicones. Cuando acabó, el cura lo cogió de la oreja y lo arrastró hasta el aula donde cuarenta niños, perfectamente uniformados de chaqueta azul, pantalón gris y corbata, estaban recibiendo clase.

Lo empujó dentro y después, delante de todo el mundo, le dio otro bofetón.

—Así tratamos a los chicos que se creen por encima de los demás.

Quince días. Durante quince días estuvo con el corazón en vilo esperando que llamaran sus padres. Un día se encontró la cama mojada, en otra ocasión, en un pasillo, le tiraron una manta por encima y le estuvieron dando golpes hasta que lo dejaron molido en el suelo.

Le habían robado la ropa y no podía cambiarse.

Luego, dejaron de ocultarse y le pegaban abiertamente. Le cogían el pan, el chocolate que les daban los sábados.

Un día, desesperado, se salió de la fila porque vio pasar a Granzow. Le gritó, pero su profesor de gimnasia le hizo volver con un golpe de fusta.

Su madre no llamó, su padre, tampoco.

Al final, cuando estaba al límite de sus fuerzas y valoraba seriamente tirarse por la ventana, fue a verlo Vegas.

Se echó en sus brazos. Hasta el olor rancio de su sobretodo, el único que tenía, el que llevaba desde que lo conocía, en invierno y en verano, le pareció el lugar más confortable del mundo. Su hogar.

Se lo contó todo entre lágrimas. Fueron a merendar al boulevard de Perolle y descargó ante él su corazoncito de ocho años.

Pero, para su sorpresa, Vegas no lo apoyó:

—Alteza, no vamos a intervenir porque consideramos que vuestra educación ha sido demasiado blanda y que ahora toca endurecerse por las perspectivas que hay de futuro.

—¿Cuáles? —preguntó esperanzado: cualquier cosa era mejor que el internado.

Pero Vegas respondió de forma misteriosa, porque le encantaban las intrigas y estar en el centro de las conspiraciones:

—No se lo puedo decir aún a vuestra alteza, pero vuestro padre está en conversaciones con Franco para que quizás, en el futuro, podáis ir a estudiar a España.

—¿Pero Franco no es ese señor que hace sufrir a papá porque no lo deja entrar en España y cuyo nombre no podemos pronunciar?

El otro tuvo un gesto despreciativo con la mano.

—Eso es alta política que vuestra alteza, a pesar de su inteligencia, en estos momentos no puede entender. Pero es por el bien de España.

Juanito se puso en pie tragándose los sollozos porque ya se sentía casi rey.

—Por España.

Vega también se enderezó.

—¡Por España! —Luego volvió al tono normal—: Lo único que le puedo decir a vuestra alteza es que su estancia en el internado es provisional y que se acabará algún día... Entretanto, procure vuestra alteza sacar provecho de esta educación porque, aunque no os deis cuenta, va a ser la única época de vuestra vida en la que os vais a sentir libre.

Juanito reprimió un puchero porque ya no era un crío, sino el heredero de la Corona española, pero preguntó con un hilo de voz:

—Eugenio, ¿me puedes llevar al barbero a que me corte el pelo?

Misteriosamente, la ropa apareció lavada y planchada, dejaron de pegarle, pero Juanito ya tenía el miedo metido en el cuerpo. Pasaba las noches en vela temiendo a sus torturadores y después se quedaba dormido en clase. Sus notas eran pésimas, no aprendía, sus boletines estaban llenos de advertencias sobre su bajo rendimiento, estaba muy flojo en todas las materias, no mostraba interés...

Los únicos momentos en que se sentía a salvo era cuando Granzow le daba clases, pero al finalizar se iba tan rápido que nunca podía abordarle. Creyó que el profesor sentía indiferencia hacia su situación, pero un día sorprendió una conversación en el pasillo. *Monsieur le directeur* le estaba diciendo de forma desabrida:

—Esto no es para niños mimados. Si quieren otra cosa, que los padres lo saquen del colegio, y le aconsejo, Granzow, que no me dé más la lata, que bastante he hecho pasando por alto la Comedia del Arte que montó a mis espaldas cuando el príncipe llegó al colegio...

Juanito supo que hablaban de él y de esa manera vio morir su última esperanza de salvación.

No entendía cómo sus padres no iban a visitarlo, no entendía por qué el mundo se había conjurado para hacerle la existencia insoportable. ¿No había ni una sola persona que se apiadara de su situación? ¿Ni una sola?

Una noche estaba rumiando su pena en un rincón del cuarto de juegos cuando un alumno al que no conocía le avisó:

—Están ahí sus padres...

Enloquecido, Juanito se levantó mirando a un lado y a otro.

—¿Dónde?, ¿dónde?

—En la verja, no han podido entrar con el coche.

Era ya noche cerrada y nevaba, pero Juanito salió al jardín solo con la camisa, corrió a la puerta. No había nadie, buscó, gritó:

—Papá, mami.

Nada. Comprendió que le habían gastado una broma e intentó entrar de nuevo en la escuela, pero el pesado portón se había cerrado herméticamente. Llamó en vano, corrió a su pabellón y la puerta también estaba cerrada. Golpeó y cayó al suelo. Así lo encontró unos minutos después el portero, completamente mojado, aterido, con los labios azules...

Lo llevaron a su habitación, lo acostaron, le pusieron botellas de agua caliente. Había preocupación: una cosa eran las novatadas más o menos pesadas, y otra que se muriera un alumno, un alteza real, además.

Al día siguiente se quejaba de dolor de oído, tenía fiebre, la almohada estaba manchada de pus. Granzow intentó avisar a los padres, pero no los localizó. La vizcondesa de Rocamora le contó que estaban de crucero por Cuba y las Antillas, invitados por Leopoldo, el exrey de Bélgica, y que no había forma de localizarlos. Entonces avisó a Vegas, que estaba en Lausana.

El preceptor advierte enseguida el mal estado de Juanito y lo lleva al hospital. Los médicos le dicen que tienen que practicarle una trepanación para limpiarle la zona infectada; si no, puede morir de un *shock* séptico. Vegas necesita la autorización de un familiar porque, además, van a aplicarle anestesia general, pero los padres, que habían emprendido este largo crucero con la condición de llamar dos veces a la semana a su casa, olvidan hacerlo. Se han encontrado en Cuba con la Puchunga, que había estado casada con el malogrado Alfonso, y se suceden las fiestas, las excursiones, las visitas. ¡Seguro que en casa está todo tranquilo, nunca pasa nada! Y si pasa, ahí están los Rocamora para arreglarlo.

Rápido, rápido, los médicos exigen una respuesta, el tiempo se acaba. El estado de Juanito empeora, que venga un sacerdote.

Al final, es la reina Victoria la que da permiso por teléfono. Operan al príncipe, una intervención muy complicada, durante cuatro horas, que lo dejará duro de un oído de por vida.

Vegas pasa doce días sin moverse de su lado, le coge de la mano y le explica la vida de Felipe II para entretenerlo. Cantan el «Dies irae» y el «Corazón santo, tú reinarás».

La reina Victoria solo va a verlo una tarde.

Juanito regresó al colegio notablemente desmejorado. Cuando entró en la sala de juegos, uno de sus atormentadores se levantó con actitud chulesca. Juanito lo miró con la resignación de los condenados a muerte, cuando se interpuso en el camino del matón un muchacho alto y moreno, que le espetó agresivamente:

—¡Déjalo en paz! Si alguno de vosotros quiere probar —sacó una navaja suiza y sus ojos tenían un brillo diabólico—, cómo se usa esto... Que sepáis que este es el sexto internado al que voy, dos de ellos en Estados Unidos, ya he despachado a tres alumnos y un profesor que se las daba de gallito.

¿Era verdad? ¿No lo era? Por el aspecto podía serlo perfectamente, el chico hablaba un batiburrillo de lenguas, se parecía a Errol Flynn en *El capitán Blood*, era guapo, sonreía con descaro y el pelo le caía sobre unos ojos negrísimos que miraban fieramente.

Se abrió de piernas dando saltos como los boxeadores, con la navaja en la mano, retador:

—Acercaos, venid.

Los verdugos de Juanito, quizás cobardes, y también porque ya se habían aburrido de su presa, buscaron una nueva víctima. Y no tardaron en encontrarla: un muchacho más vulnerable y mucho más rico, Karim Aga Khan. Era nieto del gran jefe de los ismaelitas y por lo tanto estaba dispensado de acudir a las clases de religión. Enseguida corrió la voz por el colegio de que cada año sus fieles ponían a su orondo abuelo en una báscula y le entregaban su peso en diamantes, y el pobre Karim se convirtió en su objetivo.

Juanito, poco acostumbrado a las muestras de amistad, primero acogió a su salvador con recelo, ¡quizás quería convertirlo en una especie de esclavo como en los cuentos de las mil y una noches que le leía su niñera! Pero el chico juntó los talones, porque tenía el sentido teatral de los eslavos y encima venía de una familia de militares, y después le tendió la mano presentándose formalmente:

—Hola, me llamo Zourab Tchokotua. —Después añadió con notable exageración—: Mi padre era el regente de Georgia, yo, por lo tanto, soy príncipe y tengo derecho al tratamiento de alteza real, pero como tú también lo eres puedes llamarme Zu. —Juanito le estrechó la mano, sin creer aún en su buena suerte, y el príncipe georgiano soltó con desprecio—: Esos son unos comemierdas... El que llevaba la voz cantante es un sobrino del general De Gaulle y el otro, del director de la Citroën... No son como nosotros.

Ávido de nuevas informaciones que apuntalaran su maltrecho orgullo, Juanito preguntó:

—¿Y cómo somos nosotros?

—¡Tenemos sangre azul!

—La mía es roja —tuvo que confesar honradamente Juanito.

—Trae acá la muñeca.

Juanito tendió el brazo con temor y el otro hundió levemente la punta de la navaja en la carne, que empezó inmediatamente a sangrar. Él se cortó en el mismo sitio y frotó su herida con la de su nuevo amigo. Brillaron los ojos de los dos.

—Ahora somos hermanos de sangre —le dijo Zu.

Y lo fueron, no solo los dos años que permanecieron en el internado, sino toda su vida. Y también rescataron al pobre Karim de las garras de aquellos malvados y se llamaron a sí mismos los tres mosqueteros.

No se sabe si el colegio tomó medidas acerca de los hechos que condujeron a la grave enfermedad del príncipe, pero Granzow consiguió que se abriera una investigación interna, cuyo resultado nunca se divulgó. Al cabo de dos meses, sin embargo, renunció *monsieur* Ehrburger y el nuevo director, *monsieur* Bernard Peter, dijo que no se iban a permitir los castigos físicos. Nadie le hizo caso, pero la víctima ya nunca más fue Juanito.

5

El mar está en calma, pero una ligera brisa de poniente hincha las tres velas del *Saltillo*, un balandro de veintiún metros de eslora propiedad del bilbaíno Peru Galíndez, empresario monárquico hasta las cachas, que ha cedido de por vida a Juan de Borbón, con la tripulación y todos los gastos cubiertos. Es ligero, de estampa elegante, pero muy recio.

Ese día, 25 de agosto de 1948, se dirige desde Arcachón, en la costa francesa, a encontrarse con Franco, que, a bordo del *Azor*, al que él llama irónicamente *Azorín*, aunque el barco tenga casi treinta metros, le espera en pleno Cantábrico, a cinco millas al norte de San Sebastián.

—¿Velocidad?

—Siete nudos. Llegaremos a la una del mediodía.

Don Juan va al timón, patroneando el barco. Está nervioso, y, aunque sabe que no es aconsejable fumar en un velero, apura un cigarrillo tras otro. ¡Está a punto de celebrar la entrevista más trascendental de su vida! Un encuentro con Franco, en el que no solo se va a tratar el destino de Juanito, sino el de la monarquía. ¡El porvenir de Juan, al que muchos ven precisamente como un hombre sin futuro en un reino en el que la única familia real es la familia del propio Caudillo!

¿Quién se acordaba ya de ese rey huido de España hacía casi dos décadas? ¡Cuántos años, cuánta historia, cuántos muertos han pasado desde entonces!

A la comunión de Alfonsito, el hijo menor, en la iglesia de Estoril, no fue nadie… ¡Tan solo cuatro nobles apolillados y cobardes que corrieron a postrarse a los pies del Caudillo cuando regresaron a España! Ese día, la reina Victoria, tan fría, tan británica, vestida de negro y con peineta, una prenda que odiaba, se había puesto a llorar: «Ya no nos quiere nadie».

Pero quedaba por jugar la última carta, ¡Juanito!

¡Franco quería a Juanito! Necesitaba un miembro de la familia real para legitimar su régimen, sobre todo de cara al extranjero.

La entrevista, que lleva meses preparándose en secreto, no ha sido concretada hasta el día anterior por la radio costera de Igueldo, con un escueto «confirmado».

A bordo del *Saltillo* van, además de Juan y Peru Galíndez, el jefe de la casa del conde de Barcelona, duque de Sotomayor; Jesús Corcho y Eduardo Real de Asúa. ¡Y, sorprendentemente, don Jaime, el hermano sordomudo! Juan quiere que Franco se dé cuenta de que el infante que, sin un duro, se ha puesto en manos del publicista Guido Orlandi, gracias al cual ya ha concedido varias exclusivas diciendo que va a reclamar el trono de España, en realidad lo acepta como rey y no va a plantear ningún problema.

Le ha ordenado secamente:

—Jaime, tú no hace falta que digas nada.

Su sola presencia es suficiente para demostrar que los hermanos se llevan bien.

Su consejo privado no deja de ofrecerle recomendaciones: «Vuestra majestad no debe achantarse, recuerde que Franquito es un militar ignorante... Vuestra majestad desciende de...». Al final, malhumorado, los cortaba:

—Dejadme en paz, coño, que ya sé lo que hay que hacer.

Pero al cabo de unos minutos, es él mismo el que pregunta con el miedo en los ojos:

—Pero ¿y si dice que Juanito ha de actuar como si fuera huérfano? ¡No quiere que le llamemos Príncipe de Asturias! ¿Y si se niega a resaltar mi papel como heredero de la Corona?

—Manteneos firme, señor, tenéis la sartén por el mango.

Pedro Sainz Rodríguez, su eminencia gris, el hombre que mueve los hilos de esta monarquía en decadencia, no ha venido porque Franco lo odia, pero ha vertido en sus oídos el bálsamo de Fierabrás que todo lo cura: la confianza en uno mismo y la sensación de poder.

—Franquito le lamerá el culo a vuestra majestad tantas veces como haga falta para tener a don Juanito en España. Con delectación.

Mientras le escribe unas notas con lo que tiene que decir en la reunión, asevera:

—Franco no cree que puedan sentarse dos culos en el mismo asiento, pero vamos a demostrarle que el culo que sobra es el suyo.

De momento, quien está realizando este ejercicio lingual con los ojos cerrados y los dientes apretados es don Juan, que, a pesar de sus declaraciones democráticas a la prensa extranjera, acaba de enviarle un telegrama a Franco con motivo de sus bodas de plata: «En este día recordará vuestra excelencia a quien fue su padrino... y es mi deseo asociarme también a ese recuerdo, le dirijo estas líneas de cordial felicitación en esta importante fiesta de su vida familiar». Franco se apresuró a contestar con la misma hipocresía y falsedad, ya que los dos hombres se detestan: «Recuerdo las bondades de quien en acto decisivo de mi vida quiso honrarme con su padrinazgo, don Alfonso XIII, cuya memoria ha sido objeto de veneración en esta casa...».

Alto, con la cabeza pequeña como todos los Borbones, Juan se ha cambiado en el camarote de popa y se ha vestido adecuadamente: zapatos blancos, como los calcetines, el pantalón y la camisa blancos, corbata oscura y chaqueta deportiva de color azul marino. Aunque no exhibe la elegancia de dandi de su padre, es más, parece que quiera distinguirse de él y luce un aspecto informal, o tal vez su ayuda de cámara, Luis Zapata, es menos hábil que Paco Concheso. Mientras el rey Alfonso puso de moda llevar los puños muy largos, que sobresalían de la americana y llegaban a los nudillos, el cuello duro y alto y los pantalones ajustados a la pierna, el hijo lleva los puños cortos, los cuellos bajos, y holgados los pantalones de pinzas, al estilo inglés.

—¡A todo trapo, marineros!

Cuando se acercan a la costa, el corazón de Juan se acelera dolorosamente, pero ahora no es por aproximarse a Franco, sino por estar cerca de la patria añorada. Aguza la vista, quizás podrá ver el palacio de Miramar en San Sebastián, donde veranearon hasta que se fueron de España. En Miramar se anunció el noviazgo de sus padres; en los jardines, Juan besó a sus primeras noviecitas. Ay, qué precoz fue... Las primeras, como marca la tradición, fueron las chicas del servicio.

Había una galleguiña de ojos claros y una escocesa, Gladys.

Fue un recuerdo dulce que pintó una sonrisa juvenil en su rostro, generalmente adusto y serio, solo roto a veces por una carcajada que le hacía echar el cuerpo hacia atrás. Pero ahora no, tenía que centrarse en esta entrevista con el enano de El Pardo, como lo llamaba en la intimidad. ¡Claro que sabía que Franco se refería a él como el borrachín de Estoril y con eso la partida quedaba en tablas!

Franco ordena que los recoja una falúa del cazaminas *Tambre* y los trasladen al *Azor*. En la cubierta se asoman Franco y su primo Francisco Franco Salgado-Araújo, Pacón, su secretario y confidente. Apenas se ven los ojos y la calva del Caudillo por encima de la barandilla debido a su corta estatura. Lleva uno de sus trajes de alpaca de confección comprados en Galerías Preciados, zapatos de dos colores y calcetines grises.

El momento solemne quedó un poco deslucido, ya que el duque de Sotomayor se mareó, empezó a vomitar y tuvieron que izarlo en brazos.

Lo llevaron a popa para que pudiera desahogarse a gusto e, intentando no oír los esfuerzos agónicos del duque por liberar su cuerpo del abundante desayuno que le había sentado mal, el conde de Barcelona, treinta y cinco años, y Franco, de cincuenta y cinco, quedaron frente a frente.

Se adelanta Franco a saludarlo y sin darse cuenta se cuadra militarmente. Juan le tiende la diestra y ambos hombres están un buen rato estrechándose las manos sin saber muy bien qué decir.

Al final, es Franco el que toma la palabra y, con su voz atiplada que nunca deja de sorprender a quien la escucha por primera vez, dice con los ojos brillantes:

—En estos momentos me viene a la cabeza el recuerdo de vuestro padre, que, como sabéis, fue mi padrino de boda.

Juan tragó saliva, quizás se acordó del padre en el lecho de muerte enviando telegramas humillantes y preguntando si habían tenido respuesta. Pero contesta con voz firme:

—Lo sé, ya se lo dije en la felicitación que le envié con motivo de sus bodas de plata. Tenía de... usted una gran opinión... —Y haciendo gala de la legendaria memoria borbónica precisa—: Yo le recuerdo a... usted en el cambio de guardia de palacio, en la Navidad de 1930.

Franco le dice con firmeza, como sentando las bases de la conversación y sabiendo que a Juan en Estoril le llaman majestad:

—Yo le voy a llamar alteza real, puesto que no está todavía coronado, y usted a mí me puede llamar excelencia.

Estuvieron hablando tres horas. Juan comentó luego:

—Me di cuenta de que Franco me tomaba por un imbécil.

Franco tiene al lado al obsequioso y adulador Julio Dánvila, el responsable de las negociaciones que condujeron a esta histórica entrevista. Es un falangista camisa vieja que finge ser partidario de Franco y de la monarquía a la vez, aunque los asesores de Juan no lo aprecian, pues temen que sea un espía de El Pardo.

La conversación en sí, la que atañía a su hijo, se resolvió rápido. A pesar de todas las estrategias, de todos los planes cuidadosamente trazados por Juan y los suyos, de todas las notas que Sainz Rodríguez le había metido en los bolsillos, Franco consiguió que el príncipe se educara en España y a cambio solo ofreció vaguedades:

—Lo llevaremos con discreción porque podría incomodar a los españoles el recuerdo de su abuelo, que no despierta simpatías... Siempre tenemos que contar con el elemento revoltoso.

—Debe de ser tan difícil gobernar al pueblo español... —opinó Dánvila, solícito.

—Yo lo encuentro fácil —respondió Franco tranquilamente.

Don Juan insinuó que si existía ese clima de hostilidad hacia la monarquía era porque en los periódicos se la ridiculizaba siempre que había ocasión, y Franco comentó, afable, mientras tomaba una aceituna, moviendo la cabeza como el que se encuentra delante de una criatura que ha hecho una chiquillada:

—Ya sabe vuestra alteza cómo son estos periodistas... Dicen lo que les da la gana.

Esta afirmación, en una época en la que los periódicos pasaban varios controles de censura, la eclesiástica y la civil, y no se publicaba nada que no fuera aprobado por las autoridades pertinentes, por no hablar de que el mismo Franco había dado el enterado al fusilamiento de dos periodistas, Julián Zugazagoitia y Paco Cruz Salido, y había prohibido ejercer la profesión a decenas de ellos, provocó miradas de incredulidad en el bando juanista.

De pronto, don Jaime arrancó a conversar. ¡Dánvila casi se cayó al suelo del susto! Todos giraron la cabeza hacia él con el mismo asombro con el que miró Balaam a su burra cuando empezó a hablar, y Juan masculló entre dientes:

—A ver con qué patochada va a salir este.

Don Jaime dijo con su vozarrón desacompasado:

—Yo quiero que mis dos hijos, Alfonso y Gonzalo, se eduquen también en España. Soy el hijo mayor de...

Su hermano enrojeció de ira, pero Franco lo interrumpió sin contemplaciones, poniendo una mirada tan fría que helaba el corazón.

—No, infante. Vuestros hijos no.

Todos se quedaron sobrecogidos y ahí se dieron cuenta de que ese hombre afable, al que se le llenaban los ojos de lágrimas mientras hablaba del exrey, era el mismo que firmaba sentencias de muerte sin despeinarse. Hubo un silencio aterrador sobrevolando la reunión, mientras Franco pinchaba tranquilamente un berberecho con un palillo y se lo llevaba a la boca, hasta que Jaime, que no había oído nada, insistió:

—Mis hijos tienen mayores derechos...

Y fue Juan el que dio rienda suelta a la tensión que los mantenía inmovilizados y gritó:

—Que no, coño, que no.

Después, tuvo lugar la comida a base de huevos a la americana, ternera Benicarló con patatas a la duquesa y un bizcocho incomestible cubierto de crema.

Franco le decía a Sotomayor, con el rostro aún de color verde:

—Coma, duque, que le irá bien para asentar el estómago.

Le sirvió él mismo una cucharada de mayonesa amarilla, espesa y brillante; Sotomayor tuvo que volver a subir a cubierta a vomitar.

Don Juan comentó luego con sorna:

—La mayonesa debe estar muy barata en España.

Y también se cabreó porque los vinos no fueran de crianza.

Franco bebió solo agua, dirigiendo expresivas miradas a los vasos de Juan, Jaime y sus acompañantes, que tuvieron que renunciar a una segunda botella para no ser considerados unos dipsómanos.

Sin saber cómo emprender una conversación social con un hombre que no pronunciaba palabra, famoso por sus silencios —¡el que mejor callaba de España!—, don Juan comentó atolondradamente:

—El hermano de vuestra excelencia es un buen amigo mío.

Se refería a Nicolás Franco, que estaba de embajador en Lisboa, cuya mujer, Isabel Pascual de Pobil, era monárquica. Franco habló a la gallega, con ese tonillo que nunca se sabía si era en serio o en broma:

—Yo creía que las personas reales no tenían amigos.

Juan se atragantó, se desconoce si por incomodidad o por la dureza de la ternera, pero no se arredró:

—No diga eso, mi general, yo tengo muchos y muy buenos.

—Pues yo no tengo ninguno —contestó Franco sin inmutarse.

El conde de Barcelona no pudo evitar señalar con la barbilla a los hombres que lo acompañaban.

—¿Estos? Son todos unos chismosos —afirmó el dictador con un gesto despreciativo.

Intentando ignorar la expresión compungida de los chismosos, Juan cambió de conversación:

—Su hijo Niky anda mucho con mis chicos.

Pero como Franco estaba al tanto de todo lo que acontecía en la vida del «pretendiente», porque uno de sus secretarios, Tornos, sí que era un agente secreto suyo, no preguntó nada y siguió comiendo como si estuviera solo.

Pacón, el primo, no se sentó a la mesa, que fue servida actuando como camareros el condecorado general Martín Alonso y el almirante Nieto Antúnez, ferrolano como el Caudillo. Llamó la atención el servilismo con que actuaban, le hacían reverencias, le reían las gracias y, antes de emitir una opinión propia, esperaban a ver qué decía Franco para adherirse calurosamente. Seguramente lo hicieron para preservar la confidencialidad del encuentro, pero se les veía encantados de poder servir al Generalísimo.

Por su parte, Juan y su entorno se comportaron de forma algo grosera, ya que trataron al Caudillo con suficiencia e intentaron humillarle llevándole la contraria en materias que dominaba.

Si Pedrolo Nieto Antúnez comentaba obsequioso:

—Su excelencia es el mejor pescador de salmones al curricán de España, en una jornada...

Le interrumpía don Juan:

—En Escocia hace veinte años que ya se ha abandonado esta técnica por estar obsoleta.

Pero Nieto Antúnez continuaba:

—El otro día, en una cacería de cabras monteses en Gredos, su excelencia cobró treinta piezas.

Entonces Real de Asúa sentenciaba con notable impertinencia:

—Es fácil hacerlo si se las mata con metralletas.

—En realidad, no fue así —murmuró Franco.

A don Juan y sus amigos les acometió de pronto un ataque de hilaridad, al que primero se unieron por educación Pedrolo y Dánvila, hasta que vieron que el Caudillo permanecía impasible y convirtieron la risa en tos, apretándose una servilleta en la boca.

La conversación decayó con los licores, que solo probó Jaime. Don Juan trató de arrancarle alguna promesa más, pero Franco miró el reloj y dijo que tenía que dar el encuentro por finalizado. Era la primera vez que alguien osaba cortar una reunión con el conde de Barcelona y Juan masculló un «hijo de puta» que, por suerte, solo oyó Jesús Corcho.

Cuando regresaron al *Saltillo*, Juan iba muerto de rabia y al mismo tiempo con el ánimo por los suelos. ¡Nada había salido como él pensaba! ¿Qué diría Sainz Rodríguez, pero, sobre todo, qué diría la historia de su triste papel?

En voz baja solo repetía como un mantra:

—Cabrón cabrón cabrón.

Y no se sabía si lo decía por Franco o por él mismo, pues se daba cuenta de que había negociado muy mal. Respiró hondo para tranquilizarse, y el duque de Sotomayor, que era grande de España y por tanto tenía ese derecho, le apoyó la mano en el hombro:

—Señor…

Juan movió la cabeza a un lado y a otro.

—Pedro, qué mal he estado ¡Tengo la impresión de que he cambiado oro por baratijas!

Mas hizo un esfuerzo sobrehumano para reponerse, porque sabía que Franco y su primo los estaban observando. Y logró que la marinería izase velas y pusiese rumbo a Arcachon en tres minutos y medio, un tiempo récord. Se dirigió a la tripulación, todos marineros vascos:

—Buena maniobra la vuestra, bravo, muchachos. *Ausartak!*

—*Eskerrik asko!* Para que aprendan esos gallegos —contestaron ellos levantando el puño.

Franco le comentó mustiamente a su primo:

—Habrá que comprar un barco más grande, Pacón.

Luego, por la noche, en el sombrío palacio de Ayete, donde se quedaban cuando estaban en San Sebastián, ya en la cama, Franco le comentó a su mujer, que estaba rezando delante del brazo incorrupto de Santa Teresa, que habían trasportado en su maletín de viaje:

—A ver qué sacamos del príncipe... Veremos si sirve o está echado a perder como el padre.

—¿Y qué te ha parecido ese... señor? —preguntó la Señora, mientras se impregnaba las manos de Nivea, porque las tenía siempre secas, y se ponía unos guantes de algodón.

—Un buen patriota, pero mal aconsejado y demasiado bebedor. Habla frívolamente.

La Señora se acostó en la camita gemela, bostezando, pero aún le preguntó a su marido, que tenía un libro abierto sobre el pecho porque le gustaba leer un rato antes de dormirse:

—Y ese señor, ¿qué te ha contado... de su hijo?

—¿Pues sabes, Carmina, que no me ha dicho nada? —se asombró Franco—. Sí sé que tiene diez años y creo que lo llaman Juanito.

Ese verano fue largo y caluroso. Juanito, que no dormía por las noches y tenía esas ojeras que tanto enternecen en el rostro de un niño, iba a la playa de Guincho y se encaramaba en la punta, alejándose del jaleo de familias bulliciosas y sombrillas. Vagamente intuía que su vida iba a cambiar, aunque ni siquiera Vegas, que miraba el paisaje y a su augusto alumno desde una terraza próxima, sabía decirle cuándo se acabaría esta vida provisional que tanto le desestabilizaba.

Observaba el fondo del mar, que se trasparentaba bajo el agua clara, tan limpia que se veían las rocas cubiertas de algas y de moluscos. Ahí, en esa pequeña sima entre roca y roca debía tirarse; si no, se partiría la cabeza. Cogió aire, se puso de puntillas, cerró los ojos y… se le adelantó Alfonsito deslizándose a su lado como una culebrilla.

—Al agua, patos.

Es el hermano pequeño, pero es tan listo y espabilado que le llaman Senequita. Su cuerpecillo de un albor casi fosforescente hendió el agua fría del océano Atlántico. Detrás va su perro Rusty, hecho una bola de pelo.

—Loco, ya sabes que papá ha dicho que es muy peligroso —le gritó Juanito.

—Que yo no voy a ser rey…, es igual si me mato —respondió su hermano, sacando la mano y haciéndole una peineta.

Lo decía sin resquemor; en el fondo se alegraba de pasar desapercibido y poder llevar la vida irresponsable de un niño cualquiera.

Juanito meneó la cabeza con impotencia, pero entonces apareció Pilar, que lo apartó majestuosamente desde la altura de sus doce años. Se ajustó el bañador para que no se le salieran sus pechos adolescentes y se lanzó con las manos por delante. Antes de que tocara el agua, Margot ya estaba yendo detrás. La niñera de los Arnoso corrió a sujetarla al grito de: —¡No, que eres ciega!

—¿Ciega yo? ¿Pero no dice esta mujer que soy ciega? ¡Ja ja! —rio Margot, girando los ojos hacia arriba.

Y se lanzó al mar, y milagrosamente no le pasó nada.

Nunca le pasaba nada. A veces, los hermanos la llevaban a nadar y le decían «a la izquierda», que era donde estaban los acantilados, y cuando iba a despeñarse, la rescataban en el último minuto y ella gritaba: «Más, más», porque no era consciente de su discapacidad y solo quería jugar como ellos.

La madre decía bonachonamente, mientras apuraba el último cóctel de la mañana, antes de sentarse en la mesa para comer:

—Espero que hoy no le hayáis hecho muchas *brincadeiras* a Margot.

Si se había tirado la *cieguinha*, como le llamaban los portugueses, era una vergüenza que Juanito no se atreviera. Se acercó reflexivo al borde de la roca. Había una altura considerable, sus hermanos y sus amigos chapoteaban, se peleaban, hacían aguadillas. Babá Espíritu Santo le gritó:

—Vamos, don Juanito.

Pero ya venía a buscarlo Vegas, ya le decía apremiante, echándole una toalla por los hombros:

—Vuestro padre os espera.

Sintió alivio, pero también desgana. ¿Qué querría ahora?

Sí, su padre se había reunido con Franco, eso lo sabía... Lo oía gritar desde su despacho:

—Ese hijo de puta quiere llevar en secreto lo de Juanito y dice que a mí no me va ni a nombrar. ¿Y pretende que le regale a mi hijo? ¡Que se vaya a tomar por el culo!

Sus hermanos pequeños iban al Colegio Amor de Deus, en el mismo Estoril, con el padre Valentini, Pilar a las Esclavas de Lisboa, pero nadie se planteaba que él pudiera quedarse y llevar una vida normal. Para Juanito sonaban lejanos y prestigiosos centros educativos: Lovaina, Florencia, Salamanca, Friburgo de nuevo...

No, Friburgo no, que ya no estaban sus amigos; Karim y Zu ahora iban a Le Rosey. En Friburgo había un precipicio diez veces más alto que la punta de la playa de Guincho...

—¿Sabes qué quiere su majestad, Vegas?

El padre está furioso con Franco y, como venganza, para presionarlo, porque le sale de los cojones, va a enviar a Juanito de nuevo a Friburgo.

Se le cayó el alma a los pies.

Vegas tuvo que estar consolándolo durante todo el viaje hasta Lausana: el príncipe sufrió mucho porque tenía sinusitis y la altura del avión le provocaba dolores terribles. Lo fue a recibir doña Victoria, y cómo lo vería que escribió a su hijo: «Temo que Juanito caiga en una depresión si sigues mareando la perdiz, Juan. Es ahora o nunca».

Como es dudoso que a la ambiciosa reina se le hubieran despertado sentimientos tan tiernos de repente, sus palabras serían más bien una estrategia para influir en su hijo, que contestó desabridamente, aunque ya con todas las resistencias vencidas: «Franco tiene que dar algún paso».

Sainz le decía:

—Majestad, con todo el respeto, ¡a buenas horas mangas verdes! Eso tenía que haberlo exigido en el *Azor*. Ahora solo se trata de meter a don Juanito en España, y después ya veremos.

—De rehén.

—Si queréis tomarlo así...

Nada más llegar a su viejo colegio, Juanito cayó enfermo. Tenía treinta y nueve grados de fiebre, dolor de garganta, quizás tifus. El director *monsieur* Bernard Peter fue a verlo.

—Hemos recibido órdenes de su padre de que, en cuanto mejore, regrese a Lisboa —le informó.

Esa noche no tuvo fiebre.

Aunque ya estaba finalizando noviembre, en Portugal el aire era suave, oloroso y cantaban los pájaros. El taxista le ayudó a bajar su equipaje. Su hermana Pilar estaba columpiándose en la verja. Al verlo, y como no había nadie delante, le espetó:

—Hola, idiota.

El Mercedes familiar estaba preparado con el maletero abierto. En el suelo había bolsas, las botas de montar de mami, el estuche largo que contenía un par de escopetas Purdey…

Un scottish terrier salió corriendo de Villa Giralda y saltó a sus brazos.

—Hola, Damil.

Detrás del perro salió su madre con larga falda de cuero, chaqueta verde y sombrero tirolés, su atuendo habitual cuando iba de caza. Lo saludó alegremente y le tendió la mano para que se la besase. Luego le hizo la señal de la cruz en la frente. En tono cariñoso le dijo:

—Juanito, ya te habrán dicho que te vas a estudiar a España —se interrumpió para dar instrucciones a Petra, que llevaba una funda con un vestido de noche—: Cuidado con arrugarlo, que para cenar se ponen de tiros largos… Van los París y los Saboya. —Se volvió de nuevo al hijo disculpándose—: Perdona, pero nos han invitado los Espíritu Santo a la Quinta do Peru, y como se portan tan bien siempre con nosotros… —Le cogió la cara y lo miró con preocupación—, pero ¿estás bien? —Se volvió esta vez a la vizcondesa de Rocamora—: Angelita, que le pongan en la maleta una botella de hígado de bacalao. Juan, ¿las escopetas están en el coche?

Su marido salía cargado con unas prendas de caza en los brazos, que dejó en manos del chófer, y se dirigió a su hijo con jovialidad forzada:

—Mañana te recogerán Ruiseñada y Sotomayor y te acompañarán a Madrid… El *Lusitania Express* lo conducirá el duque de Zaragoza. ¿Qué te parece?

El príncipe, después de cuadrarse e inclinar la cabeza ante su padre, se asombró:

—Pero ¿no vendrá Vegas? —Su preceptor era su sombra desde hacía cuatro años y no concebía la vida sin él—. ¿Cómo me voy a arreglar sin Eugenio? ¿Y él qué va a hacer sin mí? ¡No voy a dejarlo solo!

Le empezó a temblar la barbilla y su padre lo observó con disgusto.

—Juanito, no digas tonterías, ya no necesitas un ayo, y, además, en Madrid, vas a ir a un colegio… —Sonó el claxon del coche y María lo apuró desde la puerta—. Ya voy, ya voy… Bueno, un colegio no, un grupo de niños, pero será como un colegio. En una finca en el campo. —A pesar de los gestos de su mujer, los ladridos del perro y la impaciencia del chófer, Juan se agachó hasta la altura de su hijo y le puso las manos en los hombros—: Juanito, no sabes la envidia que me da pensar que mañana estarás en nuestra patria… Serás el símbolo de la monarquía en España, me representarás a mí, a tu abuelo y a todos tus antepasados, es una gran responsabilidad, pero sé que sabrás cumplir con honor —le propinó un ligero puñetazo mientras se enderezaba—. ¿Qué se dice?

—Por España —balbuceó el niño, con la voz entrecortada y sorbiéndose los mocos.

—Más alto.

—¡Por España! —gritó con voz firme, estirando su cuerpecito.

—¡Por España!

Partió el coche dejando una nube de polvo. Casi inmediatamente, un automóvil de lujo se estacionó lentamente. Alfonsito y su amigo Antonio Eraso salieron de la casa con las mochilas a la espalda y le dijeron:

—Nos vienen a buscar Javier y Jaime Gil-Robles con su padre para ir al zoo.

—¿Puedo ir?

Los amigos se miraron y asintieron sin mucho entusiasmo.

Contó luego José María Gil-Robles, quien había sido líder del partido de derechas CEDA durante la República, era monárquico y vivía exiliado en Estoril, que la desolación y la melancolía de los ojos de Juanito le habían recordado la de los animales encerrados en las jaulas, tan lejos de su hogar.

6

Sobre las losas de mármol blancas y negras del palacio de El Pardo, que la Señora ha mandado cubrir de gruesas alfombras de la Real Fábrica, sonaban los pasos torpes del heredero, del padre exiliado, del abuelo huido y de los diecisiete reyes que los precedieron. Juanito intentaba caminar por los amplios salones sin que crujieran sus botas de mala calidad, y tampoco sus tripas, pues llevaba sin comer desde el desayuno.

Lo habían estado preparando para su entrevista con Franco desde la mañana. A las nueve había sido su padre desde Estoril, la primera llamada desde que había llegado a España, hacía quince días. El teléfono estaba en la planta baja de Las Jarillas, la finca de los Urquijo habilitada como internado, y había tenido que bajar descalzo:

—Juanito, no olvides hablarle de mi trabajo.

Juanito, que no había visto trabajar a su padre ni un solo día, aparte de encerrarse en su despacho con su consejo privado y gritar mucho, asintió, sin embargo, sin titubeos:

—Sí, papá.

—Dile que el ejemplo que has recibido en casa, el amor a España y tu sentido del deber te hacen desear que yo pueda volver pronto a pisar el suelo de la patria.

Un Juanito algo atribulado, pues no sabía si iba a acordarse de un mensaje tan enjundioso, asintió de todas formas porque, con su corta edad, ya sabía que, si no querías buscarte problemas, lo mejor era darle la razón a todo el mundo.

—Así lo haré, papá.

A continuación, fue el duque de Sotomayor el que le advirtió, mientras le llevaba personalmente un vaso de leche a su cuarto:

—Contestad a todo con brevedad, alteza, y cuando habléis de vuestro augusto padre, os tenéis que referir a él como su majestad.

—Muy bien, Pedro.

Julio Dánvila llamó a la puerta cuando se estaba cambiando y entró sin que le dieran permiso.

—Alteza, yo ya me voy yendo y os espero junto al Caudillo… Ni se os ocurra nombrar a vuestro padre. —Y recordando la nefasta entrevista del *Azor*, suplicó—: halagadle, habladle de sus dotes cinegéticas.

—Así lo haré, Julio. Vete ahora, que me tengo que vestir.

Juanito no sabía qué era esto de las dotes cinegéticas, pero a sus diez años sabía muy bien qué hacer: comportarse con naturalidad. Mientras se ajustaba el nudo de la corbata, esbozó su sonrisa encantadora. Enseñó un poco los dientes… No, tanto no. Un leve gesto era mejor. Parpadeó al mismo tiempo, tan solo un aleteo de sus negrísimas pestañas abatiéndose sobre sus irresistibles ojos verdosos.

Y, como no dejaba de ser un niño, sacó la lengua y se metió los pulgares en las orejas haciendo burla de sí mismo.

Sotomayor aún había de hacerle una última advertencia antes de entrar en el imponente palacio de El Pardo. Lo cogió por los hombros, censuró con la mirada el abrigo, demasiado grande y de mala confección, y advirtió:

—No tratéis de tú a Franco, alteza…, llamadle excelencia o general.

Juanito se asombró y repuso con cierta altanería:

—Nosotros siempre tratamos de tú, es nuestra costumbre, duque, deberías saberlo.

—Sí, sí, pero con él es mejor que no.

Sobre la puerta del palacio cruzan sus lanzas dos miembros de la guardia mora, con turbantes y largas capas de color blanco, pero lo que más llama la atención de Juanito es que llevan los ojos pintados. Un criado de librea les precede y va abriendo salón tras salón, cruzando corrientes de aire frío. Detrás de cada puerta hacen guardia dos soldados que se cuadran a su paso.

Juanito finge naturalidad, como si estuviera acostumbrado, aunque en realidad siempre ha vivido en hoteles o en chalés y el que ahora acaban de alquilar sus padres en Estoril, con la remota esperanza de comprarlo en el futuro, Villa Giralda, no dejaba de ser bastante modesto. De reojo va mirando los frescos de las paredes, los techos de los que cuelgan valiosas lámparas, todas apagadas, pues aquí también sufren restricciones de luz.

Tapices, retratos enormes de reyes antiguos… A la Señora ya se le ha despertado el gusto por las antigüedades y donde no ha puesto una cornucopia ha puesto un candelabro.

En el último salón, que estaba junto al despacho de su excelencia, había dos butacas colocadas frente a frente. Un hombre de cejas gruesas, Carrero Blanco, ministro subsecretario de la Presidencia, se cuadra delante de don Juanito e inclina levemente la cabeza. Dánvila, obsequioso, lo conduce sin tocarlo hasta el centro del salón. De una de las butacas se levanta con ligereza nerviosa un hombre de uniforme, no mucho más alto que Juanito.

El príncipe se asombró. Esa persona que hacía sufrir a papá, el caimán que se iba constantemente a Barranquilla, el protagonista de todas las conversaciones domésticas por cuya culpa el abuelito había muerto solo y desdichado, era un señor que lo observaba con ojos de vaca triste.

Y es que a Franco le pasó algo singular y sintió estremecerse su corazón, donde yacía aún el niño de catorce años obligado a dejar madre y tierra para ingresar en la Academia Militar de Toledo, rodeado de extraños hostiles y mayores que él. Observó intensamente el rostro de Juanito, con el brillo nacarino de las figuras de cera, manchado apenas por la sombra de las cejas, el mentón ligeramente prognático y el labio de abajo encaramado sobre el de arriba en un mohín de terquedad suavizado por la sonrisa bondadosa, pero nada de eso le llamó la atención. ¡Niños guapos había visto muchos! Pero le impresionaron sus ojeras violáceas y que respirara por la boca y no por la nariz, como él. En el desconsuelo de ese niño alejado de su familia vio reflejado el niño que él mismo había sido.

Sacudió la cabeza, como el que quiere huir de un sortilegio, y le señaló la otra silla.

—¿Cómo está su alteza? —Al percibir la sorpresa del príncipe, se vio precisado a aclarar—: El conde de Barcelona, su padre.

—Gracias, general, su maj..., mi padre está bien, le envía saludos.

Franco se dio cuenta de que el príncipe acariciaba el rico brocado de la butaca y miraba a su alrededor con admiración.

—En este palacio murió Alfonso XII, vuestro augusto bisabuelo —le explicó.

Juanito tiene las piernas muy delgadas, con las rodillas llenas de morados y costras, los calcetines caen en acordeón sobre los tobillos, lleva el pelo demasiado largo y la franela de la chaqueta está tan rozada que han tenido que ponerle coderas. Franco no entiende de estas cosas, pero se da cuenta de que el niño, a pesar de ser tan importante para los monárquicos, está muy desatendido.

Muchos años después, Ernesto Giménez Caballero, que lo vio ese mismo día, contó: «El príncipe tenía una expresión anhelante, de niño abandonado que está esperando que alguien lo recoja».

Recordando la nostalgia que sentía en sus primeros tiempos en la Academia de Toledo, Franco le pregunta:

—¿Añoráis mucho a vuestra familia?

Juanito se debate entre decir la verdad o soltar una frase patriotera. Al final se decide por lo primero. Franco no le infunde temor, al contrario, se siente cómodo, no solo porque está acostumbrado a estar con gente mayor, sino porque parece que se interesa de verdad por sus sentimientos.

—Sí, mucho, pero qué remedio... He estado dos años interno en Friburgo. Desde que nací sé que no soy como mis hermanos o como los demás niños.

Esta resignación con su destino conmueve a Franco, que recuerda muy bien cuántas veces se quedaba dormido besando la foto de la madre lejana. Pero no quiere dejarse llevar por sentimentalismos. Carraspea y echa mano de su tono más seco:

—¿Y cómo van los estudios, alteza?

—Bien... Ya sé la lista de los reyes godos.

—Si queréis decirla...

Juanito va contando con los dedos:

—Ataúlfo, Sigerico, Walia..., Teodorico...

Franco prosigue:

—Eurico, Alarico... —y los dos a una—: ¡Gesaleico!

Se echan a reír, y ante la carcajada de Franco hasta el retrato de la Reina Católica de la pared se estremece.

—Ya veo que aprovecháis el tiempo.

Juanito se siente obligado a hacer méritos, no en vano sabe que su destino y, lo que es más importante, el de su padre están en manos de este hombre.

—Y más que lo aprovecharía, pero me han puesto en la habitación a mi primo Carlitos, que es muy bromista y gamberro —explica en tono compungido.

Franco le pregunta a Sotomayor que, como Dánvila y Carrero, está de pie, todos algo inclinados y atentos a la conversación:

—Es el hijo de su alteza real el duque de Calabria, ¿no?

—Así es, excelencia.

Juanito sigue con unción:

—A veces quiero estudiar y no puedo porque él se empeña en jugar. Si estuviera solo en la habitación, estudiaría mejor.

En realidad, pasa justamente lo contrario. Su primo Carlos de Borbón-Dos Sicilias es un niño muy inteligente y estudioso.

Franco frunce el ceño y, sin importarle que esté presente un duque y que su única hija, su Nenuca del alma, vaya a casarse con un marqués, expresa su opinión con severidad levantando el dedo índice en ademán admonitorio:

—Debéis de saber, alteza, que la verdadera aristocracia no es la de la sangre, como antiguamente, sino la del saber, la de la industria, la de las armas... Vamos a poner en su colegio a un niño que no pertenezca a la nobleza.

—¿No será grande de España? ¿Ni siquiera título? —preguntó el príncipe, arrugando la nariz.

—Pues no. Buscaremos una persona normal.

Juanito se queda pensativo y al final concede:

—En Portugal tenemos amigos que no son título. Antonio Eraso, los Arnoso, Chiquinho Pinto Balsemão... Aquí el único amigo sin título que tenemos es Luis Zapata, nuestro chófer.

Se oyó una tos lejana y Franco se apresuró a decir:

—La Señora..., es decir, Carmina, mi mujer, quiere saludaros.

Juanito se puso en pie y entró doña Carmen, la Señora, vestida elegantemente, hasta con sombrero. Llevaba horas esperando en el despacho de su marido. Juanito le alargó la mano y la primera dama de España, que no hacía más que despotricar de la frivolidad de los Borbones y protestó cuando su marido había decidido pasarle una pensión a la exreina de España, le hizo una media genuflexión porque aquel niño no dejaba de ser el nieto de Alfonso XIII. Con gran despliegue de su dentadura recién arreglada por el afamado doctor Shermant, propuso:

—¿Queréis merendar, alteza?

Un valet de chaqueta rayada abrochada hasta el cuello, pantalón negro y guantes blancos trajo un servicio de delicada porcelana con chocolate y pastas inglesas. El príncipe, con una primorosa servilletita bordada sobre la rodilla, comía vorazmente mientras el matrimonio lo observaba dando cabezadas de aprobación, con el mismo brillo en la mirada como si fuera su nieto.

Cuando ya se levantaba para irse, sacudiéndose las migas, Franco le preguntó:

—¿A vuestra alteza le gusta cazar?

—Sí, mucho, pero no tengo arma... Se la he pedido a los Reyes.

Franco, algo desconcertado, preguntó delicadamente, sabiendo que sus padres no andaban muy bien de dinero:

—¿Pero ellos no...?

Y el niño contesta con perfecta naturalidad:

—A mis padres no, a los de Oriente —y precisa para que no haya dudas—: Melchor, Gaspar y Baltasar.

Franco y su mujer intercambiaron una mirada de ternura, ¡diez años y aún cree en los Reyes Magos!

—Muy bien, alteza, el caso es que yo pensaba regalaros una. —Endureció el gesto y Carrero se apresuró a entregarle un estuche largo que Franco pasó al príncipe—. Es una escopeta Purdey, bastante buena.

Juanito abrió expresivamente los ojos.

—Oh, muchas gracias, excelencia.

Sotomayor lo condujo suavemente a la salida.

Franco se quedó con una sonrisa prendida en los labios. En esos momentos entró Giménez Caballero.

—Comprenda, Giménez Caballero, ese niño está perdido y abandonado —se excusó—, y lo tengo que apadrinar, a ver qué sacamos. —Y, sin transición, gritó a Dánvila, que salía también—: ¡Dánvila!

—¿Sí, excelencia?

—¿El príncipe hace gimnasia?

—Sí, excelencia, con Heliodoro Ruiz, que fue instructor de José Antonio Primo de Rivera y ha dicho que su biotipo…

—Déjese usted de biotipos y biotipas… —lo interrumpió Franco—. El príncipe tiene los hombros muy altos y hay que bajárselos. Dígaselo.

Juanito cruzaba extasiado el palacio abrazado a su escopeta cuando de pronto se detuvo:

—¿Te has dado cuenta, Pedro, de que había un ratón?

Sotomayor ríe, él también muy relajado, pues la entrevista ha ido mejor de lo que esperaba.

—¿Un ratón? No lo he visto, alteza. ¿Y qué os ha parecido su excelencia?

—He sentido como si fuera mi abuelo.

—Muy bien, alteza, eso está muy bien…, ejem… —carraspeó el duque—. Quizás sería mejor que no se lo comentarais a vuestro padre.

—No pensaba hacerlo —contestó el niño con altivez, y luego añadió—: Te lo he dicho de hombre a hombre.

—Y no os preocupéis, alteza, que hoy trasladaremos a vuestro primo a otra habitación, así podréis aprovechar mejor el tiempo.

Juanito miró al duque de reojo, por si acaso le estaba tomando el pelo, pero como lo vio serio como un obispo, se limitó a aprobar gentilmente:

—Está bien, Pedro.

En ese momento casi se cayó al suelo, pues surgió de la nada un anciano vestido de librea que se agarró a sus rodillas.

—Alteza, mi príncipe —moqueaba, apenas se le entendía—. ¡Yo estuve con la reina en el palacio de Oriente cuando salió para el exilio! ¡Fui el encargado de llevarle a la duquesa de Santa Cruz sus perrillos; se llamaban, no lo olvidaré nunca, Jacobo, Jacobino y Pinky!

Con tono perfectamente natural, Juanito le preguntó, mirándolo desde las alturas, ya que el hombre estaba postrado a sus pies:

—¿Y tú cómo te llamas?

—Mauricio.

Y el niño le trazó la señal de la cruz en su frente, «Yo te bendigo, Mauricio». Sotomayor le dijo a Dánvila, que en ese momento llegaba corriendo para unirse a ellos:

—Me parece que aquí hay madera de rey, Julio.

Lo que llaman colegio o internado es en realidad un invento autorizado por Franco e ideado por Juan para mantener al príncipe en una burbuja artificial, sin ningún contacto con la realidad española. En ningún momento se pensó en llevar a don Juanito a un colegio normal, malogrando así la única oportunidad que va a tener en su vida de conocer cómo es el país y moverse entre personas corrientes.

No deja de ser un experimento y, como todos los experimentos, mejor mantenerlo en secreto. Y, como todas las construcciones artificiales, tiene algo de monstruoso. Porque nueve niños de la nobleza han sido arrancados de sus colegios y sus familias para arropar al heredero, y no se sabe si por idea de don Juan o de Franco. Son nueve familias acendradamente monárquicas las que hacen entrega de sus vástagos. En realidad, a nadie importa el bienestar de estos niños, ni a sus propios padres, acostumbrados a obedecer a la llamada de su rey desde la época de las cruzadas.

Se ha escogido la finca Las Jarillas, a dieciocho kilómetros de Madrid, un caserón algo destartalado en medio de una finca magnífica, propiedad del marqués de Urquijo, cuyo hijo Alfonso será uno de los compañeros de don Juanito. Además de su primo Carlos de Borbón-Dos Sicilias, están Juan José Macaya, de la nobleza catalana; Fernando Falcó y Fernández de Córdoba, hijo de los duques de Montellano; Alfredo Gómez Torres y Gómez Trenor, la mayor fortuna de Valencia; Álvaro Urzaiz y Azlor, hijo del duque de Villahermosa; Alonso Álvarez de Toledo y Urquijo; Agustín Carvajal y Fernández de Córdoba y Jaime Carvajal y Urquijo, respectivamente sobrino e hijo del conde de Fontanar. Es evidente que era un grupo bastante endogámico, ya que casi todos estaban emparentados entre sí.

A pesar del impecable pedigrí de estos muchachos, de inmediato se hace evidente que lo de compañeros es mucho decir: deben llamarlo don Juanito y de usted, es el único alumno que duerme solo, con saloncito particular, y todo está hecho para su gloria y conveniencia. Tiene un coche a su disposición con dos chóferes, caballo propio, va a cazar los fines de semana y lo visitan personas de relumbrón, como Millán Astray, que entra brazo en alto gritando:

—¡En pie, mis chacales!

O la duquesita de Montoro, hija del duque de Alba, que a todos les parece «muy mona», pero lo comentan a espaldas de Sotomayor, porque está recién casada con su hijo Luis. Poco a poco, y como Franco parece ser que ha dado su aprobación, las señoras de la nobleza empiezan a visitarlo, le besan las manos y le llevan regalos, desde trajes hasta un coche eléctrico o gemelos de camisa. Los guardeses deben vigilar las habitaciones de don Juanito.

—No podíamos salir los fines de semana por temor a que alguien robara.

Juanito se acostumbra a ser el centro de atención, aunque a veces se despierta gritando porque sueña que está en Friburgo y que sus compañeros lo quieren tirar por la ventana. ¡Pero la dureza de Friburgo pertenece al pasado! Se cartea con Zu y con Karim, escribe en papel con la corona real grabada y tiene una persona encargada de su correspondencia, cada día más abundante.

Los profesores le llaman «el Augusto Alumno», siempre le dan matrícula de honor en todas las asignaturas y se le dedican los ditirambos más estrambóticos, «Inteligente como un nuevo Alfonso X el Sabio», por ejemplo. También explican que recitaba a Shakespeare, Molière y Racine por los pasillos mientras escuchaba la música de Beethoven y Rachmaninov.

El profesor de francés le pide disculpas cuando lo examina:

—Perdone vuestra alteza que ose preguntaros de una materia que vuestra alteza conoce mucho mejor que yo.

Es cierto que los exámenes finales se realizan en el instituto San Isidro y son públicos, pero Juan se cuida de hacer un donativo antes de cada convocatoria para paliar el hambre endémica de los abnegados maestros y así el catedrático puede escribirle crípticamente: «Que el Augusto Alumno se atenga a las normas pactadas». Y también: «Por favor, infórmenos a qué hora le va bien que tengan lugar estos exámenes». El aula se llena de enfervorecidos monárquicos y cada vez que don Juanito responde una cuestión, la más fácil de la materia, todos prorrumpen en aplausos y apenas se puede oír la contestación.

Un profesor comentó años después con amargura:

—Si hubiéramos osado suspenderle, el fracaso hubiera sido nuestro.

También cabe decir que don Juanito vuelve a adquirir el hábito de premiar o castigar: si un profesor le cae bien, dice que mañana lo hará ministro de Hacienda, si no, «a ti no te haré nada». Pero en lugar de enfadarse como en Friburgo, los maestros se inclinan ante él ceremoniosamente y el que se ha «portado mal» trata de rectificar.

Es un clima de adulación permanente, propiciado por el director de todo aquel tinglado. José Garrido Casanova es un pedagogo reconocido, ha sido director de los orfanatos municipales y ha dirigido el Colegio de la Paloma, pero sobre todo es un ferviente monárquico que ha sido preceptor de los hijos del duque de Sotomayor y venera a la aristocracia titulada. Sabe de genealogías, escudos y tratamientos como el heraldista más reputado, y educar al príncipe es el sueño de toda su vida, su momento cumbre, ¡solo le importa don Juanito! Para él son sus mayores desvelos y es capaz de castigar a cualquier muchacho que le falte al respeto o que en algún ejercicio físico se propase con el Augusto Alumno. O que le gane jugando al ajedrez o boxeando. Todas las noches va junto a su cama a arroparlo y a trazarle la cruz sobre la frente, como una madre.

Una noche se lo encontró masticando chicle. Garrido le dijo con respeto que, si lo mantenía en la boca toda la noche, podría estropearse la dentadura.

Don Juanito lo miró con los ojos entrecerrados, como calibrándolo, y luego se lo sacó de la boca y le tendió la pegajosa golosina con su más almibarada sonrisa:

—Toma, te lo doy para que estés contento. ¡Cógelo! —Garrido se quedó mirando al príncipe con perplejidad; este estaba con la mano tendida y le ordenó, en esta ocasión fríamente—: Cógelo.

Garrido atrapó el chicle lleno de saliva con los dedos y así tuvo que estar hasta que el príncipe se dio media vuelta, susurró buenas noches y se quedó dormido.

El pastor espiritual del rebaño es el padre Zulueta, un exarquitecto de buena familia metido a cura que reniega de la modernidad del papa, les hace rezar por la conversión de Rusia y desprecia a los niños cuyos títulos aristocráticos no llevan grandeza de España. Es muy puntilloso con el protocolo y cuando don Juanito entra en clase, se levanta él, y no al revés. Porque está tan fascinado por la aristocracia como el propio director y juntos departen largamente por las noches, cuando todos se han acostado, sobre los campos de gules y las flores de lis que llevan los escudos heráldicos y cuál de sus alumnos es más noble.

—Sin duda Fernando Falcó, el ducado de Montellano se remonta al siglo XVI porque primero fue condado de Montillano...

—Hombre, puestos en ese plan, la Casa Dos Sicilias es la más antigua.

Entre los compañeros de don Juanito ha imperado siempre la *omertá*, la ley del silencio, y poco ha trascendido de aquellos años que no sea positivo y elogioso. Solo se ha descolgado alguna vez con una opinión contraria el único alumno no noble, José Luis Leal Maldonado, cuyo padre estuvo en la Armada con don Juan de Borbón y que fue elegido como cuota «democrática» por el propio Franco. Pronto le cogen ojeriza en el colegio y le hacen la vida imposible, lo acusan de todas las tropelías que cometen los alumnos, incluso lo llaman ladrón, porque ha desaparecido una bombilla y dicen que ha sido él.

José Luis, que iba al Liceo Francés cuando lo eligieron para incorporarse a Las Jarillas y era un alumno brillante, achaca las culpas de su penosa situación al director y al páter:

—Querían que me fuera, no ser aristócrata se me hizo pagar muy caro... Garrido y el padre Zulueta no me lo perdonaron nunca.

Pero Juanito nada sabe de las tormentas que agitan el corazón de su condiscípulo porque su futuro, a pesar de las apariencias, sigue siendo azaroso y errático. Su padre no tiene otra cosa que hacer en el lejano Estoril —en aquellos años, todo el extranjero está muy lejos de España— que rumiar los desprecios, reales o imaginarios, que le inflige Franco, a pesar de que ha puesto en sus manos su bien más preciado. Sus asesores, enfrentados entre sí, no hacen más que enturbiar su pensamiento hasta que estalla:

—Pero ¿no decíais que Franco me iba a lamer el culo por entregarle a Juanito? ¡Ni siquiera el *ABC* publica nada sobre nosotros! ¡Nadie habla de mí, es como si el príncipe fuera huerfanito!

El dinero, la herencia del padre, empieza a escasear, Pilar, Margot y Alfonsito, de los que nadie se ocupa, se pelean salvajemente, el flujo de visitantes, que había aumentado después de la entrevista en el *Azor*, vuelve a disminuir, y el pobre Jaime, que se ha casado con una ambiciosa cantante de cabaré llamada Carlota Tiedemann, ha vuelto a las andadas y hace declaraciones explosivas en las que reclama para sí el trono de España:

—Yo soy el hermano mayor y mi hijo Alfonso tiene más derecho que ese tal Juanito a educarse en España.

Carlota, a su lado, asiente vigorosamente, ya se ve reina y reclama en los tribunales las joyas que aún luce Emanuela, a las que no tiene derecho, ya que Jaime y ella están divorciados.

El tiempo pasa, España empieza a levantar cabeza, pero Juan no sabe qué hacer con su vida.

Llama a su madre a Lausana:

—Mamá, lo peor es la incertidumbre. Si me dice que no sirvo, me voy a América a vivir modestamente de un sueldo.

La desventura de su condición de apátrida y apestado entenebrece el ánimo de aquel gigantón que parecía imbatible. No sabe qué rumbo tomar, se desespera pensando en su vida desperdiciada. ¡Ha estado tan cerca! Si cuando acabó la guerra..., si las potencias occidentales se hubieran puesto de acuerdo... Si la Guerra Fría... Si en el *Azor*... Si, si, si..., todo son condicionales que le corroen el espíritu como ratones enloquecidos. Todas sus desdichas tienen un nombre: ¡Franco!

Gil-Robles, que lo trató mucho en esa época, escribe en sus diarios secretos: «El pretendiente cada día está peor, entregado al alcohol y los excesos..., el abuso le está debilitando la inteligencia... Su mujer no se ocupa de la casa ni de los hijos, está todo el día de juerga con amigotas de dudosa condición, es un hogar sin rumbo... Tienen continuas discusiones».

Al final, Juan da un golpe sobre la mesa que hace caer la carabela de plata que estaba en el despacho de su padre en el Palacio Real:

—¡Que vuelva Juanito! —le grita con tanta rabia a su secretario Tornos, el agente doble, que se le caen algunas gotas de saliva—: ¡Y dile al enano de El Pardo que prefiero que me llame maricón que pretendiente! ¡Pretendiente su p... madre!

7

Estoril es un cruce de espías y estafadores de guante blanco, reyes en el exilio y prostitutas de lujo, un microcosmos en el marco de una Europa empobrecida que trata de salir adelante en medio de las más terribles penalidades. Está veinte kilómetros al sur de Lisboa, a lo largo de una franja de arena dorada y fina, donde navegan los yates más lujosos, aunque Saint-Exupéry le puso la etiqueta de «paraíso triste».

Allí, Juan y María han alquilado primero, y comprado después, la que será su casa definitiva, Villa Giralda. Había sido la antigua sede del club de golf, un chalé feo y espacioso con cincuenta y una habitaciones, pero algunas tan pequeñas que no cabe ni la tabla de planchar. El cuarto más grande es el de juegos, en el desván. Hay una mesa de pimpón, otra de billar y en la pared una diana para tirar al blanco.

Cuando Sainz Rodríguez le pregunta: —Os lo habrán pagado los monárquicos, ¿no?, —Juan gruñe:

—Y un cojón. No han puesto ni un duro, lo he pagado yo, dos milloncejos a tocateja.

Al lujoso hotel Palacio suelen acudir María y Juan, elegantemente vestidos, a tomar la última copa de la noche. El barman le indica al camarero:

—Cuando vengan los reyes de España, tú todo ponlo doble. Doble whisky y doble ginebra para sus majestades.

Con Franco consolidado en el poder y a punto de ser reconocido por las potencias occidentales, ya no son muchos los nobles españoles que los acompañan, la mayoría de ellos viven bajo las faldas del Caudillo y solo los muy valientes se atreven a desafiarlo. Cuenta Luis María Anson que, siendo jovencísimo, apenas estrenada la universidad, fue a visitar como periodista a don Juan y regresó a España entusiasmado con la personalidad del pretendiente. Un sentimiento, por cierto, que no le ha abandonado nunca. Pero esa noche fue a cenar a casa de un noble empingorotado y, lleno de ardor juvenil, propuso varias acciones inmediatas para propiciar el regreso del hijo de Alfonso XIII a España. El noble le interrumpió pidiendo calma con la mano:

—Poco a poco, Anson, no tanto entusiasmo... De momento, Franco sigue siendo un buen negocio.

Son los mismos nobles egoístas y frívolos que se fueron a pasar el fin de semana a Deauville, o a jugar al golf al Club Puerta de Hierro, o a cazar a sus fincas el día que tenían que votar por su rey, el 12 de abril de 1931. ¡Hasta en el distrito de Madrid donde vivían más aristócratas ganaron las candidaturas republicanas!

Juan y María ahogan en alcohol las penas del destierro, ¡las más duras para el alma humana! De todo este periodo tenemos cumplida nota por el espía que les ha puesto el gobierno portugués, João Costa. Se coloca en la puerta de la casa, libreta en mano, y cuando los niños entran, lo saludan:

—Hola, João.

Margot, que se ha enterado de que había trabajado en un circo antes de ser policía, le pide que realice cabriolas, lo que el buen hombre ejecuta con gabardina y corbata.

Sus informes, con bastantes faltas de ortografía, tienen como blanco la vida de «libertinaje» de don Juan. «Se pierde en el bosquecillo del club de golf con otras jugadoras». Y precisa: «No puedo entrar, ya que no poseo carné de socio».

A pesar de todo, puede transcribir el comentario de un empleado del club:

—El rey es como un niño grande, le gustan todas.

No hay más Gretas en la vida del pretendiente porque está atrapado en el cepo de la idea fija: Franco y el retorno a la patria. Pero como sus apetitos sexuales son tan exuberantes como los de todos sus antepasados, sí se entrega a amores fugaces y superficiales, incluso en el hotel Palacio, en las mismas narices de su mujer, que no llegó a enterarse nunca.

En el último piso, donde las habitaciones son más baratas, huyendo de la Hungría comunista, ha aparecido de pronto la familia Gabor, cuyo mayor atractivo es su extraordinaria belleza. El padre tiene la apostura de un actor de cine, con grandes bigotazos y voz estentórea; la madre es tan guapa que la llaman Jolie. Tienen tres hijas encantadoras, Magda, Eva y Zsa, adiestradas en las dotes del amor por mamá, que había sido la cortesana más conocida de Budapest. Dicen que son joyeros, aunque en realidad practican una especie de prostitución de lujo. Los señores suben a la habitación, el padre está ausente, la madre prepara *goulash*, se divierten con ella y con las tres hijas, beben champán, comen y pasan a la cámara vecina a acostarse con la que más les guste… O con las que más les gusten.

En el pasillo espera el padre, que los aborda llorando porque los visados para ir a América, que están esperando ansiosamente, son muy caros, y los amigos se ven obligados a apoquinar:

—Dios se lo pague, vuelva cuando quiera.

A don Juan lo llevó al *goulash* de las Gabor José Luis de Vilallonga, el hijo del marqués de Castellbell, hombre de confianza de Alfonso XIII. José Luis está pasando en Lisboa su luna de miel con la aristócrata inglesa con la que acaba de casarse. Es tan apuesto que no necesita pagar por una mujer. Aun así, gasta con la pelirroja Magda el dinero que le han dado como regalo de bodas. Juan se prendará de la hermana pequeña, Zsa Zsa, que es una belleza rubia deslumbrante, pero de una ordinariez aterradora, lo que hace mucha gracia al pretendiente. Como José Luis lo ha presentado como rey, la mujer espera que le caiga algo importante. Vestida con corsé con balconcillo de encaje negro que deja sus pechos blancos casi al descubierto, Zsa Zsa le suplica mientras le da a beber de su zapato de tacón:

—Una joyita aunque sea, mi cariñito. De la corona.

Juan aparta con asco el zapato de la hetaira, bastante usado, todo hay que decirlo. No dispone de dinero porque su herencia va menguando y las donaciones de los nobles españoles también, y le confiesa que le gusta mucho, pero que no tiene nada que darle a cambio. Al día siguiente, el padre lo detiene junto a la puerta y le dice:

—Zsa Zsa está ocupada..., y será mejor que no vuelva por aquí.

Un abatido Juan, apurando una copa en el bar, le abrió su pecho al amigo:

—José Luis, es el sino de mi vida.

—Majestad, estoy seguro de que si os lo proponéis... —trató de consolarlo Vilallonga.

—Quita, quita, solo puedo tirarme a monárquicas que quieren hacer méritos o mujeres muy ricas que lo hacen por esnobismo. Pero las putas, que son las que me gustan de verdad, son muy caras y yo soy un hombre muy pobre. —Y añadió melancólicamente—: ¡Hoy los reyes sin trono ya no impresionan a esta clase de mujeres!

Cuando Juan se enteró de que Vilallonga, que era muy indiscreto, iba contando estas intimidades en todos los cenáculos europeos donde lo llevó su viaje de bodas, montó en cólera. Y cada vez que se aludía en su presencia a la apostura del díscolo noble catalán decía con venenosa indiferencia:

—Sí, es verdad..., se parece mucho al conserje del hotel Le Meurice de París.

Se habló también de una condesa judía, Erika Hoyos, una mujer misteriosa siempre maravillosamente vestida que frecuentaba la alta sociedad portuguesa. Según vuelve a contar el irredento Vilallonga: —Don Juan creía que todas las mujeres eran unas putas.

La sociedad portuguesa pronto arropó a los condes de Barcelona con generosidad y afecto. Olga Cadaval, la millonaria y mecenas, los invita a menudo a comer al Palacio de Montserrate, en Sintra; los vizcondes de Asseca los cumplimentan en el Turf Club de Lisboa; frecuentan el bar Vela Azul con los Pinto

Balsemão; acuden a las fiestas de disfraces de los condes de Arnoso en la Casa San Bernardo, cuyos azulejos había pintado a mano el mismísimo rey de Portugal. O se van de cacería los fines de semana al Alentejo, a las fincas Herdade do Pinheiro o Condado de la Palma o la Quinta do Peru, de los Espíritu Santo, la mayor fortuna de Portugal.

Franco comenta desdeñosamente:

—El pretendiente y su mujer están entregados a las diversiones y a la masonería internacional.

Concretamente, gracias a los Espíritu Santo, pudieron pagar Juan y María muchas facturas los meses en los que el prometido socorro de la Diputación de la Grandeza no llegaba. Eran dos hermanos, Ricardo y Manuel. El primero socorría a los condes de París, herederos de la Corona francesa que, según María, «aún estaba peor de dinero que nosotros». Manuel protegía a los Barcelona. Fue una ayuda desinteresada y discreta, de la que nunca hicieron alarde, pero que la familia real española ni siquiera en la actualidad ha olvidado.

Las comunidades cerradas suelen ser muy chismosas y pronto se empezó a murmurar que María se había sometido a una operación de estética con un afamado médico portugués, pero ella aclaró que si tenía mejor aspecto era gracias a las cremas que elaboraba el doctor Castellani, unas fórmulas magistrales que se rifaban las señoras de la buena sociedad.

Sí, el doctor Castellani, que había traído al mundo a Juanito, también se había afincado en Estoril y continuaba alternando con princesas y duquesas.

¡Y es que la pobre María tenía tanta competencia!

Hélène de Quay, por ejemplo, una espectacular belga casada con el vizconde Stucky de Quay, prestigioso abogado que estaba casi siempre de viaje. Al parecer, sin embargo, lo de Juan y Hélène fue más una amistad amorosa que una pasión. Se veían en el club de golf y, para dotar a sus encuentros de cierta respetabilidad familiar, él se hacía acompañar por su hijo mayor y ella iba con su hija Chantal. ¡Y Juanito se enamoró de Chantal! Sería su primer amor, dando muestras de una precocidad sexual típicamente borbónica. Para poder cortejarla como un hombre, le pidió a su madre que le pusiera pantalones largos. Enseguida, le confesó a la niña con mirada lánguida:

—Estoy enamorado de ti y, si pudiera, me casaría contigo.

Chantal se estremeció porque quien se lo decía, por muy jovencito que fuera, podría ser rey de España. Como Juanito se dio cuenta enseguida de lo bien que funcionaba esta táctica, la seguiría utilizando con todas sus «novias» sucesivas, consiguiendo los mismos resultados. Su hermana Pilar contaba:

—Era un fastidio, porque yo tenía que ir al día siguiente y decirles que lo de casarse era una broma.

Chantal lo recordará en aquellos tiempos como «humano, ardoroso y alegre». Iban al cine Casino y se sentaban en la última fila cogidos de las manos, aunque cuando salían, no sabían explicar el argumento de la película, compraban helados a Santini y empezaron a ir a la *boîte* Ronda, donde el cantante entonaba unos boleros que Juanito le traducía a Chantal al oído:

Solamente una vez
Amé en la vida...

Alfonsito, en primera fila del cine y comiendo altramuces, hará el ruido de besar o se pondrá a patalear junto a sus amigos cada vez que el malo persigue al bueno, hasta que el acomodador los desaloja.

Ahora, después de que Juan agarrara por una oreja a su hijo, metafóricamente hablando, para darle en las narices a Franco, y se lo trajera desde la finca de los Urquijo a Portugal, la familia vuelve a estar al completo. Y se plantea de nuevo la educación de Juanito: se organiza a toda prisa un aula en la Villa Malmequer, adonde se desplazó el servicial Garrido, algunos profesores y un grupito de alumnos que, desmantelado Las Jarillas, se quedaron sin colegio al que acudir y sin saber cuál iba a ser su futuro.

Se oyen las voces de Juan en su despacho:

—¡Ahora que el enano mueva ficha, cojones!

Grita tanto que se ve obligado a salir para informar al espía João Costa de que sus alaridos se deben a que su interlocutor es sordo.

Juanito se resignó, como hacía siempre. Por una parte, se sintió halagado por tanta atención, pero, por otra, desearía llevar la vida libre de sus hermanos. Alfonsito, el precoz Alfonsito, ya se encerraba en el cuarto de juegos con niñas mayores como Tessy Pinto Coelho o France Brito e Cunha y apagaban la luz... Aquel Senequita tan sabio que hasta el padre le preguntaba a veces:

—Oye, tú, ¿en qué año se hundió el *Titanic*?

A lo que el otro contestaba sin dudar, gangueando, porque no pronunciaba la erre:

—En 1912. La *madgugada* del 15 de *abgil*.

—Ya sabes que tus abuelos estuvieron a punto de embarcar y que al final no lo hicieron porque la guerra...

—Sí, papá, ya lo sé… —y cogía una silla, se arrimaba a su padre, apoyaba la cabeza en las manos y le decía—, pero vuélvemelo a contar, por favor.

Y Juan, que no solía hablar nunca con sus hijos, se explayaba acerca de esa historia que no había sido cierta, pero que se trasmitirá en la familia de generación en generación. Alfonsito lo escuchaba con atención, comiéndose las uñas, y si el padre cambiaba el relato, fruncía el ceño y le corregía:

—Pero no, papá, la abuela sí quería…

Juanito los observaba con envidia. Él nunca tenía este tipo de conversación distendida con su padre. Cuando se sentía observado por él, no podía dejar de advertir en el fondo de su pupila la rivalidad y la desconfianza, sentimientos muy poco paternales, y aquello cortaba todo intento de comunicación o complicidad. Si intentaba explicarle algo de España, el padre lo interrumpía con impaciencia:

—No, Juanito, tú qué sabes… Eso no es así.

Y le enmendaba la plana, él, que llevaba veinte años fuera de la patria y que solo la conocía por lo que le contaban sus asesores, tan fuera de la realidad como él mismo.

Hasta el espía João Costa anotaba en su libreta: «Joaninho está triste…, no sabe si va a volver a España…, se pelea con sus hermanos y siempre está solo en el jardín». Las peleas eran feroces, tenía que salir muchas veces el padre del despacho a darles correazos con el cinturón. Cuando no estaban los mayores, Pilar sabía cómo enfurecer a su hermano:

—Bobo, estamos hartos de ti… Nadie te quiere, ni Franco ni nadie. Quieres más al enano de El Pardo que a papá.

Juanito tenía unos ataques de ira brutales. Un día, furioso, le dio tal puñetazo a su hermana que se rompió un dedo.

Por su santo, su madre le regaló un cocker spaniel y cuando le preguntó: —¿Cómo le vas a poner? A Juanito se le aguaron un poco los ojos y dijo mientras abrazaba al perrillo:

—Pardo.

Recuerda a Franco, cómo le preguntaba por sus estudios y cómo habían repasado juntos la lista de los reyes godos. El Caudillo tampoco olvida a Juanito. Le apena evocar a ese muchacho completamente solo, rodeado de fríos consejeros y de un padre cuya única obsesión es ocupar el trono de España.

—¿Qué hará Juanito ahora? —le pregunta, soñador, a su mujer, que está escogiendo unas joyas en un catálogo que le ha enviado Aldao.

—Estará bien, Paco, no te preocupes— contestaba ella distraídamente.

Juanito es un niño solitario, como lo fue él. Un niño que tiene que crecer también prematuramente. Ambos, de adultos, recordarán su infancia casi con las mismas palabras: «Mi niñez fue muy dura», dijo Juan Carlos, y también: «Nunca fui un niño como los demás». «Mi infancia no fue feliz», afirmó Franco. Que también confesó que «desde muy pequeño pusieron sobre mis espaldas responsabilidades superiores a mi edad».

De esta debilidad del Caudillo por su hijo, que intuye oscuramente, Juan cree que podrá sacar provecho. Se lo dice Sainz Rodríguez:

—Don Juanito es la única arma que tiene vuestra majestad contra Franco, juegue bien sus cartas. ¡Aguante, que lo tenemos cogido por los huevos!

Aunque Franco se hace el duro y le dice a José María Pemán con la esperanza de que sus palabras lleguen a Estoril:

—Que se quite ese señor la idea de que la corona le pertenece... Yo la corona no se la he quitado a nadie, la corona la he encontrado en el arroyo, todavía la estoy limpiando, y se la devolveré cuando proceda a quien sea la persona que mejor la pueda llevar, de acuerdo con las Cortes y con el pueblo español.

La incertidumbre es lo que mata a don Juan:

—Al final me arrepentiré de haber dejado la Marina.

Entre la realeza exiliada en Estoril, los reyes de Italia, los de Francia, los de Rumanía y los de Rusia, pronto empezó a correr el rumor de que el único «que iba a mojar» de todos los príncipes destronados era Juanito. Y siempre le rodeó un aura especial, de ser escogido para más altos destinos. Pero tal imagen no fue suficiente para retener el amor de Chantal, que lo dejó por su íntimo amigo Babá Espíritu Santo, y Juanito sufrió de amores por primera vez en su vida.

Ese verano fueron de crucero con el *Saltillo*. Juan invitó a sus sobrinos, Alfonso y Gonzalo, hijos de su hermano Jaime, que seguían en el internado de Zug. Le llamó la atención que Alfonso, que parecía inteligente y preparado, a pesar de ser muy joven, estuviera tan resentido. De entrada, le comunicó:

—Tío Juan, no voy a hablar en español porque detesto la lengua y el país.

Juan, sin poder evitarlo, le dio un bofetón que lo tumbó en la cubierta. Después lo ayudó a incorporarse y le preguntó:

—Pero ¿sabes hablarlo?

El sobrino no respondió, se frotó la mejilla y se puso a mirar el mar con ojos insondables.

Se sentía acomplejado por su desgraciada situación, este resquemor le impedía razonar con lucidez y era de un hermetismo inquietante. Juan se quedó tranquilo porque se dio cuenta de que no constituía una amenaza para Juanito, por mucho que Jaime hubiera escrito a todas las cortes europeas explicando que el heredero de la Corona era él por ser el hermano mayor, y que había firmado la renuncia obligado por un padre cruel y desconsiderado.

Generosamente, le dijo a su sobrino:

—Si necesitas algo, no dudes en pedírmelo, aunque sé que la abuela se hace cargo de vuestra educación.

Y se quedó de piedra cuando el sobrino le informó con suficiencia:

—Franco ha hablado con papá y le ha dicho que podemos ir a estudiar a España y que él se ocupará de todo, pero nosotros no queremos.

Juan se llevó las manos a la cabeza, y más cuando habló con su madre:

—Mira, Juan, tan nieto mío es uno como otro y me es igual quién se siente en el trono mientras sea… uno… de nosotros. Tú verás lo que haces, pero tanta tontería y tanto remilgo, al final, a quien va a joder es a ti. ¡Lo malo es que tus asesores son todos unos idiotas y haces caso hasta al último mono!

Así, Juan decidió a toda prisa que Juanito volviera a España, esta vez acompañado de su hermano Alfonsito, y al palacio de Miramar, en San Sebastián, que formaba parte de la herencia de su padre y le fue devuelto por Franco, junto con el palacio de la Magdalena, en Santander, y la isla de Cortegada, frente a Carril, en Pontevedra. Es un lugar enorme, pero solo se habilitan algunas habitaciones, precisamente las que habían ocupado los infantes hemofílicos, Alfonso y Gonzalo, los tíos muertos, como los llaman en familia. No hay esquinas ni cantos afilados para que los desgraciados niños no se hirieran y se desangraran.

En el espejo del salón, una ilusionada princesita inglesa había grabado con el diamante engarzado en su anillo de prometida: ENA-AXIII. Juanito se lo escribió a su abuela, que recordaba la ingenuidad de aquella jovencita a la que España y su marido trataron tan mal.

—*My God!* Pasé en Miramar veinticuatro veranos de mi vida…, pero no hay que mirar el pasado. *Always up*, Juanito. ¡Siempre arriba!

Esos años no difieren de los de Las Jarillas. Desaparecieron como por ensalmo el primo Carlitos, Fernando Falcó y Agustín Carvajal, y se añadieron algunos nobles más, los gemelos Zayas, Luis Pérez de Guzmán, Carlos Benjumea, un hijo de Ruiseñada y Joaquín Pérez Herrasti, entre otros, para acompañar a don Alfonsito. Primero, los dos hermanos compartieron habitación, pero las peleas eran constantes y, a pesar de los cantos redondos de los muebles, cada día amanecían con algún ojo morado y, temiendo que la cosa fuera a mayores, decidieron separarlos.

En voz baja se hablaba de las terribles cóleras de Juanito. Rompía objetos, daba patadas, ciego de ira, y no se podía razonar con él.

Lo tenían que encerrar en su habitación para que no le hiciera daño a nadie o no se hiriera él mismo.

Los hermanos apenas se dirigían la palabra. Aunque ahora ambos son denominados «los Augustos Alumnos», no hay informes de la progresión escolar del pequeño, cuando del mayor continúan los partes ditirámbicos: además de leer a Kant y a Hegel es «parco en la comida, ordenado y respetuoso, en los actos sociales siempre era el centro, pero no por ser príncipe, sino por su caballerosidad». Y para que no quepa duda del espíritu democrático del «colegio», se advierte de que «el padre

Zulueta, para no crear resquemores, come al mediodía al lado de don Juanito y por la noche al lado de don Alfonsito».

Incluso las gamberradas más crueles se describen como episodios divertidos, como cuando Juanito y sus amigos entraron en el gallinero del hombre que cuidaba el jardín y alancearon a las gallinas como si fueran toros hasta matarlas a todas a golpes. Con indulgencia, los profesores anotaron: «Montaron una buena».

Se le asignan varios profesores particulares; el más significativo, el catedrático de literatura Ángel López del Amo, miembro del Opus Dei. Juan primero recabó la ayuda de los jesuitas como guías espirituales de su hijo, pero le contestaron:

—Dada nuestra nefasta experiencia en la educación de príncipes, declinamos su invitación.

Así, se entrevistó en Roma con el padre Josemaría Escrivá de Balaguer, el fundador del Opus Dei, que le dijo:

—Sepa usted que yo tengo hijos monárquicos e hijos republicanos y que su alma es igual para mí..., pero me siento honrado.

Curso tras curso se suceden los sobresalientes para don Juanito. Después del examen final de bachillerato, en el que habla de los Reyes Católicos en una disertación «brillante», según cuenta la crónica de *ABC*, él y su hermano van a ver a Franco. Alfonsito contesta con descaro las preguntas que le hace el Caudillo. Sale la Señora a saludar, y Juanito le pregunta educadamente por sus nietas. Tiene dos, María del Carmen y María de la O. La señora junta ilusionadamente las manos y les dice:

—¿Y sabéis que estamos esperando otro?

Todos enrojecen porque tener hijo implicaba que antes... Franco, que se da cuenta, dice abruptamente:

—Alteza, ya sé que habéis aprovechado bien la escopeta que os regalé... Un día tenemos que ir al monte de El Pardo a tirar a unas perdices.

Mientras habla la pareja, Alfonsito bufa y les dirige miradas maliciosas y Juanito sufre horriblemente por la situación. Cuando se van, Alfonsito se burla:

—La hija debe ser una coneja de tanto parir y ¿has visto cómo movía la pierna? Como un péndulo...

Se pone a imitarlo y luego le cuenta a todo el mundo que la Señora le daba asco con todos esos dientes y que Franco parecía un sapo.

También le reprocha con desprecio a su hermano:

—¿Y por qué tienes que dedicarle todas esas pamemas? ¡Lo que tenemos que hacer es darle una patada en el culo para poner a papá!

Juanito le propina tal puñetazo que casi le rompe la nariz.

Como regalo de fin de curso se va a comprar su primer esmoquin al mejor sastre de San Sebastián. Tiene que acudir a un crucero en el barco *Agamenón*, organizado por Federica, la enérgica reina de Grecia que pretende así abrir la costa griega al turismo y también quiere propiciar bodas entre los jóvenes príncipes europeos. Invita a los condes de Barcelona y a sus dos hijos mayores.

María comentó luego:

—Como Freddy era prusiana, íbamos a golpe de corneta. Nos había preparado tantas actividades que acabábamos el día molidos.

Las dos hijas de Federica, Sofía e Irene, se fijan en Juanito. Irene le sonríe en silencio, pero es Sofía la que intenta atraer su atención con la excusa de enseñarle una llave de judo.

¡Pobrecilla! ¡Tiene tan poca gracia!

Es la antítesis de todo lo que el príncipe busca y buscará siempre en una mujer: apocada, de físico discreto, gazmoña, callada, sin sentido del humor...

¡De momento, el corazón es libre y lo puede entregar a quien quiera! ¡Y no le hace caso! No tiene ojos más que para la princesa Ella, María Gabriela de Saboya, la hija de los reyes italianos, a la que ya conoce de Estoril. Alta, moderna, rubia, cosmopolita, atrevida... Es medio novia de Kaddy Visconti, un sobrino del director de cine. El primer día ella le dijo con cierto reproche:

—Me vienes detrás porque ni Isabel ni Diana de Francia te han hecho caso.

—Es verdad —confesó Juanito, y esta sinceridad la desarmó.

No se separaron en todo el crucero, que reunió a ciento diez personas que hablaban quince idiomas distintos y duró doce días. Es de suponer que, estando veinticuatro horas juntos en el ambiente permisivo que reinaba a bordo, las relaciones llegaran lejos. ¡Juanito no era de los que se contentaban con hacer solo manitas! Al menos eso intentó demostrar una mujer francesa llamada María José de la Ruele, que presentó una demanda de paternidad el año 2001, en Burdeos, alegando que era hija de Juan Carlos y María Gabriela y que había sido concebida en el *Agamenón*. Había nacido en Argel en el año 1955 y dada en adopción. La demanda se desestimó y la Casa Real española, que fue la primera y última vez que se pronunció en este tipo de casos, dijo que era «un infundio».

Pilar siempre recordó aquel crucero con antipatía: tenía que competir con las sofisticadas princesas europeas, ella, que solo se sentía a gusto vestida con ropa de montar y que, según su madre, «era muy cardo borriquero». Al final, su padre se vio obligado a bajar un día al puerto para comprarle una barra de labios.

Él mismo se los pintó, mientras la infanta movía la cabeza a un lado y a otro como si la estuvieran martirizando.

Juan se había llevado al crucero el informe de los estudios finales de su hijo, que no había tenido tiempo de leer en tierra. En realidad, eran dos. El primero está redactado por el catedrático Jesús Pabón e iba dirigido también a Franco. El tono es el habitual: el príncipe es alguien fundamentalmente afectuoso y bondadoso, tímido, algo que intenta superar con cierta vehemencia, y aquí una leve nota de reproche, pues no tiene más remedio que revelar que puede llegar a ser violento de palabra o de obra. Pero enseguida añade que es generoso, simpático y desprovisto de rencor y que todo el mundo le quiere.

Juan se acomoda en la hamaca, que apenas puede contener sus generosas proporciones, en la mano un cigarrillo y en el suelo su «martinito», una copa mojada apenas con Martini y rellenada de ginebra, que suele tomarse a esta hora. Saca de la carpeta los papeles del segundo informe, que son solo para él, y se dispone a leer. Se lo ha encargado personalmente al conde de Fontanar, que se ha llevado al príncipe un verano a su finca de Valldemosa para poder observarlo a fondo.

Juanito, para variar, se había enamorado de su hija Marie Claire y le había preguntado si quería casarse con él.

El informe es bastante duro, quizás porque el conde compara a Juanito con su hijo, Jaime Carvajal, que es un excelente estudiante.

También habla de su rectitud y generosidad, ya que trata a las personas modestas con sencilla afabilidad, pero es indisciplinado, con nulo interés por cualquier cuestión cultural y ni siquiera lee la prensa diaria. El príncipe le parecía desatento, egoísta y superficial, y cree necesario imbuirle un mayor sentido de la obligación.

—Vaya trallazo— masculla Juan, aunque sabe que Fontanar lleva razón. De pronto, oyó una voz estridente y levantó la mirada. En la cubierta alguien había puesto en marcha un tocadiscos y sonaba una música chillona y excitante:

One, two, three o'clock
Four o'clock rock.

Juanito y Ella bailaban cogidos de la mano, dando vueltas sin fin rodeados de un corro de muchachos; la falda de Ella se ahuecaba y dejaba ver unas rodillas tostadas por el sol. Juanito, como suele pasar con los niños que han sido muy guapos, se ha convertido en un adolescente con los rasgos algo desacompasados, de frente estrecha, nariz larga y boca aún infantil. Pero ha afinado todavía más su poder de seducción, aunque ahora el príncipe lo pone en juego sobre todo con las mujeres, ¡pero si hasta las mayores coqueteaban con él! ¡Si a María le contaron que lo habían descubierto en una zona oscura nada menos que con la reina María José de Italia! ¡Sí, la madre de su propia novia!

María dijo con cierta indulgencia:

—Como ella es ligera de cascos y el marido maricón…

Pero Juanito en el fondo sigue siendo un chiquillo. A veces, cuando su madre iba a despertarlo se lo encontraba chupándose el dedo en sueños y eso que tenía dieciséis años, ¡dieciséis años y chupándose el dedo! Juan, a su edad, estaba a punto de ingresar en la Escuela Naval de Marín. Era uno de los hermanos pequeños, no tenía ninguna importancia, nadie se fijaba en él… Pero Juanito había crecido entre algodones, rodeado de halagos y mimos.

Juan arrugó el informe de Fontanar y lo tiró al mar pensativamente.

Se sentía cansado. En una nueva entrevista que había mantenido con Franco en la finca Las Cabezas, en Extremadura, propiedad de Ruiseñada, le había preguntado en tono desesperado:

—¿Tengo que abdicar, excelencia? ¿Me está usted pidiendo que abdique en mi hijo?

—Vuestra alteza se ha apartado de la sucesión voluntariamente con sus declaraciones públicas y privadas en contra de España— le había contestado Franco con frialdad.

—Llevo mucho tiempo callado

—protestó Juan con humildad.

—No el suficiente.

¿Tenía sentido tanta lucha?

Alfonsito iba corriendo por cubierta, como siempre atolondrado y haciendo el payaso, y al ver a su padre se detuvo de golpe. Feo, listo y ladino, sin necesidad de seducir a nadie, saldría adelante en la vida sin ayuda y sin privilegios. Juan, quizás por primera vez, sintió cuánto lo quería, de esa forma pura y desprendida que se debe querer a los hijos, ¡es un amor tan generoso como no existe otro! Exento de esa dolorosa rivalidad que, debía confesar, sentía hacia Juanito.

Su hijo le dio un sorbo largo a la copa de Martini, se relamió y se sentó en el brazo de la butaca. Juan advirtió que olía a tabaco, debería reñirle, pero en lugar de eso le preguntó, intentando ponerle bien la camisa que se le salía por todos lados:

—¿Y tú? ¿Qué vas a ser en la vida, Alfonsito?

—Papá, ya lo sabes —contestó el niño con desparpajo, y señaló con el pulgar a su hermano, que estaba realizando un complicado paso de baile—, rey si se muere ese.

8

El *Lusitania Express*, el tren nocturno de lujo que unía Madrid con Lisboa, salía a las nueve. Un compartimento de coche cama está reservado para sus altezas reales don Juan Carlos y don Alfonso de Borbón. Porque Juanito y su hermano iniciaban sus vacaciones de Semana Santa.

Ay. El caballo de la muerte ha empezado a galopar.

El reloj de la estación de Delicias marcaba las nueve menos cuarto. Juanito lo comparó con la hora de su reloj de pulsera: atrasaba cinco minutos, como todos los Rolex. Se lo habían regalado los Montellano. Le prestan el palacio de la Castellana durante un año, servicio incluido, porque cuando acaba sus estudios en Miramar, necesita un lugar para preparar el examen de ingreso en la Academia General Militar de Zaragoza. ¡Y los Montellano se van a vivir al hotel! ¡Y encima le regalan un reloj!

Alfonsito, al que han metido interno en un colegio nuevo, Santa María de los Rosales, en El Viso, siempre le dice con su hablar gangoso:

—¡Qué *potga* tienes!

¡Alfonsito! ¡Llega tarde, como acostumbra! Este hermano tiene tantas ocupaciones y tantos amigos que las veinticuatro horas del día le parecen pocas, mientras para Juanito el tiempo se dilata interminablemente, lleno de tareas fastidiosas. No puede disimular su impaciencia:

—A saber qué estará tramando este idiota.

El tren, como haciéndole coro, lanza un pitido que es casi un quejido, Juanito está a punto de llorar. Luis María Anson, joven miembro de las juventudes monárquicas, y un grupo de universitarios con los que ha estado jugando al pimpón haciendo tiempo lo tranquilizan:

—No os preocupéis, señor, aún queda.

Juanito no llama la atención por su atuendo caqui de cadete del ejército de tierra en unos años en los que hay muchos uniformes por las calles, sino porque es muy alto. Lleva una bolsa ligera en la mano. Con poca cosa. Un par de mudas y regalos comprados en El Corte Inglés: para mami, un pañuelo; para Pilar y Margot, unos discos de Elvis Presley, y para su padre, un cortador de puros.

Pasa un vendedor de periódicos y Juanito compra el *Arriba* y el *ABC*. Mientras rebusca suelto en el bolsillo, Anson le pregunta:

—¿Queréis que os aguante la bolsa?

Juanito se niega y la coge con más fuerza. Con una ligera sonrisa de culpabilidad responde:

—No, Anson, muchas gracias.

Y es que lleva un objeto prohibido que no quiere que nadie vea.

Intenta disimular ojeando la prensa, pero arroja el *Arriba* al suelo cuando ve un pequeño titular: «Las flores de lis están más mustias que nunca».

—¡Miserables!

Frunce el ceño… Se acuerda de su padre, solo en Estoril, esperando llamadas que no llegaban nunca. Preguntándole a su secretario: «¿Hoy qué tenemos, Ramón?», y siempre la respuesta desalentadora: «¡Nada, majestad!».

Pero no quiere hablar de eso ahora. Carraspea:

—Este chico siempre dando por culo.

—Pero el colegio es muy severo, me extraña que se retrase tanto.

Interviene otro amigo, también de las juventudes monárquicas:

—Es que Senequita viene directamente de Los Molinos, donde ha estado haciendo ejercicios espirituales, a bastantes kilómetros.

—¡¿Senequita?!

La incredulidad y el horror que expresa el vozarrón del duque de la Torre se oye en todo el andén. Una pareja de la Guardia Civil se acerca al oír el grito, pero cuando ve al teniente general Martínez Campos con su uniforme cubierto de medallas, se cuadra solícitamente.

—¿Senequita? —repite el duque—. ¡Ni Senequita ni hostias! Su alteza real don Alfonso de Borbón y Borbón, infante de España.

El amigo faltón se encoge tanto que acaba por desaparecer. Juanito pone los ojos en blanco. El duque es su preceptor, un cargo que le ha encomendado don Juan y que el duque ha tratado de quitarse de encima de todas las formas posibles:

—Yo, que no he sabido ni educar a mis hijos, y ahora me encuentro con este embolado.

Es un hombre honrado, pero seco, antipático y adusto. Ha acompañado al príncipe a la Academia Militar de Zaragoza, donde está cursando su primer año y jurado bandera en diciembre. Aunque se dice que el trato del cadete Juan Carlos es igual al de sus compañeros, no es más que otra leyenda interesada. Tiene habitación propia con teléfono, como si fuera un oficial de alto rango, y pasa los fines de semana en el Gran Hotel junto al duque de la Torre para relajarse del ambiente cuartelero. Y Mercedes con chófer propio, Gaudencio. Y para cuando le interesa conducir porque necesita intimidad para sus encuentros femeninos, le regalan un carné sin necesidad de examinarse. Su madre le envía a Pie de Plata, al que mantienen en las caballerizas de los oficiales. Monta cuando quiere y tiene a su disposición a varios profesores para seguir las clases que sus compañeros cursan con comodidad, sin ninguna ayuda extra.

Un día, su preceptor, harto de que coman a solas sin pronunciar palabra, le propone:

—Me gustaría conocer a algunos de vuestros compañeros…, si queréis invitarlos el domingo.

Juanito, que sabe del carácter puntilloso del duque, asiente receloso, pero aun así invita a cuatro cadetes, que aceptan con curiosidad y asombro. Preguntan qué tratamiento tienen que darle y el príncipe contesta:

—Normal.

Empiezan a comer algo envarados, pero Martínez Campos les pregunta con interés, les hace hablar. Y ellos comienzan a relatar anécdotas con desparpajo: «Oye, Juanito, te acuerdas de la batalla de almohadas. ¿Y cuando tiramos esos cohetes el día de Santa Bárbara? Oye, sar…».

El duque pregunta qué es eso de sar.

—Como le llaman su alteza real, nosotros le llamamos sar…, así… —comentan los chicos con desenfado.

Juanito se levanta para saludar a una señora y vuelve a sentarse mientras los compañeros están enfrascados en una conversación, quitándose la palabra unos a otros, hasta que el militar, rojo como si le fuera a dar una apoplejía, arroja su servilleta al suelo y se pone a gritarles:

—¡Caballeros cadetes! ¡Levántense y póngase firmes! ¿Qué es esto de permanecer sentados mientras el príncipe está de pie? ¿Qué es esto de llamarle Juanito y… y… sar y tratarlo de tú cuando yo, que soy teniente general y un anciano, le doy el tratamiento de alteza real?

Como dijo luego un compañero suyo: —nunca pudimos olvidar quién era.

Pero a Juanito todo se le borra porque casi se desmaya de alivio cuando ve llegar entre la multitud, corriendo atolondradamente, con el abrigo ondeando detrás como una capa, a Alfonsito. Tan rubio, casi albino, se parece mucho a su madre, tiene los labios gordezuelos, una gran nariz y sus rasgos poseen una movilidad increíble, puede pasar de la risa al enfado en décimas de segundo, puede ser ángel y demonio a la vez. Todo él es acelerado, no camina, da saltos, no utiliza la vía recta, va en zigzag, se agacha a acariciar a un perro, mira lascivamente a una muchacha, se pone detrás del duque de la Torre, que no ha advertido su presencia, e imita su forma de caminar, con las manos a la espalda y las puntas de los pies hacia afuera, como Charlot. Le pega un puñetazo a Juanito, que le contesta atenazándole por el cogote sin poder enfadarse porque ese hermano loco y listo siempre le hace reír:

—Pesado, que eres un pesado.

Suben al tren, aletean las manos por la ventanilla mientras se arrean enormes patadones para ver a quién le toca la litera de arriba. Al final, Alfonsito trepa y se sienta con las piernas colgando. Hace oscilar una sobre otra:

—Mira, como el sapo del Caudillo.

Juanito no quiere reírse, pero se ríe:

—Calla, imbécil.

—Uf, esos ejercicios espirituales no se acababan nunca... El padre Basabé te lo saca todo, le tuve que contar que nos habíamos bañado desnudos en la piscina de los Casteja y que habíamos ido a ver *Locura de amor*... —se puso las manos ahuecadas frente al pecho—, oye, no sabes los melones que tiene Sarita Montiel..., y todo el rato preguntando por las niñas, que si hacemos esto, que si hacemos lo otro.

—¿Y tú qué le dices?

El otro se las da de mil hombres, saca el labio inferior:

—¿Sabes que me ha escrito Marilú? Pero a mí me gusta Marie France. O Marina. —Finge bailar un lento con una chica, sube sus manos como si acariciara un cuerpo femenino y susurra—: Bugui bugui...

Alfonsito está obsesionado con el sexo haciendo honor a sus genes y, aunque es el feíto de la familia, se las camela a todas a base de labia y descaro.

Juanito finge ponerse serio:

—Yo en realidad me considero novio de Ella.

El hermano se echa a reír.

—Oh, no te hagas ahora el santito, que ya me ha contado Pilar que en Zaragoza te las tiras a todas.

Pone el gesto ordinario de hacer un círculo con el pulgar y el índice y mete y saca el dedo de la otra mano.

A Juanito, en el fondo, le gusta que este hermano tan brillante lo admire, aunque finge no tomárselo en serio:

—Cállate, bobo, ¿recibiste mi carta?

El hermano se aparta el flequillo de los ojos con un soplido:

—Sí, menuda cursilada, querido hermano, sé buen chico y estudia, bla, bla, bla… ¿Sabes qué? Cuando seas rey, la venderé y ganaré mucho dinero.

Juanito pregunta con interés:

—¿Tú crees? —Y añade pensativamente—: Yo tengo muchas cartas de papá y de Franco. —Los hermanos han oído hablar de la falta de dinero tantas veces en casa que siempre están discurriendo formas de hacerse ricos—. ¿Seré rey? ¿Estás seguro? Ya sabes que el primo Alfonso está estudiando Derecho en Deusto…

Pero Senequita, que todo lo sabe, descarta al primo Alfonso:

—Bah, es un sieso, no te preocupes, los jesuitas no sirven para educar príncipes, ¡si ni siquiera habla español! —De pronto se acuerda—: Oye, que a papá no le gusta que viajemos juntos.

Juan Carlos arruga la nariz.

—¿Por esa tontería de que si tenemos un accidente los dos se queda sin recambio?

—Bueno, que no te pase nada, que primero tiene que ser rey papá y después tú. ¡Yo no quiero! ¡Con las ganas que tengo de ir a Marín! Lo primero de todo me tatuaré un dragón en el brazo como papá.

Empieza a hurgar en su bolsa, saca una botella de sidra y se la tiende a su hermano, que se pone a beber a morro. Caen al suelo unas notas, Juanito las pesca al vuelo y se ríe.

—Dorsy, Mari…, ¿qué es esto? ¿Tus novias?

El otro le quita el papel:

—Son nombres para el cachorro que me está esperando… Ya sabes que mamá ha cruzado a Pardo con la cocker de los Saboya.

—No vale, tú tendrás dos perros y yo solo uno —protesta Juanito.

—Pero Rusty es muy mayor, quizás muera pronto. —Se entristece, ¡perder a su perro, su compañero de vida! Pero sacude la cabeza y cambia de conversación—: Mira lo que tengo.

Saca un barco de alambre y cartón, construido de forma muy tosca:

—Es un crucero, como el *Enterprise* en el que iba papá cuando lo llamó el abuelito diciéndole que tenía que volver porque iba a ser Príncipe de Asturias.

—Dámelo.

—No, que lo vas a romper, que eres un manazas.

Los hermanos forcejean, Juanito tiene dieciocho años y parece un crío, Alfonsito, catorce, y es como un viejo. El barco se rompe y Alfonsito, furioso, empieza a pegarle a su hermano una lluvia de golpes sobre su cabeza:

—Idiota, imbécil. Vete a hacer la pelota a Franco, que es para lo único que sirves. —Levanta la voz—: Franco, ese sapo, el enano…

El hermano, por una vez, trata de apaciguarlo para que baje el tono: no están los tiempos para ir gritando contra el Caudillo. Para distraerlo le dice:

—Si te callas, te enseño una cosa, pero no digas nada a nadie.

—¿Qué?

Juanito se levanta a correr las cortinillas del compartimento y saca de la bolsa cuidadosamente un paquete de forma inequívoca envuelto en papel de periódico. Alfonsito lo coge con reverencia. Adivina qué es:

—¿Lo puedo abrir?

Juanito asiente. Capa a capa va desenvolviéndolo y aparece una pistola. Los dos hermanos cazan desde niños y están acostumbrados a ver armas. Pero pistolas no.

A Alfonsito le brillan los ojos y acaricia la culata con reverencia.

—Es una Long Automatic Star del 22, me la ha regalado Franco —le aclara Juanito, ufano, aunque añade con tristeza—: Pero no tengo balas.

Senequita, que todo lo sabe, que todo lo puede, le dice:

—Yo me ocupo.

Era el sábado 25 de marzo de 1956.

Llovió toda la Semana Santa.

El domingo, después de misa, Juanito cargó con un montón de discos y se fue a Villa Italia, la casa de los Saboya, en la Boca do Inferno. En el último momento la madre lo detuvo:

—Llévate a Alfonsito, que con lo nervioso que es no se le puede tener encerrado en casa. Con esta lluvia...

Humberto los saluda distraídamente, está ordenando su colección de monedas en el salón, ayudado por su secretario. María Pía, la hija mayor, y el chico, Vittorio, están con su madre en Suiza. Alfonsito se aburre mientras Ella y Juanito bailan, y se dedica a leer tebeos de *El Guerrero del Antifaz* con la hermana pequeña de Ella, Titi. Alfonsito sabe, como toda la colonia de Estoril, que Titi no es hija de Humberto de Saboya, sino del yerno de Mussolini, Ciano. Tampoco María Gabriela es hija de Humberto, sino de su primo Amadeo de Aosta.

Como dice doña María: ¡Pues qué va a hacer la pobre si al marido no le gustan las señoras!

El martes, Alfonsito dice que quiere ir a Lisboa a comprar unos cuadernos. La señorita de compañía, Mercedes Solano, va con él porque tiene que arreglarse el pelo. Mientras Mercedes está en el peluquero, Alfonsito se presenta en la armería Silva de la rúa dos Correiros y pide balas del 22:

—Son para mi padre.

El dueño no duda, o le es igual, y le tiende una caja que lleva la advertencia: «No dejar al alcance de los niños», pero Alfonsito se mueve con tal desparpajo que podría pasar por adulto.

El miércoles, los hermanos se ponen de acuerdo para ir de nuevo a Villa Italia. Lejos de sus padres y en el amplio jardín de la finca, quieren hacer prácticas de tiro. La madre se sorprende de que quieran estar los dos juntos voluntariamente, pero se muestra encantada porque ya no sabe qué hacer con ellos en casa, cercados por la lluvia constante y el malhumor de Juan. Lo último que le han dicho es que su antiguo amigo Indalecio Prieto lo llama «el Pitusín de Estoril».

—¡El Pitusín de Estoril! ¿Te figuras, María?

La mujer le contesta desenfadadamente:

—Pues yo debo ser la Pitusina. A mí no me ofende, Juan. Mira, estoy tan tranquila.

Los perros se ponen nerviosos y no paran de ladrar.

Las princesas italianas se muestran impresionadas por la pequeña arma que esgrime Juanito, aunque el hermano puntualiza:

—Las balas son mías.

Los chicos preparan varios blancos sobre los que disparar, unas latas de sardinas puestas en pie, un cartón sujeto a un árbol con una diana pintada, sacan manzanas de la cocina, pero Ella y Titi se niegan a ponérselas en la cabeza como Guillermo Tell y los príncipes se quejan amargamente:

—Sois unas cursis. Si es lo único que tenéis que hacer.

Todos disparan por turno, pero Juanito y Alfonso empiezan a pelearse: «Que si tú has tirado más veces que yo, que si tú haces trampa y te acercas más...».

El exrey de Italia, que estaba tranquilamente ordenando su colección de sellos, que alterna con la numismática, sale del chalé horrorizado y les chilla con su voz atiplada:

—¡Os prohíbo seguir con este juego! Ya hablaré con vuestros padres.

Los hermanos se van a casa, pero por el camino, con la sangre caliente y todavía muchas balas por disparar, apuntan a las farolas de la rúa de Inglaterra y se las cargan todas.

Al oír aquel estrépito, salen los vecinos a la calle: la viuda del rey Carol de Rumanía, los Sousa de Lara, el duque de Maura, los Pinto Coelho, y van a quejarse a Juan que, después de aplicar el correctivo correspondiente, esconde el arma en un secreter de su despacho y se guarda la llave en el bolsillo de la chaqueta que lleva por casa.

—Habrase visto... Estáis locos... —refunfuña y, extrañamente, se ceba en Alfonsito, que es el pequeño—: Esto ha sido cosa tuya, Alfonso, no te creas que voy a olvidarlo.

Pero la verdad es que lo olvida enseguida, porque le llaman por teléfono y le comunican que, en uno de sus habituales cambios de timón, Franco ha decidido destituir al ministro Ruiz Giménez, con el que tan buena relación tenía Juan, y entra en el gobierno José Luis Arrese, falangista y acérrimo antimonárquico.

El 29 de marzo, Jueves Santo, a primera hora le llevan a Alfonsito el cachorro de cocker spaniel. El niño lo coge en brazos, le besa en el morro y dice:

—Luego le pondré nombre.

La familia entera, vestidos de negro y con paraguas chorreantes, asiste a misa en la pequeña iglesia de San Antonio, frente al mar. Los chicos deben confesar sus travesuras del día anterior y algún pecadillo contra el sexto mandamiento, y después todos comulgan.

A las cuatro, Juan, con sus dos hijos, se acerca al club de golf, donde tiene lugar la competición Taça del Visconde de Pereira Machado. Hace mucho frío. A Alfonsito le gana su íntimo amigo Antonio Eraso y los dos posan para la última foto que se hará al infante. Apoyados en los palos, Alfonso luce con orgullo su primer par de pantalones largos, que lleva arremangados para no mancharse de barro porque no son unos heredados de Juanito, sino que se los ha hecho Collado, el sastre de papá.

Arrecia la tormenta, se levanta un viento huracanado que hace volar gorras y pelotas. Se decide aplazar el campeonato hasta el Sábado de Gloria.

Se van a casa.

Don Juan se mete en su despacho. Al cabo de poco tiempo se oye el tintineo de los hielos de su copa de whisky. Los niños intentan besar a su madre, que está haciendo *petit point* en su gabinete, sola, porque su fiel escudera, Amalín López Dóriga, viuda de Ybarra, está pasando esos días con su hijo. Pero María los detiene:

—No, cambiaos, que lo estáis dejando todo perdido.

Pilar está en su habitación con una amiga del colegio. Margot, con su niñera Anne Diky, buscando la emisora de Montecarlo en su aparato de radio.

Como es día feriado, se ha dado fiesta al servicio. Ni siquiera está el espía João Costa.

Aburrimiento interminable de los días de lluvia. Los chicos están medio constipados, aburridos, pesados e insidiosos como la humedad que todo lo impregna. Se deslizan por el pasamanos de la escalera, tiran al suelo un tibor chino que hay en el rellano que sus padres compraron en el viaje de novios... El cachorro se ha hecho pipí en el pasillo, los perros ladran, rompen una figura de porcelana, los cuernos de marfil del elefante que cazó doña María en Kenia están a punto de caer al suelo.

Hacen ruido, se chinchan el uno al otro. Al final van al cuarto de su madre:

—Mami, mami.

La madre, que está fumando y leyendo una revista, contesta distraída:

—¿Qué?

—Danos la pistola.

Levanta los ojos:

—Claro que no, niños, papá ha dicho que no.

Se acerca Alfonsito, el zalamero, le da un beso, trata de sentarse en su regazo, mientras Juanito se pone a tocar un piano imaginario:

—Mami, mami, mami guapa, la pistola...

—Para tirar al blanco en el cuarto de jugar. Por favor, por favor, por favor.

La madre al final se ríe, pero pone una excusa:

—No sé dónde está.

—Sí sabes, en el secreter..., y la llave, en la chaqueta de papá.

La cogen de las manos y la obligan a levantarse. La madre, blanda, cede:

—Ay, qué pesaditos sois... Va, pero solo un rato y cuidado, a ver si vamos a tener una desgracia.

Los dos niños aplauden alborozados: ir a robar la llave a la chaqueta del padre y abrir el secreter se convierte en una película de aventuras. La madre, que es un poco gamberra a veces, disfruta tanto como ellos.

—Son las siete y media. A las ocho bajáis sin que os tenga que subir a buscar —les hace una última recomendación, señalándose el relojito de oro que lleva en la muñeca.

Cuando ya no exista memoria de los hechos, cuando ya nadie deposite flores sobre el mármol de sus tumbas y ni siquiera se recuerde el nombre de las personas presentes, aún María se estará arrepintiendo de ese minuto fatal que cambió las vidas de todos para siempre.

Suben corriendo al cuarto de juegos: «Yo primero, que la pistola es mía», «Pero las balas son mías», «Pero la pistola es más importante». En la pared hay una vieja diana de papel con un punto en medio. Juanito se instala de espaldas a la mesa de billar —«Yo, yo, yo»—, con las piernas abiertas apuntando, cierra un ojo. El hermano loco, el que no camina, sino salta, el que nunca se está quieto, da un gran salto frente a la cara de Juanito riéndose a carcajadas, pero el dedo de Juanito ya ha apretado el gatillo, sale la bala inexorable. Congelado por el miedo, Juanito ve cómo a su hermano se le vidrian los ojos y cae hacia atrás... Transcurren unos segundos pesados como gotas de mercurio, como si el mundo se hubiera hundido en un pozo muy hondo, no hay ruidos, solo la mandíbula desencajada en un grito que no sale nunca.

Doña María siente algo, muy lejano, pero no le da importancia. Juan, Margot, a pesar de su oído finísimo, la institutriz, no oyen nada... Aunque sí Pilar. Dijo, certera:

—Ha sido un disparo.

De pronto, el mundo estalla, ruido de pasos, puertas que golpean, el aullido de los perros, Rusty, Daimil y Pardo, a los que tanto quería Alfonsito, el cachorro que todavía no tiene nombre llora sin saber. La tormenta arrecia en una escena de tragedia griega y se suceden los relámpagos.

Pero lo peor de todo, el alarido escalofriante, roto, el chillido de la tiza en la pizarra de Juanito bajando la escalera:

—Mami, mami.

«A mí se me paró la vida».

Los padres suben corriendo, tropezando el uno con el otro, con el corazón de plomo y las manos como témpanos. María se cae, sube a gatas, agarrándose a la barandilla, qué largo el camino, pero qué corto, qué corto.

Juanito abajo:

—Papá, papá.

Todavía queda un hálito de vida en Alfonsito, un brillo en sus ojos entrecerrados, que se apaga como el cabo de una vela. Ha sido un tiro limpio, una bala que ha entrado por la nariz y se ha alojado en el cerebro. En el suelo hay un pequeño charco de sangre. No tiene la cara deformada, tan solo la cicatriz azulada en la mejilla que le hizo una flecha en la playa de Guincho el verano anterior. El pelo rubio de pronto se vuelve oscuro y opaco.

Loco de dolor, Juan coge el cuerpecillo de su hijo, lo baja por la escalera, con la madre detrás arrastrándose en un bramido insoportable, arranca de su mástil la bandera que estaba en la proa del barco que llevó al exilio a Alfonso XIII y la echa encima del infante muerto. Atrapa por el cogote a Juanito, que tiembla tan pálido que parece a punto de desmayarse, tan aturdido que ni siquiera llora, y lo obliga a arrodillarse delante del cuerpo de su hermano y de la bandera:

—Y ahora jura que no lo has hecho a propósito.

La madre, de rodillas, coge la cabeza de su hijo y lo acuna en una nana absurda y final:

—Alfonsito, mi niño, mi pocholo, mi Alfonsito.

Cuando llega el doctor Abreu Loureiro solo puede certificar la muerte y poner una hora en el parte de defunción: las ocho y media.

En un rincón está Juanito, el apestado, el odiado, el homicida, nadie le habla, tan pálido que parece que se haya desangrado, y es que esa noche han muerto dos niños. ¡Se ha apagado para siempre el resplandor juvenil de sus ojos! Antonio Eraso fue el único que lo abrazó. El príncipe le dijo con los ojos turbios y unos suspiros que hacían casi ininteligibles sus palabras:

—Antonio, te juro que me meto en un convento, me hago monje, me hago cartujo, quiero desaparecer…, que nadie me vea nunca más… Nunca me voy a recuperar de esto.

Doña María confesó poco antes de morir: «Yo siempre he sido feliz, excepto cuando murió mi hijo».

El padre no quiso que se le practicara la autopsia al hijo adorado. Salió de casa porque no soportaba ver a Juanito, se subió al coche y empezó a recorrer sin sentido las callejuelas de Estoril durante varias horas, en una noche horrible de tormenta. Después se detuvo un momento frente al mar, bajo la lluvia, allí donde sus hijos se tiraban de cabeza, y arrojó la pistola al embravecido Atlántico.

¿Por qué lo hizo? No se sabe, pero eso dio pie a oscuras teorías puestas en circulación, sobre todo por el infeliz Jaime, que aprovechó esa desgracia familiar para alimentar la sombra de la sospecha sobre la capacidad mental de su sobrino Juan Carlos.

Un día en que alguien alababa el buen carácter de don Juan y, creyendo halagarle, le comentaba que era un ser lleno de felicidad, contestó abruptamente con el rostro ensombrecido:

—¡Eso nunca! ¡No olvide usted que está hablando con un hombre al que se le ha muerto un hijo!

9

El humo de los fortísimos Antoninhos portugueses y las luces rojas convertían la *boîte* Muchaxo, en los bajos del hotel Estalagem, en una especie de antesala del infierno. La música machacona que escupían los dos altavoces colocados a ambos lados de la pequeña pista era incomprensible, pero daba lo mismo porque lo que querían estos jóvenes repletos de hormonas, energía y deseos turbios en la última noche de 1956 no era bailar, sino tocarse, beber y agotarse hasta caer, rendidos, al suelo.

Well you can do anything
But stay off my blue suede shoes.

Se llamaban a sí mismos, con ironía conmovedora, «los exiliados» porque eran los cachorros de los reyes que habían perdido su trono después de la guerra europea. O incluso antes. Diana e Isabel, hijas de los condes de París; María Pía y Vittorio, del rey Humberto de Italia; Simeón de Bulgaria; Pilar y Juanito de Borbón, hijos de los condes de Barcelona... También estaban los herederos de los grandes títulos y familias portugueses, Teresita Pinto Coelho, los chicos Espíritu Santo o los hijos del vizconde de Pereira Machado... Mientras los padres pasaban el fin de año en el elegante hotel Palacio, ellos habían cenado arriba, en el restaurante, frente a la playa del Guincho, y luego se habían lanzado en tromba al sótano, no sabiendo quién terminaría con quién. Las chicas, con sus faldas anchas con el cancán debajo, sus cinturas estrechas y sus collares de perlitas, y los chicos, con traje y corbata, se olisqueaban con cierta prevención como animales en celo. ¡La sorpresa y el azar eran algunos de los atractivos de la noche!

La más sensual y madura, la más escotada, la más curvilínea y voluptuosa era la condesa Olghina de Robilant. La rodeaba una aureola de escándalo y vicio: se decía que en Italia participaba en orgías y que había tenido amoríos con el torero Luis Miguel Dominguín y con los actores Walter Chiari y Robert Stack; era una habitual de los ambientes taurinos españoles, la feria de abril sevillana y los sanfermines y, al parecer, la única capaz de competir con Ava Gardner en hombres y alcohol.

A pesar de esta fama, tenía solo veintitrés años y era de muy buena familia, de la antigua aristocracia veneciana, y pasaba temporadas en casa de su tía, la acaudalada mecenas Olga de Cadaval, donde se comportaba de forma algo más discreta. Pero como la inmensa finca de cientos de hectáreas e impresionante palacio estaba en Muge, lejos de Estoril, Olghina se quedaba en casa de los Italia y dormía en la habitación de Ella, que pasaba las Navidades con su madre en Suiza.

Esa noche se sentía llena de vida, con ganas de comerse el mundo.

—¿A ver quién se atreve? Seguidme, chicos.

Se lanzó a la pista, se bajó los tirantes del vestido, se colocó una copa de champán en la frente y echando su cuerpo hacia atrás, la melena rubia colgando, empezó a mover las caderas al ritmo enloquecedor del bugui bugui. Las chicas la envidiaban y admiraban a partes iguales y, por supuesto, la ponían verde, pero los chicos se acercaron como polillas atraídas por la luz hasta rozarla, alguno incluso se puso a mugir. La copa no tardó en resbalarse, Olghina la atrapó al vuelo, pero no pudo evitar que el champán se deslizara entre sus senos.

Una mano masculina se metió por su escote y, cuando Olghina levantó la vista, vio a un muchacho rubio que se chupaba los dedos mirándola lascivamente:

—Pe... pero, ¡si eres *Guanito*!

Hasta ayer era un niño, pero hoy ya era un hombre. Claro, le había pasado esa cosa horrible... Advirtió la corbata negra, el brazalete de luto en la manga, y como a pesar de sus travesuras era una chica educada en muy buenos colegios, iba a darle el pésame cuando él le cruzó la boca con el dedo índice y le susurró al oído:

—¿Nos sentamos?

Encontraron sitio en el sofá de terciopelo rojo más apartado, tan juntos que parecían una sola persona. Olghina habló de forma mundana encendiendo un cigarrillo:

—Pero si eres de los críos de la pandilla, ¿qué te ha pasado?

Juanito rio con satisfacción...: la condesa era cuatro años mayor que él y una de las presas más codiciadas de Estoril, no porque fuera una mujer difícil, sino porque tenía tantos moscones haciendo cola que era imposible acceder a ella. «No para casarse», se apresuraban a puntualizar, sino para disfrutar del volcán inolvidable de su sexo siempre en erupción. El cantante Bobby Solo, que fue su amante, cuando se separaron, adelgazó doce kilos y dijo que esa relación tan fogosa lo había dejado imposibilitado para disfrutar con otra mujer.

¡Y ahora Juanito la tenía para él solo! Advertía las miradas codiciosas de Babá y de Vasco Pinto, pero echó mano de los ardides que tan buen resultado le daban siempre:

—¿Sabes que estoy enamorado de ti desde hace muchos años?

La condesa sacudió la cabeza intentando huir del embrujo en el que estaba cayendo. ¡Ella, con toda su experiencia, no se iba a dejar embaucar por este chiquillo!

—Pero ¿tú no salías con Ella? Mira que estoy en su casa y sería un planchazo horrible que me metiera entre vosotros —le contestó.

Juanito con un gesto borró a todas las María Gabrielas de este mundo y puso su irresistible mirada melancólica.

—Yo no soy libre para casarme con quien quiera, y Ella, de momento, es un noviazgo conveniente, pero no estoy enamorado... Intento divertirme lo que puedo. —Y añadió con falsa modestia—: He estado con Ella y con muchas otras, ¡hasta con la Chunga! —Como no vio a la condesa lo suficientemente impresionada, ya que la fama de Micaela Flores, la Chunga, la bailaora de los pies descalzos, no había traspasado fronteras, aunque en España era muy popular, se vio obligado a añadir—: ¡E incluso con Sarita Montiel! Pero yo de quien estoy enamorado de verdad es de ti. —Mirando la punta del cigarrillo aclaró—: Pero quiero que sepas que no voy a casarme contigo, piensa que voy a ser rey de España y no soy libre de escoger a quien quiera.

Olghina se asombró porque, asidua visitante de Estoril, sabía que a don Juan lo llamaban majestad como si fuera a ser rey.

—Pero ¿y tu padre?

—Franco no lo va a querer nunca —le confirmó Juanito.

Resulta asombroso que Juanito ya se hubiera dado cuenta de que el Caudillo había arrumbado a su padre al desván de los trastos inservibles, o quizás simplemente se trataba de una táctica del taimado galanteador para deslumbrar a Olghina, por una parte, y por otra, para no tener que comprometerse.

Dieron las doce de la noche. En ese momento, sabiendo que había muchos españoles entre la clientela, pusieron el chotis «Madrid», de Agustín Lara.

Sin decir palabra, Juanito la arrastró a la pista. Olghina notaba apretado contra el suyo el cuerpo fuerte y atlético del príncipe. El bulto de su entrepierna se clavaba contra su vientre, ambos sentían tanto deseo que no podían ni respirar y menos moverse. No se dieron cuenta de que acababa la canción hasta que sonó un rock. Las parejas que habían bailado en el mismo plan que ellos se miraron aturdidas mientras corrían a su mesa, los muchachos tratando de ocultar su pujanza física.

Intentando recuperarse, Olghina dijo que iba al lavabo. Pero Juanito le cogió el bolso.

—Déjalo, no quiero que te pintes la boca porque voy a volver a besarte.

Cuando Olghina regresó, él, con su barra de labios, había escrito en una servilleta: *«Ti amo»*.

De pronto, se apagaron las luces y se encendió un solo reflector que iluminaba la pista. Apareció una silla, se sentó un hombre con una guitarra y salió una mujer de aspecto imponente, que trató de acallar los aplausos con un gesto simpático.

La cantante de fados Amália Rodrigues, una gloria nacional, tenía por norma terminar el año dando un recital en el hotel Palacio para la buena sociedad, pero a última hora se acercaba hasta la *boîte* de la juventud para ofrecerles un fado, uno solo, el último del año, antes de retirarse a su casa. Se apagaron los murmullos, Olghina apoyó la cabeza en el hombro de Juanito y se dejó escuchar la voz deslumbrante de la mejor fadista de todos los tiempos:

Por muito que se disser
o fado não é canalha.
Não é fadista quem quer,
só é fadista quem calha.

Cuando acabó, Juanito tenía los ojos llenos de lágrimas. Olghina se conmovió y se dio cuenta de que ese muchacho le importaba mucho. Demasiado. Años después, aún suspiraba recordando ese momento: «Juanito sabía cómo enamorar a una mujer».

Sus labios se unieron y se besaron profundamente.

La cogió de la mano. Mientras salían, Juanito tenía que saludar a uno y a otro, «Mañana salimos en el barco... Me quedo hasta el día 6... Mamá está bien...». Niky Franco, el sobrino del Caudillo; Babá Espíritu Santo, el conquistador oficial; los Eraso o José Antonio Peche Primo de Rivera... Todos envidiaban al chico de los Barcelona y el chico de los Barcelona quería exhibir su botín como un trofeo. Charo Palacios, una morena muy atractiva, hija de un reputado científico, lo miró con algo de tristeza. Juanito sabía que estaba enamorada de él.

Subieron al Volkswagen escarabajo de color amarillo que el príncipe había recibido de un noble como regalo de Navidad.

Pero en vez de ir a casa, condujo a Olghina a los acantilados desde donde se veía el arco de luces de la bahía como una dentadura centelleante. Había otros coches aparcados, oscuros bultos silenciosos.

Juanito propuso con soltura:

—¿Pasamos al asiento de atrás? Estaremos más cómodos.

La fue desnudando con manos sabias; Olghina, la experimentada Olghina, que había tenido decenas de amantes ya a sus veintitrés años, la que decía: «Soy muy generosa, pero como no tengo nada que dar, me regalo a mí misma», se dio cuenta de que Juanito se había curtido ya en muchos cuerpos de mujer. La penetró mirándola a los ojos, como hacen los enamorados, la suave claridad de la luna llena dibujaba los contornos de sus cuerpos jóvenes y bellos. Olghina lo cogió por los riñones para acercarlo más todavía y Juanito, con la misma cadencia del empuje, iba repitiéndole:

—*Ti amo, ti amo…*

Porque, aun en las pasiones tan puramente físicas como esta, el príncipe no quería solamente sexo, también buscaba una pequeña brizna de amor.

La condesa ha recordado siempre este idilio con un suspiro de añoranza: «Juanito me dejó huella». Tampoco él salió indemne de esta relación que, con intermitencias, duró cuatro años: gracias a la condesa cambiaron para siempre sus gustos sexuales, que habían sido tan primitivos como los de su padre, para volverse refinadamente perversos, propios de espíritus aventureros amantes de las emociones fuertes.

La dejó en Villa Italia agotada, feliz, sucia, impregnada en olores y sabores. Humberto, el exrey, que estaba en la biblioteca escuchando música, abrió la puerta cuando la sintió subir:

—*Come stai, bella?*

—*Va bene... Sono stata con Juanito.*

—*Poverino, era triste?*

Olghina ahogó una risita feliz, de mujer colmada, y subió la escalera ágilmente, con los zapatos en la mano:

—*Triste? No, per la Madonna dell'Orto! Niente di triste!*

Y era cierto. Mientras su familia se despeñaba cuesta abajo sin frenos, Juanito había adoptado una actitud desenvuelta y alocada, una personalidad nueva que solo había aflorado después de la muerte de su hermano. Resguardado en la Academia de Zaragoza, adonde lo había reexpedido su padre inmediatamente después del funeral de Alfonsito porque no soportaba verlo, estaba arropado por Miguel Primo de Rivera, Pedro Ussía, Luis María Anson, Álvaro Luna, Julio Ayesa, reclutados casi a golpe de corneta por el duque de la Torre:

—No le dejéis solo ningún fin de semana.

Jugaban al pimpón, montaban a caballo, iban al Tubo, la zona de bares, a veces pasaba los fines de semana en Liria, la casa de Cayetana Alba. Fue allí, en una de sus fiestas, en las que la duquesa gustaba de mezclar bohemios con aristócratas, cuando conoció a Sarita Montiel, la única española que estaba trabajando en Hollywood, donde acababa de rodar *Veracruz* con Burt Lancaster y Gary Cooper. Aquel muchacho pálido, del que se comentaba en voz baja la enorme tragedia en la que estaba envuelto, atrajo la atención de la diva mucho más que los donjuanes de vía estrecha, de bigotillo y pelo engominado, que trataban de camelarla con miradas chulescas. Juanito, delante de su belleza, se quedó literalmente anonadado.

Sarita le dirigió una mirada llena de picardía, lo cogió de la mano, se adentraron por un pasillo, empujaron una puerta... ¿Qué habitación, de los centenares que hay en Liria, albergaría la pasión desatada de aquellos dos jóvenes en el momento más pujante de sus vidas? ¿Qué obras de arte colgadas en sus paredes serían testigos de su entusiasmo? No se sabe, pero sí es cierto que Sara guardaría por ese muchacho, hasta su muerte, una enorme ternura...

—Me dijo que era la mujer más guapa que había visto.

No se habló de Alfonsito, claro que no. Nadie hablaba de él, y así en realidad murió dos veces: la tarde fatal de Jueves Santo y cuando se le desterró de la memoria de su tiempo. Franco prohibió nombrarle e impuso una férrea censura en la prensa, no solamente por las implicaciones de su protegido, sino porque, según decía con suficiencia: «A la gente no le gustan los reyes con tan mala suerte: ¡hemofilia, muertos, uno sordomudo y ahora esto!». Además, el niño tampoco le caía bien.

El príncipe no volvió a hablar de su hermano nunca más.

A pesar de que su padre no le había escrito ni una carta, no le había llamado por teléfono, no le había procurado ningún consuelo, a Juanito le surgió la necesidad avasalladora de protegerlo. ¡No podía soportar que nadie lo tratara con desprecio! Por las noches vengaba supuestos o reales agravios en las caballerizas de la academia, peleándose a puñetazos con compañeros que le habían faltado al respeto llamándole el borracho de Estoril.

Daba rienda suelta a esa ira feroz que llevaba en su interior. Nunca comentaba estas peleas salvajes, que le dejaban el cuerpo magullado, pero el alma más ligera.

También es cierto que en ocasiones se abstraía y los amigos advertían un fondo insondable de tristeza en sus ojos, pero cuando ya parecía a punto de hacer una confidencia, cuando ya alguno iba a pasarle el brazo por los hombros, él salía con alguna insensatez:

—¿Habéis visto qué buenas están las brasileñas de Tono?

Porque al grupo de amigos jóvenes se había sumado el acaudalado notario Antonio García-Trevijano. Saliendo un día Juanito del Gran Hotel con el duque de la Torre se quedó con la boca abierta al ver aparcado en la puerta un Pegaso deportivo, del que solo se habían fabricado ciento veinticinco unidades, porque los quince mil dólares que valía estaban al alcance de muy pocos bolsillos españoles. Esperó hasta que llegó el propietario. Un hombre de treinta años, con grandes bigotes y un vistoso sombrero panamá.

Juanito le preguntó con candidez:

—¿Eres mexicano?

El hombre dijo que sí y lo invitó a subir al coche. Después comentó: «Pensé que el chiquillo se iba a cagar cuando lo puse a doscientos veinticinco kilómetros por hora, pero se reía y me hizo ir a dar vueltas delante de la academia para que lo vieran sus compañeros».

Fue don Juan el que advirtió a su hijo:

—Eres un bobo... Ese tío es de Granada y encima es republicano.

Tono, como lo llamaban sus amigos, lo confirmó:

—Si fueras rey, deberías meterme en la cárcel. Pero mientras no lo seas, podemos ser camaradas.

Y esa singular amistad se alargó durante varios años. Siempre escaso de viático, nunca tenía ni para pagar una ronda, Tono le dejaba dinero y, sobre todo, le presentaba chicas. A Juanito y a sus amigos.

Extranjeras, brasileñas por más señas. Impresionantes. ¿De pago? En caso de que fuera así, quien se hacía cargo de las cuentas era el propio Tono.

¿Alfonsito? ¡No, no había que hablar de él, congelado para siempre en sus catorce años! No, ni siquiera surgió su nombre cuando el príncipe rindió una de sus habituales visitas al Caudillo. Tan solo unas palabras ininteligibles de pésame, y después pasó a ocuparse de sus estudios.

—Ahora Zaragoza, después San Javier y más tarde Marín. Para terminar con algún curso universitario.

Antes de que el príncipe se fuera, le preguntó, después de carraspear y con grandes circunloquios:

—¿Es cierto que habéis conocido a esa tal Sarita Montiel de quien habla todo el mundo? Creo que es manchega, como el Quijote.

Juanito se sorprendió.

—Es una mujer de bandera —se llevó la mano a la boca, pues Franco era muy morigerado en el lenguaje—, perdón, excelencia.

—No os preocupéis, que he estado en el Tercio..., estoy curado de espantos. —Y se vio obligado a explicarse—: Os lo pregunto porque Carmen celebra esas recepciones en La Granja con artistas y sería conveniente invitarla para dar una imagen moderna de España y que no piensen que aquí somos unos cavernícolas.

El príncipe, al que habían contado que Franco tenía cierta predilección por Juanita Reina y no había acabado de creérselo, no pudo evitar aventurarse en terreno pantanoso:

—Hará un gran papel, general…, aunque no sé yo si se molestará…

Se refería a Juanita, pero Franco respondió a la gallega:

—¿Mi mujer? Príncipe, la Señora sabe que solo me mueve un interés cultural… Claro que, como está arrejuntada y no casada con ese señor americano que la acompaña, no sé si será conveniente…, aunque yo no soy un meapilas, preguntaré al padre Bulart.

Después, el Caudillo comentó a su inseparable primo Pacón, que de todo tomaba cumplida nota en su diario: «He visto muy bien al príncipe…, es fuerte».

Pero la familia,no. No era fuerte. De hecho, es una familia rota y nunca va a recomponerse.

Los primeros tiempos después de «lo de Alfonsito», como se llamaba a ese terrible episodio que marcó sus vidas para siempre, el padre y la madre se sentaban el uno al lado del otro en silencio. En la casa vacía. No encendían la luz, total, ¿para qué? Margot fue enviada a Madrid a estudiar puericultura, se hospedó con los condes de Puñoenrostro, que la arroparon cariñosamente, y su institutriz, *miss* Diky, que había estado diez años con ella, fue despedida. En su escuela, la Salus Infirmorum de la calle García Morato, sus compañeras pronto la identificaron:

—Tú eres la hija de ese masón que vive en Estoril.

Pilar consiguió entrar como enfermera en el hospital de los Capuchos en Lisboa y, como estaba sujeta a turnos y guardias, apenas paraba por casa.

Los caballos languidecían en las cuadras. El servicio tenía que ocuparse de los perros. Hasta el espía João Costa pidió un cambio de destino, hizo una reverencia y no volvieron a verlo. Nadie fue a sustituirlo. Villa Giralda no tenía ningún interés, porque ya no eran nadie.

Los amigos de Alfonsito iban todos los días, a la hora de la muerte del infante, a hacer una guardia de honor en el jardín y rezaban el rosario. Todas las tardes acudía también el padre Valentini a acompañar a aquellos padres abrumados por el dolor y, en el caso de María, por la culpa.

Si se pudiera volver atrás… Si hubiera sido más firme… Si no hubiera llovido… ¡Si Franco no le hubiera regalado la pistola!

¡Siempre Franco, maldita sea, Franco tiene la culpa!

A Juan se le apaga el brillo muchachil de sus ojos y la inconsciencia de temperamento, que era una de sus características, y también, quizás, uno de sus defectos. Está tan sumido en la tristeza que se siente incapaz de consolar a su mujer.

Su mujer. Que reza, sí, muchísimo. Se arrodilla en el reclinatorio de su habitación:

—Dios te salve, María…

Pero llega la hora del crepúsculo, cuando entraba Alfonsito gritando y pidiendo la merienda…, y detrás los amigos y los perros y hasta el afilador; lo invitaba porque era español.

—Pero estará sucio —protestaba la madre.

—¿Cómo va a estar sucio el *afiladog* si viene de España? —respondía el niño.

Es su camita con la huella aún de su cuerpo, es el cachorro sin nombre, sus botas de montar, los tebeos… Los pantalones nuevos, cuidadosamente lavados y colocados en el respaldo de una silla.

Es el atardecer, la hora más cruel.

Amalín López Dóriga es su dama más querida, la única que la comprende, porque ella también ha sufrido. A su marido, Fernando Ybarra, lo asesinaron los milicianos en el buque prisión *Cabo Quilates*, en el puerto de Bilbao, junto a su padre, recién empezada la Guerra Civil. Su hijo Fernando, marqués de Arriluce, solo tenía seis años.

Amalín conoce ese dolor que embrutece, que se te instala en el estómago y no te deja ni caminar. No se separa de su lado, es su consuelo, es su cómplice:

—¿Una copa, majestad?

Una, otra… En la cena los vasos de vino se vacían rápidamente. La mirada se vuelve vaga, el habla, confusa, las mejillas enrojecen.

Cada día la tienen que ayudar a llegar a la cama.

Al principio nadie se dio cuenta. Después, por si acaso, se deja de comprar alcohol en la casa. Pero siguen las carcajadas a destiempo, los sollozos, el no dormir o el quedarse dormida en cualquier parte.

Cuando ese verano recibieron la inesperada invitación de los reyes de Grecia para pasar unas semanas en la isla de Corfú, en su casa Mon Repos, Juan aceptó sin dudarlo. Lejos del escenario de la tragedia, María recobrará fuerzas y volverá a ser la de antes. Y él también necesitaba alejarse. Juanito no, Juanito todavía no.

Fueron con Margot. Mon Repos era una casa de ensueño, en una colina rodeada de pinos y olivos, naranjos y limoneros. En el jardín había burros para pasear y los criados iban vestidos a la griega. Las dos princesas, Sofía e Irene, son anticuadas, amables y cariñosas, y se hicieron amigas de Margot, a la que dejaron algo desconcertada cuando le comentaron que en la isla vivían sus hadas protectoras. También le pareció raro que los miembros de la familia no hablaran griego entre ellos, sino inglés.

A la reina Federica no le extraña ver siempre a María con gafas de sol y hundida en su butaca, sin querer pasear ni distraerse. ¡Había sido un golpe tan duro! Le aconseja que se ponga en contacto con una médium para hablar con los muertos, pero ni esa proposición, absurda para una católica a machamartillo como María, la saca de su estupor.

Por la noche le servían un aguardiente típico del lugar, el licor de quinoto, y María bebía vaso tras vaso mientras una luna lúbrica y mantecosa se paseaba por la impresionante bóveda celeste.

Margot al acordeón e Irene a la guitarra improvisaban una melodía. Lo hacían muy mal y el rey Pablo protestaba:

—Qué dolor de cabeza.

Pero María sonreía detrás de sus gafas oscuras y callaba.

Un día, Freddy propuso a Juan un paseo hasta la playa. El viento soplaba huracanado, pero la reina de Grecia lo desafiaba con gesto enérgico, el cabello rizoso se movía como el halo de una deidad mitológica, y Juan comprendió por qué sus súbditos le besaban las manos y la llamaban *«mitera»*, madre.

La *mitera* comentó sin ambages:

—Sofía y Juanito harían muy buena pareja.

Juan se sorprendió, porque le había contado Pilar que Sofía y el príncipe Harald de Noruega eran novios. Y Juanito no dejaba de estar con María Gabriela de Saboya, aunque a él no le gustase mucho, pues la veía demasiado liberal y moderna.

Freddy adivinó su pensamiento y le dijo con astucia:

—Esas relaciones no tienen futuro y nuestros hijos harán lo que pidamos.

Juan metió barriga, enderezó la espalda, abombó el pecho y no quiso ser menos que esa prusiana que se consideraba la diosa griega Átropos, la que hila los destinos:

—Por supuesto, como todos los príncipes bien educados, se someterán a nuestra decisión.

La vuelta a Villa Giralda fue más dura, si cabe. El padre Valentini acudía todos los días, ahora mañana y tarde. Mantenía con María largas charlas; la condesa decía que sí a todo, rezaba. Un día en que el buen cura le estaba diciendo por enésima vez lo contenta que debería estar, ya que su hijo acababa de realizar sus ejercicios espirituales antes de morirse y estaba sentado sin duda a la vera de Dios, María lo interrumpió:

—No entiendo: si se mueren tus padres, eres huérfano, pero ¿y si se te muere un hijo? ¿Cómo se llama eso?

Valentini no supo qué contestar y además se dio cuenta de que María no lo escuchaba.

Llamaba con voz de niña:

—Amalín.

—Majestad.

Amalín siempre estaba allí, una Amalín que la quería tanto que a todo obedecía.

Juan, sin saber qué hacer, organiza un crucero en el *Saltillo*. Los invitados le ponen voluntad, hasta intentan montar una juerga flamenca frente a Punta Umbría; María va siempre vestida de negro, siempre con la copa en la mano, y después baja tambaleándose a su camarote.

Todo les recuerda a Alfonsito y regresan antes de tiempo. Como decía el poeta, ¡no sabían dónde poner los ojos que no fuera recuerdo de la muerte!

Juan llama a su madre pidiéndole ayuda. La reina acude a Estoril, pero se hospeda en el hotel Palacio. Cuando llega a Villa Giralda, María se encierra en su cuarto. La reina arrima la oreja a la puerta y la oye cantar imitando la voz de Alfonsito:

Se va el caimán, se va el caimán,
se va para Baganquilla.

Enseguida se percata del problema.

—María bebe. Mucho.

Juan protesta, dice que no lo entiende porque en la casa ya no entra ni una gota de alcohol, hasta él ha renunciado a su whisky, pero la reina insiste:

—Pues averigua cómo lo hace, porque tu mujer bebe.

Al final se descubrió, fue muy fácil. Lo trae Amalín en las cajas de libros. Botellas de licor en lugar de libros. ¡El olvido diario!

Desesperado, Juan habló con el padre Valentini, que reconoció con honradez que en estos casos los auxilios divinos no servían y se necesitaban medidas drásticas. Se reunió el consejo privado por primera vez para tratar un tema doméstico, Juan no entendía nada. ¡Su mujer, que nunca le había dado ningún disgusto! «Yo siempre he sido feliz, excepto cuando murió mi hijo».

—No es vicio, sino enfermedad, y hay que atajarlo.

Juan tuvo la humildad de preguntar con la voz rota y el miedo en el cuerpo:

—¿Qué puedo hacer?

Los consejeros le dijeron que, casualmente, el reputado médico López Ibor, el introductor de la psiquiatría moderna en España, se alojaba en el hotel Palacio y podría ir a cenar a Villa Giralda. A doña María se le diría que era un español más, ansioso por conocerla.

El diagnóstico del médico fue tajante:

—Es dipsomaníaca, es decir, tiene la enfermedad del alcoholismo. Necesita ingresar en un establecimiento adecuado. Será difícil, pero lo intentaremos.

A Juanito, Pilar y Margot se les dijo que mamá tenía una crisis nerviosa.

María fue ingresada en una clínica de Frankfurt, primero, en Suiza, después. Dos años. O más. Se desconoce si llegó a curarse de forma completa.

Aunque casi nunca se ha hablado claramente de su enfermedad, el problema lo conocía bastante gente, pero nunca se le criticó. Todos entendieron que María había sido arrastrada al infierno del alcohol por el sufrimiento insoportable que le produjo la muerte de su hijo y las tremendas circunstancias en las que ocurrió. Hasta los corazones más endurecidos intuyeron que esta tragedia silencia todas las objeciones y justifica todas las debilidades.

Solo Victoria Eugenia, a la que se le habían muerto marido, dos hijos y un nieto, y no por eso había perdido su pragmatismo y su ambición, se atrevía a decirle a Juan:

—*Always up,* siempre arriba. Lo único que debe importarte es la dinastía.

—Pero ¿qué puedo hacer, mamá? Juanito está con esa princesa italiana...

La madre se horroriza:

—¡Pero si acabo de leer en el *¡Hola!* que se va a casar con el sha de Persia!

—Sí, ahora no se ven tanto, porque Juanito ha caído de Guatemala a Guatepeor, flirtea con esa condesa que hace de *puttana* en las películas... ¡Baila desnuda por el Trastevere, fuma droga y le hacen fotos! Juanito se ha vuelto loco, hasta le escribe cartas como un idiota.

A Juan la situación le supera y la madre le adivina un sollozo atascado en la garganta. Le pide calma, y le recuerda que él también tuvo su época de perdición con Greta y esa húngara espantosa, Zsa Zsa, que ahora era una artista de cine famosa, y le sugiere que ya que su nieta Victoria Marone está a punto de ponerse de largo en Rapallo, en la Riviera italiana, acudan juntos:

—Como María está..., ejem, descansando en Suiza..., será un buen momento para que habléis a solas.

Pero Juanito está inabordable y fuera de sí. Absolutamente enganchado a las dotes amatorias de la condesa, se enfrentó a su padre y le dijo:

—O voy con Olghina o no voy.

Juan estuvo a punto de pegarle como cuando era un crío. Al final se limitó a levantarle el puño y soltó entre espumarajos de rabia:

—Estás encoñado, ciego. ¡Eres un enfermo del vicio! ¡Piensas con la polla! Después de todo lo que yo he sacrificado. ¡Recuerda que Franco tiene a mano a tu primo Alfonso, que ha aprendido a hablar perfectamente el español porque se muere por ocupar tu lugar!

Aunque navegaron juntos en el *Saltillo*, Juanito se negó a comentar el tema y se encerró en un hermetismo inaccesible. Cuando llegaron al hotel, los recibió la condesa, que se echó en brazos del príncipe.

Juan montó en cólera y, en pleno ataque de ira, cogió a su hijo y le dio un empujón que lo tiró al suelo. Luego le gritó *«puttana»* a la condesa y que si osaba aparecer en la puesta de largo de su sobrina, la policía tenía órdenes de detenerla y llevarla al calabozo.

Olghina se quedó llorando en su habitación. ¡No es difícil entender en qué estado fue Juanito a la fiesta! Estuvo apenas diez minutos y volvió corriendo al hotel para consolar a su amante y disfrutar de su amplio repertorio erótico.

Juan, harto y exasperado, regresó solo a Estoril.

Anson fue a visitarlo y le contó que Franco, al tanto de las locuras del príncipe, había dicho:

—Hay que cultivar a don Alfonso, por si don Juanito nos sale rana como nos salió el padre.

Y no solo eso: había querido recibir a Alfonso en audiencia y le había comentado a su primo Pacón que le había parecido «muy simpático». También le dijo que no había decidido aún quién sería el heredero.

Juan se mesaba los pocos pelos que le quedaban. Cuando sonó el teléfono de su despacho, adivinó que era su madre y le dijo a Padilla con un gesto que no se la pasase porque no estaba en condiciones de aguantar sus reproches, pero fue demasiado tarde porque el secretario ya le tendía el aparato:

—Dime, mamá.

—Juan. Esto se ha acabado. Hay que jugar la carta Sofía.

10

—¿Qué hace mi primo Alfonso?

Gaudencio liberó los zapatos de sus hormas mientras respondía:

—Ha acabado la carrera de Derecho, ya se ha inscrito en el Colegio de Abogados de Madrid y al mismo tiempo ha iniciado Ciencias Políticas. Como bien sabéis, alteza, también es un gran deportista, ha ganado varias copas de esquí en Candanchú.

Juanito, que se está vistiendo para acudir a sus clases de la Universidad Complutense, ya que ha terminado sus estudios militares en las tres academias, tierra, mar y aire, intenta desmañadamente anudarse la corbata. Al final, se lo tiene que hacer su ayuda de cámara.

Gruñe:

—Sí, sí, yo soy cinturón marrón de kárate, pero no me gusta comentarlo en público porque el kárate está prohibido en España.

—Claro, alteza.

Sigue preguntando por aquel dechado de virtudes:

—Pero ¿dónde vive?

—En el Colegio Mayor San Pablo, con su hermano don Gonzalo.

Con satisfacción, Juanito constata:

—Me han dicho que Gonzalo es un bala perdida.

El mayordomo ríe indulgentemente mientras le tiende la americana:

—Eso parece, señor... Empezó Ciencias Físicas y ya va por su cuarta carrera... sin acabar ninguna. Se ve que tiene más afición a las whiskerías que a los estudios.

Juan Carlos se gira para verse la nuca. Fuera de la estricta disciplina militar, que lo ha tenido cuatro años casi pelado al cero, se está dejando el pelo algo más largo y quiere ver cómo le queda. Sigue como si el asunto le fuera indiferente:

—Creo que a mi primo no se le da mal el tema de las chicas.

Gaudencio le cepilla los hombros y le tiende la cartera en la que lleva sus apuntes.

—Bueno, señor, es bastante apuesto, aunque también se dice que es... soso.

Juanito levanta una ceja.

—¿Soso? —Echa una última ojeada al espejo, se mira de perfil. Es un tío guapo, la verdad. Lástima de cejas, se podría arrancar los pelillos del entrecejo, pero qué diría el Caudillo—. Ahora sale con Mia Acquaroni, una chica de Roma muy mona.

Gaudencio asintió sin comprometerse. Había oído, porque nada escapa a la atención de los ayudas de cámara que acumulan sobre sus señores unos saberes enciclopédicos, que don Alfonso era tan mujeriego como su primo Juan Carlos, y que una de sus últimas conquistas había sido precisamente María Gabriela de Saboya. Se veían en Lausana cuando Alfonso iba a visitar a su abuela, a la que seguía muy unido y que era, además, la que sufragaba sus gastos.

No han sido tiempos fáciles para el hijo del infante sordomudo, aunque ¿qué tiempo ha sido fácil para el pobre Alfonso? Ha tenido que pasar por el duro trance de incapacitar a su padre, que se estaba puliendo la ya muy menguada fortuna familiar, y andaban en pleitos en los tribunales, exhibiendo públicamente sus miserias. Su madre no podía prestarles atención, ocupada en pelearse a su vez con Antonio Sozzanni, *il bello* Tonino, que había resultado tan mal marido y tan infiel como el infante. Alfonso y su hermano habían aprendido a vivir sin el afecto de sus padres y no los echaban en falta. Como dijo Gonzalo de mayor, «solo nos teníamos el uno al otro».

Juanito, que sabía el asunto de Ella y que, con esa inconsecuencia tan típica de los hombres infieles, se había enfadado mucho, dirigió una severa mirada a Gaudencio por si acaso se le ocurría mencionarlo, pero el semblante del mayordomo seguía imperturbable.

—Acuérdate de prepararme el frac para la boda del duque de Kent en Londres… Salgo el lunes. Pon también el esmoquin, que voy a estar una semana en el Claridge's con mi padre y seguro que tenemos muchas celebraciones… —carraspeó—. Si llama la condesa de Robilant, dile que ya hablaremos a mi vuelta.

Bajó las escaleras de un salto. Ahora vivía en la Casita de Arriba, en San Lorenzo de El Escorial, un pequeño edificio que pertenece a Patrimonio Nacional y, además de recibir clases particulares de Torcuato Fernández-Miranda —una lumbrera que es catedrático de Derecho Político y se ha convertido en su nuevo preceptor—, como plan de estudios acude a la universidad. Un plan un tanto estrambótico, pues cursa diferentes asignaturas en varias carreras, pero, como dice su tío Ali: —¿Para qué tanto estudio? Me extraña que no lo hagan obispo o médico… Lo único que importa es que se case bien y tenga un buen lote de hijos.

Se publica una pequeña nota sobre el inicio de estos estudios universitarios en *ABC* y el rector, en una carta a los alumnos, pide respeto porque «todos los españoles tienen derecho a seguir tranquilamente su formación universitaria». Pero los estudiantes contraatacan con otra nota: «No puede considerarse alumno quien tiene el privilegio de cursar solo aquellas asignaturas que le interesan». El clima de hostilidad, propiciado por falangistas, partidarios de la rama carlista de la monarquía o estudiantes con ganas de gresca, lo rodea desde el primer día de curso. Con un suspiro propone:

—Gaudencio, hoy iremos por la carretera de Galapagar.

Porque Gaudencio es hombre para todo, tan pronto cepilla unos zapatos como conduce el Mercedes en el que se desplaza el príncipe.

Su sonrisa desaparece. ¡Se le hace tan dura esta etapa de su formación! Aquí los estudiantes van por libre, se ha acabado lo de Augusto Alumno y lo llaman Príncipe Sissi y enarbolan pancartas: «Vete a Estoril». Una vez le untaron de caca, al parecer humana, su silla.

Este año ha sido el primero en que ha participado en el desfile de la Victoria, marchando al lado de sus compañeros. ¡Pues incluso ahí habían llevado una pancarta en la que ponía: «No queremos príncipes idiotas»!

Le han dicho que su primo, en la Facultad de Derecho, formó parte de la «defensa universitaria» y que se dedicaba a dar palizas a los llamados elementos subversivos. A veces a él también le gustaría pegarse como hacía en Zaragoza. Heliodoro, su antiguo profesor, ha puesto gimnasio propio y va muchas mañanas a entrenarse. Pero ahora no se atreve a utilizar los puños para atacar o para defenderse. Después de lo de Alfonsito...

Buf, no quiere acordarse. Coge la cruz de oro que siempre lleva en el cuello, que le regaló su amigo Miguel Primo de Rivera, y la acaricia. Es su talismán contra el dolor y los recuerdos.

—Gaudencio, no hace falta que te apresures. Déjame frente a Derecho.

Es la facultad que le da más miedo, porque es la más politizada. Hay un alumno, Pepe Barrionuevo, un carlista redomado, que todos los días, sin faltar ni uno, le dice: «Borbones, bobones». Cuando se enteró de que era hijo de un vizconde, casi le dio un ataque. Se quejó a su padre, que se enfureció:

—¿Y yo qué? ¿Tengo que morirme porque desde hace veinte años me llaman el borracho de Estoril? ¿Y Pitusín?

Juanito se siente cansado de todo y de todos. ¡Tiene tantas ganas de pasar a la acción! Ya no es un niño y, sin embargo, aquí está, yendo a clase de la mano de un preceptor.

¡Ha tenido tantas decepciones! María Gabriela, su compañera de juventud, se ha cansado de una relación que no la llevaba a ningún sitio y ha decidido hacer lo mismo que él, ¡divertirse! No solo va con su primo Alfonso, sino con Niky Franco, el sobrino del Caudillo, y se la ha fotografiado «haciendo manitas» en la feria de Sevilla con el rejoneador Ángel Peralta, que declara a las revistas: «La princesa italiana me gusta mucho». No es la única de sus novias que está en Sevilla: Olghina de Robilant, entrevistada por *Lecturas*, cuenta en su peculiar estilo: «¡Ah, qué fiesta, los divos y los gitanos juntos, qué maravilla, una feria popular y alegre, musical y borracha!».

¡La condesa! No puede evitar excitarse un poco al pensar en ella, en su rostro de valquiria, de pómulos altos, ojos rasgados siempre velados por el deseo... Pero sabe también que su padre tiene razón y que esta relación lo degrada. ¡La comparte con toreros y gitanos! ¡Y hasta con maricones que quieren jugar a dos bandas!

Es una situación que se está volviendo muy incómoda, además, porque la condesa le ha dicho en su último encuentro que le gustaría que tuvieran un hijo.

No puede evitar un gesto de repugnancia al recordarlo. Su hijo tenía que nacer del vientre de una princesa real, virgen por más señas. Todos los hombres de su estirpe habían sido puteros, viciosos, algunos buenos reyes, muchos malos, pero todos habían cumplido con su obligación. ¡El tío Ali tiene razón!

Su padre y su abuela seguían insistiendo con la princesa griega:

—Si te casas con Sofía, se reforzaría tu posición frente a tu primo Alfonso.

Y hasta el mismo Franco le había declarado a su primo Pacón:

—Me estoy cansando de hacer de niñera del príncipe... Hay que buscarle una princesa.

¡Iba a ser lo único, en toda su vida, en lo que iban a estar de acuerdo su padre y el Caudillo!

¡Casarse con Sofía! ¡Cómo si fuera tan fácil!

—Gaudencio, ahora aprieta un poco más.

De momento, al parecer, se le ha adelantado el príncipe Harald de Noruega. Se habían hecho novios, eso al menos decían las revistas: «Los dos príncipes, Sofía y Harald, sostienen un tierno idilio con todo el esplendor de sus veinte años», y si no había habido declaración oficial era porque no se ponían de acuerdo en la dote de la princesa. Aunque la familia real griega había salido de la guerra pobre como una rata, las relaciones con los acaudalados armadores griegos, reyes del comercio marítimo, habían convertido a Federica en una mujer muy rica. Y muy avariciosa, ya que pretendía que fuera el Estado griego el que pagara la dote y la boda de su hija.

Claro que ella tampoco estaba segura de que el noviazgo entre Sofía y Harald llegara a formalizarse, porque el insípido príncipe noruego estaba enamorado de una modistilla llamada Sonia Haraldsen, un idilio prohibido y tormentoso que el rey Olav estaba haciendo todo lo posible por obstaculizar, pero de momento sin resultado. Por eso, cuando Constantino, el hijo de Freddy, a bordo de su balandro *Nereus*, ganó la Olimpiada de vela de 1960, ella organizó una gran fiesta en su yate *Polemitis*, anclado en el puerto de Nápoles, a la que invitó a los condes de Barcelona y a Juanito. Si lo de Harald al final no funcionaba, no venía mal tener a otro príncipe como repuesto.

Juan y María se apresuraron a viajar a Italia con su hijo, aunque les sorprendió la docilidad con la que el revoltoso príncipe había aceptado la invitación.

La reina griega, descalza y exultante, recibía al pie de la escalerilla a los invitados con el magnífico aderezo de rubíes de Birmania color sangre de paloma, compuesto por una tiara de hojas y flores y un collar que le llegaba hasta la cintura, que había pertenecido a la gran duquesa Olga de Rusia.

Su aire era tan triunfal que don Juan la saludó medio en broma:

—¡Ave, Freddy Augusta!

Federica abrazó a los condes de Barcelona y Sofía e Irene les hicieron una encantadora reverencia, pero... Juanito, ¿dónde estaba Juanito?

Federica frunció el ceño y el cielo pareció oscurecerse aún más.

María dijo con vaguedad que no se encontraba bien, una mentira que nadie se tragó, porque todos sabían lo que había pasado. ¡Era el escándalo de la Olimpiada! Sin decir nada a sus padres, Juanito había convocado en Nápoles a la voluptuosa condesa Olghina de Robilant y llevaban dos días sin ver la luz del sol, alojados en una pensión de mala muerte.

La cubierta del *Polemitis* estaba llena de ramos de flores. Cenaron caviar del mar Caspio a cucharadas, se tiraron platos al mar a la manera griega y cuando Sofía, cansada, iba a retirarse a su camarote, apareció Juanito. Con ojeras, un ligero bigote sobre el labio, alpargatas, con camiseta de rayas y las mangas del jersey colocadas descuidadamente sobre los hombros, estaba irresistible. Iba a acercarse a Irene, que lo miraba embobada, cuando su madre lo empujó hacia Sofía, y cuando estaba a punto de darle un beso en la mejilla, la princesa apartó la cara. ¡Olía a otra mujer!

Juanito se sobresaltó:

—¿Qué te pasa?

—No me gustan los hombres con bigote.

Juanito se sorprendió del atrevimiento de la pacata princesita y, divertido, le preguntó:

—¿Ah, no? ¿Y qué quieres que hagamos?

Sofía lo cogió del brazo con descaro, lo llevó a rastras hasta el cuarto de baño, le hizo sentarse, le puso una toalla encima de los hombros, le levantó la nariz, ¡y lo afeitó!

¿Cómo fue posible que esa tímida muchacha tuviera este rasgo de coquetería? Quizás se dio cuenta de que si tenía que competir con las Olghinas y las Gabrielas de este mundo, debía sacar sus armas de mujer.

Juan y Federica se miraron con complicidad mientras sus hijos se encerraban en el cuarto de baño y solo se oían risas…, y algún largo silencio.

Al cabo de una semana, cuando Juanito se reunió con sus amigos en Estoril, sacó con aire fingidamente descuidado una pitillera de oro adornada con piedras preciosas al modo oriental, y los amigos, sabiendo que los Barcelona estaban a la cuarta pregunta, se admiraron de ese objeto tan ostentoso:

—Pero ¿de dónde la has sacado?

—Me la ha regalado la princesa griega.

—¿Irene?

—Sofía. —Y añadió encogiéndose de hombros con resignación—: ¡Supongo que al final terminaré casándome con ella!

Juanito, el estudiante de Derecho, suspiró. La pitillera no la había llevado nunca más porque era de un mal gusto horroroso.

Miró su reloj de pulsera. Pero ¡cuánto duraba hoy el trayecto hasta la universidad! Los cincuenta minutos habituales se estaban convirtiendo en una hora. A la altura de Puerta de Hierro empezó a llover, unas gotas gordas que golpeaban el techo del coche como taconazos. Miró aquellos campos descuidados, salpicados aquí y allá por construcciones semiderruidas, alguna pared tenía aún agujeros de metralla. Con alquitrán, habían trazado el famosísimo perfil del Caudillo. Y es que hasta aquí llegó el ejército nacional en el treinta y seis y permaneció largos meses acechando Madrid. Se lo había contado Franco muchas veces. ¡Franco! ¿Qué estaría haciendo ahora? Decían que la lucecita de su despacho no se apagaba nunca.

¡Le daba vergüenza reconocerlo, pero lo añoraba! Aunque sabía que seguía en la carrera sucesoria, porque el Caudillo supervisaba sus más mínimos movimientos y su educación, apenas lo recibía y lo echaba en falta, no por interés político, sino como ese abuelito que no había conocido. ¡Si su padre pudiera leerle el pensamiento o adentrarse en su corazón! Pero era lo único que le pertenecía… de momento.

Recostó la cabeza en el respaldo… Ya no sabía qué hacer para contentar a los dos viejos, como los llamaba en la intimidad… El odio entre ellos había estallado como una fruta podrida y ya nunca se desvanecería. ¡Y Juanito era el único damnificado!

Había ocurrido en su última cita en Las Cabezas, la finca de Ruiseñada, que había muerto, y ahora estaba en manos de su hijo. Había sido una reunión nefasta, en la que Franco, que había descartado a don Juan definitivamente para el trono, ya no se molestó en caerle bien y se limitó a divagar sobre una de sus grandes obsesiones, la masonería:

—La mayoría de sus asesores son masones, como Pedro Sainz Rodríguez, su tío Alfonso de Orleans y el duque de Alba —le señaló.

Juan se quejó de que cuando iban comisiones de españoles a Portugal no fueran a cumplimentarle.

—Yo no puedo obligarles... —le contestó Franco—. Vivimos en un país libre. Usted mismo se hace antipático con sus declaraciones en contra de España.

También señaló en tono desagradable que la monarquía basada en lujos y privilegios debía de cambiar. Don Juan arguyó que eso no se le podía reprochar a él, que vivía con estrecheces, a lo que Franco respondió con indiferencia:

—Será que su señora no se administra bien. En mi casa impera la austeridad cuartelera.

¡A don Juan, que sabía lo rápidamente que se estaba enriqueciendo la familia del Caudillo, se lo llevaban los demonios!

Cuando acabó la entrevista, en la que los dos hombres apenas se despidieron, Franco añadió tranquilamente al comunicado final unos elogios al Movimiento Nacional que el conde de Barcelona nunca había pronunciado. Juan se indignó, pero no tuvo ningún medio para rebatirlo, ya que los periódicos estaban sometidos a una fuerte censura.

Juanito se bajó de la seguridad amigable de su coche con tristeza.

—Adiós, Gaudencio.

—Señor.

Ya no sabía qué asignaturas tocaban aquel día. Un grupo de muchachos pasó por su lado, riéndose, y le tiraron la cartera al suelo a propósito. Una mañana se había atrevido a ir al bar, pidió un café y un alumno le dijo al camarero:

—No le sirvas a este tonto.

Únicamente tenía una amiga, Angelita Álvarez, que lo esperaba en la puerta de la facultad.

—Hoy tenéis clase de Derecho Administrativo —le informó.

—Angelita, la semana próxima no voy a estar, me voy de viaje, a una boda en Inglaterra —le dijo Juanito, dirigiéndole una de sus sonrisas especiales.

—¡La pérfida Albión! A ver si podéis hacer que nos devuelvan Gibraltar.

—No creo que me fueran a hacer caso —sonrió con cierta melancolía—, pero ¿me podrás pasar luego los apuntes?

—Claro, alteza, y además os podéis llevar estos para repasar.

Se tocaron sus manos y Angelita enrojeció.

Ay, las mujeres, al final son siempre las que vienen al rescate.

No se llevó los apuntes de Angelita, por supuesto.

¡Y por una vez la diosa Fortuna se puso a su lado!

Nada más llegar a Londres, en el mismo Claridge's, mientras padre e hijo se inscribían como duques de Gerona y de Toledo, se les acercó el primo Carlitos y les susurró:

—El campo está libre, Sofía está disponible.

—¿Qué quieres decir? —preguntó Juan.

—Que lo suyo con Harald se ha roto definitivamente, Sonia, ya sabéis…, la dependienta, ha amenazado con matarse.

—¡Matarse!

Se horrorizó Juanito, que guardó silencio cuando su padre le gritó un rotundo: —¡Cállate!

—Que se suicidaba si Harald iba a la boda de pareja de Sofía… Y ese bobo le ha dicho a su padre que si se muere Sonia, detrás va él.

El rey Olav había tirado la toalla y admitido al final a esa mujer que tanto le disgustaba, con una condición: que el noviazgo fuera largo.

Carlos se lamentaba con falsa compasión:

—Pobre Sofía, vaya papelón más desairado.

Padre e hijo se miraron y es de suponer que aquí vieron su oportunidad. ¡La princesa estaba libre como los taxis!

En la catedral de Westminster, donde se celebró la boda del duque de Kent con Katherine Worsely, Harald no se atrevió a ocupar la silla reservada a su nombre junto a Sofía y se mantuvo aparte. Se le veía avergonzado y a Sofía, humillada. En el último momento, llegó Juanito y se sentó con naturalidad al lado de la princesa griega, que le dirigió una mirada de tímido agradecimiento.

En el banquete estuvieron separados, pero quedaron al día siguiente para ir a ver la película *Exodus*, con el hermano de carabina. Volvieron al Claridge's para cambiarse y juntos fueron al Savoy, donde había un baile y se sentaron el uno al lado del otro. En el postre, el hotel decidió ofrecer un *striptease* a sus sofisticados clientes, pero cuando apareció la señorita profesional en el pequeño escenario agarrándose a una barra, Sofía, indignada, ahogó un grito y con gran revuelo de faldas y servilletas les dijo a sus acompañantes que ella se volvía al hotel. Juanito la acompañó.

—Me ha gustado que hicieras eso, Sofi —le dijo en el taxi.

Como buen español, para divertirse le gustaban las Olghinas, pero para casarse prefería a las recatadas, sin experiencia y, a poder ser, vírgenes.

La última noche fueron a un baile en el Dorchester. Se quedaron mucho rato sentados, Juanito le contó su difícil posición en España, le habló de cuando era niño y de su estancia en Friburgo…

Quizás de Alfonsito.

Sofía había tenido una infancia más dura que él. Había pasado su niñez en un exilio tan miserable que a veces tenían que comer hierbas de los caminos para alimentarse. ¡Cinco años, viviendo en veintidós casas y varios países, porque nadie quería a los reyes de ese país que circulaba por las carreteras secundarias de la historia! Un referéndum los había retornado a Grecia en plena guerra civil; su padre, que nunca había pensado ser rey, no tenía salud y era la reina quien tomaba las riendas del gobierno. ¡Federica no podía atender a su familia y a la patria al mismo tiempo! ¡Y había optado por la patria!

Pero Sofía no dijo nada. Solo escuchaba y se sentía identificada con ese muchacho abandonado por todos. No entendía muchas de las cosas que le contaba Juanito, porque hablaba muy mal inglés, pero a pesar de todo la conmovían. La paloma del amor iba anidando en su corazoncito ávido de emociones, eran dos niños perdidos, juguetes de sus familias, simples peones de ajedrez en un juego que les quedaba grande y con un futuro incierto y peligroso.

—Sí, Sofía, a veces, por las noches, me pregunto si todo vale la pena y no sería mejor ser un hombre corriente, con sus pequeñas alegrías y preocupaciones…

Ya muy tarde, con la garganta reseca de tanto hablar, Juanito se levantó y tiró de ella. Sin palabras salieron al centro de la pista; si había más parejas, no se dieron cuenta. Las mejillas juntas, Juanito sentía las pestañas de Sofía rozándole la piel cuando cerraba los ojos.

La notó entregada y eso le conmovió.

Como decía Olghina, el príncipe sabía cómo enamorar a las chicas.

Cuando se despidieron, Sofía ya hubiera dado la vida por él, pero un precavido Juanito, con más experiencia y sabiendo que sus temperamentos no eran compatibles, aún le dijo:

—Oye, Sofi, ¿por qué no salimos un poco más nosotros solos y así vamos conociéndonos y vemos qué pasa? Sin decírselo a nadie…

Pero fue imposible, la reina Federica lanzó las campanas al vuelo y empezaron las llamadas de teléfono al padre para felicitarlo. Gangan casi lloró de emoción. Casi.

Juanito protestó ante su padre:

—Papá, es prematuro, apenas nos conocemos.

Juan, a pesar de las ganas que tenía de emparentar con una dinastía reinante, dudó. En el fondo, tampoco quería convertir a su hijo en un desgraciado atado para toda la vida a una mujer a la que no amaba. Pero cuando Federica los invito a Corfú para discutir los detalles del compromiso y les envió un avión, desaparecieron sus últimos escrúpulos.

—Juanito, es una princesa de gran categoría… Si te casas con Sofía, no te toserá nadie, ni tu primo.

Pero la estancia en Corfú, ese paraíso donde jugaban lujuriosamente Poseidón y la ninfa Córcira que había dado nombre a la isla, estuvo preñada de tormenta. Los amplios poderes concedidos por su marido habían convertido a Federica en una megalómana insoportable, cuyo comportamiento tiránico no tenía nada que envidiar al de su abuelo, el temido káiser. Los desprecios a la familia de Juanito se sucedían y no dejaba de recordar en ningún momento que ellos estaban sentados en el trono y los Barcelona no.

Por las mañanas se levantaba:

—Es bonito ver cómo sale el sol en un país donde una es reina.

Si Pilar alababa algún objeto:

—Nos acompaña en todos nuestros palacios. —se apresuraba a explicar

Y también repetía continuamente que era la *mitera* de sus diez millones de súbditos.

Y los pobres Barcelona se sentían como judíos errantes, como buhoneros vendiendo su mercancía, como zíngaros con la casa a cuestas, y Juan se metía en su habitación y se ponía a dar puñetazos a la almohada y a gritar en voz baja:

—Joder joder joder. Puta puta puta.

Pablo, condenado a morir joven por una dolencia de corazón, como todos los varones de su familia, que adoraba y temía a su mujer a partes iguales, prefería estar a solas con sus elevados y espirituales pensamientos. Nunca había pensado ser rey; de hecho, la época más feliz de su vida fue cuando, acosado por la más absoluta pobreza, había trabajado de mecánico en la fábrica de motores de aviación Armstrong Whitworth, en uno de sus exilios en Inglaterra. Bajo el nombre de Paul Beck compartía amistades y amores con jóvenes obreros de su mismo sexo. La muerte de un hermano sin hijos lo había llevado al trono de Grecia, pero los temas terrenales estaban fuera de su alcance. Se encerraba en su habitación para escuchar a Bach, ansiaba que su alma cansada se uniera a la de los muertos que viajan al Hades y prefería prepararse para otro mundo mejor que este.

Cuando Juan le dijo a Federica que le gustaría departir con el rey, de hombre a hombre, ella le ladró:

—Si quieres hablar de hombre a hombre, hazlo conmigo, Palo está cansado. Trabaja mucho, pero eso tú no puedes entenderlo.

Al final, temiendo no poder contenerse y estropear el incipiente noviazgo, Juan decidió partir. María se avino, como siempre, y Margot y Pilar también porque se aburrían mucho. Antes de embarcarse, Juan le comentó a su hijo:

—Tú verás, Juanito, pero esta chica te conviene... No vas a tener otra oportunidad. —No pudo evitar añadir—: La madre es una bruja.

Mientras aún se ve la estela del barquito, Federica recibe una llamada de Karamanlis, el primer ministro, comunicándole que al final el Parlamento ha decidido asignar a la princesa una dote de nueve millones de dracmas, una cantidad fabulosa. Convoca a Juanito en el salón de Mon Repos y le ordena en tono conminatorio, como si hablara con una persona del servicio:

—Como ya tenéis el dinero, os casaréis el 4 de octubre. Mañana anunciaremos el compromiso.

Ya salía de la habitación cuando Juanito le dijo muy suavemente, pero con la típica chulería castiza:

—Querida Freddy, me casaré cuando a mí me salga de los cojones.

La reina se detuvo en seco y se puso como la grana. ¡La cólera de Aquiles enfrentándose a Agamenón en la *Ilíada* no era nada a su lado! Sus rizos se movían a un lado y a otro, estaba tan nerviosa que hasta tartamudeaba:

—Pe... pero ¿qué dices? ¡Si tú no eres nada! Menos que nada, una mierda, un desgraciado, nadie te quiere... Solo Franco, y veremos...

Y Juanito agarró aquel índice tembloroso de ira que lo amenazaba y con la frialdad copiada del hombre más frío del mundo, que firmaba sentencias de muerte mientras se afeitaba, le dijo:

—De eso nada, Freddy querida... Tú serás todo lo reina que quieras, pero yo lo voy a ser también, y no consorte, como tú, sino titular de la Corona. Y no por Franco, sino por diecisiete antepasados míos que también lo fueron. ¡Mi sangre es tan pura como la tuya!

Cogió la mano entera de su futura suegra, que lo miraba con estupefacción porque nadie osaba plantarle cara, le dio la vuelta y le besó la palma sin dejar de mirarla a los ojos.

Y después se echó a reír, la abrazó y, mientras su suegra escondía la cabeza en su pecho y se sentía por una vez pequeña, frágil y femenina, llamó a su novia:

—Sofi, en septiembre anunciaremos el compromiso y nos casaremos el año que viene.

El suspiro de la pobre princesita, que lo había escuchado todo desde el jardín, debió de oírse hasta en los espacios siderales donde jugueteaban las ninfas.

De todas formas, la seguridad en sí mismo del joven príncipe no dejaba de ser una fachada porque tenía dudas, ¡y miedo! Era un paso trascendental para la monarquía, sí, y ahí había acertado de pleno, pero también para su propia vida, ¡unido a una mujer que no amaba! Pilar, su hermana, explicaba siempre que Juanito ha tenido tantas novias que ella llegó a perder la cuenta y las confundía. Juanito sabe bien que Sofía nunca le va a gustar como le gustaba la que menos le gustaba de estas novias, ¡pero aun así va a casarse! ¡Toda la vida es mucha vida!

Sin saber a quién recurrir, llamó a María Gabriela. Tímidamente le preguntó si estaba enamorada de su primo Alfonso:

—¿Qué dices? ¡Si es un soso! —se extrañó—. ¿Pero tú no vas a casarte con Sofía?

—Sí, no, no sé. —Y en un arrebato le cantó el bolero de los Panchos—: Si tú me dices ven..., lo dejo todo...

Ella, que conocía el carácter impulsivo del príncipe, se rio mientras colgaba. Pero enseguida se dio cuenta de que Juanito había sido su gran amor. ¡Desde niños están juntos! ¿Por qué no pueden casarse? ¡Ella también es princesa real, su pedigrí es tan impecable como el de Sofía! ¡Y tienen tanto en común!

Con el corazón inflamado, impaciente, decidió enviarle un telegrama desde Suiza que hubiera podido cambiar sus vidas: «Juanito, no te comprometas antes de hablar conmigo...».

El telegrama llegó a Villa Giralda. Juanito no estaba y Ramón Padilla se lo entregó con una mirada significativa a don Juan.

Lo leyó. Dudó y al final lo tiró a la papelera.

Ese mensaje de la princesa enamorada nunca llegará a las manos de su hijo.

Sin saber que a muchos kilómetros de allí el corazón inflamado de una princesa italiana esperaba una respuesta, Juanito se resignó a su suerte. Y, antes de que se hiciera público el noviazgo, decidió decírselo a Olghina, con la que debía tener una relación lo bastante seria como para ir expresamente a Roma para comunicárselo. No se atrevió a enfrentarse a solas con ella, no por miedo a su reacción, sino porque sabía que delante del hechizo sexual de la condesa no era responsable de sus actos. Y le pidió a Clemente Lequio, el marido de su prima Sandra, que lo acompañara al Club 84, donde se mezclaban artistas, aventureros, prostitutas de lujo, homosexuales y los americanos ricos en busca de lo que las revistas llamaban *«la dolce vita»*.

—*Ciao, Guanito.*

La condesa lo recibió con tanta naturalidad como si se hubieran visto el día anterior. Llevaba un vestido ajustado con la espalda desnuda y lo miró con sensualidad entre su melena rubia cuidadosamente despeinada. Cuando Juanito la vio, ocurrió lo inevitable. Cayeron el uno en brazos del otro, porque el magnetismo que sentían era arrollador.

Juanito hundió la boca en su pelo, presentía oscuramente que esto no lo iba a sentir jamás con Sofía:

—Tu olor... Lo distinguiría entre mil mujeres. —De pronto la palpó—: Te noto distinta..., tienes más carne.

—Después te lo contaré todo —contestó Olghina.

Juanito rio, lleno de juventud y felicidad, y aún la apretó más:

—¡Qué dramática eres! ¡Todo!

Lequio desapareció y la pareja, loca de furor, ciega de pasión, decidió coger una habitación en la pensión Pasiello: «Un lugar horrible, pero al que la imaginación puede convertir en un jardín de la Alhambra..., y eso hice...». ¡Quién conociera las artes amatorias de Olghina!

El príncipe tocó varias veces el cielo con las manos.

A la mañana siguiente, en la cama todavía, Juanito sacó del bolsillo de la chaqueta que estaba en el suelo una cajita. Le enseñó el anillo que le había comprado a Sofía, dos rubíes en forma de corazón con una barrita de brillantes en medio.

—Lo he comprado con mi dinero —le explicó.

Era mentira, ya que los rubíes pertenecían a una botonadura de su padre.

Olghina se puso el anillo y lo giró a la luz, a un lado y a otro. Escuchó con indiferencia cómo Juanito le contaba que se iba a casar con la princesa griega, no porque estuviera enamorado de ella, sino porque era su deber y tenía que cumplir con la dinastía. No le importó, porque nunca pensó en casarse con él y, por otra parte, no veía el matrimonio como un impedimento para continuar viéndose.

Y de pronto dejó el anillo, se incorporó en la cama, encendió un cigarrillo y entonces se produjo una de esas confesiones que enfrían las relaciones para siempre.

—¿Sabes qué era lo que quería contarte? —dijo Olghina.

—¿Qué? —preguntó Juanito, repasándole los pómulos con el dedo.

—He tenido una hija. Se llama Paola. Está con mis padres.

Juanito tuvo un gesto de desagrado... Se echó hacia atrás y dijo en un tono muy frío:

—Espero que no intentarás endosármela.

Olghina, orgullosa, calló.

Pero guardó las cuarenta y siete cartas que le había escrito su fogoso amante, que empezaban con un «Olghina de mi alma, mi cuerpo y mi corazón...». En esos cuatro años de correspondencia, Juanito mezclaba ingenuas declaraciones de amor con rancheras:

Un viejo amor ni se olvida ni se deja.
Un viejo amor de nuestra alma si se aleja
pero nunca dice adiós...

Y le contaba: «Esta noche, en mi cama, he soñado que estaba besándote, pero me he dado cuenta de que era una simple almohada arrugada y con mal olor, la verdad que muy desagradable», y terminaba con observaciones religioso-filosóficas: «Pero así es la vida, nos pasamos soñando una cosa y Dios decide otra».

A finales de los ochenta, la condesa apareció en España y se puso en contacto con la Casa Real, a través de Jaime Peñafiel, pidiendo ocho millones de pesetas por el lote de cartas. Se le pagó, entregó las cartas, pero se quedó con copia, que vendió a *Oggi*, revista a la que dos meses después concedió una escandalosa entrevista. El 13 de septiembre de 1988, Olghina confesaba que el padre de su hija Paola de Robilant era Juan Carlos de Borbón y que si calló en su momento, había sido para no perjudicarlo.

—Si hubiera querido, lo hubiera podido arrastrar por los tribunales para que la reconociese, pero no lo hice para no comprometer su futuro.

Teniendo en cuenta que habían estado juntos en Nápoles, las fechas coincidían.

La Casa Real, que había dicho «es una difamación» en el caso de la otra demanda de paternidad, la de María José de la Ruele, en esta ocasión guardó silencio.

Bien, Olghina ya lo sabe. También debe de saberlo Franco, que no ha intervenido en ninguna de las fases del noviazgo de Juanito, pero seguro que está informado de todos los pormenores.

El mismo día en que iba a anunciarse el compromiso, el 13 de septiembre de 1961, quiso llamarlo el propio Juanito, pero Juan coge majestuosamente el teléfono y le dice:

—No. Yo.

Está orgulloso de que en este acto trascendental en la vida de su hijo y en su linaje haya sabido bandearse sin la ayuda de nadie. Como le ha dicho su madre con admiración, «Juan, no has hecho política, ¡has hecho dinastía!».

Es la primera y única vez que su madre le ha felicitado, y esa constatación le enorgullece, pero también le causa mucha pena.

Franco está a bordo del *Azor*. Hay tormenta, la comunicación es deficiente, don Juan debe dar grandes voces:

—¡Que el príncipe se casa! ¡General! ¡Con la princesa Sofía de Grecia, la hija de los reyes!

Lo repite varias veces. Nadie contesta al otro lado del aparato, solo se oye un zumbido y el ulular del viento. Don Juan cree que se ha cortado y está a punto de colgar cuando al final surge la voz atiplada del Caudillo que, sin entonación, con el mismo ritmo con el que pronuncia sus discursos, dice:

—Estoy muy contento por esta buena noticia. Le ruego que le trasmita mi enhorabuena a don Juan Carlos de Borbón y a la princesa Sofía de Grecia.

Don Juan comprende que, dada lo solemnidad del momento, Franco se ha retirado para escribir esta sencilla felicitación que, en forma de comunicado oficial, será lo único que aparecerá en la prensa española, y se echa a reír con amargura:

—¡Ese enano despreciable…!

11

Borrachos de fatiga, empujaron con el hombro la puerta de la *suite* nupcial del velero *Creole*.

Estaban tan exhaustos que no podían intercambiar palabra, pero Juanito oía voces estruendosas en su cabeza: «¡Tienes que cumplir!». Le sorprendía que Sofía no las oyera. Sus diecisiete antepasados reyes le gritaban todos a una: «¡Tienes que cumplir! ¡No es difícil, lo hacen el obrero y el emperador! ¡Cumplir con la mujer en la noche de bodas!».

Estaba a punto de contestar un desesperado «ya voy», cuando la princesa le dijo:

—Mira, Juanito.

Se había descalzado y hundía sus pies doloridos e hinchados con un suspiro de alivio en la moqueta blanca de cuatro centímetros que cubría el suelo.

—*My God.*

Y es que la pobre llevaba despierta desde las cinco de la mañana y, además, a pesar de que por primera vez en su vida había tomado un somnífero, no había pegado ojo en toda la noche. A las seis en punto, la esteticista Elizabeth Arden, que a sus setenta y cinco años acababa de llegar de Nueva York, había irrumpido en su habitación del palacio real con un ejército de ayudantes cargados de tarros, peines, botellas y mejunjes misteriosos.

—¡Alteza, en pie! ¡Ahora soy yo la reina! Os voy a aplicar la misma mascarilla de caviar y pepino que utilicé con Isabel de Inglaterra el día de su coronación.

Después se quejó de que la tiara neoclásica con los brillantes del joyero berlinés Koch, que también había llevado Federica en su boda, era demasiado pequeña:

—Para que luzca tengo que retirar hacia atrás el velo y como vuestra alteza tiene la cara... —enfrentó una mano a otra—... no queda bonito.

El peluquero Alexandre fue a peinarla desde París. Cuando Sofía vio que esgrimía unas tijeras, suplicó con lágrimas en los ojos:

—¡No me corte el pelo!

—*Altesse*, usted no le puede decir a un cirujano qué debe amputar —le respondió fríamente.

Le apuntaló el cardado con tanta laca que no se le movió ni un pelo hasta la noche, a pesar de la insidiosa humedad ateniense.

El vestido de Jean Dessès, el modisto griego afincado en París, favorito de Federica, era una obra de arte que había requerido dos meses de trabajo de treinta costureras. Estaba realizado en lamé blanco bordado con puntilla de bolillos hecha con hilo de plata, una filigrana que, por desgracia, solo se apreciaba de cerca, porque de lejos y en las fotos resultaba tan sobrio como una túnica monacal. ¡Sofía, más que una novia en flor, parecía una santita asexuada a punto de subir a los altares! ¡Brillaba más que ella Federica, que llevaba un largo abrigo ribeteado de martas cibelinas como una zarina rusa y las legendarias esmeraldas de los Romanov colgadas del cuello!

Los zapatos que la princesita acababa de quitarse, hechos a medida por Roger Vivien y de siete centímetros y medio para ir acorde con la estatura del novio, le apretaban tanto que, para prevenir rozaduras, se había llenado el pie de antiestéticos esparadrapos.

¡Y se acordaba ahora! ¡Sus pies anchos y feos, de los que tanto se avergonzaba, vendados como pies chinos sobre esas sábanas de puro hilo egipcio! Temió que Juanito bromeara y los escondió rápidamente entre los pliegues de su falda, pero el príncipe se había tendido a su lado con los ojos cerrados, tremendamente pálido, con un rictus de dolor insoportable.

Se acercó a él y, sin querer, le puso la mano en el brazo. Juanito dio un respingo y renegó:

—Coño, cuidado. —La princesa lo miró asustada porque, aunque no hablaba español, los tacos sí los entendía, pero Juanito añadió en su mal inglés—: Perdona, es que me duele mucho.

El día anterior, practicando kárate con su cuñado Constantino, que, a pesar de su edad y de que iba a ser rey, tenía la mentalidad de un niño, se había roto la clavícula, además de hacerse una herida en el hombro. Hubo un momento de pánico porque el fantasma de la hemofilia no dejaba de planear sobre la familia real española, pero el doctor Doxiades había escayolado el brazo por encima del corte sangrante y, en lugar de atárselo a la espalda, como era habitual, lo había dejado rígido para poder vestir el uniforme y que no se notase, lo que causaba al príncipe dolores terribles que trataba de mitigar a base de calmantes. Aunque, eso sí, había conseguido detener la hemorragia.

¡Tienes que cumplir, Juanito!

Un Juanito que parecía poco más que uno de esos cadetes que los domingos salen con las chicas de servicio. Porque, al lado de la parafernalia que la desmesurada Federica había montado para la boda, con tres mil invitados, ciento treinta y siete miembros de familias reinantes y veinticuatro soberanos, pecheras llenas de condecoraciones, las joyas más importantes del planeta y los hombres más ricos del mundo, porque la reina de Grecia se había convertido en una negociante formidable, Juanito destacaba con su sencillo uniforme caqui de teniente del ejército de tierra.

Era el día de su boda y se había sentido triste.

El tío Ali le contó que la situación de Grecia era terrible y que se habían tenido que multiplicar por mil las fuerzas de seguridad. Y es que el pueblo odiaba a su reina y no quería esta boda. Los empobrecidos ciudadanos protestaban por el alto coste de los fastos matrimoniales y los nueve millones de dracmas de dote de Sofía, y los extremistas ortodoxos no toleraban que su princesa se casara con un católico.

Su padre le decía:

—Me recuerda a cómo estaba España antes de que tu abuelo decidiera irse para que no se derramara por él ni una gota de sangre —y preguntaba con sombría satisfacción—: ¿Así que odian a la reina? Me entristece.

La oposición republicana quería acabar con la monarquía, con este rey que parecía estar en las nubes y con una reina demasiado terrenal y ambiciosa que se hacía cada vez más rica, mientras el pueblo cada vez era más miserable. ¡En un gesto dramático, digno de una tragedia de Sófocles, levantando el puño a lo alto, Papandreu, el líder de las izquierdas, había roto en público la invitación a la boda! Las cárceles estaban llenas y los enfrentamientos en las calles laterales, las que no veían los invitados durante el desfile nupcial, habían sido tan duros que no había sitio en los hospitales para atender a los centenares de heridos.

Pero cuando Juanito se lo había preguntado a Sofía, esta había contestado tranquilamente:

—Es el carácter balcánico... No tiene importancia.

Tan solo circulaba por sus venas un cuarto de sangre griega, ya que su madre era alemana y su padre, medio prusiano. Lo veía con indulgente distanciamiento y Juanito no se preocupó más.

Si estaba triste, a pesar de que esta boda colmaba todas sus ambiciones, era por la situación de su familia. Porque la reina Federica había tomado cumplida venganza de su enfrentamiento en Corfú ignorándolos de tal manera que el padre repetía con tristeza:

—Es como la boda del huerfanito.

Aunque Federica había fletado dos Constellation para su familia e invitados, a los que alojaba en el palacio real, la madre y las hermanas de Juanito habían tenido que viajar en vuelo regular y les habían cogido habitaciones en el hotel Gran Bretaña, así como a los escasos amigos que habían invitado. Las humillaciones fueron constantes, porque también Franco había dicho que no se diera a la boda mucho realce.

Antes de viajar a Atenas, le había manifestado a Juanito:

—Me complace esta unión y estáis bien situado, pero aún no sé lo que voy a hacer... Ahora de lo que se trata es de que aumentéis la familia.

Pero mientas llegaba ese momento, Sofía ya había cumplido con el segundo de sus deberes: halagar al Caudillo. Le había escrito una carta dictada por su novio. «Mi queridísimo Generalísimo», le llamaba, y le daba las gracias por sus regalos, una corona muy favorecedora de brillantes en forma de flores de la casa Aldao, un broche enorme y feo, dos escribanías de plata y unos abanicos: «Me he sentido abrumada y profundamente emocionada…, los guardaré como un tesoro toda la vida». También le decía que las primeras visitas después de la boda serían al papa y después a El Pardo para presentarle sus respetos, a él «y a la Señora».

Aun así, la orden de Franco a su enviado especial, el almirante Abárzuza, había sido tajante.

—Al conde de Barcelona, ni agua. Tampoco le demos demasiada importancia a la boda, no se vayan a subir ahora a la parra.

La prensa española, que no sabía muy bien los títulos de Juanito ni qué representaba, lo llamaba duque de Barcelona y *La Vanguardia* precisaba que «después de la boda se convertirá en duque de Atenas»; aunque quizás la situación más grotesca fue que cada vez que el corpulento don Juan entraba en una recepción con su paso algo torpón y escorado, en lugar de sonar la «Marcha real», como era costumbre, los músicos habían recibido órdenes de tocar un pasodoble torero. ¡Juan se sentía ridículo y se ponía lívido de rabia!

María surgía por un momento de las brumas de su melancolía para aportar sus informaciones:

—Pues me ha dicho Amalín que primero querían poner *La del Soto del Parral*.

Juan hasta tenía palpitaciones y debía tomar un tranquilizante a causa de las rabietas que le provocaba la situación. Y, como pasa siempre, se vengaba en quien estaba más a mano, aunque no tuviera culpa ninguna. ¡Alfonso! ¡El pobre Alfonso recibiendo todos los golpes! ¡Solo le faltaba eso para sentirse el ser más desgraciado sobre la tierra!

Y es que Juanito le había pedido a su primo que hiciera de testigo para escenificar una supuesta buena relación de cara al Caudillo, porque sabía que tenía muchos partidarios entre los falangistas y se estaba convirtiendo en un rival poderoso. El hijo del infante sordomudo —que ahora percibía una pequeña pensión del Estado español y estaba sumido junto a su mujer en las aguas tenebrosas del alcoholismo— había aceptado la invitación de su primo, aunque para ello había tenido que pedir unos días de vacaciones en el Banco Exterior, donde lo había colocado el propio Franco.

Cuando llegó al hotel, le entregaron su invitación expedida por su tío. En ella figuraba como don Alfonso de Borbón.

Allí mismo se puso a gritar:

—¡El hijo de un infante de España tratado como «don» cuando la dignidad que me corresponde es la de alteza o por lo menos la de excelentísimo señor!

Indignado, porque era muy puntilloso en este tema, Alfonso quiso irse sin deshacer las maletas siquiera cuando su abuela lo llamó por teléfono:

—Alfonso, tu primo no sabe nada de esto, por favor, no te vayas… Al fin y al cabo, estás aquí por él.

Se quedó con aire de mártir y, como sutil venganza, se hundió en los brazos de María Gabriela de Saboya, la «novia despechada», según la definían las revistas, que también decían de ella algo incongruente: «Estaba muy espiritualizada con un sombrerito-casquete».

Don Juan había dejado que su mujer y sus dos hijas fueran en avión y él había preferido desplazarse hasta Atenas en el pequeño *Saltillo*, que había atracado en el puerto del Pireo al lado de los espectaculares yates de los armadores griegos a los que tanto debía Federica, los Niarchos, Goulandris, Eugenides, Onassis, Livanos, Embiricos, Kulukundis y Nomikós. Al lado también del *Creole*, el velero de sesenta y cinco metros que Niarchos había cedido a Juanito y Sofía durante una semana como regalo de bodas, con dieciséis tripulantes a su servicio.

Y es que Stavros Niarchos tenía motivos para estar obligado a Federica: con su apoyo y sus exenciones fiscales, sus ochenta superpetroleros lo habían convertido en uno de los hombres más ricos del mundo. Los reyes también le habían conseguido el contrato para construir el importante astillero de Eskaramanga, a las afueras de Atenas. Aunque estos negocios representaban también una fortuna para Federica en forma de abultadas comisiones, el naviero se vio obligado, además, a regalar a la princesa un barco de sobremesa de oro macizo y un soberbio conjunto de diadema, collar y pendientes de Van Cleef con rubíes de cabujón rodeados de brillantes.

Juanito había preguntado, algo escamado, al ver aquel derroche de generosidad:

—Sí que está agradecido, ¿no?

—Y más debería estarlo —contestó Sofía crípticamente.

Su velero, considerado el más bello del mundo, tenía muebles realizados con veinte maderas distintas, iconos rusos y cuadros impresionistas de Renoir y Gauguin. En honor a Sofía hizo colgar en el salón principal, sobre la chimenea de lapislázuli, sus últimas adquisiciones, dos cuadros que acababa de comprar al actor norteamericano Edward G. Robinson por cuatro millones de dólares: la *Pietà* de El Greco y el *Retrato de Jane Avril* de Toulouse Lautrec.

Pero a Juanito le daba igual porque no entendía de pintura y ni siquiera había entrado en el salón. Acostado en la cama inmensa, al borde de la extenuación, se sentía angustiado por su responsabilidad: ¡fertilizar el vientre de su mujer! ¡El heredero del heredero! ¿No le había dicho el mismo Franco que lo que tocaba ahora era aumentar la familia?

¿Y si de pronto se hubiera vuelto impotente?

La boda tuvo dos partes, la ortodoxa, que fue larga y pesada, en la catedral de Santa María, y la católica, que duró un suspiro, en la pequeña iglesia de San Dionisos. Claro que los severos defensores de la moral católica dijeron que esta última no era válida, ya que la princesa aún no había sido bautizada. Que Sofía haya recibido este sacramento nunca se ha confirmado oficialmente, aparte de un vago «la bautizó el obispo de Atenas, quince días después de la boda, en el barco», pero teniendo en cuenta que en esas fechas la pareja estaba en Jordania en viaje de novios parece difícil que tal información sea exacta. Aun en el caso de que hubiera sido así, eso no ha impedido que Sofía haya seguido fiel a su fe, sintiéndose siempre miembro de la iglesia ortodoxa.

Cuando Juanito iba por el pasillo central de la iglesia adornada con treinta mil rosas rojas y alumbrada por la luz de millares de bujías a los sones del *Mesías* de Haendel, llevando del brazo a la que ya era su mujer para toda la vida, la miraba de refilón, su carita triangular, tan serena, su sonrisa, siempre la misma... Él se había emocionado mientras pronunciaba las palabras de rigor:

—*Malixta* (sí, quiero).

Ella seguía impávida.

Los invitados españoles susurraban:

—Es fría.

Para Juanito, la princesa Sofía era la compañera necesaria para llevar adelante el proyecto al que su padre y él habían dedicado su vida. Pero ¿qué pensaría ella? ¿Cuáles eran sus sentimientos? Si Harald no la hubiera dejado por Sonia, se hubieran casado indudablemente. ¿Había sufrido por este desprecio público? ¿O era muy consciente de que sus sentimientos personales no contaban, y que solo debía plegarse a los deseos de su madre y cumplir con su destino de princesa real?

Pero ¿cuál era su destino? Ya había terminado su formación. ¿Qué iba a hacer? ¿Trabajar en un banco, como su primo? ¡Dependía de la voluntad de Franco para ocupar el trono!

¡Es que ni siquiera sabían dónde iban a vivir! Federica, sin consultarles, había arreglado la casa de Psychico para ellos. Juan quería que se trasladaran a Estoril. ¡Villa Giralda era tan grande y estaba tan vacía! Y Franco, en la última audiencia, le había dicho con estudiada indiferencia:

—Estamos haciendo obras en la Zarzuela. Era el pabellón de caza de su augusto abuelo. Mi mujer dice que aquello tiene muchas posibilidades. Cuando vengáis con la princesa, podríais ir a echarle un vistazo…

Sofía, que era hija de reyes, ¿sería reina algún día? ¿Con esa esperanza se había casado o es que estaba enamorada de él? En Londres le había parecido que sí, pero ahora… En realidad, la conocía muy poco. Sí, Sofía había ido con su madre a visitarlo a Estoril, le había presentado a sus camaradas, pero ni ella ni los amigos se habían sentido muy cómodos. La princesa no sabía si alguna de esas chicas, tan libres, tan deportistas, tan guapas, había tenido alguna aventura con Juanito y así, con esta incertidumbre, ¿cómo iba a hacerse amiga de ellas?

Salieron a cenar y ella les contó que trabajaba de puericultora en una guardería, y se extrañaron. Sofía, queriendo ser amable, les preguntó cosas sobre arqueología e historia de Portugal que los muchachos desconocían.

—Pues yo, en Grecia, voy a excavaciones con mi hermana Irene. Hemos encontrado muchos restos en el jardín de Tatoi y hemos escrito dos libros.

Una de las chicas preguntó cómo se titulaban, a lo que la princesa contestó amablemente:

—*Fragmentos cerámicos de Decelia* y *Miscelánea arqueológica.*

—¡Ah!

Juanito miraba para otro lado.

Después todos se apresuraron a manifestar que la princesa era muy agradable.

Juanito y ella también se habían encontrado en Zúrich y en París, donde Sofía había ido a comprarse el *trousseau*, pero Franco les había puesto una carabina, el general Castañón de Mena, que tenía órdenes de no dejarlos ni a sol ni a sombra. Y poco se puede hablar cuando no hay un idioma común y sientes sobre ti la severa mirada del condecorado general, un héroe de guerra que podía lucir sobre su pecho la laureada colectiva de San Fernando.

Pero Juanito no solo miraba de reojo a Sofía. No solo paseaba la mirada por los techos abovedados de la iglesia mientras su nuez subía y bajaba, no solo se daba cuenta del tremendo contrasentido de ser aquí el protagonista de una ceremonia fastuosa y, sin embargo, en España ser una persona insignificante, sino que tenía ganas de saltar por encima de todos los invitados y abrazar a su padre, a su madre, a Margot y a Pilar. ¡Y es que no se le escapaban las expresiones doloridas de su familia! ¿Por qué todo, siempre, resultaba tan difícil?

Su hermana Pilar era una de las siete damas de honor. La mayor de todas. A sus veintiséis años seguía siendo una muchacha adusta, que llevaba un vestido que le iba grande y una extraña diadema de felpa y, lo peor de todo, no tenía novio ni pretendiente. Su padre había querido casarla con el rey Balduino de Bélgica y con este fin la había llevado de visita a Bruselas. La abuela, que se hacía ciertas ilusiones, le dijo:

—Niña, llévate de acompañante a Fabiola de Mora y Aragón, que es poco vistosa.

¡Acabáramos! ¡Balduino, el medio cura, como lo llamaban a sus espaldas, se había enamorado de Fabiola como un idiota y Pilar tuvo que volver a Estoril compuesta y sin novio! En la boda de su hermano, consciente de que allí nadie de su familia pintaba nada, no sonrió ni una sola vez. Aunque todas las damas de honor estuvieron durante la ceremonia cariacontecidas, y no solamente porque les acomplejaban sus feos vestidos. Tatiana Radziwill, prima de Sofía y su mejor y única amiga, observaba a Pilar pensando que su querida Sofi lo iba a tener muy difícil en su nueva familia. También Irene, la hermana pequeña, se sentía vagamente decepcionada porque en algún momento pensó que sería ella la escogida para ser la mujer de Juanito, de quien estaba secretamente enamorada.

Tampoco sonrió Margot, la *cieguinha,* como la llamaban en Portugal, sentada en un lugar secundario y muy mal arreglada. Como no dejaron que fuera con acompañante, tenía que esperar en el asiento a que algún alma caritativa viniera a rescatarla. Charo Palacios, la amiga de Juanito en Estoril, la tuvo al final que coger de la mano. ¡Cuántos desplantes! ¡Dios mío, cuántos pinchazos, gemía don Juan, sin atreverse a verbalizar su tremenda decepción en voz alta!

Pero quizás fue doña María, la frágil María, la que acusó peor la situación. Había perdido la costumbre de hacer vida social y las multitudes la agobiaban. Tenía los ojos vidriosos: en esos momentos de celebración familiar la ausencia del hijo muerto se hacía, si cabe, todavía más dolorosa. A veces aún decía:

—Le tengo que preguntar a Alfonsito…

Pero se llevaba la mano temblorosa a la boca porque recordaba que Alfonsito había muerto y que Juanito… No, eso no, de eso no había que acordarse.

Fue su suegra, la reina Victoria, la que después de la boda le escribió sus impresiones a su prima Bee, su más íntima amiga. Primero juzgaba que «Freddy ha sido muy tacaña con los regalos a Sofía, total cuatro pulseritas de cadenas de oro con rubíes, zafiros y esmeraldas. ¿Te figuras qué cosa tan pobre? ¡Ya podía haberle regalado un bonito hilo de perlas!». Y después dedicó sus invectivas a la pobre María: «El traje de mi nuera era azul fuerte, está enormemente gruesa de nuevo y no quiero contarte lo que parecía… Me da vergüenza porque en estas celebraciones es la que peor vestida va siempre…». Y aquí las palabras crueles de aquella exreina que no se resignaba a serlo: «Como siempre, María estaba en las Viñas del Señor… Temo que todo el mundo se diera cuenta».

Por desgracia, nadie, ni el Señor ni todas sus viñas, podía ayudar a María y menos que nadie su marido. Juan tenía tal volcán de emociones dentro que apenas podía controlarse. Por una parte, estaba contento porque esta boda era obra suya, sabía que la princesa Sofía era una buena elección, la mujer adecuada para un príncipe con una vida difícil. Asombrosamente, su madre lo había vuelto a felicitar:

—Juan, lo has hecho muy bien. Recuerda que si no vamos con cuidado en esta cuestión, a nuestros nietos los gobernarán los que hoy son porteros o chóferes de taxi. Y ganarás muchos puntos cuando la princesa se quede embarazada.

Pero la impertinente Federica había sido muy clara y se le había enfrentado con descaro:

—Consuegro, ahora tienes que abdicar en tu hijo, tú ya no pintas nada.

Como había dicho su padre, Alfonso XIII, en las mismas circunstancias, reflexionaba amargamente en voz alta a su hijo, aunque este no pudiera oírlo porque ya estaba a bordo del *Creole*:

—Abdicar, sí... No te creas que no me tienta, Juanito. ¡Y así después solo me quedará morirme!

Sofía se inclinó sobre su marido, que había lanzado un gemido muy tenue:

—¿Te duele mucho?

Juanito asintió, sin atreverse a decirle que, en realidad, lloraba por su padre.

Ella lanzó una tímida mirada al lavabo y Juanito le dijo:

—Sí, ve a cambiarte.

A la princesa le asombró el lujo del cuarto de baño, de mármol de Siena, con espejos venecianos y los cepillos y peines con mango de oro. Sobre una repisa estaban los mejores perfumes y cremas que una mujer puede desear. Abrió un tarro con tapa de plata, dentro había una especie de nata montada que olía a rosas. Hundió el dedo y lo chupó: sabía bien, comió un poco más; ahora se daba cuenta de que estaba hambrienta porque con tanta ceremonia, los nervios y los saludos, no había probado bocado en todo el día.

Salió con un camisón de gasa suiza con una fina cinta de seda en la cintura y encaje en el bajo y el escote. Era tan sutil la tela que se le notaban los pezones, y la princesa trataba de disimularlo hundiendo el pecho y cruzándose de brazos.

La verdad es que Juanito y ella habían llegado bastante lejos. El general Castañón, «de Pena», como lo llamaban ellos por su aire tristón, hacía muchas veces la vista gorda porque le disgustaba la tarea que le había encomendado Franco. Y los dejaba solos con diversas excusas, desde ir a comprar regalos para los nietos hasta retirarse al hotel porque estaba cansado.

Juanito era muy persuasivo:

—Va, tonta, déjate, si total vamos a casarnos...

Cuando la princesa había ido a Estoril, no solamente habían salido con sus amigos. También se movían con total libertad en el Porsche metalizado que los monárquicos habían regalado a Juanito. Dejaban a Federica con su madre tomando el té en Villa Giralda y ellos se iban «de excursión, a ver los cerezos en flor de Castelo Branco». No es difícil imaginar cómo el fogoso Juanito intentaba camelarse a su novia:

—Por unos días, qué más da.

Mientras, Freddy se dedicaba a hablar de forma grandilocuente con María de los temas que le interesaban, la trasmigración de las almas y la física nuclear:

—Según el principio de incertidumbre de Heisenberg, con el que me carteo, tu mente da forma al mundo que nos rodea...

María no entendía palote del monólogo de Federica, sobre todo porque hablaba muy mal inglés, pero asentía a todo hasta que la voz de la reina de Grecia se iba apagando por falta de estímulos y se quedaban calladas hasta que llegaba la parejita, el príncipe con la camisa por fuera de los pantalones y Sofía tan serena e impecable como siempre.

Entonces, María parecía despertar y para hacer quedar bien a su hijo trataba de estar a la altura de la erudita reina de los griegos:

—Juanito, no sabes lo que he aprendido con Freddy sobre..., ejem..., la física. Yo la estudiaba en las irlandesas de Sevilla. Claro que entonces lo llamábamos educación física y usábamos el plinto. ¿Cómo se dice plinto en inglés?

La reina Federica le manifestaba a su hija con su grave voz de fumadora en el imperfecto griego que apenas utilizaban:

—Me he aburrido. Mejor, así la vida parece más larga.

Sofía se acercó a la cama nupcial con miedo a lo desconocido, pero al mismo tiempo encendida de excitación.

—Ma-ri-do —canturreó, sonriendo.

Asombrosamente, se dio cuenta de que Juanito se había quedado dormido, aún vestido de uniforme, incluso con el espadín y la banda. Lo zarandeó con delicadeza y el príncipe se despertó aullando:

—Joder... —Y luego—: Es que me duele mucho el brazo. ¿Puedes echarle un vistazo?

Sofía, que por algo había estudiado puericultura, se puso manos a la obra. Se echó un albornoz por encima del camisón, lo hizo sentar, le quitó la chaqueta con delicadeza, la camisa...

Se asustó porque la venda estaba manchada de sangre. El yeso se había pegado a la piel y era imposible arrancárselo.

—Juanito, tendría que verte un médico.

El príncipe se acordó de sus diecisiete antepasados y, sobre todo, de su padre, que le había confesado que en la noche de bodas estaba enfermo y a pesar de eso había cumplido con su madre en nombre de la dinastía, apretó los dientes y dijo:

—No. Hazlo tú.

Sofía salió al pasillo y le pidió al marinero de guardia que le trajera un botiquín médico. Con cuidado cortó el yeso centímetro a centímetro y se encontró una fea herida abierta, que limpió con alcohol. Juanito no se quejaba, aunque le caía el sudor por las sienes.

Tenía los ojos cerrados. Cuando Sofía acabó, los abrió y vio a la princesa inclinada sobre el botiquín, guardando los instrumentos con el aire de una madrecita cuidadosa.

Tenía la cara un poco brillante, llevaba el mismo peinado que Federica, y según como le daba la luz, se asemejaba a un casco prusiano. Parecía mayor de sus veintitrés años.

Ella levantó la vista y le sonrió.

De forma automática, sonrió él también. Le cogió la mano y se la besó con el respeto que se guarda a las monjas y a las señoras mayores.

Se estaba volviendo a quedar dormido. Pero con la fuerza de un maremoto se abrió paso en su cabeza el recuerdo de Olghina... Su melena rubia y despeinada, su boca voraz... Apretó los ojos, que se poblaron de lucecitas, recordó aquella ocasión en que protestaron los de la habitación vecina dando golpes en la pared... Suspiró.

Sintió que Sofía se levantaba de la cama y oyó sus pasitos leves sobre la alfombra.

—¿Dónde vas? —preguntó.

—Pensaba que querías descansar.

Abrir los ojos no. Si no los abría, podía seguir recordando su mirada velada por el deseo, podía oír sus jadeos, podía sentir el tacto de sus pechos blandos. Manoteó a tientas:

—Ven, tendrás que trabajar tú un poquito…

La princesa sofocó una risita.

—Pe… pero Juanito, no sé qué quieres decir, ¿trabajar?

Los gritos de placer, las palabras sucias en el oído, las uñas que se clavan en la carne:

—Sí sabes… Primero quítame el pantalón…, sí, eso también… Ven, ponte encima…, así, ¿ves? Ahora poco a poco…, poco a poco…

12

¡Libre! ¡Por primera vez en su vida, Juanito se sentía libre! Silbaba bajito y distraídamente. Echado en el sofá de terciopelo un poco ajado de Carpe Diem, en Estoril, con un cigarrillo entre los dedos y los ojos semicerrados, percibía a su mujer que se movía por la habitación intentando colocar libros y fotos en el exiguo espacio disponible. Del jardín llegaba el ensordecer canto de las cigarras, y el perezoso verano portugués, cargado de olor a resina y retama, se colaba por las rendijas de las persianas.

—Sofi.

—¿Qué?

—Estate quieta, que me pones nervioso.

La mujer, vestida con su falda evasé, blusa de seda con lazo al cuello, a pesar del calor, y sus mocasines cómodos, se sentaba en el borde de la butaca. Lo miraba con un punto de exasperación. Juanito estaba bronceado por el sol, con barba de un par de días, el pelo castaño entreverado de mechas rubias, pantalón corto, camiseta desteñida y descalzo. Con el pie le empezó a acariciar la rodilla, su expresión era traviesa. Sofía resopló:

—No entiendo cómo puedes estar ahí, tan tranquilo.

El pie volvió al sofá y Juanito preguntó:

—Pues ¿qué quieres?

—Ya lo sabes.

—¿Qué?

—Que nos vayamos a vivir a Madrid. Aquí no pintamos nada.

Juanito frunció el ceño. Le dio una chupada al cigarrillo y echó una larga bocanada de humo al techo. Vivir en España. Otra vez a la sombra del Caudillo. Aquella España oscura, erizada de recelos y estrategias. ¿Como rehén, como súbdito, como un pelele o como futuro rey…, *chi lo sa*?

Encima, su padre, una vez más, se había convertido en un apestado a ojos de Franco. Su nombre se utilizó en el llamado por la prensa falangista Contubernio de Múnich, un grupo de personajes relevantes españoles entre los que estaban varios monárquicos, como Joaquín Satrústegui, Jaime Miralles o Luis María Anson, e incluso un miembro del consejo privado, José María Gil-Robles. En un momento de gran inestabilidad social, con los mineros en huelga y un Mercado Común que les había dado con la puerta en las narices, los ciento dieciocho conjurados habían pedido el restablecimiento de las libertades en España y la transición pacífica a la democracia. Y se sugirió que don Juan podría encarnar el espíritu de reconciliación siendo «el rey de todos los españoles».

Franco estaba indignado con «el borrachín de Estoril». Primero decía melifluamente:

—Ese señor dice que quiere ser el rey de todos los españoles. ¿De los rojos, de los masones, de los asesinos y violadores de monjas? ¿De los que mataron a José Antonio y de los de la matanza de Paracuellos? —para luego volver a lo que los periódicos llamaban «rotunda voz, viril campana hermenéutica con diamantinos armónicos»—: ¡Pues no va a ser nada, ya ha sido apartado de la sucesión!

Y eso que Juanito y Sofía, los pobres, ya no sabían qué hacer para halagar al Caudillo. Fueron a verlo antes de empezar el viaje de novios de tres meses por todo el mundo, que oficialmente les había regalado don Juan, pero que les había pagado el banquero Emilio Botín con un talón de un millón de pesetas. ¡El padre se había quedado sin viático! Acudieron a Madrid en secreto, a espaldas de don Juan. Habían comido en familia en El Pardo, con los marqueses de Villaverde, uno de los nietos y una doña Carmen que se deshacía en sonrisas y reverencias con la princesa, con la que enseguida estableció una gran complicidad porque hablaban en francés. La Señora había tenido una *gouvernante* de Burdeos en su infancia de niña acomodada y huérfana en Oviedo, y Sofía no entendía el español más allá de algunas palabrotas que le había enseñado el gamberro de Juanito.

La austera comida consistía en sopa de fideos y una pechuga de pollo tan dura que el nieto había comentado:

—Abu, este pollo debió morir allá en el año cuarenta y tres.

Durante la comida solo habló Cristóbal Martínez-Bordiú, al que toda España llamaba el Yernísimo. Ser el marido de la única hija del Caudillo lo había catapultado a la cumbre de la pirámide social de ese país que, aunque con enormes dificultades, iba dejando atrás la terrible posguerra y entrando poco a poco en el desarrollismo económico. Era guapo, chuleta, un *playboy* que toreaba vaquillas en su finca de Jaén, cazaba, hacía esquí acuático con un traje apretado de goma que lo marcaba todo, conducía una moto Vespa y hablaba con gracejo andaluz de Elsa Maxwell y de los duques de Windsor, para que se viera que él y su mujer eran cosmopolitas y viajaban por el mundo con pasaporte diplomático.

También se cuidó de decir:

—El príncipe vino al pantano de San Juan al cumpleaños de Carmencita.

—¿Qué príncipe? —preguntó Sofía con candidez.

—Alfonso.

Su mujer, a la que los padres llamaban Nenuca, callaba con la mirada baja porque sabía que el hijo del infante sordomudo no tenía derecho al título de príncipe. Cristóbal empezó a contar que, cuando iba de caza, si el viento soplaba a favor, era difícil tirar a las perdices porque iban a cien kilómetros por hora… En medio de una frase, Franco, cuchillo en alto, dijo con frialdad, sin dirigirse a nadie en particular:

—Cállate.

Cesó la verborrea en seco y, a los postres —una manzana—, Cristóbal se levantó limpiándose la boca con la servilleta:

—Perdón, tengo una operación a corazón abierto, ¡a vida o muerte!

Porque era médico y ejercía de cirujano en La Paz.

Se despidió de la princesa y de ese «niñato», como lo llamaba a espaldas de su suegro, y desapareció en sus habitaciones, porque el matrimonio y sus hijos vivían en El Pardo.

Les sirvieron el café en otra salita y, ante la ventana que daba al jardín, vieron pasar al marqués vestido de jugador de tenis con dos raquetas debajo del brazo tarareando una melodía.

Nadie dijo ni palabra. La Señora les tendió el platito de dulces mientras les informaba:

—Me los envían de Oviedo... Prueben una pasta... Aunque ahora les llaman moskovitas, para mí siempre serán carbayones.

Carmen le contó después a su amiga, la marquesa de Huétor de Santillán:

—La princesa es encantadora y piadosa, me pidió permiso para postrarse unos momentos delante del brazo incorrupto de Santa Teresa. ¡Le ha robado el corazón a Paco!

Y Paco le comentó a su primo:

—Me ha parecido muy culta y tiene una expresión aniñada e ingenua.

Al día siguiente, antes de partir a la Costa Azul a reunirse con la reina Victoria, primer tramo de su viaje de novios, habían ido a visitar la Zarzuela. El pabellón estaba en obras, pero el jardín, con sus encinas y robles, les había encantado.

Corrían los gamos y ciervos y la princesa había comentado con ingenuidad:

—Parece una película de Walt Disney.

¡La Zarzuela! Para Sofía se había convertido ahora en su paraíso soñado.

En el jardín de su chalecito portugués apenas cabían dos adelfas y un limonero. Juanito aplastó el pitillo en el cenicero que estaba en el suelo y su mujer se levantó de un salto y abrió los brazos:

—Pudiendo estar allí, ¿qué hacemos en Estoril, Juanito, en esta casa pequeña, en la que no podemos colgar ni una chincheta porque estamos de prestado? Vale, mamá ya se ha dado cuenta de que no vamos a ir a vivir a Psychico, pero con los muebles tan bonitos que hay allí y los regalos de boda se llenarán por lo menos tres *containers*. ¿Qué hacemos? ¿Dónde los vamos a poner?

Sí, la Zarzuela estaba esperándoles con su parque de cuatro hectáreas, sus ciervos y sus gamos y, sin embargo, estaban aquí, en esta casita que les había prestado Ramón Padilla, el secretario de don Juan, tan cerca de Villa Giralda que casi podían verla desde la pequeña ventana de la buhardilla.

¡Pero era el primer lugar en toda su vida, desde que tenía ocho años, en el que Juanito se había sentido libre y sin vigilancia!

Aunque Sofía estaba incómoda, peor se había encontrado en la casa de sus suegros. Cuando habían llegado del viaje de novios, con tan solo dos maletas, nadie había ido a recibirlos al aeropuerto y tuvieron que coger un taxi.

Villa Giralda estaba en penumbra, había polvo encima de los muebles.

Salió Amalín a la puerta:

—Su majestad se encuentra mal, vayan instalándose.

A esa hora, María siempre se encontraba mal. Juanito le explicó a Sofía que a esa hora llegaba siempre Alfonsito: «El *afiladog*, mamá, ¿cómo va a estar sucio algo que llegue de España?».

El agujero de la bala que lo había matado aún estaba en la puerta del cuarto de juegos. Nadie entraba allí. Se hablaba en susurros.

No se había dispuesto nada para los príncipes, que al final se acomodaron en el cuarto que había sido de los hermanos, juntando las dos camitas.

Margot estaba en Barcelona, pasando unas semanas con los condes de San Miguel, y Pilar se quedaba a dormir en casa de una amiga, en Lisboa, porque tenía turno de noche en el hospital de los Capuchos.

En el jardín, bastante descuidado, había una larga fila de gitanos con sus hijos, abuelos y su casa a cuestas. Juanito tuvo que aclararle a su mujer que venían un día fijo a la semana a pedir sobras de comida, ropa que no quisieran, algún auxilio.

Sofía se asombró y preguntó:

—¿Y no podrían entrar por la puerta de servicio?

Juanito la miró con extrañeza.

—Eso ofendería su sentido de la dignidad. Son muy orgullosos.

La cena fue desconcertante. Nada más sentarse, Juan se puso a gritarle a su hijo culpándole de todas las desgracias de su vida. Estaba dolido porque, persuadido por José María Pemán, había tenido que desmarcarse públicamente del comunicado del Contubernio de Múnich:

—Por ti, lo hice por ti, renegar de estos hombres que siempre me han demostrado la consideración más alta, me han sido fieles en las peores circunstancias, ¿y ahora qué trato han recibido por su fidelidad? Desterrados en Canarias, en el exilio; sus familias, privadas de su sustento… ¡Y su rey no está a su lado!

El hijo no replicaba, lo escuchaba tristón, deshaciendo el pan en miguitas muy pequeñas que amasaba con los dedos. Si trataba de protestar, el padre rezongaba:

—Cállate, no tienes ni idea.

Aunque no lo decía, también estaba amargado porque su situación financiera era desastrosa. Se había gastado lo que le quedaba de su exigua fortuna en la boda de su hijo, y menos mal que Botín había acudido en su auxilio para pagar el viaje de novios, tantas veces prometido. Ahora tenía que vivir exclusivamente de la buena voluntad de algunos (cada vez menos) nobles españoles y de los préstamos (que nadie esperaba que devolviese) de su amigo el banquero Manuel Espíritu Santo.

Sin embargo, como contraste, su hijo, por primera vez en su vida, se encontraba en buena situación económica. No solamente tenían el dinero que les había concedido el Parlamento griego, sino una fuerte cantidad que habían recogido como regalo de boda la Diputación de la Grandeza y el banquero Luis Valls-Taberner. Nada más y nada menos que veinte millones de pesetas.

Le había dado hasta para hacerse con un paquete de acciones, lo que le producía la sensación de ser rico. Se lo decía en voz alta a su mujer para que lo oyera su padre:

—Sofi, esto no es más que el principio.

Claro que don Juan antes se hubiera dejado cortar en pedazos que pedirle ni un duro a ese «niñato».

En su pequeña habitación, la princesa reñía a su marido:

—Te trata como un bebé… No te dejes.

Las paredes eran de papel, y como la princesa gritaba como hacen los que quieren ser entendidos en una lengua que les es ajena, don Juan se enteraba de todo y se quejaba:

—A María lo de ser reina le importa poco y a esta, demasiado.

Un día, la condesa de Barcelona, queriendo agradar a la mujer de su hijo, le propuso que fuera a su habitación para enseñarle sus joyas, que luego serían de ella. Sobre la cama desplegó la corona de las flores de lis, los collares de perlas, de chatones, la perla Peregrina… pulseras. Sofía lo observaba todo con expresión remilgada, sin proferir ninguna exclamación. Cuando María, sin saber ya qué más sacar, dijo:

—Ya está.

Se sorprendió:

—¿Cómo? ¿Esto es todo? ¿Y dónde están las joyas importantes?

El ambiente se enfriaba minuto a minuto. A Sofía también le llamaba la atención que su suegra no interviniera en absoluto en la marcha de la casa, que todo estuviera en manos de la vizcondesa de Rocamora, de Amalín o de los nobles que rotaban y se turnaban para estar en Villa Giralda de quince días en quince días. Sofía se extrañaba de ese trasegar de huéspedes. Juanito contaba con desgana:

—Mi padre quiso que desde el primer día tuviéramos los mismos usos que en el palacio real... Hay una lista de nobles de guardia que se turnan.

Lo que no le dice es que esos nobles, durante su quincena, corren con todas las facturas de la casa, lo que hace que cada vez haya más bajas en la lista. No conviene disgustar a Franco y ya no sale a cuenta gastar ese dinero en una monarquía que está en horas bajas. ¡Las flores de lis están más mustias que nunca! El nombre de don Juan ya no se puede pronunciar en El Pardo.

—Dile a tu padre que te vas a vivir a España..., que solo tú puedes salvar la monarquía, que si quiere que vuelva, tienes que estar viviendo allí.

Pero Juanito no se atrevía... Entraba en el despacho donde su padre departía con su secretario Ramón Padilla y le decía retorciéndose las manos:

—Papá, entiende que aquí estamos muy apretados.

Y el padre gritaba:

—Coño, pues iros a vivir a la casa de Padilla, que está ahí al lado. A ti no te importaría dejarles tu chalé, ¿no?

El hombre, que había abandonado una brillante carrera diplomática para estar a las órdenes de don Juan, y que ni siquiera se había casado para servir mejor a su señor, asintió gozoso:

—Claro que no, majestad, es un honor… Pero tengo que decirle a su alteza que Carpe Diem es un poco pequeña.

—Qué carajo, pequeña, si está muy bien. ¿Queréis ir o no?

Y Juanito volvía a su cuarto, donde lo esperaba su mujer, que le preguntaba cerrando los puños:

—¿Y? ¿Nos vamos a España?

—De momento, nos instalaremos en casa de Ramón Padilla.

Sofía iba a protestar, pero ante la mirada de su marido se enterneció y le dijo:

—Bueno, es un primer paso… —Aunque no había podido evitar añadir—: Somos como esos gitanos que hacen cola ahí afuera… Sin hogar y siempre con el equipaje a cuestas.

El primer día en su nuevo alojamiento, Juanito, alborotado y rejuvenecido, decidió dar una fiesta. El único regalo de boda importante que se habían traído a Portugal era el equipo de alta fidelidad que les había enviado el Real Madrid. Llamó a Ella:

—Tráete discos… Vente con Titi, con quien quieras. ¡Lo pasaremos bien!

¡Porque ahora se trataba de pasarlo bien! Fueron Babá Espíritu Santo, Maná Arnoso, Chico Balsemão, Tessy Pinto Coelho… Charo Palacios. Chantal de Quay.

—¿Esta Chantal no había sido novia tuya?

Juanito había tenido a bien ruborizarse un poco y protestó:

—¡Sofi, según tú, todas han sido novias mías!

¡Y era verdad!

Los amigos seguían solteros, eran libres y jóvenes, sin otra responsabilidad que pasarlo bien en la vida. A última hora llegó un matrimonio, María Pía de Saboya y Alejandro de Yugoslavia. Con ellos iba un muchacho desgarbado, con las gafas en la punta de su nariz respingona y el pelo alborotado.

Juanito le dio un abrazo y luego se lo presentó a Sofía:

—Es mi primo hermano Gonzalo de Borbón Dampierre.

Sofía dedujo que era el hermano del «príncipe Alfonso». Le llamó la atención lo bohemio que parecía, llevaba una camisa con lamparones y, a pesar de lo joven que era, tenía la barriga flácida de un hombre mayor. Pero sus ojos detrás de las gafas eran bondadosos y besó a Sofía con torpeza, pero cariñosamente:

—He oído hablar muy bien de ti... El otro día el Caudillo nos dijo que estabas aprendiendo español.

Juanito frunció el ceño: que los hermanos fueran a ver a Franco no le convenía en absoluto.

Pero no quería amargarse y le preguntó a su primo mientras le servía un whisky:

—¿A qué te dedicas ahora?

El otro contestó con filosofía:

—Voy por mi cuarta carrera, pero no me preguntes cuál porque, aunque me mates, no me acuerdo.

Los amigos empezaron a salir al jardín porque hacía calor. Sofía estaba tan ocupada sacando bandejas y picando hielo en el pequeño fregadero de la cocinita que no podía atender a nadie. De repente, se dio cuenta de que hacía rato que no veía a Juanito. Salió al jardín. Entre las sombras bailaban muy pegados su marido y Chantal de Quay. Se acercó y dijo:

—Juanito, se ha terminado el vino.

Y él la miró como si no la reconociera, pero respondió prestamente, mientras Chantal soltaba una risa:

—Ay, sí, perdona, Sofi, en el garaje hay más, ahora voy a buscarlo.

Después habían puesto un rock y los amigos se emparejaron libremente. Sofía se había entrenado en el baile moderno con su hermano en Tatoi, pero no pudo hacer exhibición de sus habilidades porque de repente Gonzalo se había encontrado mal y lo habían tenido que acompañar a que se tendiera en su cuarto, ayudado por Titi de Saboya, que también se tambaleaba y tenía la mirada confusa, y por la criadita de Mozambique que le había enviado la vizcondesa de Rocamora. Por cierto, que le iba a decir que no volviera más, porque Juanito le dirigía unas miradas que no acababan de gustarle.

Claro que, aunque no estuviera ocupada con sus tareas de anfitriona, nadie sacaría a bailar a la princesa griega. Imponía, se daba cuenta de que si Juanito y sus amigos estaban hablando, se interrumpían cuando llegaba ella; el príncipe en broma se llevaba el índice a los labios:

—Cuidado, que llega el general prusiano, rompan filas.

Todos reían, menos Sofía. Si protestaba, Juanito le decía:

—Qué poco sentido del humor tienes.

En Carpe Diem (Disfruta el día), Juanito llevaba a rajatabla el lema de la casa y era dichoso. Estaba rodeado de los amigos que más quería, los incondicionales, las chicas que le gustaban... Atractivas, algo descaradas, divertidas, de esas con las que puedes reírte a carcajadas y luego querrías morder como si fueran una fruta. En ningún momento se le ocurrió que, si ahora estaba casado, tenía que refrenarse. ¿Por qué? ¿Lo habían hecho su padre y su abuelo y todos los hombres de su familia? Tenía veinticuatro años. ¿Iba a limitarse solo a su mujer? Bueno, se había casado con ella, ¿no? ¡Qué más quería! ¡Eso era lo importante!

Por lo demás, ¿quién iba a reprochárselo? Los tíos machotes son así, tienen sus necesidades. ¡Que levante el dedo el marido que sea fiel a su mujer!

Todas las noches iban a bailar a la *boîte* Van Gogó. Cuando llegaban, siempre ponían una romántica canción de Nico Fidenco:

Ti voglio tenere, tenere,
legata con un raggio di sole, di sole.
Così col suo calore, la nebbia svanirà,
e il tuo cuore riscaldacci potrà,
e mai più fredo sentirà.

La primera noche, Juanito le pidió permiso a su mujer:

—No te importa, ¿verdad, Sofi? ¡Es nuestra canción!

Y salía a bailar con Ella, mejilla contra mejilla. El cuerpo de Ella era como estar en casa.

¿Y qué iba a hacer Sofía? ¡Sonreír como una idiota, aunque se sentía como si le arrancaran cuatro muelas a la vez, y aguantarse! «Aguantaformo» lo llamaba ella con un triste humor que no hacía reír a nadie. Le escribía a diario una carta a su madre: «Hoy he tenido que tomar mucho aguantaformo». ¡La añoraba tanto! A ella, a su querido padre, a sus hermanos. A su patria. ¡El olor fuerte de los pinos, el color azul marino del mar de Grecia!

Juanito era agradable, sí, pero no le mostraba afecto, la mayoría de las veces no le prestaba atención… Incluso en las relaciones íntimas, que ella realizaba con gran esfuerzo porque tenía que confesarse que no sentía nada, cuando acababan parecía aliviado, como si hubiera culminado una dura tarea, y se dormía enseguida. ¡Nunca le decía palabras de amor! Cuando se levantaba por las mañanas, Juanito ya no estaba. Salía en barco con sus amigos, o había ido a montar a caballo al club hípico, o se iba a desayunar al golf. Sofía solo se levantaba de la cama para escribir interminables cartas a su madre. A veces ni siquiera se vestía, ¿para qué? Y vagaba en camisón por el minúsculo jardín, del limonero a la adelfa, de la adelfa al limonero.

Empezó a viajar a Grecia: para el aniversario de sus padres, para la fiesta nacional, para buscar a su perrillo Topsy... Cualquier excusa era buena para volver a respirar el aire de su país. Juanito, entonces, iba a comer a casa de sus amigos, sin avisar. En todas partes era bienvenido:

—Hola, Juanito.

Besaba a la madre, le guiñaba el ojo a la hermanita, boxeaba con el amigo, y no pisaba Carpe Diem más que para cambiarse de ropa, y sus noches no se acababan nunca. Recuperó su intimidad con Ella. La princesa italiana había roto con Alfonso porque decía que se aburría con él y ahora tenía un pretendiente, Robert de Balkany, que estaba separado de su mujer. Juanito se las daba de hombre de mundo porque había cumplido ya la provecta edad de veinticuatro años y le aconsejaba sesudamente:

—Cásate, tonta, que es muy rico. Que le anulen el matrimonio o se divorcie, no seas anticuada.

Le contaba que en Estados Unidos los había recibido Kennedy en una audiencia de diez minutos gracias a los buenos oficios del embajador Antonio Garrigues y Díaz Cañabate:

—Nos dijeron que está liado con Marilyn Monroe.

Y Ella se extrañaba:

—Pero si su mujer es muy mona…

Y Juanito se reía y la abrazaba:

—Y eso qué más da, boba, que eres una boba.

Ella no le dijo nada del telegrama que le había enviado, Juanito no volvió a cantarle:

Si tú me dices ven,
lo dejo todo…

Pero daban largos paseos por la playa del Guincho cogidos de la mano. De pronto Juanito se agachaba, le tiraba un puñado de arena, se perseguían, ¡y todo era verano!

Su primo Gonzalo se quedó algunos días en su casa. Era divertido, siempre tenía ganas de salir y de encontrarse con gente, nunca hablaba de su hermano ni de sus padres. Emanuela ya se había separado de Tonino, pero no por ello se había acercado a los hijos, y el padre solo les llamaba para pedirles dinero.

Un día se presentó don Juan en la puerta de Carpe Diem:

—¿Dónde coño estás todo el día? Te han estado llamando de Grecia.

—¿Por qué? ¿Qué ha pasado? —se asustó Juanito.

—Tu mujer ha sufrido un aborto… Ha salido en todos los periódicos de allí…, pero ya está bien. —Miró a su alrededor y advirtió el estado desastroso de la casa, incluso se oía una risa femenina en el piso de arriba. Levantó el índice amenazadoramente—: ¡No hagas tonterías, Juanito, ni se te ocurra!

Tampoco se atrevía a ser más drástico, porque sabía que, al fin y al cabo, si su hijo seguía en Portugal, sin nada que hacer en todo el día más que pasarlo bien, era por su culpa. Y también era su sangre tumultuosa y su pasión por las mujeres la que corría por sus venas. ¡Y quizás, también, se sentía culpable por haberlo empujado a casarse sin amor!

Juanito se extrañó. ¿Un aborto? ¡Pero si él ignoraba que su mujer estuviera esperando un hijo! Cuando fue a buscarla al aeropuerto, la vio delgada y ojerosa. Le tendió la fría mejilla para que le diera un beso.

—Lo siento mucho —le dijo él.

Ella se encogió de hombros.

Regresaron a casa y el ritmo de sus salidas se ralentizó. Empezó a llover y Juanito observaba melancólicamente cómo caía el agua detrás de los cristales. Llovió mucho ese mes de septiembre de 1962. ¡Mucho! ¡Tanto que, doblando en dos el mapa de la península Ibérica, en la provincia de Barcelona se desbordó un río pacífico y pequeño e inundó pueblos y fábricas! Nada escapó a ese zarpazo de fiera que asoló el Vallés, arruinó obreros y empresarios y mató a más de mil personas.

¡Quien lo vivió no lo ha olvidado aún! No se pudo comer pescado durante mucho tiempo porque los peces se habían alimentado de cadáveres y, todavía quince días después de la catástrofe, se encontró un tronco mutilado de hombre en la playa de San Carlos de la Rápita, que nunca fue identificado.

Don Juan, que se sentía concernido por esta catástrofe porque llevaba el título de conde de Barcelona, les dijo:

—Tenéis que ir.

—Claro, nos necesitan —asintió Juanito.

—No entiendes nada, ¡sois vosotros los que los necesitáis a ellos! —contestó el padre.

No se consultó. Con una pequeña bolsa de viaje, la pareja se desplazó a Barcelona tan solo dos días después de que se hubiera producido la tragedia. Franco iría más tarde rodeado de alcaldes, militares y curas, en una visita en la que no tendría contacto directo con la población afectada. Incluso le construirían a toda prisa una pasarela para que no se manchase los zapatos.

Los príncipes no. Se metieron en el barro hasta los tobillos, Sofía, en su mal español, consoló y abrazó a aquellas mujeres del sur que lo habían perdido todo, y el príncipe pidió una pala para ayudar y había desenterrado un cadáver.

También dijeron al único periodista presente, Enrique Rubio:

—En nombre de mi padre, voy a donar a los damnificados un millón de pesetas.

Durmieron en casa de los marqueses de Castelldosrius y comieron en casa del conde de Egara. Fue el primer contacto de la pareja con la nobleza catalana:

—Nosotros no vamos a Estoril porque nos gusta ayudar de otra manera.

Tampoco querían enfadar a Franco: en el teatro del Liceo, el templo de la burguesía catalana, durante muchos años se terminaban las funciones brazo en alto, cantando el «Cara al sol» y dando vivas al Caudillo.

Un Caudillo, por cierto, que se enfadó mucho con la visita de los príncipes, porque creía que al haber ido antes que él le habían restado protagonismo, pero los perdonó cuando leyó las declaraciones que había hecho la pareja a *La Vanguardia*: «Este viaje nos ha servido para darnos cuenta del entusiasmo de Cataluña con su Caudillo».

Aun así, rezongó delante de su primo:

—No tenían por qué nombrar al borrachín... No se le conoce en España y crea desconcierto.

Sofía pensó que después de su primera actuación pública, su viaje a la Cataluña devastada, habían demostrado que formaban equipo y que las cosas iban a cambiar. Pero se equivocaba porque, como si se diera cuenta de que su libertad daba sus últimos coletazos, Juanito se dedicó a hacer lo que le dio la gana, sin excusarse ni dar explicaciones.

La primera noche que no durmió en casa la llamó tranquilamente por la mañana, cuando ella estaba enferma de preocupación y a punto de avisar a sus suegros:

—Ven a comer al Pescador, Sofía, que ya sé que el lenguado rosa te gusta mucho. Me he quedado a dormir en casa de los Italia; como estaba algo borrachuzo, no me he atrevido a conducir.

Estaba todo el grupo de amigos y Sofía no osaba reñirlo, pero trataba de adivinar cuál, entre todas las chicas, era la favorita y había pasado la noche con su marido.

Por primera vez en su vida sospechó que Juanito le era infiel, ¡y no hacía ni un año que se habían casado! Pero ya se lo había advertido la reina Victoria, con amarga satisfacción, cuando la habían visitado después de la boda:

—Sofía, hazte a la idea de que los españoles en general y los Borbones en particular son muy malos maridos... Ni mis hijos ni mis nietos se salvan de esa tara. —Luego, aquella mujer que había tenido una vida conyugal tan desgraciada se encogía de hombros con resignación—. Pero hay que aguantarse..., no tienen remedio. A mí no me avisó nadie y por eso sufrí tanto.

Aguantar, sí, pero todo tiene un límite.

La segunda noche que faltó lo esperaba despierta y, cuando iba a preguntarle dónde había estado, Juanito le dirigió una mirada colérica y le dijo en un tono de voz que no admitía réplica:

—Ni se te ocurra.

Fue a la cocina y oyó cómo se estrellaba un vaso contra el suelo.

La tercera noche que Juanito no fue a dormir, Sofía metió algo de ropa en una maleta, cogió un avión y huyó a Atenas.

La madre la recibió malhumorada:

—¿Qué haces aquí? Tu puesto está al lado de tu marido.

Grecia era un polvorín y la familia real estaba en el objetivo de los agitadores. La prensa se cebó con Sofía. Dijeron que su matrimonio había sido un fracaso, que Juan Carlos era un adicto a la *dolce vita* y, por primera vez, se pronunció la palabra «amantes» relacionada con el príncipe. También se afirmó «de buena fuente» que Sofía había ido a Grecia para tramitar su divorcio.

En el Parlamento, el diputado Elías Bredimas incluyó una moción en el orden del día para que se exigiera a la princesa la devolución de su dote:

—Dado que su matrimonio se ha roto, se debe reintegrar ese dinero al pueblo, que tanto lo necesita.

Karamanlis se lo había dicho a Federica.

—¡Esos nueve millones de dracmas son una piedra atada al cuello de vuestra majestad que acabarán por hundir a la monarquía griega!

Sofía fue al teatro y le gritaron:

—Devuelve el dinero, ladrona.

Asustada por esa oleada de odio, Sofía regresó a Estoril en un vuelo desde Atenas, vía Roma. No dejó de llorar en todo el viaje: Grecia, su refugio, había dejado de serlo. Se sentía como una niña perdida, como Ulises sin una patria a la que regresar. ¿Dónde estaba su Ítaca?

Juanito fue a buscarla al aeropuerto. Se echó en sus brazos con vehemencia: él era suyo, tenía sus defectos, pero formaban un equipo. ¿No lo habían demostrado en Cataluña? ¿No los había aplaudido la gente?

Juanito se sorprendió con esa efusividad, ya que su mujer siempre tenía una apariencia serena, y mientras la abrazaba le iba dando golpecitos tranquilizadores en la espalda:

—Bueno, bueno, Sofi, me alegro de que estés contenta, pero no demos un espectáculo.

Pero lo dijo sonriendo, y esa sonrisa fue un bálsamo para las heridas en carne viva de la princesita.

Cogidos del brazo iban hacia la salida cuando les llamó la atención que un periodista con una cámara al cuello se dirigiera hacia ellos. El príncipe le dio un codazo a su mujer:

—¡Qué raro! ¿Querrán hacernos una entrevista por lo de…?

Pero el hombre pasó de largo y levantó su cámara ante una mujer muy guapa, con un pañuelo en la cabeza y gafas oscuras achinadas, muy estilo Saint-Tropez, que llevaba un bebé en brazos. ¡Era la condesa Olghina de Robilant, que había venido en el mismo avión que Sofía!

El rostro de Juanito se ensombreció, desapareció su sonrisa, sus ojos se afilaron como un cuchillo. Sofía, que conocía a la condesa y estaba al cabo de la calle de su relación con Juanito, le preguntó con asombro:

—Pero ¿qué hace aquí?

—Yo qué coño sé... Su tía Olga vive en Portugal, pero qué carajo nos importa.

La cogió del brazo para salir rápidamente, pero no pudo evitar que la princesa oyera la pregunta del periodista:

—Condesa, ¿es verdad que, si quisiera, podría usted reclamar la paternidad para su hija de un hombre muy importante?

Sofía se quedó clavada en el sitio, su marido tiró de ella y se la llevó casi a rastras.

—Pero ¿ese niño? Dime la verdad, Juanito, ¿es tuyo? —gimió la princesa—. ¡No me engañes! ¡Si me mientes, cojo ese mismo avión y me voy para siempre, te lo juro! ¡Devuelvo el dinero al Parlamento griego y me quedo a vivir con mis padres!

Juanito tragó saliva, pero se rehízo rápidamente, empujó a su mujer para que entrara en el coche:

—Déjate de esas tonterías ahora. ¿Qué es eso de que la prensa griega esté diciendo que nos vamos a divorciar? ¿Cómo quedo yo? ¿Cómo me deja eso delante de Franco?

Sofía lo miró con los ojos agrandados de asombro, tartamudeó:

—Pe..., pero...

—¡Como un cabrón! ¡Quedo como un cabrón! ¡Como un puto cabrón!

La princesa aún trató de disculparse:

—Juanito, yo no dije nada, fue cosa... Pero lo de Olghina, Juanito, Juanito...

—¡Ni Juanito ni hostias! Se han acabado estos viajes, ¿entiendes? Tanto Grecia y tanta mandanga y tanta libertad...

Sofía no daba crédito a sus oídos:

—Pero, Juanito, tanta libertad, ¿a qué te refieres? Pero si eres tú el que hace lo que te da la…

Pero el otro no escuchaba dando volantazos con su Porsche por las endemoniadas carreteras portuguesas:

—¿Sabes cuál ha sido el último recado de Franco, mientras tú hacías el bobo en Grecia? Me lo ha dicho Castañón de Mena: ¡que el palacio de la Zarzuela lo puede ocupar otro príncipe si yo no lo quiero! Que Alfonso es culto y patriota…

Aquí Sofía casi se puso a llorar de rabia y frustración:

—Qué injusto eres, Juanito, si es lo que te digo yo todos los días…, que nos vayamos a España…, yo te lo decía… —Todo el viaje hasta Carpe Diem la princesa fue repitiendo—: Yo te lo decía…

Menos mal que no pudo ver el brillo de satisfacción en los ojos de Juanito, verdosos como los de los gatos.

Al cabo de una semana, la pareja se trasladó a Madrid. Hasta don Juan tuvo que aceptarlo, a regañadientes, pero tuvo que tragar. ¡Todo sea por la dinastía! ¡Hay que regar las flores de lis; si no, se mueren!

Aún pudo hacerle un último servicio a su hijo. Olghina, en el reportaje que salió en el *Diario de Noticias*, cuyo director frecuentaba Villa Giralda, hablaba de las películas que acababa de rodar y de que era modelo. En las fotos posaba sugestivamente, con posturas muy estudiadas. Sola.

Juanito y Sofía partieron en el *Lusitania Express*. Cuando cruzaron la raya de España, Sofía cogió la mano de su marido y le dijo:

—Juanito, estoy esperando un hijo.

El príncipe se reclinó en el asiento, cerró los ojos y replicó con serenidad:

—Ojalá sea un niño.
Sus corazones latían al mismo ritmo que el tren.
Empezaba el resto de sus vidas.

13

Fue niña.

Muy sana, muy gorda, muy vivaracha, todos estaban muy contentos, sí, pero… no era un niño.

Juanito incluso les dijo a los periodistas que hacían guardia en el bar de la clínica de Loreto, porque era la primera vez que un miembro de la familia real nacía en un hospital:

—Era lo que queríamos, porque así la hermana mayor cuidará de los pequeños.

Todos brindaron con champán malo y asintieron, pero todos sabían también que el príncipe estaba mintiendo. ¡Si hubiera sido un varón, las flores de lis hubieran levantado orgullosas la cabeza y ni Alfonso de Borbón, ni Juan, ni el lucero del alba iban a apear a Juan Carlos de la sucesión de la Corona!

Franco dijo fríamente ante su llamada de teléfono:

—Os felicito, alteza, y acudiremos gustosamente al bautizo de vuestra hija.

Habían ido a vivir a Madrid, pero Franco todavía estaba enfadado por la intervención de Juan en el Contubernio de Múnich y se lo hacía pagar al hijo. ¡Tampoco estaba muy seguro de su lealtad! Juanito le comunicó, con timidez y sudando por dentro, que habían pensado hacer madrina a su madre y que por tanto habían invitado a sus padres al bautizo, a lo que Franco respondió con evidente grosería:

—Mientras no aprovechen para hacer propaganda de sus ideas disolventes y no se alojen en Madrid capital ni en la Zarzuela, no tengo inconveniente.

Federica, sin embargo, que, mientras Juanito se fumaba un cigarrillo en el pasillo, había estado al lado de su hija durante un parto del que no se facilitaron detalles, cuando supo que Juan acudiría al bautizo, hizo las maletas:

—Yo me largo. Hasta que Juan no renuncie a sus pretensiones absurdas al trono de España y no abdique en Juanito no pienso dirigirle la palabra. Yo le he entregado a mi hija, una princesa real que hubiera podido casarse con Harald de Noruega si le hubiera dado la gana, ¿y él es incapaz de hacer ese gesto? ¡Y de qué viven, si no es de la dote que les di y que me echan en cara cada día en Grecia! ¿Qué quiere? ¿Que me arrepienta?

¡Ella no había criado a su hija para que se uniese a un perdedor!

Gangan también declinó su asistencia. Dijo que estaba pasando el frío invierno como hacía siempre en casa de Marisol de Baviera en la Costa Azul y que ya iría a España cuando Sofía diera a luz a un chico.

—Pero ¿a quién vamos a invitar entonces?

Se retorcía las manos la princesa y Juanito empalidecía y no sabía qué contestar. Como siempre, cualquier ceremonia en la que estaba implicada su familia era tan complicada que la preparación de la guerra de las Galias a su lado parecería —si Juanito la hubiera leído— un juego de niños. ¡Sabiendo, además, que no iban a contentar a nadie! ¿Por qué todo era tan difícil? A veces el príncipe contemplaba melancólicamente al jardinero que, según instrucciones de Sofía, estaba convirtiendo el descuidado entorno del palacio en un jardín italiano:

—Le envidio..., solo tiene que calcular cuánta mierda de vaca pone en cada árbol.

Sofía trataba de distraerlo:

—Mira qué bonitos esos abetos. ¿Y esos cedros del Líbano? Y los olmos, fresnos y encinas, ¿no te gustan? —Y añadía, soñadora—: Los jardines italianos no son obra del hombre, como los ingleses, sino del tiempo...

Y Juanito rezongaba:

—Sofi, Sofi, el tiempo, de eso se trata, no te animes mucho..., ¡quizás no veamos cómo crecen!

A Juanito se le ocurrió de pronto que al bautizo de su primera hija podrían invitar a los directores de los periódicos más importantes, *Arriba, Ya, Pueblo, Informaciones, Madrid, El Alcázar* y *ABC*. Sabía que estaban sometidos a censura y que no saldría nada que no autorizasen desde El Pardo, pero aun así quería captar sus simpatías. Emilio Romero, el más poderoso, un hombre culto y mujeriego que hacía y deshacía reputaciones de un plumazo, sacaba en *Pueblo* cada dos por tres a Alfonso, el hijo del sordomudo, «abogado y deportista». «Ayer estuvieron en el tiro al pichón el marqués de Villaverde, el marqués de Cubas y SAR el príncipe Alfonso de Borbón».

Juanito le dijo a Sofía que conquistar al correoso e influyente Emilio Romero era su objetivo. La princesa se acercó dócilmente a ese hombre terrible, de gafas gruesas y nariz y lengua afiladas, y le presentó al enorme bebé que llevaba en brazos. Emilio hizo una carantoña a la infantita y le preguntó a la princesa por qué le habían puesto el nombre de Elena. Sofía declaró muy ufana:

—Lo he elegido yo… Se lo he puesto por…

—¿Algún antepasado de la rama prusiana quizás? ¿O tal vez en memoria de Helena de Troya, ese personaje mitológico de vuestra patria, hija de Zeus y del cisne Leda?

Y ella, que apenas hablaba español, respondió algo confusa:

—¿Elena de Troya? No, no… —y confesó con candidez—: Es por una muñeca que tenía cuando era pequeña.

Pronto se extendió esta anécdota como una enorme mancha de aceite sobre la reputación de Sofía, pues Emilio Romero tenía a bien cenar siempre fuera de casa, y el todo Madrid reía con desdén ante la ocurrencia de esta princesa orgullosa que se creía más que nadie porque sus padres eran reyes. Esa era al menos la impresión que sacaban de su voluntario aislamiento.

Recién llegada a Madrid, un grupo de señoras de la aristocracia más encopetada la habían ido a ver. Estaba deshaciendo paquetes en medio de una vorágine de alfombras enrolladas contra la pared, cajas de cartón y bibelots envueltos en papel de periódico. Una marquesa se fijó en los caracteres griegos y dijo:

—¿Están escritos en vascuence?

La princesa las hizo sentar y les sirvió café en unas tazas de Sèvres.

—Son un regalo del general De Gaulle —les contó.

No sabían quién era.

—Nos ha llamado la reina Victoria y nos ha dicho que viniéramos a ofrecernos para que no estéis desguarnecida... —le dijo una duquesa—. Somos vuestras damas de honor y acordaos de reservar una habitación para nosotras, ya que haremos turnos de guardia de una semana. Las damas de la corte llevaban unos trajes plateados con la v en el cinturón, pero hemos pensado que, en aras de los nuevos tiempos, cada una de nosotras se vista como quiera, dentro del natural decoro.

La princesa fingía no entender o es que no entendía en realidad:

—Pero ¿qué harían?

—¡Señora! Pues no sé por dónde empezar... Vuestra alteza, por ejemplo, no tendría que marcar nunca ningún número de teléfono, nosotras llamaríamos a vuestros modistos, concertaríamos las citas, y... os mostraríamos los usos palatinos de la etiqueta austriaca, que es la que impera en palacio... —dirigía una expresiva mirada a aquella salita de techos bajos que podía ser un cuarto normal de familia burguesa—, desde los gloriosos tiempos de la reina regente, María Cristina.

Y otra añadía con orgullo:

—¡Somos camareras de la reina!

Y Sofía había contestado en su español casi incomprensible:

—Camareras no me hacen falta, la verdad, tengo dos que me he traído de Portugal, pero sí una buena cocinera... Patrimonio me ha enviado a un guardia civil para las cocinas, le han dado un cursillo, pero creo que no lo ha aprovechado muy bien.

Cuando Sofía se lo contó a Juanito, indignada porque las señoras se habían ido casi sin despedirse, el príncipe se echó a reír, pero ella se quedó desconcertada porque no le veía la gracia por ningún sitio y la risa de su marido había acabado por convertirse en un suspiro.

—Ay, Sofi, qué prusiana eres.

¡Era lo que Juanito más echaba a faltar, más incluso que la pasión! ¡Las risas compartidas con las amigas! Sofía le hacía reír muchas veces, pero eran bromas involuntarias, de las que ella no se enteraba nunca.

Sofía, sin comprender aún, preguntaba:

—Pero entonces, ¿qué? ¿Les hubiera tenido que decir que sí?

Su seriedad le enfadaba y le conmovía a la vez:

—Déjalo, Sofi… No vas a entenderlo nunca. —Y luego, al ver su carita de desconsuelo, añadió—: No, si a mí los cortesanos y las camarillas me revientan.

Sofía coincidía con su marido, pero por otras razones. La reina Victoria le había contado que las señoras de la corte eran las que le buscaban amantes a su marido, cuando no se ofrecían ellas mismas. ¡Sofía no quería tentar el temperamento fogoso de Juanito por mucho que Gangan dijera que era un Borbón y había que resignarse! ¡Ella no pensaba hacerlo!

Y se unió fervorosamente a la opinión de su marido:

—Estamos mejor solos… Ya sabes que a Franco no le place tampoco.

—Sí, Sofi, son un nido de intrigas. ¿Sabes lo que me gustaría a mí?

A Sofi se le iluminó el rostro, porque seguro que Juanito le iba a soltar una de sus habituales burradas sicalípticas:

—¿Qué?

—Me gustaría instaurar en España una monarquía de republicanos. —Sofi le golpeó con lo que tenía a mano y Juanito fingió protestar—: Uy, uy… ¡Prusia ataca!

A diferencia de Juanito, que se inflamaba de inmediato, pero olvidaba las ofensas enseguida, a la princesa le costaba enfadarse, pero era muy rencorosa. Cuando se enteró de que Emilio Romero se burlaba de ella, le acometió un ataque de odio que abarcó a toda la profesión. Su animadversión a la prensa sigue viva, por mucho que intente disfrazar ese aborrecimiento con sonrisas y buenas palabras, en ese ejercicio de disimulo que lleva practicando sesenta años. En privado, ha manifestado varias veces que considera a los periodistas unos seres ruines e inmorales.

Claro que los directores de periódicos no eran los únicos invitados al bautizo de Elena de Borbón y Grecia. Un centenar de personas de distinto pelaje, cargos franquistas, viejos aristócratas, algún rey en el exilio como Simeón de Bulgaria y su mujer Margarita Gómez-Acebo, militares y sacerdotes, se amontonaban en los salones del palacio de la Zarzuela, un edificio de aspecto imponente, pero bastante feo, que Sofía había amueblado de forma tan clásica e impersonal como una tienda de decoración. Los ostentosos muebles y tapices de Patrimonio Nacional colocados por la Señora seguían en su sitio, se lo había aconsejado su madre:

—Tienes que dedicar todos tus esfuerzos a la mujer de Franco. Me han dicho que aquí en España a esto le llaman «adorar el santo por la peana».

Además, la princesa ha colgado al buen tuntún los treinta y nueve cuadros que ha recibido como regalo de boda, los malos al lado de los buenos, sin ningún criterio, y la escribanía de plata, también regalo del Caudillo, la ha puesto en el despacho de Juanito.

¡El despacho de Juanito!

Los primeros días el príncipe decía pomposamente:

—Me retiro a mi despacho.

Sí, pero para qué.

—¡No sé qué hacer! ¡No tengo agenda!

No sabe a quién preguntar, porque Franco, enfadado aún con su padre, castiga al hijo sin recibirlo. En el funeral en memoria de Alfonso XIII, que al fin y al cabo era su abuelo, lo hizo sentar en unos bancos secundarios mientras él y la Señora ocupaban la presidencia. Sofía, que había avisado a su madre y le había dicho que ya le enviaría los recortes de ese primer acto oficial al que iban a asistir como matrimonio, tuvo que confesarle que su presencia no había aparecido en ningún medio.

La risa sarcástica de Federica atravesó montañas y mares, y Sofía tuvo que hundir la cabeza en la almohada para no escucharla.

Menos mal que el 20 de diciembre de 1963 la princesa da a luz a una niña y esto entretiene mucho. Como Federica no se fía de los médicos españoles, ha enviado al doctor Doxiades para que la atienda, pero el médico titular es el doctor Mendizábal. Es un gran profesional y el ginecólogo preferido de las señoras bien de Madrid, que se arremolinan en su consulta del paseo de la Castellana. Se dice que está en posesión de tantos secretos que él solo podría deshacer familias, anular herencias y eliminar títulos, pues sabe quién es hijo de quién en esa sociedad puritana de puertas afuera, pero con una trastienda de escándalos que la rígida moral que ha impuesto el Caudillo trata de ocultar.

Se lo cuentan al príncipe en el gimnasio de Heliodoro, donde acude todas las mañanas, su única ventana abierta a la vida de verdad:

—La hija de Sonsoles de Icaza no es de su marido, sino del cuñado del Caudillo, Ramón Serrano Suñer, casado con la hermana de la Señora. Por eso lo apartó del gobierno.

Aunque lo cierto es que a veces ha empezado a quedar con Jaime Carvajal o con Miguel Primo de Rivera en el Nuevo Club, un lugar privado en la calle Cedaceros, quizás el más discreto de Madrid. Los dos tienen buenas relaciones con El Pardo y le comentan en la pequeña biblioteca inglesa, llena de libros encuadernados en piel que nadie ha leído jamás, que Franco también ha estado a punto de prescindir de dos de sus ministros, Castiella y Carrero Blanco, por las veleidades de sus señoras.

De todo esto Sofía no sabe nada, pero Juanito sí.

Juanito, que con su metro ochenta y nueve es el más alto del bautizo —y tal vez de una España en la que la estatura media de los hombres es de un metro sesenta y siete—, tiene una vista privilegiada de los invitados e identifica enseguida al príncipe Fernando de Baviera, justo al lado del retrato de Alfonso XIII hecho por Sorolla. Fernando es hijo de Marisol Mesía de Baviera, en cuya villa está pasando el invierno la reina Victoria en la Costa Azul, y nieto de Fernando de Lesseps, el constructor del canal de Suez. Su padre es el príncipe José Eugenio de Baviera. A su lado, y con ese aire despreocupado y seguro que da tener mucho dinero, están sus hermanas: Tessa, recién casada con el marqués de Castro, y Crista. Junto a Natalia Figueroa se las considera las chicas más animadas y modernas de la capital, hasta el punto de que las llaman «las cocteleras de Madrid» porque no se pierden ninguna fiesta, ¡y ninguna fiesta quiere perdérselas!

En medio de aquel abigarrado conjunto de señoras feas y hombres cejijuntos, los atractivos hermanos, siempre bronceados, como si acabaran de llegar de esquiar o de una playa de lujo, refulgen como un diamante en una charca. Pero antes de llegar a ellos, Juanito se ve interceptado por Blanca de Romanones, que lleva en la cabeza un objeto estrambótico, mitad peluca, mitad sombrero:

—Qué raro que no haya venido vuestro primo, alteza.

Juanito señaló a Fernando, que es primo suyo, ya que sus abuelos eran hermanos:

—Si está ahí....

—Me refería al nieto de Alfonso XIII, vuestro primo hermano, su alteza Alfonso de Borbón Dampierre —insistió la señora, ladinamente.

—Estaba de viaje —mintió apretando los dientes. Sabía que Blanca de Romanones era una notoria y activa alfonsina y que debía conocer perfectamente que si Alfonso no estaba era porque no lo había invitado.

Se lo había prohibido su padre: «Alfonso Segovia se está acercando peligrosamente a Franco. Le dan el tratamiento de príncipe en los periódicos y nadie protesta, aunque no tiene derecho. La gente ya lo conoce más que a ti».

La pena es que tampoco ha podido invitar a Gonzalo. Lo llamó por teléfono para explicárselo y su primo le dijo con su habitual despreocupación:

—Es igual... Los bautizos no son lo mío, seguro que eso está lleno de curas y momias, no será muy divertido.

Fernando, Tessa y Crista de Baviera tampoco pueden utilizar el título de príncipes, pero, sin embargo, el Caudillo lo autoriza porque su padre, José Eugenio de Baviera, es un franquista devoto que ha ocupado varios cargos oficiales, y además dan lustre al régimen, ¡forman parte de la corte de El Pardo!

Juanito le da un golpe en el hombro a Fernando, que en ese momento está bostezando porque la noche ha sido larga.

—Hola, primo. Hecho polvo te veo.

Fernando suelta una carcajada al captar la envidia en la voz del príncipe. Es el soltero de oro de Madrid y no hay chica que se le resista.

—Hola, Juanito, no ha estado mal.

Lo coge del brazo y se lo lleva aparte de sus hermanas:

—Oye, chico, te quería comentar, me han dicho en el gimnasio de Heliodoro que un americano que se llama Robert Rooney tiene un pisazo donde van, esto…

—¡El Palais de l'Amour! ¡No te lo recomiendo, allí el género está muy tronado!

—Pues hay otro a las afueras de Madrid, ¿no? Creo que es un sitio muy discreto…

—¿Te refieres al picadero de…?

A Juanito casi se le salen los ojos de las órbitas y empieza a hacer aspavientos con las manos:

—¡Chsss!, ¿cómo se te ocurre? ¡No digas esa palabra!

—Ay, perdona, ¿la casa de Fuencarral? Sí, hombre…, todo el mundo la conoce.

—Que van artistas y… chicas así, ya sabes… ¿Tú crees que yo podría ir?

Fernando, que no necesita recurrir a mujeres de pago porque es irresistible, se echa a reír.

—Pues, claro, primito, yo te lo arreglo.

Juanito, asustado, le chistó para que bajara la voz:

—Cuidado, los asesores que me han puesto, desde Mondéjar al general Castañón de Mena, son espías de Franco. No tienen otra misión que informar de qué hacemos y adónde vamos…, y tenemos la casa llena de micrófonos.

—¡Qué exagerado eres! De todas formas, a ese sitio que dices van muchos ministros y altos cargos. ¡Hasta algún obispo!

Con ligeros empujones Juanito lo fue conduciendo a una mesa que estaba en un rincón, le señaló un hilo muy fino que salía de un candelabro y se llevó el dedo a los labios:

—Menos mal que la princesa y yo ya sabemos dónde están, porque no son muy hábiles…, los instalaron cuando nos pusieron el aire acondicionado…

A Fernando le sorprendió más que tuvieran aire acondicionado que micrófonos:

—¿Tenéis en toda la casa?

—Sí, hasta en nuestra habitación.

—¡Coño! ¡Aire acondicionado en la habitación!

Para el príncipe de Baviera eso era el colmo del lujo, pero Juanito le dio un golpe en el brazo:

—¡No te enteras! Digo micrófonos, ¡tenemos un micro hasta debajo de la cama!

Fernando abrió los ojos como platos:

—Quieres decir que entonces, cuando estáis…

El otro asintió mudamente y susurró:

—Entenderás que en este plan lo hagamos muy pocas veces… Y uno, claro, tiene sus necesidades y tampoco me puedo ir a la barra de una whiskería para seducir a una chica… Pero tiene que ser todo muy discreto porque ese —y señaló con el pulgar a la noche, porque ya se oían las sirenas de los coches de escolta que acompañaban a Franco— me tiene muy controlado.

Los invitados se apretaron contra la pared haciendo pasillo a Franco, la Señora y los marqueses de Villaverde. Las dos Cármenes se apresuraron a realizar una reverencia ante Sofía, pero no a Juanito, que les besó caballerosamente la mano.

Fue un bautizo sin sonrisas. El ambiente era muy violento debido a la presencia de don Juan y doña María. Nadie quería ser muy simpático con ellos, ya que sabían que Franco los detestaba.

Se habían tenido que alojar en el palacio del duque de Alburquerque, en Algete. Cuando iban a la Zarzuela, María le confesó a su marido:

—Voy a aprovechar para decirle a Franquito que estoy muy enfadada porque no me dejó venir a España a despedirme de mi padre.

Juan dio un giro brusco que estuvo a punto de matarlos y se puso a gritarle:

—Pero ¡cómo vas a decir esa estupidez estando en juego la dinastía! Yo sí voy a decirle con mi presencia que aquí estoy yo, y que si estoy yo, tiene que apartar a ese niñato de la sucesión.

Que ese niñato fuera su hijo en esos momentos no contaba. Era su rival. ¡Era una lucha a muerte por el trono! ¡Uno de los dos no iba a quedar con vida!

Pero María no le escuchaba, estaba roja y congestionada como si tuviera fiebre y rumiaba la inmensa pena de que su padre se hubiera muerto en Sevilla sin poder depositar un último beso en su frente. Franco retrasó tanto el permiso para entrar en España que cuando llegó, el infante Carlos de Borbón Dos-Sicilias ya estaba muerto y amortajado con el raído manto de los hermanos de la Caridad, porque había querido ser enterrado como un pordiosero.

Era un gesto tan humilde que casi resultaba soberbio, porque el infante hubiera podido poner en su epitafio el lema de los nobles antiguos: «No descendemos de reyes, sino los reyes de nos».

Años más tarde, María aún no había podido perdonar a Franco, y le confesó, satisfecha, a Luis María Anson:

—No le dije nada, pero le di la mano flojita.

Más floja la daba Franco, que la levantaba solo a la altura del cinturón, obligando a su oponente a hacer una reverencia, aun sin quererlo.

A Juanito, en el fondo, le hubiera gustado que su padre no hubiera venido. ¡Su presencia no hacía más que complicar las cosas en un momento en que Franco parecía volverse al primo Alfonso, del que decía que era muy responsable, pues se ocupaba de su padre y de su hermano!

Sofía vertía en el oído del vulnerable Juanito los consejos de Federica:

—Tu padre te trata como un niño, peor, ¡como un bobo! Te habla con desprecio delante de la gente y tú no te das cuenta porque estás acostumbrado.

—Déjalo, basta.

—El embajador francés, que os vio en Estoril, se lo dijo a mamá. Que te había hecho callar como si tuvieras cinco años.

Juanito guardaba silencio, pero sabía que en el fondo Sofía tenía razón. Al lado de Franco, que lo trataba siempre respetuosamente, su padre lo hacía de forma desabrida, como si fuera de su propiedad.

Y si hasta ese momento no le importaba, ahora le daba vergüenza por su mujer. Comprendía que ella también estuviera decepcionada. De vivir en un palacio real con multitud de sirvientes, con barcos y casas fabulosas para pasar el verano, tratándose de igual a igual con las grandes familias europeas, ahora se veía obligada a mendigar la atención de quien no dejaba de ser un militar, de alto rango, sí, pero tan solo un militar. Y de su mujer, una señorita burguesa de Oviedo.

Sofía nada le reprochaba, sin embargo. Solo una vez, en que casualmente pasaban delante del palacio de Oriente, le había preguntado a su marido con ingenuidad:

—¿Aquí es donde están las joyas de la corona, Juanito? ¿Cuándo nos las entregarán?

Y su marido no se atrevía a decirle que no había más que las que tenían su madre y su abuela, y que las piezas importantes se habían tenido que subastar para mantener el tren de vida y la dignidad de una familia real en el exilio.

Cuando Franco vio que Juanito hablaba con Fernando de Baviera, le dirigió una de esas miradas que hacían temblar al hombre más bregado. El almirante Nieto Antúnez, amigo de la infancia de Ferrol y una de las pocas personas que lo trataban de tú, decía:

—Yo he visto a militares con el pecho lleno de medallas cagarse literalmente de miedo.

Doña Carmen iba vestida de negro, Franco se mantenía en silencio, solo reían con desenvoltura los marqueses de Villaverde, que acababan de llegar de un safari en Kenia y le contaban a Cayetana Alba que, aunque casada con Luis Martínez de Irujo, ese día se había hecho acompañar por el marqués de Cubas, cuántas piezas habían cobrado. Don Juan, sin saber con quién hablar, moviendo la rodilla espasmódicamente, pronto advirtió que había sido un error acudir al bautizo de Elena, por mucho que fuera su primera nieta. Cuando terminó la corta ceremonia, le dijo a María:

—Podrías haber venido sola.

Le sorprendió el semblante de su mujer, con aspecto febril, ojos vidriosos y un pañuelo en la boca. Tosía roncamente y Sofía se apresuró a arrebatarle el bebé de entre los brazos, y si hubo alguien en esa fiesta que pensase que María estaba de nuevo en las Viñas del Señor, se equivocaba, porque lo que pasaba era que había contraído una neumonía.

Estuvo dos semanas en casa de Beltrán Alburquerque, cuidada por Amalín López Dóriga y la duquesa de Alba. Juan regresó a Estoril y ni Juanito ni Sofía tuvieron tiempo de acercarse a verla. La princesa estaba tan volcada en el cuidado de su hija que la niñera, aburrida, terminó por despedirse.

A Juanito le acababan de regalar una moto y le sacaba lustre en el garaje. También posaba para un retrato de Enrique Segura y deshojaba la margarita —Franco lo quería, Franco no lo quería— cuando recibió una invitación para presidir una representación de los coros y danzas en el teatro María Guerrero. Fue con Sofía, y a la salida un grupo de carlistas revoltosos gritaron:

—Abajo los Borbones bobones, fuera el Príncipe Sissi, viva el rey Javier.

Juanito se enfrentó a ellos y dijo:

—Cómo que viva don Javier...

Y fue Sofía la que dijo:

—Querrá decir viva Franco.

Al cabo de dos días, el Caudillo citó a Juanito en su despacho. Se levantó de la mesa para tenderle la mano y le dijo:

—Muy bien, alteza, ya me han contado la encerrona del teatro. ¡Luego dicen que aquí no hay libertad! ¡Si todo el mundo hace lo que le da la gana! Y que les han invitado a ir a la embajada inglesa y que se han negado por el asunto de Gibraltar...

En realidad, no habían ido porque la invitación a merendar con el embajador les había llegado tarde, pero Juanito asintió fervorosamente:

—Claro, ¿cómo íbamos a ir?

Pero Franco no le escuchaba:

—Y también sé que han prescindido de tener corte. Muy bien, es un nido de inmoralidad, aún recuerdo en mi juventud el ambiente de frivolidad que imperaba entre los grandes de España.

Juanito asentía vigorosamente. ¡Sí, señor, los grandes de España eran unos inmorales y unos frívolos! Aunque gracias a ellos habían podido comer muchas semanas en Estoril.

—... y es que las clases aristocráticas españolas siempre han sido muy inmorales...

Juanito se apresuró a corroborarlo:

—La princesa piensa lo mismo.

¡Sofía, que más aristocrática no podía ser, desde la punta del pelo hasta sus detestados pies! ¡Pero si había que mentir, se mentía! ¡En la guerra como en la guerra!

Franco se frotó las manos:

—Pues vamos a ponernos a trabajar, alteza, empezaremos a organizar la Casa del príncipe. ¿Qué os parecería tener entre el personal un jefe de gabinete y ayudantes? El general Armada, que le dio clases en Zaragoza, que siga Mondéjar... Ese señor catedrático, Fernández-Miranda. Y el coronel Emilio García-Conde, que fue vuestro preceptor en la academia del aire...

Luego, más relajado y paseando por el despacho, le contó que el palacio estaba más triste porque su hija, su yerno y sus nietos habían decidido irse a vivir a Madrid, a un piso en la calle Hermanos Bécquer, pero que la nieta mayor de momento se quedaba con ellos.

—Si os parece, nos veremos todos los lunes un par de horas por la tarde. —Y añadió—: Podéis traer también a la princesa... A mi mujer le irá bien tener compañía.

Cuando salió, Juanito canturreaba simpáticamente, pero por dentro hacía un corte de mangas y decía «chúpate esa, Doño», que era como llamaban al primo Alfonso. En la antesala lo esperaba la Señora, que iba con sus nietecillas, dos niñas muy monas. Las tres le hicieron la reverencia. Juanito, echando mano de su encanto subyugante, les preguntó:

—Y vosotras ¿cómo os llamáis?

La que parecía más descarada dijo:

—Yo, María de la O, pero me llaman Mariola y ella —señaló a su hermana mayor—, Carmen, pero la llamamos la princesa.

14

—Señor, le paso una llamada de su majestad la reina de Grecia.

Juanito levantó una ceja. Que lo llamara su suegra no dejaba de ser algo inusual.

—Hola, Freddy. ¿Cómo estás?

La voz apresurada de Federica, siempre varios decibelios por encima de lo normal, ladró al otro lado del teléfono:

—Juanito, Pablo está muy mal… Doxiades dice que hay que operar, que tiene unas úlceras sangrantes en el esófago; ya han venido mis cuñadas.

El príncipe, mientras su suegra hablaba, observaba su mesa limpia de papeles e iba dando un repaso mental a todo lo que tenían qué hacer…: un viaje a Toledo perfectamente prescindible en el que iban a visitar una fábrica de embutidos, el cumpleaños de su hermana Margot en Estoril... ¡Que se estuviera muriendo su suegro era una excusa perfecta para evitar uno de esos viajes a Villa Giralda, cada día más insoportables! El placer de ver a sus amigos no compensaba aguantar a su padre, una bestia herida que daba sus últimos zarpazos con crueldad y saña.

Lo trataba como un lacayo, lo humillaba constantemente. Sofía se lo indicaba sin piedad para sus emociones:

—No te respeta.

Por un momento se le ocurrió un pensamiento espantoso, que borró enseguida de su mente. Si el que fuera a morirse fuera su padre... ¡Se acabarían todos sus problemas!

¡Le horrorizó haber pensado así! Estaba muy mal, era muy feo, pero es que su situación era tan difícil que cuando lo fue a visitar uno de sus antiguos compañeros de la Academia de Zaragoza, Antonio Bouza, le dijo con los dientes apretados de rabia:

—Si supieras lo harto que estoy de que mi padre me utilice como arma arrojadiza contra Franco, me siento como una pelota que va de un lado a otro... No se puede hablar con él.

¿Cálculo porque sabía que lo escuchaban desde El Pardo a través de los micrófonos o quizás incluso con métodos menos sofisticados? Sofía una vez se encontró a uno de los sirvientes pegando sin disimulo la oreja a la puerta del despacho. El hombre, al ser pillado in fraganti, se enderezó y siguió limpiando tranquilamente.

¿O pensaba así realmente? ¿Sentía odio? Su amigo comentó que tenía la mirada extraviada y que le dijo que su vida era una carrera de obstáculos donde su principal enemigo era su padre.

Y como sus hermanas se situaban del lado paterno, apenas las veía, aunque las dos pasaban largas temporadas en Madrid, pero la única vez que habían puesto los pies en la Zarzuela había sido en el bautizo de Elena, y únicamente habían ido para acompañar a su padre.

Margot callaba: la muerte de Alfonsito y la forzada separación familiar habían oscurecido a aquella infanta traviesa que quería ser como sus hermanos y nada le daba miedo. Pero Pilar sí había cogido varias veces el teléfono para reñirle de esa forma adusta que tan poca simpatía despertaba entre sus conocidos:

—¿Cómo te puedes portar así con papá? ¡Con todos los sacrificios que ha hecho!

A ella sí que Juanito no tenía empacho de decirle:

—Vete a la mierda.

Un día, en uno de esos ataques de cólera que le salían de las tripas y temía todo el mundo en la Zarzuela, arrancó el teléfono de la pared y lo tiró al suelo.

El teléfono. Se lo separó un poco de la cara porque la incansable Freddy, aun rota de dolor, seguía gritando llena de energía:

—Avisad y os reservamos habitaciones en el hotel Gran Bretaña, pero es mejor que estéis en Tatoi, aunque sea más incómodo. Traed a la niña, así Palo podrá conocerla.

Juanito contestó distraídamente, sí, vale, mientras pasaba las páginas de la agenda, casi todas en blanco. La única visita que le sabía mal anular era la cita concertada en la casita de Fuencarral, que estaba marcada con una discreta estrella de cinco puntas, donde se iba a encontrar con una de sus amigas de Estoril. Claro que podría llamar y adelantarla a esta misma tarde, esa chica tan preciosa con ese cuerpo escultural... Y era lista, tenía mucho mundo porque había viajado.

Miró el reloj maquinalmente, también tendría que avisar a la condesita rubia de Sevilla, que iba a subir la semana que viene, ¡y a la duquesa madrileña! Era mayor y no muy guapa, pero el asunto tenía un componente de morbo que le causaba un escalofrío delicioso: era tan alfonsina que su primo pasaba temporadas en su palacio y tenía allí habitación propia que llamaban «el cuarto del príncipe». Cada vez que Juanito se acostaba con ella decía por dentro «chúpate esa, Doño», y poder decirlo era lo que le causaba más placer de todo.

A pesar del drama que le estaba contando su suegra, Juanito sonreía, ay, si no fuera por estos encuentros clandestinos, ¡qué dura sería su vida! ¡Qué agradecido estaba a su primo Fernando, que le había facilitado esa dirección! A estas alturas de su matrimonio ya se había dado cuenta de que Sofía nunca iba a satisfacerle.

¡Qué astuto se había vuelto! No de cara a su mujer, que vivía en la luna, en un lugar propio donde solo estaban su hija, ella y sus profundos pensamientos, sino a Franco, que no hubiera tolerado ninguna conducta inapropiada. Pero, como le gustaba decir dándose golpes con los nudillos, primero en la cabeza:

—Yo de aquí, poco —y luego se tocaba la imponente nariz borbónica—, pero de aquí mucho.

Y gracias a su olfato había perfeccionado sus habilidades escapistas. ¿Qué coche oficial tenía la maniobrabilidad de una moto y alcanzaba los ciento cincuenta kilómetros por hora? Además de que iba con casco y resultaba irreconocible.

Recordando esas horas de pasión y los jadeos roncos se evadió del presente, pero la voz de su suegra enseguida lo volvió a su ser:

—... y díselo a Sofía con cuidado porque no quiero que se hunda por la adoración que le tiene a su padre.

¿Adoración a su padre? ¿A ese rey desdibujado, con aspecto enfermo, que llevaba en la calle y en casa unas grandes gafas oscuras que le tapaban el rostro como un antifaz? Siempre a la sombra de Federica, aplastado por su inmensa personalidad, ese hombre que hablaba con seres de ultratumba, con los pájaros y hasta con los árboles, y que en una ocasión le había dicho, medio en broma, medio en serio: «Cuando me vaya, regresaré como uno de esos mirlos que tenéis en el jardín y vigilaré por la ventana que te portes bien con mi hija».

Juanito se sorprendió de lo poco que conocía a la mujer con la que se había casado. Nunca hablaba de sus sentimientos. Doña Carmen decía que era muy piadosa y sí, en misa se abstraía, pero después contaba:

—Estaba pensando en el sueño que he tenido esta noche... Se me aparecían nubes, eso quiere decir que va a llover.

Juanito se aclaró la voz:

—En cuanto resuelva mis asuntos aquí, vamos; Freddy, no te preocupes.

La reina dio un resoplido, porque conocía perfectamente la «importancia» que tenían esos asuntos.

Juanito se dio cuenta una vez más de lo bien que funcionaba la conexión Pardo-Zarzuela, porque Franco lo llamó inmediatamente:

—Alteza, acudid al lado de vuestro suegro, no faltaría más... Tened cuidado de no hacer ninguna declaración, porque en Grecia, con esa manía de celebrar elecciones democráticas —el «democráticas» lo dijo con burlón retintín—, han ganado los socialistas y no conviene implicarse.

¡Viajar! ¡Salir de España! Juanito se alegró inmediatamente, aunque procuró adoptar un tono compungido dadas las circunstancias.

—Sí, excelencia, saldremos lo antes posible. Si le pasara algo a mi suegro, Dios no lo quiera, mi cuñado sería rey.

Sabía que su cuñado estaba muy mal preparado para su cometido, era un chico mimado, ignorante e impulsivo, que estaba a punto de casarse con la jovencísima Ana María de Dinamarca. Su propia hermana Irene decía de él que era «el idiota de la familia».

Franco rio como si tuviera algún as en la manga:

—Veremos por cuánto tiempo..., mientras el ejército quiera. En estos asuntos no hay nada seguro.

Era una indirecta, pero Juanito prefirió no darse por aludido, porque ya se levantaba para decirle alborozadamente a Sofía:

—¡Haz las maletas!

Hasta que se dio cuenta del motivo del viaje y adoptó un tono adecuado a las circunstancias:

—Ven, Sofi, siéntate. Deja a la niña un momento.

Ya que tenían permiso para viajar, decidieron primero ir a Suiza, a ver a Gangan, que contempló displicentemente a Elena y les dijo:

—Muy mona, ahora tenéis que ir a por el niño.

Después fueron a esquiar a Saint-Moritz. ¡Hacía tanto que no veían la nieve! Habían quedado con María Gabriela de Saboya, que estaba con Robert de Balkany y formaban una pareja sofisticada, aunque aún no se habían casado. Sofía protestaba:

—Viven en pecado..., no me gusta mucho salir con ellos.

La verdad es que tenía celos de Ella, que compartía con Juanito unas vivencias de las que ella estaba proscrita. Juanito se burlaba:

—Cada vez eres más puritana, Sofía, acabarás por hacerte monja.

Por la noche bajaban a la *boîte* del hotel La Margna a tomar un vino caliente y bailar el twist.

Mientras, en Grecia, el doctor Dioxades había operado a Pablo en un quirófano improvisado en Tatoi, pero tuvo que cerrar sin tocar ningún órgano interno: era un cáncer irreversible y el rey se moría sin remisión.

La prima Tatiana Radziwill llamó a Sofía:

—Tío Pablo se va.

Federica trasladó un catre de campaña a la habitación de su marido. Ponían música de Bach en un tocadiscos y se cogían de la mano. La única debilidad de aquella mujer, dura como su abuelo el káiser de Alemania, era Pablo, al que ella nombraba con las más dulces palabras del corazón, «mi Palo adorado, mi amor, mi alma…».

Para distraerlo, le hablaba de sus viajes, de cuando fueron a la India y visitaron el Taj Mahal.

—Palo, ¿serías capaz de levantarme un monumento como ese cuando yo me muera? —le preguntó con coquetería.

No esperaba que su marido le respondiera porque apenas tenía voz, pero Pablo forzó la voz para contestarle:

—Preferiría que descansáramos bajo el cielo abierto de Tatoi y que los ciervos pasearan por encima de nosotros y brotaran florecillas silvestres en primavera. —Hizo un gesto de dolor y la enfermera entró con una inyección calmante, pero Pablo dijo con los ojos brillantes como brasas—: No, quiero estar consciente para marcharme… No quiero que nada me retenga, quiero irme viendo la puerta de entrada en el otro mundo.

Un día suplicó un cigarrillo, lo insertó en una boquilla. Señaló una butaca, lo sentaron y pidió:

—Traed a mi nieta.

Sofía, anegada de tristeza, le puso a Elena en las rodillas.

Luego se acostó y ya no volvió a levantarse.

Freddy no se separaba de él, Pablo apenas hablaba, pero le besaba los dedos uno a uno y la llamaba *prinzessin*, como cuando eran jóvenes, pobres y felices.

El último día entró Tino y le dijo:

—Papá, todas las iglesias están llenas, ¡los griegos rezan por ti!

Pablo, que nunca había querido ser rey, se llevó la mano al corazón más rey que nadie:

—Dales las gracias y diles que ellos son mis hijos también.

Freddy puso la *Pasión según San Mateo*, de Bach:

Mis ojos vierten sobre tu cabeza
un torrente de lágrimas…
¡Sangra, querido corazón!
… Descansad, miembros abatidos,
Descansad dulcemente…
Felices son tus ojos
que se cierran al fin.

El rey movió las piernas como si quisiera caminar y le dijo a su mujer:

—Siempre estaremos juntos tú y yo… Hablaremos todas las noches, te llevo en mi corazón para la eternidad, *prinzessin*. ¡Veo la luz!

Federica le habló en griego para que las últimas palabras que oyera fueran en la lengua de su pueblo:

—*Agapi mou*.

Era viernes, 4 de marzo.

Juanito y Sofía se acostaron en la pequeña cama de soltera de la princesa. Juanito sintió sollozar a su mujer y le preguntó:

—¿Lloras por tu padre?

—No, lloro por nosotros —gimió contra la almohada—. Nunca nos querremos como ellos porque tú no sabes amar.

Llovió toda la noche y cuando cesó, Pablo estaba muerto.

Juanito le dio un leve empujón a su mujer, que se postró a los pies de su joven hermano de veinticuatro años, tan poco formado para ser rey, y le besó la mano. Detrás de ella fue toda la familia, incluida su novia Ana María. Freddy se incorporó con presteza y le dijo al nuevo rey, que lloraba desconsoladamente, poniendo las manos en sus hombros:

—Ten valor, serénate.

El hijo tartamudeó:

—Madre, no soy ningún héroe.

Y Federica dijo con la rabia de Medea:

—¡Todos los griegos llevan un héroe en el corazón!

Cuando regresaron a Madrid, Juanito le dijo a su mujer:

—No se te ocurra comentar esa tontería de tu madre.

Molesta, Sofía, que apenas le había dirigido la palabra en todo el viaje y en esos momentos cogía en brazos a Topsy, le preguntó.

—¿Cuál?

—Eso de que tu padre está en la luz y que ella va a hablar con él por las noches.

—¿Y a quién se lo voy a contar? —le preguntó ella, rabiosa—. No veo a nadie. Y además a mí no me parece una tontería, yo también hablo con mi padre. No tengo nadie más con quien hacerlo.

Juanito puso los ojos en blanco y levantó los brazos al cielo, no entendía cómo por Madrid había empezado a correr el rumor de que su mujer era la lista de la pareja. Si la conocieran...

Entró un criado:

—Señora, le ha llamado su modisto, que ya puede ir a probarse la ropa de luto a la calle Ayala.

—Gracias, avise a Gaudencio que me recoja mañana a las diez.

Juanito quiso bromear, porque el único que podía enfadarse en la Zarzuela era él:

—Menudo puterío debe de haber ahí...

—¿Con Elio Berhanyer? Pero ¿qué dices? ¡Si fuera así, yo no ponía los pies! ¡Es un sitio muy serio!

—Ya, perdona, lo digo en broma.

—Tú todo lo arreglas así, es en broma. No estoy para bromas.

—Tú nunca estás para nada... Si supieras lo poco que me importa.

—Pues esta noche no vengas a darme la lata.

A Juanito se le oscurecieron los ojos. Sofía adivinaba que estaba a punto de sufrir uno de sus habituales ataques de ira, pero en estos momentos le daba igual. Al contrario, quería provocarlo y que estallara, que gritara y que el mundo se volviera tan negro como su pena.

Paseó arriba y abajo por el salón con un cigarrillo entre los dedos:

—Por cierto, una de sus maniquíes me dijo que era amiga tuya. Me pareció muy descarado que se dirigiera a mí directamente. Yo ni le contesté... : se llama Charo Palacios.

Juanito se hizo el disimulado:

—Sí, de Estoril, vino a nuestra boda, ¿no te acuerdas? Su padre es un científico muy importante.

—Juanito, yo no sé si su padre es científico o no, pero me pareció una desvergonzada. ¿No será una de tus novias?

—¡Siempre estás con eso! —Pero su rostro se había suavizado y ahora exhibía una sonrisa de medio lado que lo delataba y, como vio que su mujer lo miraba con suspicacia, se apresuró a añadir—: En realidad, me han contado que está liada con Pepe Gandarias, el ganadero.

—¿O sea, que sí que sabes de ella?

—¿Cómo no voy a saber? Lo comentan Tessa y Crista, que la conocen.

Sofi arrugó la nariz. Tessa y Crista no eran de su agrado, pero como resultaba que eran primas y además princesas, aunque de menor categoría, no tenía más remedio que aguantarse.

—No me hables de esos asuntos que no me interesan, liados, liados, como si fueran animales... Elio también me quería contar cosas de Alfonso, pero yo me niego a escucharlo, me da asco pensar en lo que hace esta gente...

Juanito se mostró súbitamente interesado:

—Pero ¿qué te cuenta de Alfonso?

—¡Es un *playboy*! Sale con artistas de medio pelo italianas, a una la ha paseado por Madrid y la llevó a un flamenco.

¡A un flamenco! ¡Con lo que le gustaría a él ir a Villa Rosa o a Gitanillos!

Aunque las mujeres raciales no le atraían, prefería las rubias con pinta de extranjeras. Trató de consolarse:

—A Franco eso no le gustará.

—Ten por seguro que no... Yo, cuando vaya a ver a la Señora, ya dejaré caer algo al respecto.

Juanito la miró con admiración, quizás era más lista de lo que pensaba.

—Muy bien, Sofi. Así me gusta.

—No lo hago por ti, sino por mí. Yo también quiero ser reina —le contestó ella, aún enfadada.

Era la primera vez que se lo decía, y le sorprendió saber que ella también era ambiciosa. Trataría de analizarlo más tarde, porque ahora lo que ocupaba su mente era su primo. ¡Claro, siendo soltero podía hacer lo que le diera la gana! Él estaba rodeado de viejos, sus asesores tenían la edad de Franco y estaba condenado a una vida de sacrificio y aburrimiento.

Si no fuera por sus visitas a la casita de Fuencarral... ¡Coño, que tenía veintiséis años y sentía la sangre torrencial y caliente de los Borbones correr por sus venas!

Pero debía reconocer que casi todas le gustaban menos su mujer. Como le decía a un amigo: —¿Quién quiere acostarse con la bisnieta del káiser?

Se sentía mal. Ninguno de los dos disfrutaba, era un esfuerzo desmesurado por ambas partes que los dejaba exhaustos e insatisfechos. Lo hacían muy pocas veces, lo indispensable para que Sofía se quedara embarazada y que el tronco dinástico retoñase. Después, Juanito daba vueltas en la cama, se levantaba a encender un cigarrillo, se iba al salón a ponerse una copa, volvía a acostarse, apretaba los puños y se decía que cuando diera a luz un varón eso se habría acabado.

Sofía estaba de espaldas y nunca sabía si estaba despierta o dormida.

Cuando le contó que volvía a estar en estado, el príncipe dijo:

—Supongo que ahora será niño.

Ella se encogió como si le hubiera pegado.

Pero fue niña. Cuando su marido entró en la habitación de la clínica, Sofía le preguntó tragando saliva:

—Ha sido una niña, pero ¿estás contento?

—Claro que sí —consiguió decir él con esfuerzo.

Pero Sofía se echó a llorar.

El ayudante del príncipe, el general Armada, convocó a los gráficos en una salita adyacente:

—Solo una foto.

No importaba. En realidad, tenían más interés en charlar y fotografiar al príncipe Alfonso de Borbón, que se excusó por no haber podido pasar antes a visitar a la hija de su primo:

—Trabajo en el banco y tengo que respetar un horario, como es natural. No tengo ningún privilegio.

Iba con el marqués de Villaverde, que comunicó a su vez a los periodistas:

—He acabado una operación de ocho horas.

Juanito, que no tenía otra cosa que hacer que departir con sus asesores y tener hijos, puso sonrisa de conejo, aunque por dentro le ardía un bosque entero.

El marqués ni siquiera llegó a entrar en la habitación y los estuvo entreteniendo, contándoles la última corrida del Cordobés. Un fotógrafo imitó el «salto de la rana», un pase típico del popular torero, y todos rieron. «Oleeee», dijo el marqués, dando media vuelta sobre sí mismo, mirando al tendido.

El reportero Yale, el más atrevido, preguntó:

—¿Y Luciana Wolf?

Porque se rumoreaba que en esa época la cantante y el marqués tenían «un lío», pero Cristóbal salió por peteneras:

—¡Las mujeres tienen más peligro que un toro de Miura!

Los periodistas rieron, olvidados ya de la princesita que, pálida y hierática, exhibía a su bebé con gesto cansado. Total, era una niña. Las flores de lis volvían a estar de capa caída.

Sofía se quedó una semana en la clínica, con fiebre y dolores vagos, y estuvo varios meses retirada de la circulación. Entonces no se hablaba de depresión posparto, pero nadie se preguntó qué le pasaba a la princesa. Ni Sofía ni Juanito aparecían en los medios de comunicación, los españoles no los conocían, a nadie importaba qué hacían o quiénes eran. Federica no pudo estar a su lado, su hijo la necesitaba en un país convulso y excitable que se encaminaba a pasos agigantados hacia el golpe militar. También su nuera, que estaba a punto de dar a luz a su primer hijo. Llamaba a Sofía para decirle:

—Anoche hablé con tu padre y me ha dado muchos recuerdos para ti.

—¿Y no te dijo nada más? —preguntaba Sofía con un hilo de voz.

—Hija, ahora quien más nos necesita es Tino... Ya le hemos dicho que trate de obtener el apoyo de los militares —respondía Freddie, dándose aires.

Gangan expresó lo que nadie se atrevía a verbalizar:

—Lástima que haya sido niña, ¡qué pena! Un varón hubiera afianzado tu posición, Juanito.

El padre le dijo que no pensaba ir a Madrid después de la última cabronada de Carrero Blanco, la mano derecha del Caudillo, que había dicho que Juan «ya no servía». Barbotó:

—¡No soy una momia decadente, por mucho que se empeñen!

El príncipe se sintió aliviado de que su padre no fuera al bautizo porque, en una jugada que le pareció maestra, le había pedido a su primo Alfonso que fuera el padrino para demostrar que no lo consideraba un rival, ya que estaban a diferentes niveles, por mucho que el otro saliera en las revistas frívolas y le llamaran «el príncipe azul que trabaja y no cree en los cuentos de hadas».

Alfonso aceptó magnánimamente y estuvo ayudando a la madrina, la hermana de Juan, la infanta Cristina, a sostener la cabecita de la recién nacida, Cristina como ella, mientras recibía la preceptiva agua del río Jordán, que algún criado desveló luego que en realidad se trataba de agua del grifo.

Fue un bautizo desangelado y frío.

Cuando acabó, Juanito se arrancó la corbata y se fue hacia su mujer que, tristona y apesadumbrada, acunaba obsesivamente a su hija:

—Sofi, vamos a tener ese niño, aunque sea lo último que haga en esta puta vida.

Le pareció que un mirlo de aspecto amenazador lo vigilaba a través de la ventana.

15

Las hojas de los álamos cascabeleaban en la suave brisa primaveral. Juanito estaba sentado a horcajadas en la barandilla que rodeaba el porche de la casa de Manuel Prado y Colón de Carvajal, un amigo reciente que le había presentado en el Nuevo Club su primo Carlos de Borbón-Dos Sicilias, el Carlitos revoltoso de Las Jarillas, que ahora se había vuelto un señor serio porque se había casado con Ana de Francia.

¡Lo de Juanito y Manolo fue un amor a primera vista! La conexión había sido inmediata: quedaron para comer y estuvieron juntos hasta las tres de la madrugada, cuando los camareros del exclusivo club de la calle Cedaceros avisaron de que tenían que cerrar.

Lo primero que le había soltado encendió una alarma en los ojos de Juanito:

—Alteza, os lo digo por vuestro bien —Juanito frunció el ceño, no le gustaban las frases que empezaban así—, demasiada gente sabe de vuestras visitas a Fuencarral…, hay mucha maledicencia.

Primero iba a enfadarse y a negarlo, pero luego se puso triste porque comprendió que su nuevo amigo tenía razón y que se habían acabado sus momentos de esparcimiento. Le tendió la mano por encima de la mesa para estrechar la suya, y le sorprendió advertir que Manolo era manco:

—Perdí el brazo izquierdo en un accidente de coche. Pero no me ha impedido llevar una vida normal, ni cazar, que es lo que más me gusta del mundo.

Se habían despedido con un abrazo y Manolo le dijo que vivía en la urbanización Casaquemada y que le gustaría verle en su casa, esa casa donde ahora acababa de llegar en un viejo Willy cubierto de polvo. Lo había dejado aparcado de cualquier manera frente a la verja y franqueado la valla del jardín de un solo salto.

Solía venir desde la Zarzuela por la carretera de La Coruña sin dar aviso y siempre con algún obsequio, una caja de vinos, unas corbatas, unos libros que no pensaba leer… Eran regalos que le enviaban las diputaciones o alguna empresa del INI que la princesa miraba despectivamente. ¡Qué diferencia de los presentes fabulosos que le ofrecían los armadores griegos a su madre, desde abrigos de martas cibelinas para toda la familia hasta casas, barcos o caballos!

Lo primero de todo era un beso a la anfitriona, Pilar, la madre de Manolo, que aunque está casado, sigue viviendo con sus padres. Pilar es descendiente directa del almirante Cristóbal Colón:

—Hola, mamá.

La llama mamá, quizás porque a la suya no la ve casi nunca. Pilar le dice sonriendo:

—Buenas tardes, alteza. ¿La princesa no está?

Distraídamente, mientras da unos pases de boxeo contra un poste, dice:

—No, se ha ido a Grecia porque es el cumpleaños de la reina.

En ese mes de marzo de 1967, Sofía ha acudido al lado de su madre, no solo porque Federica cumple cincuenta años, sino porque desde que ha muerto su marido está sumida en una profunda depresión, por mucho que por las tardes hable con él y reciba sus consejos para que se los transmita a Tino. Grecia camina hacia el desastre, se suceden las huelgas y las manifestaciones de uno y otro signo, las detenciones y las torturas en las comisarías, y el pobre rey, sobrepasado por las circunstancias, es una barca a la deriva que ya no sabe en quién confiar.

Sofía, que es recibida en el aeropuerto con gritos e insultos por las mismas azafatas, le pregunta a su madre:

—Pero ¿estáis seguros aquí? ¿No os va a pasar nada?

Federica responde con altivez:

—La divisa de los reyes de Grecia es: «Nuestra fortaleza es el amor de tu pueblo», y en eso confío.

Claro que Sofía, más que ir a Grecia, huye de la Zarzuela y de su vida conyugal. Su convivencia con Juanito está lastrada por la necesidad de tener un varón, llevan tres años intentándolo, en esas fechas que saben que son las más fértiles, según les ha contado el doctor Mendizábal. Pero cada mes surge una nueva decepción. Cuando sale del cuarto de baño, Juanito le pregunta sin palabras y la princesa menea la cabeza:

—No, este mes nada.

Y otra vez a esperar cuatro semanas.

Nueva consulta al doctor Mendizábal:

—Vuestra alteza solo tiene veintiocho años. Se trata de insistir.

¡Insistir! ¡Aquí está la madre del cordero! No les apetecía ni a uno ni a otro. Lo que para los demás es placer, para ellos se ha convertido en una obligación onerosa y cargada de responsabilidad, los mimbres más inadecuados para el goce y el disfrute.

Claro que la parte más difícil la tiene Juanito. La princesa le ha leído un libro del doctor Iglesias Puga, un reputado ginecólogo al que visita en la maternidad de la calle O'Donnell. Para conseguir un embarazo aconseja guardar castidad el resto del mes y hacerlo solo dos días, justo en medio del ciclo, «para que el jugo vital esté en su más pujante virilidad». Que después de un mes de castidad se le aparezca su mujer con un camisón abrochado hasta el cuello con expresión de resignado martirio y la habitación en siniestra penumbra, en la que cree adivinar la silueta de los diecisiete reyes que le precedieron, requiere de él una voluntad sobrehumana. Le comenta sombríamente a su primo Carlitos:

—Luego dicen que la vida de los príncipes es un lecho de rosas.

El primo solo le dice:

—Acuérdate de Alfonso de Borbón.

Juanito aprieta los puños:

—Ya, ya, ¿quién te crees que se me aparece en ese momento crucial? Comprenderás que no contribuye a que la cosa mejore, si aún fuera Marilyn Monroe…

¡Alfonso! ¡Se está convirtiendo en su pesadilla!

Franco, siguiendo con su política de jugar a dos barajas y para meterle el miedo en el cuerpo a don Juan y que deje de joder con sus declaraciones extemporáneas, en las que insiste en que él va a ser el rey de todos los españoles, le da cierto empuje a la candidatura de Alfonso de Borbón, que cuenta con grandes apoyos, desde el millonario catalán Mariano Calviño hasta el marqués de Villaverde, al que se le ha ocurrido una idea descabellada: ¡que Alfonso y su hija mayor se hagan novios! Un proyecto que, por ahora, solo está en la mente calenturienta del Yernísimo y del príncipe.

Porque así, príncipe y alteza real, le llaman los periódicos, y también «el prudente». Juan Carlos está inquieto, quiere salir del anonimato y, por consejo de su asesor, el marqués de Mondéjar, decide hablar con Emilio Romero.

El director de *Pueblo*, que en secreto es un firme partidario de la candidatura de Alfonso, cree que será una buena primicia periodística que Tico Medina les haga una interviú a cada uno, que saldrá en la misma edición y ocupando el mismo número de páginas bajo el epígrafe de «Príncipes».

En su entrevista, Alfonso queda como una persona hecha a sí misma, crecido en las dificultades, atractivo y varonil, con una visión moderna de la vida. Abre él mismo la puerta de su sencillo piso de la calle Castelló, que cuenta con una buena biblioteca, contesta espontáneamente y de Franco hace un elogio razonado:

—Nos ha salvado de muchos peligros, nos ha dado treinta años de paz, impidiendo que entráramos en la Segunda Guerra Mundial, y ha impreso en los españoles la conciencia de unidad.

A su primo lo despachó con un simple:

—Es muy simpático.

Y Juan Carlos, ¡madre mía, don Juan Carlos! Cuando leyeron la entrevista, los asesores se llevaron las manos a la cabeza. ¡Tico Medina lo hacía quedar como un completo imbécil!

Un ser rodeado de ayudantes que le escriben en un papel las respuestas más sencillas. Tico le pregunta cómo es su día y contesta:

—Me levanto a las ocho de la mañana, voy al cuarto de baño, me ducho…

Y, antes de que diga «hago mis necesidades», lo interrumpe el marqués de Mondéjar con un susurro que el periodista oye y transcribe: «No hace falta que especifique tanto».

Es infantil:

—Hago deporte, soy cinturón marrón de kárate. —Y se tapa la boca asustado, como hacen las criaturas—. Oh, creo que el kárate está prohibido, mejor que eso no lo ponga.

Y es el periodista el que tiene que tranquilizarle: «No se preocupe, no creo que el Ministerio de la Gobernación vaya a tomar cartas en el asunto».

La entrevista se interrumpe varias veces con llamadas del padre desde Estoril. Se oye vibrar el auricular con los gritos de don Juan y los sumisos: —Sí, papá. Claro, papá. Adiós, papá.

Y luego aclara:

—Era mi padre.

Aun en el entorno familiar y apacible de los Prado y Colón de Carvajal, rodeado de jardines frondosos y caros, y aunque han trascurrido varios meses desde las entrevistas de marras que, por cierto, pasaron desapercibidas, Juanito no puede olvidar su vergüenza y su rostro se ensombrece. Con esa intuición que le hará estar a su lado más de tres décadas y ser su mejor amigo, Manolo le dijo:

—¿Sabéis, señor? El otro día me encontré en Carrusel a vuestro primo Alfonso de Borbón con esa actriz italiana.

Su mujer añadió, rápida:

—Marilù Tolo. Hace películas de gladiadores.

—Iba con su hermano Gonzalo y con otra amiga con pinta de *putiplista*. A pesar de que él es un muermo, estuvieron hasta las cuatro de la mañana.

Los ojos de Juanito se iluminaron, porque es uno de esos seres humanos capaces de transitar de la tristeza a la alegría en cuestión de segundos:

—¿Y se habrán enterado en El Pardo?

La mujer ríe.

—¡Por supuesto! ¡Franco y todos los españoles! ¡Esta semana han salido en las revistas de peluquería y ponía: «Las cenicientas y los príncipes»!

Todos se alegran, la nube negra desaparece, el ambiente se distiende...

En media hora, después de varias frenéticas llamadas de teléfono, se ha formado tertulia alrededor del príncipe, encabezada por los hermanos Manuel y Diego, cuyo padre es un diplomático chileno, Jaime Carvajal, el primo Carlitos ¡y su viejo amigo Zourab Tchokotua! Su antiguo compañero del Saint Jean de Friburgo ahora vive en Mallorca, dedicado a negocios inmobiliarios, donde es novio de la millonaria Marieta Salas.

Juanito no olvidará nunca cómo lo defendió delante de los matones del colegio. Le pasa el brazo por los hombros:

—Zu, si es tan rica, cásate de una puñetera vez y te prometo que a tu primer hijo lo apadrino yo.

E incluso, sorprendentemente, ese día se ha añadido el notario Tono García-Trevijano, que es el único, aparte de su primo, que trata de tú al príncipe porque se confiesa republicano:

—Cuéntales cómo eran aquellas brasileñas de Zaragoza.

Juanito ríe mientras se come los cacahuetes a puñados. Sin buscarlo, casi sin darse cuenta, ha ido levantando un grupo de complicidades que, de momento, no ha despertado los recelos del Caudillo, que cuando le informan al respecto, dice a su primo Pacón:

—Tengo plena confianza en el príncipe. No es un frívolo como su padre, pero también es joven y necesita esparcimiento. Y mientras sus amigos sean esos y podamos controlarlos... —Y también—: Estoy muy contento con su actuación y la de la princesa. La gente no sabe la vida de sacrificio que llevan.

De vez en cuando se cuela alguna pareja bohemia, que da colorido a las reuniones. A veces han sido Dominguín y Lucía Bosé, con los que han ido a cazar a los montes de Toledo. A su prima Tessa de Baviera le ha dado por pintar y les presenta al excéntrico pintor gallego Otero Besteiro, y los Quintanilla aportan alguna estrella de cine estadounidense que está rodando una película de Samuel Bronston. Incluso el primo Gonzalo ha llevado a una novia americana que resulta ser ¡torera! Cuando desaparece, le preguntan por ella y contesta el alegre vividor:

—Se ha quedado embarazada y se ha vuelto a su país.

Hoy están Charo Palacios y su último acompañante, el productor Quique Herreros. Es hijo del genial dibujante de *La Codorniz*, Enrique Herreros. Charo cuenta que Quique ya le ha presentado a su padre que, como buen humorista, es un tipo serio y cáustico.

—Estuvimos comiendo y eso, y cuando acabamos le pregunté: «¿Qué te ha parecido la novia de tu hijo?». Y me contestó, mirándome de arriba abajo: «Pues, oye, como ahora las decentes parecéis putas y las putas decentes, no sé qué decirte».

Juanito, que llevaba rato mirando las fabulosas piernas de Charo, que lucía con una atrevida minifalda, casi se cayó al suelo de la risa.

La madre le tendió una copa de vino:

—Mira, es el que has traído.

Manolo le preguntó como quien no quiere la cosa:

—¿Os hacen muchos regalos?

Juanito negó con la cabeza:

—Qué va, cuatro puñetas de nada. —De pronto recordó—: Bueno, los coches me los regalan los concesionarios, es verdad, las casas Mercedes y Audi. La moto también.

El amigo miró la punta del cigarrillo:

—Porque, a ver, ¿con cuánto contáis al mes?

Nadie había osado preguntárselo, pero Juanito, que ha oído hablar de dinero desde que era pequeño en su casa, no tiene empacho en contestar:

—Setenta mil pesetas.

Ríen con asombro porque todos son millonarios, y esa cantidad les suena ridícula. ¡Que el futuro rey de España cobre esa miseria no deja de hacerles gracia! Solo García-Trevijano apunta que es dinero limpio de polvo y paja porque todos los gastos los paga Patrimonio.

Aun así, Juanito se queja:

—Sigue siendo una mierda. Vivir con estrecheces no es nada agradable, os lo juro, vosotros no tenéis ni idea. Me he quejado muchas veces a Fuertes de Villavicencio, que nos fiscaliza hasta las llamadas a Grecia y las Coca-Colas de la princesa y dice que Franco vive con menos.

—Pero ¿la nobleza no contribuye?

—¡Pero si para mi regalo de bodas Valls-Taberner tuvo que estar meses pasando la gorra! Son todos unos tacaños de cojones y yo no puedo pedir, tienen que ser ellos los que se retraten… ahí os quisiera ver.

El primo Carlitos se siente incómodo, pues no son pequeñas las cantidades que cada mes aporta su padre a Villa Giralda, pero como son para don Juan, prefiere callarse.

Manolo sigue preguntando:

—¿Y quién os administra el dinero?

—Bueno, mi banquero es Luis Valls-Taberner, pero ya ves que no hay mucho que administrar.

El príncipe se olvida de añadir que Valls-Taberner, miembro del Opus Dei, cuando hay gastos extraordinarios, hace que los cubra el propio banco con un préstamo sin intereses que no se espera cobrar nunca.

—Pero ¿no tenéis un intendente, como tenía vuestro abuelo o como tiene vuestro padre?

—¿Un administrador dices? Pues no.

Manolo confiesa medio en broma:

—Me gustaría serlo algún día.

En ese momento sonó el teléfono en el interior de la casa, salió la madre, alarmada:

—Don Juanito, os reclama el marqués de Mondéjar. Urgentemente.

¡Un golpe de Estado en Grecia! Como dice el poeta, lo que más secretamente tememos siempre ocurre. Al final, tal como había pronosticado Franco, los militares se habían sublevado y tomado el poder, cargándose la Constitución y derrocando gobierno e instituciones.

¡Y Sofía estaba allí! ¡Viviendo en directo la historia!

Se alojaba con sus dos hijas en Psychico, la casa donde había nacido, mientras los reyes Constantino y Ana María, que ya tenían una niña y esperaban otro hijo, vivían en Tatoi. La noche del 21 de marzo, Sofía acababa de llegar del cine, había visto *El graduado* y cantaba, mientras se estaba quitando el abrigo:

God bless you, please, Mrs. Robinson.
Heaven holds a place for those who pray.
Hey, hey, hey…
Hey, hey, hey…

Llamaron a la puerta.

Era un oficial de uniforme. Tenía detrás unos tanques enormes que apuntaban a la casa. Dio un gritito de miedo, pero el militar la tranquilizó:

—Señora, no os preocupéis, estamos al lado del rey.

Los tanques recorrieron Atenas toda la noche, sembrando el terror entre sus habitantes, que permanecieron agazapados en sus casas. Un avión militar esperaba en el aeropuerto a Sofía y a sus hijas para devolverlas a España. Su madre, despeinada y con los ojos brillantes, le susurró al oído:

—No te preocupes, Tino acaba de tomar juramento a la junta militar, estamos a salvo. Papá ha dicho que estemos tranquilos, que él vela por nosotros.

Cuando aterrizaron en Barajas, la noticia estaba en las primeras planas de todos los periódicos europeos: «Golpe de Estado en Grecia, la ultraderecha se hace con el poder con la aprobación del rey Constantino». El *Daily Mail* comparaba la situación de los dos hermanos griegos: rehenes o peleles de una dictadura militar: Sofía en España, Constantino en Grecia. El periodista Ramón Garriga subrayó, sin embargo, en la BBC, que «o se es pelele o se es rehén, pero las dos cosas no se pueden ser».

Juanito abrazó a sus hijas, que estaban encantadas con todo aquel trasiego y, a pesar de los momentos tan tensos que acababa de pasar, pronto advirtió la mirada ilusionada de su mujer y su sonrisa insinuante. Enseguida cayó:

—¿Es que…?

—Sí, estamos esperando un hijo.

Pero en vez de alegrarse, un puño de hierro le retorció el estómago:

—¿Y será niño?

No perderlo. Todos los días se estudia Sofía frente al espejo, de perfil, de frente, se levanta el jersey, se acaricia la incipiente barriga que apenas se nota porque es de cintura estrecha, pero caderas anchas. Sí, el niño sigue ahí, refugiado en su vientre.

—Los tres primeros meses son los más delicados. Repose.

Pero el 5 de mayo no tienen más remedio que acudir a Estoril porque se casa la infanta Pilar. No con un Balduino de Bélgica, ni siquiera con un aristócrata de primera fila, pero Luis Gómez-Acebo, hijo de los marqueses de la Deleitosa, es guapo, muy inteligente, culto, de buena familia, con un trabajo prestigioso, y la infanta está loca por él. Como no hay nadie más en perspectiva, porque Pilar tiene ya treinta años y va camino de convertirse en una solterona, don Juan accede y les concede el título vitalicio de duques de Badajoz.

La boda fue caótica, sufragada por una cuenta que se abre en diversos bancos españoles, y se anuncia en el *ABC*. Fueron cientos de invitados ataviados con trajes que parecen sacados de una tienda de disfraces, ¡un andaluz hasta lleva un apolillado uniforme isabelino! Los inevitables tunos cantan:

Clavelitos, clavelitos,
clavelitos de mi corazón.

Extienden sus capas sobre el suelo de la explanada del templo y, como además hace mucho viento, los invitados resbalan y se caen, ante las risotadas de los curiosos.

La ceremonia resultó muy embarazosa para la novia, que comentó con pesar al cabo de unos años:

—Fue una boda llena de política... No disfruté, la verdad.

Porque, sobre todo, el casamiento se convierte en un campo de batalla entre Juan y su hijo. El padre quiere dejar muy claro que aquí Juanito no es nadie, en la iglesia de los Jerónimos, los príncipes tienen que estar de pie durante dos horas, no hay sillas para ellos, y en el banquete en el Estoril Plaza los relega a un lugar secundario, en una mesa con invitados de segunda categoría.

Juanito y su padre no intercambian palabra. En las fotos aparece en el extremo, lo más lejos posible de Juan, y las expresiones son tristes o severas. El novio, que empieza a entender en qué clase de familia se ha metido, está pálido y ojeroso. María parece a punto de echarse a llorar.

Los partidarios de don Juan le gritan a Juanito:

—Viva el rey Juan III. Muera Franco.

Juan no hace nada para que se callen. ¡Es su día de triunfo! ¡Hoy, que casa a su hija, quiere sentirse protagonista sin que

Franco o su hijo mermen su importancia! Para quien, deseando ser rey, es tan solo el padre de la novia resulta un triste consuelo, pero el conde de Barcelona está tan necesitado de afectos y reconocimientos como el sediento que atraviesa el desierto y se muere por unas gotas de agua.

Los príncipes regresan a Madrid. Al día siguiente acuden a El Pardo. El Caudillo los recibe con un nuevo obsequio:

—Mirad, alteza, estos prismáticos alemanes para cazar... Parece que tienen muy buena óptica.

Los dos se dedican a graduar el objetivo y cambiar las lentes, mientras su excelencia musita, como sin darle importancia:

—Se ha querido aprovechar la boda de vuestra hermana para hacer propaganda política, aunque no va a servir de nada... Su padre es enemigo del Movimiento Nacional y él solo se ha descartado.

—Sí, general.

—No os dejéis influir, alteza, por los cantos de sirena, confío en vuestro elevado patriotismo y en vuestra inteligencia.

Juanito asiente y mira a su mujer con algo de rencor. ¡A ver si esta ahora va a dar a luz una niña y va a joderlo todo!

La princesa se pone nerviosa y dice:

—Voy a saludar un momento a doña Carmen.

El momento se convierte en dos horas, y es que le pide a la Señora consejo para educar a sus hijas, aunque Sofía es puericultora y la otra no tiene ni idea de la crianza de nadie, pero a pesar de eso la princesa no cesa de decir:

—Gracias, señora, no sé qué haría sin sus lecciones.

Porque se acuerda de lo que le dijo su madre del santo y la peana.

Doña Carmen, crecida, propone:

—Estaría muy bien que os dejarais asesorar por Pilar... Ya sabéis, Pilar Primo de Rivera, la hermana del Ausente.

Con ingenuidad Sofía pregunta:

—¿Es madre de familia numerosa?

La señora ríe:

—¡Sí, muy numerosa! ¡Todos los niños de España! —se acerca confianzuda—. Veréis, alteza, ella es soltera, pero sabe más que todos nosotros juntos porque es la fundadora de la Sección Femenina de la Falange.

Sofía recuerda vagamente:

—Ah, sí, su sobrino Miguel es amigo del príncipe.

—Pues educará a vuestras hijas, las dos infantas... y la que vendrá, en la santa sumisión a sus maridos, en la alegría del hogar, que es de lo que se trata.

—Lo que vendrá a lo mejor es un niño —aventura la princesa.

—Claro, puede ser —concedió la otra amablemente—. Entonces, él no. Mi marido siempre dice que los hombres solo pueden ser soldados o santos.

La princesa discrepa:

—Pero un hombre también podría ser..., no sé —mira al techo—, ¡astronauta!

—¡Soldado!

—O quizás maestro.

—¡Santo!

La princesa admite, convencida:

—Sí, tenéis razón —y pregunta con curiosidad—: Y su excelencia ¿qué es? ¿Santo o soldado?

La otra contesta con suficiencia:

—Las dos cosas.

Llega el verano y, a pesar de que la comunicación con Juan estaba totalmente rota y no han hablado desde la boda de Pilar, Juanito y Sofía deciden ir a Estoril con sus dos hijas. ¡No tienen otro sitio donde pasar las vacaciones! Los Franco van al pazo de Meirás, pero aún no los han invitado.

En Estoril no disfrutan del verano distendido que esperaban, no logran relajarse, y no por causa del padre precisamente. Don Juan hace su vida y apenas se ven, ahora tiene un barco nuevo, el *Giralda*, también regalo de sus fieles, que ha venido a sustituir al *Saltillo* y, sobre todo, tiene también una relación seria con una señora, muy distinta a las otras: ¡aquella Zsa Zsa, que lo volvía loco! ¡Greta, por la que estuvo a punto de abandonar a María! Es una dama elegante, extranjera, aunque vive en Portugal y, como Juan, está casada. La relación durará varios años y, aunque se lleva de forma discreta, es conocida y aceptada por la sociedad de Estoril. Al marido de la señora no le gusta navegar, pero no le importa que Juan y ella salgan juntos con el *Giralda*. A la vuelta cenan en El Pescador y después van al casino.

María ingresa unas semanas en una clínica de Suiza y después se queda en Villa Teba, en la Costa Azul, mientras su suegra se aloja en la vecina casa del príncipe Pierre de Polignac, el padre de Rainiero. La mujer de Rainiero, la actriz Grace Kelly, las visita a menudo porque la reina Victoria es la única aristócrata de verdad que no le hizo el vacío cuando se casó con el príncipe. Es más, le dio valiosas lecciones de filosofía de la vida, como había hecho con sus nietos cuando eran pequeños:

—Ríe y el mundo reirá contigo, llora y estarás sola. —Y también le aconsejó—: No abuses de tu belleza con esos vestidos *made in Hollywood*, encuentra una modista que sepa vestirte como una princesa y no como una *putain*.

Grace prescindió de Helen Rose y compró la colección completa de Hubert de Givenchy, que fue su modisto para toda la vida. Quedó tan agradecida a la exreina de España que la hizo madrina de su único hijo varón, Alberto.

Ese verano, entonces, Juanito y Sofía tienen Villa Giralda prácticamente para ellos solos, ya que Margot está en Madrid con su hermana y su cuñado, que le han alquilado un piso al bailarín Antonio. Podría ser una situación idílica..., pero no lo es, porque Sofía está preocupada y tensa, y es que tanto a ella como a Juanito les atormenta la posibilidad de que su próximo hijo sea otra niña.

Se pelean, están días enteros sin hablarse. Sofía le prohíbe que vea a sus amigos y Juanito no tiene más remedio que obedecer, a regañadientes, pues teme que cualquier disgusto dé al traste con el embarazo.

Le llevan un saco de boxeo para que se desfogue y Ramón Padilla le pregunta:

—¿Queréis que os lo pongan en el cuarto de juegos?

La contestación es tan violenta que Padilla se asusta:

—¡No!

Ay, Alfonsito.

—Perdona, Ramón, es que prefiero que esté en el garaje.

Al final, la princesa acepta cenar con el matrimonio Arnoso —Maná y Nena—, y luego van a la *boîte* Van Gogó en Cascaes. Maná sale a bailar con Sofía, que le confiesa algo sorprendente, que nos hace sospechar que la princesa haya dado a luz a sus hijos mediante cesárea, aunque nunca se ha dicho de forma oficial:

—He tenido muchas dificultades con mis embarazos anteriores y seguro que este será mi último hijo. Si es una niña, será nuestro fin... Juanito está insoportable, muy preocupado, y yo también. —Y luego protesta—: ¡No hay derecho! Vosotros, que os da igual, tenéis dos chicos, y nosotros dos mujeres, cuando tener un varón es capital para nuestra supervivencia.

Aprovechando los libros y los legajos que hay en la biblioteca de su suegro, hace estudios sobre la genealogía de los Borbones para tratar de adivinar qué posibilidades hay de tener hembra o varón. Una de las criadas le dice que si el iris de los ojos es más oscuro de lo normal significa que va a tener un niño y, aunque Sofía no se lo cree, no deja de observárselos continuamente. Federica le aconseja que se lo pida a su padre y también que rece a la Panagia.

El doctor Mendizábal trata de tranquilizarla:

—Alteza, no se altere, la criatura está bien posicionada… Pero evite emociones o sustos, porque eso sí que sería fatal. Mucha tranquilidad.

¿Tranquilidad? ¿Cuando la vida juega a los dados con la historia?

En la madrugada del 14 de diciembre de 1967, Tino, su mujer, sus dos hijos, Alexia y Pablo, su madre y su hermana Irene tienen que embarcarse en un viejo avión rumbo a Roma, temiendo por su vida. ¿Cómo va a tener tranquilidad la princesa cuando los que más quiere deben huir como unos delincuentes?

Constantino, quizás por convencimiento, quizás porque se lo dictó su padre desde el más allá en esas largas charlas que mantenía con su mujer, intentó un contragolpe confiando en militares demócratas, pero débiles, que fueron detenidos de inmediato, y se quedó sin apoyos porque las potencias occidentales lo dejaron solo. Al parecer, el embajador americano se había comprometido por su cuenta a ayudarlo, pero su país no quiso intervenir en lo que consideraba un asunto interno.

La junta militar que había pretendido derrocar les embargó las cuentas y los obligó a exiliarse. Sin dinero, sin que les dejaran coger lo más indispensable en casa, ni siquiera lo de los niños, creyendo en todo momento que les pegarían un tiro como habían hecho los bolcheviques con la familia imperial rusa, partieron de su patria en esa noche de frío helador solo con la ropa que llevaban puesta. Ana María con abrigo de pieles, Federica con jersey, Tino vestido de militar, con la gorra encasquetada hasta las cejas.

Sofía, embarazada de ocho meses, quiso correr a Roma de inmediato para llevarles ropa de abrigo, comida, dinero... ¡Siempre dinero!

Juanito le dijo sencillamente:

—No tenemos.

Sofía le pidió que lo sacara de donde pudiera, que ella no quiere desamparar a su familia, Juanito arguye que quizás Franco no verá con buenos ojos este viaje, y Sofía, la bisnieta del káiser, le grita con ferocidad:

—¡Nadie me prohibirá socorrer a mi madre!

En el último momento, consiguen que Valls-Taberner les haga un préstamo, y cuando ya está a punto de salir de casa, llega Manolo Prado con una bolsa en la que ha puesto todo lo que ha podido reunir, también pidiéndole a su familia, un puñado de billetes arrugados.

Juanito le da unos trajes y unas camisas para su cuñado.

Cuando Sofía llegó a la embajada de Grecia en Roma vio a los suyos ya con la marca del exilio en los ojos, ateridos, pobres y repudiados. Se abrazó a su madre. Federica le dijo con ojos desquiciados:

—Ojalá nunca te veas como yo, aprende de mis errores.

—¿A qué te refieres?

Se le acerca y le dice al oído para que nadie la escuche; Sofía siente su aliento caliente en la cara:

—¿Te acuerdas? Mi fortaleza es el amor de mi pueblo. —La agarra más fuerte—. En eso confié y no era verdad, ¡no era verdad! ¡Nuestro pueblo nos ha echado a los cerdos!

Sofía se desasió de la garra materna, vio los grandes ojos asustados de su joven cuñada, que ha tapado a sus hijos con su abrigo de visón para abrigarlos y, sin dudarlo, se quita el chaquetón, el pañuelo del cuello, los guantes y aun vacía el billetero en su regazo.

Ana María le dice:

—Gracias, Sofía, no teníamos dinero ni para comprar pañales a Pablito.

Sofía, después, ya en Madrid, le exige a su marido, protegiendo con las manos cruzadas sobre el vientre ese hijo que está a punto de nacer:

—Júrame que nunca vamos a pasar por eso. Que no nos van a echar de España. Que vamos a ser reyes hasta que nos muramos. Que siempre podré comprar pañales para nuestros hijos.

Juanito iba a gastar una broma y decirle: «Cuando sean mayores, quizás no querrán», pero al ver la expresión de su mujer se contuvo y le hizo una promesa que en esos momentos no sabe si está en condiciones de cumplir:

—Te lo prometo.

16

El médico salió del paritorio y se detuvo un momento para quitarse, con una parsimonia desesperante, el gorro, los guantes y la bata, que puso en manos de una enfermera. Juanito esperaba tan ansiosamente, la boca se le había secado tanto, que la lengua se le pegaba al paladar y se sentía imposibilitado de pronunciar palabra. El doctor Mendizábal miró a un lado y a otro del pasillo y, al verle, se dirigió hacia él realizando un trayecto que tenía unos pocos metros, pero que al príncipe le pareció tan largo como la muralla china, que había visitado años atrás con Miguel Primo de Rivera. Precisamente la cruz de oro que ambos llevaban al cuello se la habían comprado para ese viaje en la misma joyería. Se la tocó para darse fuerzas y pedir auxilio de forma irracional: «Si es niña, haced que le salga pene, por favor».

Pero ¿por qué piensa estas chorradas cuando está a punto de enterarse del sexo de su hijo? Estamos a 30 de enero de 1968, el día más importante de su vida, más importante que cuando vio a Franco por primera vez, más importante que cuando se casó con Sofi, más importante que cuando…

No, no, eso no contaba, en eso no se podía pensar.

¡Estaba a punto de enterarse de si tenía futuro y se iba por los cerros de Úbeda!

Pero ¿y ese médico que no avanzaba? Pero si se movía con la lentitud de Jesús caminando sobre las aguas, a ver si es que era parapléjico y nadie lo había avisado: ¡un disminuido trayendo al mundo al futuro rey de España! ¡Que no se entere nadie, que los españoles somos muy dados al cachondeo y a saber los chistes que inventarían sobre esta situación!

Pero no, parecía que caminaba normalmente sobre sus dos pies ¡y sonreía! Pero ¿de verdad sonreía o era de este tipo de imbéciles que parecen estar siempre felices, con la sonrisa por bandera, como los americanos? Si estuviera en su lugar, no estaría tan risueño…

Su lugar, una cama de faquir, siempre acechado por la desgracia o la mala suerte… Apretó los puños, ¡la mala suerte! Al final su primo Alfonso lo había conseguido. No pudiendo entrar en El Pardo por la puerta principal como él, se había colado por la trasera. ¡Se había hecho novio de Carmencita, la nietísima! Aquella niña alta, afeada por una nariz grande, a la que sus hermanos llamaban la princesa. ¡Pero si era una cría y su primo tenía treinta años! ¿Eso no estaba penado por la ley? Era un infanticidio, pero al padre no le importaba, el marqués de Villaverde estaba en el ajo y era quien había movido los hilos para que fuera su dinastía la que reinara en España. ¡Toda la familia, excepto Franco, que fingía no enterarse, estaba que se subía por las paredes de orgullo!

Juanito le decía a Sofía con desesperación:

—Figúrate, si dos tetas tiran más que dos carretas, ¿seis tetas...?

Pero al pensar que un par de esas tetas eran de la Señora se estremeció con repugnancia.

El noviazgo había salido en las revistas extranjeras, se les había hecho fotos bailando en el cumpleaños de Cuqui Fierro. Se había enterado por Gonzalo de que en Lausana incluso se la había presentado a Gangan. ¡Gangan! No entendía a su abuela, esa ambición desmedida para que, pasara lo que pasara, siempre hubiera un Borbón en el trono, aun con esa alianza contra natura con la nieta del dictador. ¡Qué le importaba que su padre, su hijo, hubiera renunciado para él y para sus descendientes porque tenía pocas luces y era sordomudo! Pero no dejaba de ser su hijo, como Juan. Y debía reconocer que Alfonso era tan nieto de Alfonso XIII como él mismo.

Pe... pero ¿qué hacía ese médico gilipollas? ¡Les dan un título de nada y ya se creen dioses! ¿Pues no estaba hablando tranquilamente con una monja y firmando unos papelotes? Y él qué, aquí, muriéndose de impaciencia, un niño, un niño era todo lo que necesitaba, que le dieran uno cualquiera, seguro que ese día en la clínica Loreto habían nacido varios, que pegaran el cambiazo de cuna a cuna. ¡Un varón!

Se le atrancó un sollozo en la garganta.

Con la mano tendida, el doctor Mendizábal se dirigió hacia él:

—Alteza, todo ha ido muy bien. La princesa ha sido muy valiente y está muy recuperada.

¿La princesa? Ah, sí, Sofía, el vientre del que debía nacer el heredero. ¿A él qué coño le incumbía la princesa? Pero la criatura era..., era... Juntó las manos.

El médico lo miraba fijamente:

—Ha sido...

De las profundidades de su esófago surgió un graznido:

—Ha sido...

—¡Niño, alteza!

El mundo desapareció, mejor dicho, se volvió negro. Las piernas se convirtieron en arena y se cayó al suelo. Muerto, estaba muerto, su cabeza golpeó las losas blanquinegras de mármol y dejó de respirar.

Pero parece ser que los muertos oyen, porque siguió escuchando la voz del doctor, que, en tono bonachón le dijo a su enfermera:

—Pobrecillo, se ha desmayado. La tensión ha podido con él.

Para el bautizo de Felipe, al que, como nadie sabía cómo nombrar, llamaban el infante, se tiró la casa por la ventana gracias a una partida extraordinaria que les asignó Fuertes de Villavicencio. Se abrieron las puertas de la Zarzuela para una recepción de verdad, con trescientos invitados, pero la princesa creía que habiendo dado a luz un varón ya había cumplido con sus obligaciones y además ni ella ni su madre tenían experiencia en organizar festejos. ¡Todo resultó un desastre! La comida fue escasa y mala, los camareros, la mayoría no profesionales, se vieron desbordados por las circunstancias y el calor era tan excesivo que varias señoras se desmayaron. A última hora se tuvieron que alquilar trescientas sillas, feas e incómodas, a una empresa que organizaba conciertos, para que la gente pudiera sentarse.

La reina doña Victoria dijo desdeñosamente cuando vio la casa:

—Qué poca categoría, parece un chalé.

Sí, porque la reina Victoria Eugenia se había ido en 1931 atravesando una España en llamas para ponerse a salvo de unos ciudadanos que habían dicho no al rey en las urnas y le cantaban:

Viruta, viruta,
la reina es una puta.

Pisaba por primera vez, desde entonces, la que fue su patria. Se alojaba en casa de su ahijada, Cayetana Alba, y a su llegada la recibieron unos miles de monárquicos que gritaban enfebrecidos:

—Viva don Juan.

Consiguiendo cabrear a la vez a Franco y a Juanito.

Tanto que cuando Juan le pidió a Franco un encuentro privado a través de su hijo, el Caudillo lo rechazó de forma despectiva:

—Alteza, todo lo que le tenía que decir a ese señor ya lo he hecho. —Y, contraviniendo su forma melindrosa de hablar, añadió—: Y os aconsejo no convertiros en abogado de putas pobres.

Federica, que estaba viviendo con Irene en un pequeño apartamento en Roma gracias a la generosidad de Juanito y Sofía, pero había venido para acompañarlos en estos momentos, les machacaba día y noche:

—Hasta que no os quitéis de encima la sombra de Juan, Franco no confiará en vosotros. Él es el que tiene el poder, Juan es un pobre hombre, un perdedor.

Juanito, aunque en el fondo pensaba lo mismo, pero no quería admitirlo, se levantaba airado de su asiento, daba patadas a los juguetes de sus hijas, diseminados por la habitación, se dirigía a su suegra con el índice extendido tartamudeando respuestas insultantes, pero la reina de Grecia proseguía con un estoicismo digno del filósofo ateniense Zenón de Citio:

—Tú te das cuenta también, Juanito, por mucho que te enfades... Conmigo no te hagas el ofendido. Franco tiene que notar que estás a su lado y no al de tu padre. Déjate ya de dobleces y de tratar de contentar a los dos.

Al final Juanito optaba por la burla:

—¿Te lo ha dictado tu marido esta noche?

Pero a Federica ya nada podía herirla después de sus terribles experiencias, y se limitaba a menear la cabeza:

—Yerno, me lo ha dictado el sentido común y el haber sido reina de mi país durante veinte años.

Ella predicaba con el ejemplo, y en el bautizo de Felipe se lanzó a saludar a Franco y a doña Carmen, y cuando la Señora se postró para hacerle la reverencia, Freddy la levantó, le dio un abrazo y le dijo:

—Me tiene que invitar usted a una de sus meriendas... Mi abuela, la *kaiserin*, siempre decía que se aprende más alrededor de una taza de té que en la Universidad de Heidelberg.

Y doña Carmen, que no sabía qué era esto de *kaiserin* y lo de la Universidad de Heidelberg le sonaba a canto tirolés, se moría de gusto de que a sus modestas meriendas con Carmen Pichot, la mujer de Carrero; Ramona, la de Alonso Vega; la mujer del capitán Ucelay y Pura Huétor, quisiera asistir nada más y nada menos que toda una reina.

—Claro que sí, majestad, aunque os advierto que solo somos amas de casa.

Y aquella soberana extravagante y desmesurada, que departía con el presidente de Estados Unidos y con el premio nobel de física, pero no sabía ni freír un huevo, se golpeó el pecho:

—¡Yo también!

Toda esta conversación tuvo lugar a gritos, porque había un ruido espantoso, se arrastraban las sillas, los camareros pasaban apresurados con las bandejas dando empujones para abrirse paso, de vez en cuando alguna se caía al suelo y se oía ruido de cristales rotos. Más que bautizo parecía aquelarre, una pintura negra de Goya. Los invitados, desconcertados y con una copa en la mano, tenían que permanecer inmóviles, pues no había espacio para moverse. Nadie hacía los honores, había tanto humo que unos invitados tuvieron que abrir las ventanas a golpes porque estaban atrancadas. Todo tenía un aire de improvisación y descuido, tanto que se robaron carteras, abrigos de pieles y casi todas las cucharillas de plata.

Juanito, con los ojos inyectados en sangre y un terrible dolor de cabeza, trataba de atender a los invitados más importantes. El almirante Carrero Blanco, vicepresidente del Gobierno y mano derecha del Caudillo, lo saludó cariñosamente:

—Príncipe. Felicidades.

Juanito se relajó por un momento: sabía que Carrero era su aliado, se lo había dicho un día en la antecámara del despacho de Franco. Sin mirarlo a los ojos, como hablando con su butaca porque era un hombre muy tímido:

—A mí la política no me interesa, yo no tengo otra lealtad que la que me une al Caudillo ni otra voluntad que la de su excelencia. Por lo tanto, cuente conmigo, alteza.

En ese momento, don Juan, al que nadie saludaba y que no sabía con quién hablar, al verlos se dirigió hacia ellos con una amplia sonrisa y la mano tendida para saludar a Carrero. Aunque también estaba al tanto de que optaba por saltárselo para coronar al hijo, pensaba charlar un rato con él de marino a marino:

—Hombre, almirante.

Carrero lo miró con sus gruesas cejas, más gruesas y fruncidas que nunca, y le dio ostentosamente la espalda.

Juan se quedó helado, con la mano tendida que fue bajando poco a poco y le dijo a su hijo con voz perfectamente audible:

—Ya te dije que este tío era un cabrón.

Nerviosísimo, Juanito le pidió a su padre por señas que se callara y se lo llevó a un lugar discreto para explicarle que ese desaire se debía a que Carrero sabía que don Juan lo llamaba «cabrón» en Estoril. Juan, sin entender, dijo:

—Pues claro, lo dije y lo mantengo, un cabronazo de tomo y lomo.

Y el hijo le aclaró angustiado que de eso se trataba. Que Carrero se lo había tomado de forma literal porque su mujer había tenido un devaneo con un oficial de la Armada:

—¿Entiendes, papá? ¡Él se cree que lo dices por eso!

Extendió disimuladamente los dedos índice y meñique y Juan, horrorizado, le exigió que le revelase al almirante que él desconocía esa circunstancia. Juanito le respondió con espanto:

—Pero, papá, ¿cómo voy a hablarle de eso? ¡Preferiría que me quemaran con hierros ardientes! Solo de pensarlo me entran escalofríos.

María tenía el rostro trágico de una máscara griega y no se movió de una silla medio oculta por una cortina, acompañada de sus hijas y de su yerno, Luis, que las aprovisionaba de copas y bocaditos, después de disputárselos a algún invitado muerto de hambre, porque la comida se acabó pronto.

Claro que tuvieron que posar para las fotos, pero Franco y la Señora los miraron como si fueran transparentes y don Juan, después de deambular tristemente por los salones simulando observar los cuadros, cuando la pintura era lo que menos le importaba del mundo, terminó por irse a un rincón a tomar una copa de whisky con su incondicional Beltrán Alburquerque.

Aunque el Caudillo sí se inclinó respetuosamente sobre la mano de la reina Victoria, y esta le dijo con un significativo gesto hacia su bisnieto:

—Excelencia, los dos estamos ya muy viejecitos... Es hora de mirar el futuro y de que se decida.

Franco asentía y lagrimeaba, y a todo el mundo le sorprendió el bajón que había dado estos últimos meses. Aunque se ocultaba a los españoles, estaba afectado por el mal de Parkinson. El temblor de las extremidades se escondía metiendo las manos en los bolsillos, pero el aspecto rígido e inexpresivo de su rostro, un efecto secundario de la medicación que tomaba, era imposible de disimular. E impresionaba.

Fernando de Baviera le preguntó a su primo:

—Pero ¿está muy mal?

Juanito, que lo veía cada semana, no había reparado en su progresivo deterioro y respondió:

—De cabeza sigue muy bien. —En sus reuniones de los lunes no hablaban de ningún tema importante, Franco se limitaba a explicarle cómo iban los cultivos en su finca de Valdefuentes y cuántas piezas había cobrado en su última cacería—. Está como siempre.

A Fernando le sorprendió que a Juanito no se le viera muy feliz:

—¿Qué te pasa, chico? Deberías estar exultante —le dio un codazo y le guiñó el ojo—, ya sé que no vas por Fuencarral. Alguna te debe tener bien cogido. —Una pálida sonrisa atravesó el rosto de Juanito, pero no dijo nada. El otro siguió, de repente alerta—: ¿No será Rosanna Yanni? —Era la última acompañante de Alfonso, una argentina espectacular—. ¿O Marujita Díaz? —Juanito rio más ampliamente y Fernando se admiró—: Qué hijo de puta..., se la has quitado a tu primo. —Se quedó pensando y volvió a preguntar—: Pero ¿con las dos?

Juanito se sacudió la solapa en un típico gesto de chulería que por un momento dejó ver lo joven que era, y Fernando le dijo, enternecido por aquel primo al que no envidiaba en absoluto:

—Pues te voy a dar una buena noticia que te va a alegrar... Carmencita le ha dado puerta a Alfonso, lo ha dejado... Se ha encaprichado de Jaime de Rivera, un jinete sin dinero ni profesión que ya te digo yo que no le gusta nada a su padre..., pero tendrá que tragar, de momento. —Y luego añadió pensativo—: Es mona esa niña.

Para la reina Victoria, este viaje lleno de emociones y responsabilidades resultó agotador, y le confesó a Jaime Peñafiel, que fue a visitarla a la Vieille Fontaine:

—Ha sido un error, no tenía que haber regresado a España.

No volvió nunca más porque al cabo de unos meses, mientras invernaba en la Costa Azul, se cayó paseando a su perro teckel Toni y tuvo que guardar cama. Iba a visitarla al hospital la princesa Grace, quien se ofreció amablemente a leerle en voz alta, pero la reina se quejaba a su amiga Marisol Baviera:

—Tiene una voz tan monótona que cuando me lee no sé si me duermo o entro en coma.

Después la trasladaron a Lausana. Acudieron a su lado sus hijos y nietos, y les pidió:

—Cuidad a mis perros.

La duquesa de Alba miró a Sofía, creyendo que se ofrecería, pero la princesa guardó silencio. Entonces, Cayetana se inclinó sobre la reina y la tranquilizó:

—No os preocupéis, señora, si os pasara algo, Dios no lo quiera, me los quedaré yo.

Alfonso le daba masajes en las piernas y sus últimas palabras fueron para él:

—Alfonso, *darling, I love you too much.*

Después, aquella reina incomprendida y desdichada pidió las fotos de sus dos hijos muertos y se las puso sobre el pecho. Y así murió, las tres almas juntas ya para siempre.

Y al morirse la reina fue como si el muro de contención que había aguantado a su familia se desmoronase. En el entierro, en el cementerio de Bois de Vaux, Juan y Jaime llegaron a las manos para ver quién ocupaba la presidencia, la mujer de Jaime, la cantante de cabaré Carlota Tiedemann, se tambaleaba porque iba borracha, y fueron Crista y Beatriz, las hermanas de Juan, las que tuvieron que meterla en un taxi. En el hotel Royal todo saltó en mil pedazos y Juan se lanzó contra su hijo y lo cogió por la pechera de la camisa:

—Ya me han dicho Areilza y los miembros de mi consejo privado que estás conspirando contra mí. ¿Qué pretendes?

¿Quieres saltarte la continuidad dinástica? ¡Recuerda que yo estoy antes que tú!

Aunque Juanito intentó conservar la serenidad, por primera vez le plantó cara a su padre:

—Papá, no sé qué va a pasar, no me han dicho nada, pero si estoy allí, tengo que aceptar lo que hay.

—Sí, estás en España porque te envié yo, no lo olvides..., pero no para que me suplantaras, coño y mil veces coño.

Juanito, lívido, cogió a Sofía por el brazo y regresaron a casa.

Como pasaba siempre que tenía un enfrentamiento con su padre, Juanito recibió un aviso de Franco para que fuera a visitarlo. En El Pardo se encontró a Carrero y a Laureano López Rodó, ministro del Plan de Desarrollo y miembro del Opus Dei, que había sido el artífice de que la paz familiar volviera al seno de la familia del vicepresidente. Desde entonces, no solamente la mujer y los hijos de Carrero se habían lanzado de cabeza a hacerse miembros de la Obra, sino que Laureano se había convertido en su mano derecha y el miembro más influyente de su gabinete.

Juanito y él se conocían y simpatizaban, aunque no había dos personas más dispares en el mundo que ellos. Carrero le dijo:

—Alteza, nos gustaría que Laureano se uniera a vuestro equipo de asesores, junto a Torcuato Fernández-Miranda. Es una persona nueva, para los nuevos tiempos que a vuestra alteza os tocará patronear.

Eso le dio buena espina y entró más contento en el despacho de Franco, quien se levantó como siempre con extremada cortesía para saludarlo. La Señora y él los llamaban «los

Juanitos» en privado, pero en su presencia el trato siempre era protocolario:

—Alteza, os quiero dar el pésame por la muerte de vuestra abuela.

Luego le dijo que estaba al tanto de que se había mantenido firme frente a su padre y que no se preocupase, que su decisión estaba tomada y que pronto se lo haría saber, pero que no hiciera caso a los periodistas que pretendían sonsacarle.

Juanito le dio una contestación que le gustó:

—No se preocupe, excelencia, que yo he aprendido mucho de su galleguismo.

Antes de que Juanito se fuera, tan aliviado que se hubiera postrado en la alfombra de agradecimiento, aunque en el fondo no se hubiera concretado nada, Franco le advirtió como quien no quiere la cosa:

—Alteza, vuestra vida privada no me concierne, pero sabéis lo chismosos que son los españoles y mi hermana Pilar, que está al tanto de lo que se cuece en la calle porque se mete en todas partes, me ha traído algún cuento. —Juanito iba a protestar, pero Franco levantó la mano—. No hace falta que me deis explicaciones, pero el general Armada ha tenido una idea que ha consultado conmigo y que a mí me ha parecido bien. Se la comunicará mañana y estoy seguro de que tanto vuestra alteza como la princesa se alegrarán de tener una guía clara de comportamiento. ¡Hay tanta confusión en estos tiempos modernos! ¡Si hasta mi nieta Carmencita ahora quiere trabajar en Iberia!

Juan Carlos tragó saliva y no pudo menos que mascullar un estrangulado «gracias, excelencia» mientras iba calculando cómo habían llegado a ser descubiertas sus travesuras y si Sofi sabría algo. Y, como si Franco le adivinara el pensamiento, le comunicó sin mirarlo, abriendo unas carpetas que tenía sobre la mesa:

—La princesa, a la que tanto quiere doña Carmen, no sabe nada, este es un asunto entre nosotros.

Cuando Armada llegó a la Zarzuela, con su rostro algo ratonil y el andar ligero del que hace mucho ejercicio, tuvo que esperar un rato porque Juanito estaba jugando una partida de tenis y la princesa había llevado a sus dos hijas mayores al colegio, porque había decidido que las infantitas se educaran en una escuela muy elitista, pero normal dentro de lo que cabe, la misma a la que había acudido don Alfonsito, Santa María de los Rosales.

Al final, los dos príncipes, Sofía y Juan Carlos, se sentaron junto a él con el aire aplicado de dos alumnos. Armada, a quien le encantaba ser el centro de atención, desplegó sobre la mesa un informe y le dio una copia a cada uno.

—Verán, no tiene más pretensiones que ser una especie de guía de conducta..., nada obligatorio, son tan solo recomendaciones generales para hacerles la vida más cómoda. Son fáciles de cumplir y no difieren de su vida cotidiana.

Mientras disertaba interminablemente, pues era hombre que se escuchaba a sí mismo, Sofía y Juanito leían aquellas líneas encabezadas por un rotundo titular: «Código de conducta», que, por mucho que dijera el general, no dejaba lugar a la duda. No eran sugerencias, sino obligaciones que tenían que cumplirse.

Eran diez. Algunas tan absurdas como «no contar chistes», «no hablar mal de nadie», «no dejarse dominar» (aquí no se concretaba más, pero se sobrentendía «por don Juan»). También «hacer ejercicio», «nunca perder el tiempo inútilmente» y otros de más calado, «ser profundamente religioso», «huir de la frivolidad», «no tener amigos particulares», «no ser caprichoso», y el último motivo, que quizás era el más importante y revelaba que los demás, que ya se sobreentendían, no eran más que pretextos: «Presumir de una vida personal impecable, que la princesa y los hijos sean la principal ocupación fuera del trabajo…, mantener a la familia en su puesto».

La princesa sonreía, encantada y dando cabezazos:

—Sí, sí, se hará como quiera su excelencia.

El príncipe trataba de ocultar su decepción, pues se daba cuenta de que sus pequeñas escapadas moteras se habían acabado, al menos hasta que muriera… No, eso no podía mencionarse. Pero ¿no era para eso para lo que lo estaban preparando? ¡Para suceder a Franco cuando muriese!

Un pensamiento tan rápido como un relámpago atravesó su mente, ¡ojalá sea pronto!, pero, ya maestro en el fino arte del disimulo y la hipocresía que llevaba practicando desde que tuvo uso de razón, puso en juego sus encantos y sonrió:

—Está muy bien, Armada, dile a su excelencia que muchas gracias.

El general enrojeció de placer y confesó:

—En realidad, son obra mía, pero el Caudillo está de acuerdo.

Juanito se puso en pie, el general también, y el príncipe le dio un abrazo queriendo matarlo por dentro.

El tictac de la historia avanzaba, sí, pero ¡no pasaba nada! Solo pasaban los meses y nada se decidía. Un día lo llamó Juan:

—Pobre imbécil, te crees que Franco va a hacerte heredero. Espérate sentado, a ese tío no lo sacan de ahí ni a patadas, te está tomando el pelo.

Y es que Areilza vertía en su oído, como un Yago de Portugalete, el veneno de sus descabelladas ideas: «Franco se morirá inesperadamente y entonces os pondremos un avión para que os presentéis en Madrid a presidir sus funerales y será el pueblo el que os sentará en el trono».

Juanito no salía de la Zarzuela y con sus asesores se limitaba a hablar de historia y de la política que pasaba allende nuestras fronteras: la muerte de De Gaulle y de Eisenhower, dos personajes que complacían a Franco porque los dos eran generales.

Ike, además, había sido el primer mandatario extranjero que había osado pisar España y traído ayudas económicas a cambio de establecer aquí cuatro bases de apoyo, y eso había representado que España empezara tímidamente a contar en el tablero internacional. Franco había enviado a su viuda un cariñoso telegrama de pésame y un representante a sus funerales.

¡El país se movía, pero Juanito no! Se tenían que hacer obras en la casa para adaptarla a una familia con tres hijos y se llamó al arquitecto, que dijo que los trabajos tardarían un año en realizarse:

La princesa respondió:

—Ah, entonces no, porque no creo que estemos aquí para entonces.

No se sabía lo que podía pasar, se le aconsejó a Juanito llevar chaleco antibalas cuando saliera de la Zarzuela, «por si acaso». Los falangistas conspiraban para conservar su cada vez más escasa cuota de poder y odiaban a Juanito, que era el candidato de Carrero y los ministros como López Rodó que, desde dentro de las instituciones, querían impulsar el país hacia la modernidad. Los carlistas, por su parte, se habían vuelto violentos y defendían a su rey, don Javier; en Montejurra había habido peleas y detenciones, algunos iban armados. La ETA también había empezado a actuar.

Era igual, porque Juanito ya no salía nunca del palacio. Aunque Laureano López Rodó trataba de darle esperanzas, cuando visitaba a Franco solo hablaba de que en Valdefuentes habían plantado calabazas y que ya tenían toda la producción vendida al extranjero.

Se avecinaba otro verano interminable, el desaliento se extendía sobre Juanito como una manta. ¿Qué iba a ser de su vida? ¿Para qué servirían estos largos años de lucha, para qué esta larga travesía por el desierto?

Un día estaba en la piscina con Sofía y los niños, la princesa chapoteaba en la zona que no cubría con Felipe, y él iba vestido porque acababa de departir con Torcuato, que le había hablado de la nefasta influencia de los validos en la historia de España.

Un chico alto, de ojos azules, muy guapo, llegó corriendo desde la calle. Iba con frac, porque era el traje requerido para las audiencias con Franco. Sofía, asustada, salió del agua y cogió el albornoz, porque no quería que nadie la viera en traje de baño, aunque se tranquilizó cuando vio que el visitante era Miguel Primo de Rivera, que tenía permiso para entrar en la Zarzuela sin anunciarse.

Sofía, con solo un brazo metido en la manga, se quedó inmóvil, Juanito también, como figuras de cera, como una foto, como petrificados habitantes de Pompeya. Sabían lo que esta visita significaba.

Miguel solo dijo, con voz emocionada por la trascendencia de este momento:

—Vengo de El Pardo.

Los dos preguntaron al unísono:

—¿Y?

—¿Y?

Y Miguel se dirigió a su amigo y gritó:

—¡Está hecho, Juanito! ¡El 22 de julio en el pleno de las Cortes, Franco te designará sucesor! ¡Lo hemos conseguido!

Los tres empezaron a gritar: «¡Está hecho, está hecho!». Los niños repetían sin saber que quería decir está hecho, está hecho, los perros se pusieron a ladrar y Juanito y Miguel se abrazaron y a saltos fueron hasta la piscina y se tiraron vestidos al agua.

Los faldones del frac se quedaron flotando y la pequeña Elena chilló alborozada:

—Mira, mami, un pingüino.

17

—Hombre, Fernando, no me jodas.

—Primo, perdóname, ya sé que está muy mal, pero no he sabido resistirme.

Porque Fernando de Baviera había «secuestrado» a Carmencita, la nieta de Franco, y se la había llevado a la pícara Francia.

—Resistirte, resistirte... Serás idiota. Aquí se ha montado una buena. ¡Que sepas que va hacia ahí el padre con un pistolón para matarte! Y el abuelo me ha llamado para que arregle ese desastre.

Juanito no podía pensar en esa llamada sin echarse a temblar, ha sido la única vez que ha visto a Franco enfadado de verdad. Le espetó con una frialdad que le heló el espinazo:

—Contenga usted al sinvergüenza de su primo. Ha sacado el donjuanismo de los Borbones y mi nieta es una niña. Me voy a plantear meterlo en la cárcel por corruptor de menores y adúltero.

Juanito había extraído valor, todavía no sabía de dónde, para precisar:

—Excelencia, no es Borbón sino Baviera... Y con todo el respeto le comunico que mi primo ya no es un niño y no le puedo decir cómo debe gobernar su vida.

Franco había colgado el teléfono sin despedirse. Pero el príncipe a estas alturas ya lo conocía lo suficiente para saber que en el fondo él comprendía que llevaba razón.

Al otro lado del teléfono, la voz de su primo sonó trémula:

—¿Y qué le has dicho?

—Pues qué le voy a decir... Que ya eres mayorcito y la nieta también..., que no me voy a meter en eso, pero te lo digo de primo a primo, qué coño, te lo ordeno como rey, porque voy a ser tu rey, ¿entiendes? Y tú no me vas a joder la marrana.

—Hombre, Juanito, no te pongas así..., ha sido un calentón, yo qué sé —aunque luego se envalentonó—, tú no estás en condiciones de reprocharme nada.

Pero Juanito, que se siente santificado porque el código Armada lo ha condenado a una estricta monogamia, ruge:

—Por ahí no vayas, Fernando.

El otro plegó velas:

—Lo siento, tienes razón, no sé ni lo que digo... Ahora me arrepiento de esta calaverada, no sé dónde tengo la cabeza.

—¡Pues en la punta de la polla, coño! Y si el señorito se arrepiente es porque se ha cansado de su capricho, porque la niña ya no le gusta, a mí no me la das. ¡Pues se la entregas al padre y veremos lo que se puede hacer! La prensa no va a publicar nada, claro, al menos por ese lado puedo estar tranquilo...

Tampoco te van a denunciar porque sería un escándalo, aunque te lo mereces, ¡y allá te las apañes con tu mujer!

—Perdóname, Juanito.

—Vete a la mierda.

Colgó el teléfono, pero lo que hubiera querido era arrojarlo por la ventana. La princesa, que acababa de entrar en el despacho con Felipe en brazos, lo observaba con el ceño fruncido y esa cara que él llamaba de monja estreñida. Malhumorado, le espetó:

—Y tú qué miras, coño. Déjame en paz.

La princesa se echó a reír sin alegría:

—¡Qué hipócrita eres! Si tu primo y tú sois iguales...

Juanito se acercó a ella y levantó el puño:

—Sí, pero Franco me tiene cogido por los huevos.

La princesa dio un bufido y salió altivamente de la habitación, con su hijo por bandera. Juanito dijo a la puerta cerrada:

—Sí, vete, vete. Que Juanito resuelva todos los problemas.

Había empezado a no soportarla. Desde que Armada les había entregado sus reglas de conducta se sentía como un preso condenado a galeras. ¡Todas las mujeres le estaban prohibidas y la única que no lo estaba le despertaba aversión, quizás precisamente por eso!

Suspiró. La familia solo le traía problemas.

Su primo Fernando de Baviera, tan guapo, tan elegante, tan atractivo, tan mujeriego ¡y tan casado!, se había fugado con la nieta de Franco, Carmencita Martínez-Bordiú. Se habían liado y llevaban un mes juntos como si no hubiera un mañana.

Todo había empezado cinco semanas atrás. Carmencita había roto con Jaime de Rivera, el jinete sin oficio ni beneficio, cuando ya habían fijado la fecha de la boda. Había sido una relación tormentosa, un trío en ocasiones, porque Jaime salía a la vez con la espectacular Rosario Herbosch. Para competir con ella, Carmencita se ponía unas minifaldas vertiginosas, se tiñó el pelo de rubio y se operó la nariz con el doctor Vilar Sancho. Y le mostró a su novio que con ella sola tenía bastante, no lo dejaba ni a sol ni a sombra y era capaz, en los jardines de Valldemosa, en Mallorca, donde habían ido a la boda de Leonor March, de demostrarle su pasión sobre la hierba, delante de todos los invitados. Pero, al final, las constantes recriminaciones de su padre, que no podía comprender cómo su hija había cambiado al príncipe Alfonso de Borbón por el odiado jinete, la empujaron a romper el noviazgo, aunque también se hablaba *sottovoce* de un misterioso viaje a Londres.

El marqués de Villaverde se alegró tanto de la decisión de Carmencita que les dijo a unos amigos con los que comía en Jockey:

—Vamos a pedir una botella de champán porque mi hija ha dejado a «ese».

Pero la pobre niña se había quedado destrozada. Se atiborraba de chocolate, y luego vomitaba, perdía peso y engordaba, lloraba continuamente y, al final, sus tíos favoritos, los barones de Gotor, la sacaron de casa y la llevaron a esquiar a Sierra Nevada.

Estaba tan débil que se cayó en medio de la pista, cuando sintió unas manos fuertes que la agarraban. Levantó los ojos y vio un rostro bronceado, una sonrisa tan deslumbrante como la propia nieve: Fernando de Baviera.

—Eres el primo de don Juan Carlos.

Se sintió enamorada en el acto, porque era fantasiosa y romántica, y se dijo que había encontrado al fin el hombre de su vida. A Fernando le atrajo el peligro de seducir a la nieta de Franco y pasaron las noches en el hotel en un frenesí de locura ardiente, con muchas frases de amor y muchas promesas de futuro, sobre todo por parte de ella. Porque era ella, la soñadora, la que decía:

—Ráptame, llévame lejos. ¿No tenéis una casa en la Costa Azul? Llévame allí.

Regresaron a Madrid, pero Carmencita lo llamaba cien veces al día. Se presentaba en el concesionario de coches que tenía en la Castellana y lo besaba delante de los empleados, le decía que no podía vivir sin él. Fernando, halagado, se lo prometía todo. Al final decidieron coger sus pasaportes y cruzar la frontera en un impulso ciego e irracional y se presentaron en casa de la madre de Fernando, que, horrorizada, no los dejó pasar.

Se fueron a una pensión de mala muerte en Saint-Tropez. Ella le decía que estaban hechos el uno para el otro, que su padre terminaría por aceptarlo porque al fin y al cabo era príncipe. Casado, sí, pero podían anular el matrimonio.

—A mí me es igual el dinero, contigo viviría debajo de un puente.

A Fernando le sorprendía su ingenuidad y que tuviera la mentalidad de una niña pequeña con la cabeza llena de pájaros.

Y le empezó a pesar aquella pasión, se sentía ahogado con tanto amor, no era un cadete sino un hombre hecho y derecho al que también le gustaba conversar, reír, salir con amigos, pero con Carmencita todo era mirar las puestas de sol y hablar de un futuro de película en el que solo creía ella.

El amor se apagaba y se encendían las alarmas, sobre todo después de la conversación con su primo. Cuando se presentó el marqués de Villaverde con una pistola en el bolsillo y le dijo que o la hija se iba con él o le pegaba un tiro, se sintió profundamente agradecido.

Pero a Juanito la aventura de su primo le había puesto plomo en las alas, su posición en El Pardo como primo del canalla seductor de una niña indefensa era muy delicada. Se encontraba desfondado y hundido:

—¿Y con qué cara me presento yo ahora delante del Caudillo?

Ahora ya era oficialmente el sucesor. ¡Nada menos que el príncipe de España!, un título inventado por López Rodó porque no sabían cuál darle. Y ahora que tenía que estar en la cumbre dorada del triunfo, oteando con tranquilidad un futuro esplendoroso, se sentía más solo y más vulnerable que nunca. Sí, la ceremonia en la que se le designó sucesor a título de rey se celebró el 22 de julio, con un calor tan espantoso que debajo del uniforme no pudo llevar ni ropa interior. Aunque sus hermanas se negaron a ir, el padre lo maldijo desde Portugal y solo se pudo captar a lazo al díscolo Fernando, a sus padres y sus hermanas Cristina y Tessa y a última hora se añadieron al lote de la nobleza los hermanos Gonzalo y Alfonso de Borbón.

Alfonso decía con mal disimulada satisfacción:

—No hago más que acordarme de mi tío… Temía ser desbancado por su sobrino, ¡y al final lo ha sido por su propio hijo!

Frente a las Cortes franquistas en pleno, Juanito se había arrodillado y con una mano en los Evangelios había reconocido «la legitimidad política surgida del 18 de julio» y jurado lealtad al jefe de Estado, fidelidad a los principios del Movimiento y a las leyes fundamentales del reino.

Es decir, va a ser rey, sí…, pero en realidad no está lo suficientemente claro que vaya a serlo. Franco podía cambiar en cualquier momento de idea y nombrar a otro en su lugar. ¡Está muy mayor y la familia tiene cada vez más ascendiente sobre él! Claro que el primo Alfonso está fuera de la circulación porque Franco lo ha enviado como embajador a Estocolmo para compensarle la decepción de no ser el elegido.

Pronto en la sociedad madrileña corre una consigna: conviene ser simpáticos con los príncipes de España, pero no demasiado. Nadie va a visitarlos, Juanito se desespera encerrado en la Zarzuela con su mujer y sus tres hijos. Lo único positivo que ha sacado de su nombramiento es que ahora ya no es aquel príncipe indigente que se quejaba de las setenta mil pesetas que tiene al mes, su asignación se ha quintuplicado, tiene doce personas al servicio de la Zarzuela que paga Patrimonio, y su pequeña cartera de acciones crece y crece, ahora gestionada por Alfonso Escámez, según el consejo que le ha dado su amigo Manolo Prado. Se realizan obras en el palacio, añadiendo un ala nueva con varias habitaciones. Sofía, que desde que ha tenido a Felipe exhibe una seguridad en sí misma que le irrita y aún no sabe por qué, le comunica sin vuelta de hoja:

—Mi madre y mi hermana se instalarán aquí cuando les apetezca… Las necesito a mi lado, no quiero entrar en contacto con esas señoras con las que tú alternas, no quiero vivir en la frivolidad constante de las fiestas y los chismes.

El único esparcimiento de la princesa es salir a pasear a caballo por los montes de El Pardo con el marqués de Mondéjar, que había sido su instructor y ahora es jefe de la casa. Precisamente, su sobrina Laura Hurtado de Mendoza empieza a trabajar como asistente de Sofía. Es una chica muy inteligente, licenciada en Ciencias Exactas, y muy religiosa, ya que es miembro del Opus Dei. Pero Sofía nunca da confianzas a las personas que están a su servicio, es muy estricta en la aplicación del protocolo y no permite el más mínimo descuido.

Con las camareras es tajante. Nunca les habla. Le llevan la ropa que debe ponerse cada día y se la colocan en perchas en la habitación. Ella las levanta, las mira al trasluz y si ve la más mínima imperfección, las deja caer al suelo. Un criado se fue de la lengua después de ser despedido:

—No creo que sepa cómo se utilizan las perchas y nunca pide por favor o da las gracias.

A pesar de ser tan estricta en sus exigencias, no sabe organizar una casa, ni siquiera planificar menús apetitosos. Para no complicarse la vida dispone que de primer plato siempre haya una sopa insípida, gazpacho si es verano, y es incapaz de advertir que la decoración del palacio está anticuada y es poco acogedora. Como dice un amigo de don Juan Carlos, «¡no ha sabido crear hogar!».

Juanito, desde que ha nacido Felipe, se ha trasladado de habitación, ya que el principito duerme en una cuna al lado de Sofía y llora por las noches. Pero no se atreve a protestar: se sabe espiado por los micrófonos, por los jardineros y por el personal de secretaría; tampoco se atreve a coger la moto, el símbolo de su libertad, que languidece en el garaje debajo de una manta.

Torcuato Fernández-Miranda, con quien departe todas las mañanas, le pide calma:

—Alteza, no os desviéis ni un ápice del camino recto.

Les llegan noticias angustiosas del estado del Caudillo: a veces se queda dormido en medio de un consejo de ministros; en una ocasión, su médico personal, al ver que tardaba, había entrado en el cuarto de baño y se lo había encontrado en la taza del váter con un objeto en la mano y musitando alguna cosa.

El doctor Vicente Gil le preguntó:

—¿Estáis rezando el rosario, excelencia?

—No, Vicentón, estoy leyendo las instrucciones de uso de esta espuma de afeitar.

A Juanito también le preocupa haber tenido que jurar unas leyes que sabe que no podría cumplir si alguna vez llega a ser rey, pero ¿cómo hacerlo? ¿Ser un perjuro? ¿Podrán perdonárselo los españoles? ¿Cómo contentar a los demócratas sin que los azules se levanten en armas?

Fernández-Miranda también lo tranquiliza. Además de un gran jurista, es un hombre pragmático que tiene una solución para todo:

—Ya habrá tiempo de cambiar todo eso cuando toque… —baja la voz—, yendo de la ley a la ley y pasando por la ley se pueden realizar muchas transformaciones. —Vuelve a emplear un tono normal—: Parece que don Camilo está muy grave.

Cuando muere el capitán general Camilo Alonso Vega, uno de los pocos amigos que le quedaban de la guerra a Franco, Juanito pide ser recibido en audiencia para darle el pésame. Desde la aventura de su primo, el Caudillo no había querido verlo.

En el momento en que Juanito se encuentra frente a él, se siente tan agradecido de que haya aceptado este encuentro que casi se hubiera puesto a llorar en sus brazos. Franco tiene la mirada fija y le llama la atención lo deteriorado que está.

—Excelencia, aunque me sabe mal el motivo, me alegro mucho de veros.

Franco logra esbozar una sonrisa paternal, a pesar de que tiene los músculos faciales atrofiados, y le propone:

—¿Por qué no venís unos días al pazo de Meirás? Me dice mi mujer que vuestros hijos pueden jugar con los nietos, tienen la misma edad que los pequeños, Arancha y Jaime.

Juanito sale tan contento que daría con gusto cabriolas por el parque.

Sofía lo tiene muy claro cuando se lo comunica, como si lo esperase. Reúne a sus hijos, los sienta en un sofá y les dice con expresión severa:

—Vamos a ir a Galicia, a la casa de Franco, ese señor mayor que sale en las fotos con papi y en la televisión... Y acordaos de una cosa: lo tenéis que llamar «abu». ¿Os acordaréis?

Los tres niños asienten con seriedad, y una vez más Juanito se sorprende de estos golpes estratégicos de Sofía, algo que a él no se le hubiera ocurrido nunca.

También fue cosa de Sofía que nunca salieran con los Villaverde en Galicia. Los marqueses tenían en Vigo su grupo de amigos, los banqueros Coca, los Fierro, los March, los Barreiros, y en el pazo se alojaba también el «tío Pepe», Pepe Sanchís, tío del marqués y notorio especulador, que era el artífice, según le han dicho a Juanito, de su inmensa fortuna. Lo llamaban «el mago de las finanzas».

Le pregunta intrigado y envidioso a Manolo Prado:

—Pero ¿cómo lo hace?

—Pues consiguen una recalificación de terrenos y comisión al bolsillo. El marqués viaja a Filipinas, habla con el dueño de plantaciones de caña de azúcar, consigue un permiso de importación, y a tanto el kilo. Traen las motos Vespa a España, y un tanto por ciento de cada moto que venden. ¿Una urbanización en Marbella? Pues le regalan cuatro casas y tres las venden a precio de oro. ¿Se abre una clínica privada? Pues allí está el marqués con su bata blanca cantando las excelencias de sus tratamientos…

—Pero ¿eso es legal?

—Nadie ha dicho que no lo sea, y mientras en este país no pague impuestos ni dios…

Juanito se atreve a confiarle a su amigo:

—Hombre, yo ahora no estoy en posición de conseguir nada, pero…

De pronto al amigo se le enciende una luz:

—Se me ocurre una cosa… Unos conocidos míos, Camilo Mira y otros, inauguran un club nuevo, Las Lomas. Si vinierais a la primera piedra, quizás yo…

No se atreve a decirlo a las claras, pero Juanito frota el índice con el pulgar:

—¿Habría un dinerito para papi?

—Pues sí, señor, para ellos sería un gran honor y no tendríais ni siquiera que pronunciar palabra, solo salir en una foto.

Fue el primer dinero que ganó don Juan Carlos de una forma extraoficial, o sea, que debe constar en acta. ¡Claro que no es nada al lado de los millones que le facilita el tío Pepe a sus sobrinos, pero por algo se empieza! ¡Y la intención es lo que cuenta!

Los marqueses van a hacer esquí acuático por las mañanas a la ría de Vigo, por las tardes duermen siestas larguísimas y por las noches acuden al club náutico, bronceados, él con americana y fular, y ella con unos fabulosos trajes de Pertegaz que enseñan sus piernas casi hasta el muslo.

Se van a despedir de los padres, pero no pasan de la puerta, les tiran besos perfumados:

—Volveremos pronto. Dejamos a Francis en casa de unos amigos y Carmencita viene con nosotros.

Los pequeños cenan en el comedor de servicio con la niñera, *miss* Hibbs, a la que de cachondeo llaman la *nanísima*. Aunque el pazo es grande y está puesto con gran gasto de antigüedades, los dos matrimonios, los viejos y los jóvenes, pasan la velada en el cuartito de la televisión, viendo *Crónicas de un pueblo*, el programa favorito del Caudillo. Los ciervos cazados por su excelencia en la sierra de Cazorla los observan con ojos melancólicos desde las paredes, mientras la Señora bisbisea el rosario, que Juanito y Sofía corean también en un susurro:

—*Ora pro nobis*...

Franco parece dormitar. Le han traído una Mirinda de naranja, pero no la ha probado. Después de intercambiar una mirada entre ellos, los marqueses se ven obligados a preguntarles:

—Altezas, si queréis venir...

La princesa levanta los ojos y contesta por los dos:

—No, nos quedamos con el abuelo.

Por el rostro inexpresivo de Franco resbala una lágrima y Juanito por dentro se dice: «Esta tía es un hacha», aunque por fuera se apresura a tenderle un pañuelo.

Le ha costado tanto remontar el episodio de Fernando que cuando su primo lo llama tiene ganas de colgarle el teléfono. Le grita:

—No me molestes, me importa una mierda lo que te pase, no quiero saber nada más de ti.

—Espera, espera, primo…, ahora sí que van a empezar tus problemas de verdad.

—¿Te vas a fugar con Marisol?

—Mi… como quieras llamarlo se enfadaría, creo —dice el otro.

Juanito sonríe. La verdad es que no puede cabrearse con este mala cabeza y además tampoco olvida su lealtad, porque ha asistido a su jura en las Cortes y ha arrastrado a su familia:

—Sí, ya me han dicho que ahora andas con… Y que el hijo que acaba de tener es tuyo. ¡Tú, en el fondo, buscas que te maten! ¡Como no lo ha hecho el marqués, ahora esperas que lo haga un marido!

—¿Qué dices? Si el duque está encantado…

—¡Los primos sí que vais a matarme! Ahora Gonzalo va detrás de mi cuñada Irene, está todo el día llamándola por teléfono y a ella se le cae la baba.

—Hablando de primos… —a Fernando se le cambia la voz—: Tengo que darte una mala noticia.

—¿Muy mala?

—Horrorosa.

—Dispara.

—Me acaba de llamar Carmencita, que se va a casar con Alfonso de Borbón.

Juanito empalideció.

—Es broma.

—¡Qué más quisiera yo! Estaba llorando, todo ha sido cosa del padre y de Alfonso. Entre los dos la liaron y ella ahora ya no puede volverse atrás porque…, es tarde, ya me entiendes…

—Pero ¿de verdad?

—Sí, sí, todo va a ir muy rápido: la petición será ahora en diciembre y la boda, en marzo... Este matrimonio va a durar un suspiro, pero de momento ya te han jodido —suspiró—. Pobre Carmen, es una cría, me da pena.

Juanito se quedó con el teléfono en la mano, tan alelado que se olvidó de colgar. Después, sin darse cuenta, de forma automática llamó al único que podía ayudarle. Marcó el número de su padre. Hacía mucho que no hablaban: Juan se había tomado la jura en las Cortes como una traición personal, pero cuando su hijo le dijo con la voz rota: —Papá, te necesito. El viejo león se puso en pie en plena forma porque quien lo llamaba no era Juanito, sino la dinastía.

El compromiso desata la locura en El Pardo y entre los españoles. La guapa Carmencita, a la que habíamos visto crecer, se casa con ese príncipe de aspecto melancólico. ¡La televisión, las revistas, los periódicos se hacen eco de este gran acontecimiento! La niña se compra dieciséis conjuntos en Miguel Rueda, seis abrigos de pieles en Marinero, les pide a sus amigas que la llamen princesa y le hagan reverencias, y la Señora no cabe en sí de gozo.

Le espeta a su marido:

—¿Por qué te adelantaste con el nombramiento de Juanito? ¡Si hubieras esperado, tu nieta sería reina de España!

Franco no contesta; es más, le comenta a su primo parsimoniosamente:

—Don Juan Carlos y doña Sofía son muy buenos, y no es cierta esa leyenda de que es más lista la princesa que el príncipe, él discurre muy correctamente.

Pacón le pregunta por la boda de la nieta y el Caudillo sonríe comprensivamente:

—A las mujeres les gustan mucho las bodas... Espero que sea para bien.

Pero ya nadie en España recuerda a Juanito, ni que es el sucesor. En realidad, nunca se han percatado de su presencia y no han entendido qué pinta al lado del Caudillo en los desfiles del Día de la Victoria, pero todos hablan del «príncipe» que, envalentonado, declara:

—Para mí, primero están los principios del Movimiento, la lealtad a Franco y después la monarquía.

El «clan de El Pardo», los alfonsinos y los banqueros Fierro y Coca, sus partidarios Solís Ruiz, Nieto Antúnez, Rodríguez de Valcárcel y Girón de Velasco, todos pesos pesados del régimen, y su protector Mariano Calviño, babean de gusto: ¡habrá franquismo más allá de Franco! ¡Ellos nunca han confiado en ese Juanito que tiene cara de traidor y perjuro y además está entregado a su padre, que es un masonazo!

Juan se entera de que Alfonso quiere ponerse en las invitaciones como príncipe y sabe también que el marqués de Villaverde le ha pedido a su suegro que conceda el tratamiento de alteza real a los novios. Habla con el ministro de Justicia, Antonio Oriol, y lo persuade para que acompañe a Juanito a entrevistarse con Franco.

—General, vengo a decirle que con esta maniobra lo que se pretende es que tanto mi primo como yo estemos al mismo nivel y que el día de mañana se pueda revocar al sucesor elegido por su excelencia.

Juanito se calla, porque estas frases tan sencillas son las más difíciles que ha tenido que pronunciar delante de Franco en toda su vida. Por primera vez el Caudillo se muestra malhumorado y protesta dirigiéndose a Oriol y no al príncipe:

—Señor ministro, antes don Alfonso tenía el título de príncipe y ahora que se va a casar con mi nieta se lo quieren quitar.

—No es que se lo quieran quitar, excelencia... —contestó Oriol—. Es que ahora lo ha pedido y no procede concedérselo. Don Jaime, su padre, cuando renunció a sus derechos, lo hizo para sí y para sus descendientes.

Fueron unos días de una tensión máxima para Juanito, pero, puntada a puntada, sin agresividad y sin vuelta atrás, con la ayuda de López Rodó, Carrero y Fernández-Miranda, y, sobre todo, de su padre, consiguió que esa boda no fuera un menoscabo para ninguna de las prerrogativas que había logrado alcanzar. El haber estado al lado de un estratega formidable como Franco lo había convertido en un hombre muy hábil, meticuloso, retorcido y con mucha mano izquierda.

Don Jaime, el padre de Alfonso, para halagar a Franco dice que le quiere imponer el Toisón de Oro, la máxima condecoración que puede conceder el rey de España, para que la luzca en la boda. Juanito se moviliza y le comunica a Franco que esa orden solo la puede otorgar el jefe de la Casa Real, que es su padre.

Franco no contesta, pero nunca aparecerá en público con el peculiar «cordero», tampoco en la boda de su nieta.

Si el traje de Balenciaga de Carmencita está bordado en flores de lis y lleva una corona de esmeraldas, regalo de su abuela, como si de una reina se tratara, también es verdad que el marqués de Villaverde brindó en el banquete:

—Por los futuros reyes de España, Carmen y Alfonso.

Pero Franco no permitió que se le dieran oficialmente a su nuevo nieto político tratamientos que no le correspondían, aunque estas disquisiciones protocolarias poco preocupaban a los periodistas, que siguieron llamándole príncipe y alteza real.

Cuando el matrimonio, después del viaje de novios a las islas Vírgenes, fue a despedirse a El Pardo antes de regresar a Suecia, Carmencita le dijo a su abuelo al oído de manera suplicante:

—Abu, yo quiero volver a España.

Le aterraba irse con su marido a ese país frío y extraño en el que no conocía a nadie. Y es que Carmen reconocería años después que «desde el primer día, nuestra convivencia fue un fracaso».

Pero el Caudillo, ajeno a sus cuitas, le respondió «a la gallega»:

—No sé si tu marido podrá reintegrarse a su trabajo en el Banco Exterior. —Pero como la vio triste y la quería mucho, añadió—: He decidido daros el título de duques de Cádiz.

Para Alfonso fue un jarro de agua fría, ya que este título le cerraba las puertas para otras dignidades más importantes, como príncipe de Borbón, que era lo que quería. Pero tuvo que conformarse y dar las gracias.

En realidad, lo de duque de Cádiz se le había ocurrido a Juan, y había sido su hijo el encargado de sugerírselo al Caudillo como cosa suya.

Cuando se enteró de que todo había salido bien y que los flamantes duques de Cádiz ya volaban a Estocolmo, llamó a su padre:

—Papá, ya está. —Se aclaró la voz—: Y muchas gracias.

Juan se emocionó tanto que no pudo contestarle.

Han sido unos días de tensión tan inmisericorde que Juanito se siente desarbolado y falto de calor humano. Le dice a su mujer que quiere ir a pasar unos días a Estoril con sus padres. Además, Margot se ha echado novio, un buen muchacho llamado Carlos Zurita, y le gustaría tratarlo un poco durante la Semana Santa.

Ante su asombro, Sofía se opone enérgicamente:

—Es muy mala idea. No podemos dar argumentos a los enemigos que dicen que estás en manos de tu padre, es un momento muy delicado.

—Me es igual... Quiero ir.

Federica, la suegra, que dibujaba con sus nietas sobre la mesa del comedor, aunque está de acuerdo con su hija, prefiere no meterse en la conversación.

Sofía menea la cabeza:

—Juanito, ten cabeza, llevamos mucho tiempo sin ir, qué más da unos meses más...

—Por eso, precisamente, me da pena que estén siempre solos allí.

—Es su problema... Que vayan Pilar y Margot, ellas no tienen nada que perder. No, Juanito, no vamos a echar por la borda todo lo que nos ha costado tanto conseguir.

El príncipe se harta y se pone en pie, aplasta con saña el cigarrillo en el cenicero. Tiene poca paciencia con su mujer y no soporta que le lleve la contraria, además de que su aparente calma y su sangre fría todavía lo enardecen más:

—¿Que nos ha costado tanto? Me ha costado a mí, soy yo el que lucha como un cabrón día a día contra los elementos. ¿Sabes que necesito pastillas para dormir? ¿Sabes que tengo eczema? ¿Sabes que estos meses he adelgazado siete kilos?

La princesa sonrió desdeñosamente y señaló a su hijo:

—¿Te parece poco lo mío? Yo he hecho lo más importante, Juanito, ahora tú cumple con tu parte y mantente alejado de tu padre.

Juanito la miró fijamente, con rabia e impotencia, porque estando su suegra delante no se atrevía a pasar a mayores:

—Te odio, ¿sabes? ¡Te odio!

Cogió la puerta y salió mascullando imprecaciones. Las niñas, acostumbradas a las reacciones de su padre, seguían dibujando sin levantar la vista. Federica se acercó a su hija y le puso la mano en el hombro:

—No te preocupes por la actitud de Juanito, los enfados por temas políticos son una tontería... Lo que importa es vuestro matrimonio, vuestra unión, y desde que Armada os entregó ese decálogo tan absurdo, pero tan eficaz, tu marido se está portando muy bien.

La princesa, que estaba ayudando a su hijo a construir una pirámide, se sorprendió:

—No me preocupa, mamá.

Federica la observó objetivamente. Incluso para ella era difícil leer en el rostro siempre imperturbable de su hija. Cuando estaban en público, sonreía constantemente; el fotógrafo Oriol Maspons se había atrevido a recomendarle que sonriera siempre, que el gesto le favorecía y dulcificaba sus rasgos. Pero cuando estaba en casa, su expresión era seria y reconcentrada y sus labios se afinaban en una línea.

Tampoco la veía nunca hablar con su marido, pensó Federica, que recordaba las largas conversaciones con Palo hasta la madrugada. Le resultaba muy extraño. No compartían el sentido del humor, no captaba las bromas de Juanito, aunque de pronto, inesperadamente, soltaba una carcajada y era por algo que solo le hacía gracia a ella.

Con mucho cuidado, como el que se adentra en un campo de minas, Federica le comentó:

—Los hombres ya sabes que en el fondo son como niños... Todos quieren lo mismo y si no se lo damos, se irán a encontrarlo fuera... Es muy fácil dominarlos, solo piensan en eso, es nuestra mejor arma.

La hija levantó la vista.

—No sé a qué te refieres.

Federica se horrorizó y sintió compasión al mismo tiempo:

—Hija..., es tu marido.

—Ya le he dado un varón, ¿no? —Su mirada se endureció—. Es lo que quería, yo ya he cumplido con mi parte, para eso se casó conmigo, que me deje en paz. —Federica iba a protestar y la hija le preguntó con falsa amabilidad—: ¿O es que crees que se casó porque estaba enamorado de mí?

—Pero, Sofía, sois muy jóvenes...

—No se va a divorciar de mí, mamá, no te preocupes... Si él es rey, yo seré reina. Ya tengo todo lo que quiero.

¿La posibilidad real del trono? ¿Su hijo? ¿Qué tenía? Federica prefirió no enterarse de qué era todo eso y no siguió preguntando. Sofía abrazó a Felipe con tanta fuerza que el niño se puso a llorar.

La puerta se había quedado entreabierta. Juanito había vuelto sobre sus pasos porque se había dejado los cigarrillos. Desde el umbral lo oyó todo.

Y le entristeció darse cuenta de que su alivio era mayor que su pena.

18

La condesa de Motrico tiene hora en la peluquería de la calle Claudio Coello, enfrente del convento de los jesuitas. Son las nueve y media de la mañana, hace frío, y la condesa es la única clienta. Cuando le acaban de poner la capa protectora sobre los hombros y están a punto de lavarle la cabeza, se oye una detonación horrorosa que hace temblar los cristales. Corren a mirar por la ventana y ven una nube de humo que sale del centro de la calle. Asustada, Mercedes Churruca llama a su marido, José María de Areilza, a su despacho de la Castellana:

—Ha habido una explosión muy fuerte en los jesuitas… de gas o una bomba, no sé.

—Vete a casa, Mercedes, no, espérate, que envío a alguien para que te acompañe.

Es el 20 de diciembre de 1973.

Su teléfono para las llamadas urgentes está empezando a sonar. Es un contacto que tiene en los servicios secretos del Estado, que le comunica que el coche del presidente del Gobierno ha sufrido un atentado y ha volado por los aires.

Aunque Luis Carrero Blanco, al que Franco ha nombrado presidente del Gobierno mientras él continuaba en la jefatura del Estado, no le caía bien, Areilza se da cuenta de que es un momento histórico. Con el auricular en la mano, duda. No sabe si llamar a don Juan, a cuyo consejo privado continúa perteneciendo, o a don Juan Carlos, con el que apenas tiene relación. El pasado y el futuro.

Al final se decide y marca el 231 77 45.

Es el número de la Zarzuela.

El príncipe está en su despacho, escribiendo un aburrido resumen de su reciente viaje a Francia. Fueron invitados por Georges Pompidou y Juan Carlos le llevó de regalo una espada que había pertenecido a su antepasado Carlos III. En el informe da cuenta de las actividades que han realizado, desde una visita al Instituto Pasteur hasta otra a la Academia de Saint-Cyr, pero, como le pasa siempre, Juan Carlos se pregunta quién demonios va a leer ese documento, a quién le importa, qué interés tiene.

No será Franco, que está tan mermado de fuerzas que apenas puede tenderle la mano, a pesar de que esos viajes de los príncipes de España se organizan por recomendación suya. Juan Carlos le preguntó en una de sus audiencias de los lunes, una vez que el Caudillo había acabado de contarle que las vacas frisonas que tenía en Valdefuentes se habían aclimatado muy bien:

—Pero, excelencia, si me habéis designado sucesor, tengo que aprender cómo se hace... Debería asistir a los consejos de ministros o, como mínimo, me tendríais que dar algún consejo.

—No, ¿para qué? Su tiempo será distinto y usted lo tendrá que hacer de otra manera; de nada le iban a servir mis consejos —contestó Franco vagamente, y luego se quedó callado largo rato y cuando el príncipe creía que estaba durmiendo, cogió el hilo de nuevo y exhibió una energía y lucidez que alumbraban lo que un chispazo—: Pero mire, una cosa haría yo...: acudiría a un especialista para que le ayude a pronunciar bien.

El príncipe se sorprendió, pero tuvo que darle la razón:

—Sí, excelencia..., aún se me atragantan las erres.

—Y lo que tenéis que hacer es viajar. Viaje, alteza. Que los españoles os conozcan.

Viajar, sí. Primero por España, ¡no había feria de ganado, congreso de sofrología o exhibición artística de bailes regionales a la que no acudieran los príncipes de España! Con escaso aparato, a veces en medio de la lluvia, con poca gente, incluso con hostilidad y lanzamiento de tomates incluido, porque hay personas enemigas de la monarquía, o son los falangistas o los miembros del búnker.

—Coño, a mí que lo más me molesta, más que los tomates, es que no puedas mear. Y encima te ofrecen vino en todas partes —se quejaba Juanito.

La princesa sonreía y evitaba pronunciar palabra para que no se dieran cuenta de que apenas conocía el castellano.

Después empezaron los viajes por el extranjero. Tanto si el viaje había sido un éxito, porque la embajada lo había preparado muy bien, como si había sido un fracaso, porque el embajador era alfonsino o antimonárquico, los príncipes no dejaban traslucir ninguna emoción y empezaron a decir que Juan Carlos era el hombre que mejor se callaba de España. Estuvieron con Nixon en la Casa Blanca, en Japón y hasta en Persépolis, en el dos mil quinientos aniversario de la fundación del imperio persa. Los alojaron en una tienda de campaña gigantesca y lujosa, con cuarto de baño y todas las comodidades. En la de al lado estaba el hermano del rey Faisal de Arabia Saudí. El primer día, el príncipe Fahd se acercó con la mano tendida:

—Habéis estudiado con un gran amigo mío, el Aga Khan.

—¡Karim!

Juanito se emocionó al recordar al príncipe ismaelita con el que había formado grupo en Friburgo junto a Zu Tchokotua. Fahd se dio cuenta de que era un hombre sentimental y eso le gustó. Le pasó la mano por los hombros:

—Es una gran persona, por eso su abuelo lo nombró su sucesor. ¿Queréis venir a tomar un té a mi tienda? —Puso ojos picarones—. Tengo unas odaliscas que creo que os gustarán.

El príncipe dijo, por si acaso:

—He venido con mi mujer…

El otro se echó a reír:

—Y yo con las tres mías, pero ¡qué más da! —Luego le confesó—: He conseguido que las lleven de viaje turístico por Teherán y visitarán un zoco lleno de tentaciones… Muchas horas.

Lo cogió de la mano y así se fueron los dos y estuvieron todo el día juntos.

A la fiesta se les unió el rey Hussein de Jordania. Cada media hora entraban criados con café muy fuerte con cardamomo para revitalizarlos, pero Juanito no lo necesitaba porque esas mujeres voluptuosas, de largas cabelleras y vientres blandos, lo volvían loco.

¡Y Armada y su maldito código estaban muy lejos!

En recuerdo de ese día, el príncipe saudí le regaló una daga con la empuñadura de piedras preciosas. Después, durante las largas y tediosas ceremonias, intercambiaron miradas de complicidad. ¡Se habían hecho amigos!

El príncipe lo observaba todo distraídamente, hasta que algo le llamó la atención y se lo señaló a su mujer:

—Mira, esas esmeraldas que lleva Farah Diba en el manto eran de Gangan.

Sofía puso cara de disgusto. ¡Ella tenía que contentarse con cuatro birrias mientras las joyas buenas habían ido a parar nadie sabía dónde!

El ministro de Información y Turismo, Alfredo Sánchez Bella, censuró las fotografías de los príncipes en esta celebración, en la que el sha se gastó una cantidad obscena de dinero, para evitar una imagen demasiado ostentosa o frívola de Juan Carlos y Sofía. También el nuevo director de Televisión Española, Adolfo Suárez, se pasó a las filas de Juan Carlos y, en lugar de hablar de los fastos de Persépolis, emitió un reportaje muy humano de la princesa llevando a sus hijos al colegio «como una madre más».

La princesa, según contaban las revistas, había manifestado:

—Qué vida tan vacía llevan algunas personas... Prefiero ambientes más modestos y discretos, la vida familiar es más tranquila.

¿Tranquila?

¡No hay tranquilidad posible en esta España que se ha convertido en un polvorín! ¡Comisiones Obreras, la ETA, los comunistas, todos quieren que esta larga posguerra de treinta años se acabe de una vez o no se acabe nunca!

Cuando Areilza le dice a Juanito que han matado a Carrero Blanco, el príncipe se derrumba en su butaca.

—Ahora vendrán a por mí.

No se sabe quién ha sido, no se sabe qué intenciones tienen, pero llama a seguridad de la Zarzuela y pide que refuercen la vigilancia.

Después se pone en contacto con Torcuato Fernández-Miranda, al que Carrero había nombrado vicepresidente, y le solicita detalles.

El almirante regresaba a su piso de Hermanos Bécquer después de haber oído misa como todas las mañanas. En la calle Claudio Coello, un coche Austin Morris aparcado en doble fila lo obligó a no desviarse del centro de la calzada. Eran las nueve y veintiocho de la mañana. De las entrañas de la tierra surgió de pronto un surtidor de dinamita, adoquines y agua a presión que catapultó el Dodge Dart a una altura de treinta metros, hasta que cayó en el patio interior de la iglesia de San Francisco de Borja.

El padre Jiménez Berzal vio unas manos que salían por la ventanilla y les dio la extremaunción.

Para sacar los cuerpos, tuvieron que enderezar el coche. Carrero estaba aparentemente intacto, hasta el punto de que uno de los escoltas que iban en el coche de apoyo se lanzó sobre él gritando:

—Señor presidente.

Le puso las manos sobre el pecho y el tórax cedió. Según se comprobó en el hospital, los tejidos le habían explotado por dentro.

El príncipe, además de sentir miedo, se entristeció. No tenía nada en común con el almirante y lo primero que hubiera hecho en su hipotético futuro gobierno habría sido destituirlo, pero conocía su lealtad. Franco le había contado que el mismo Carrero comentaba:

—Cuando vuestra excelencia falte, por la misma puerta me iré yo. Don Juan Carlos no necesitará a este carcamal... Seguro que le irá muy bien porque al lado de vuestra excelencia ha aprendido mucho.

Va a El Pardo. Franco se ha encerrado en su despacho, solo, y no quiere recibir a nadie. Su hija Nenuca, que ha cogido una silla y se ha sentado al lado de la puerta esperando a que salga, lo oye sollozar y lo justifica:

—Carrero era sus pies y sus manos.

Primero se ha aferrado a la teoría de que ha sido una explosión de gas, después los masones y después le ha dicho a Ucelay:

—Me han cortado el último lazo que me une al mundo.

Ha empezado a morirse, aunque aún le quedan dos años de vida.

Franco y Carrero no eran amigos, nunca se han visto fuera de actos oficiales, pero en nadie había confiado como en él. El Caudillo sabía que no tenía otra ambición que servirle, porque era tan austero que pegaba los bolígrafos con esparadrapo cuando se rompían, no poseía ninguna propiedad más que la sepultura en el cementerio de El Pardo en la que iban a enterrarle y vivía de alquiler.

Nenuca charla unos momentos con el príncipe:

—Es que en el fondo eran iguales.

Doña Carmen está en el salón hablando con su yerno, el marqués, con Alfonso y su nieta, que ahora viven en El Pardo y están a la espera de algún destino importante. Le han ofrecido la embajada en Buenos Aires, pero a él le parece poco porque aspira a la del Vaticano o un ministerio. Juanito oye la voz meliflua de su primo con su ligero acento francés:

—Esto es culpa de los elementos subversivos que ha metido ese Fernández-Miranda en el gobierno. Yo ya avisé al Caudillo hace tiempo de que la mayoría de los ministros tienen antecedentes comunistas.

El marqués de Villaverde le da la razón:

—Es que terminarán por matarnos a todos.

Doña Carmen balbucea:

—Es verdad, tienes razón, Alfonso, ay, quiero decir, alteza, perdonadme... Ahora tenemos que aprovechar para hacer limpieza y que vengan los de siempre.

El médico Vicente Gil asiente dando grandes cabezazos:

—Sí, Señora, mano dura, eso es lo que hace falta, esos son unos blandengues, maricones y drogadictos y su excelencia es demasiado bueno.

Todos se dan cuenta de que don Juan Carlos está en el pasillo, pero fingen no verlo. También lo consideran culpable. ¡Si fuera Alfonso el sucesor, otro gallo cantaría!

Todavía le queda lo peor. Ir al hospital a dar el pésame a la familia. Todos los hijos se han reunido alrededor de su madre, Carmen Pichot. Delante del cadáver de su marido, dando muestras de una grandeza de espíritu que da sentido a su vida entera, cogió las manos de sus hijos y les dijo:

—Juradme que no vais a pedir venganza por la muerte de vuestro padre. ¡Justicia sí, venganza jamás!

El príncipe se quedó hondamente impresionado por esa escena.

Ha sido, quizás, la jornada más difícil de su vida.

El entierro tiene lugar dos días después. Franco está tan mal, tan hundido, que no deja de llorar y no puede presidir el desfile mortuorio. El príncipe dice:

—Lo haré yo.

Las personas encargadas de su seguridad tratan de disuadirlo: ya se sabe que el atentado es obra de ETA, pero se desconoce si se trata de una gran ofensiva y hay otras acciones preparadas. Pero el príncipe está decidido. ¡Sabe que en estas ocasiones es cuando uno se gana su puesto de rey! Tampoco quiere usar un coche blindado.

—Iré a pie.

Le preparan un chaleco antibalas, pero lo rechaza.

Vistiendo el uniforme de contralmirante, bajo un frío estremecedor, siguió a pie por las calles de Madrid el furgón mortuorio del presidente del Gobierno. Caminó solo, el más alto, un blanco fácil, a la cabeza de la silenciosa procesión: los hijos, el presidente en funciones, Torcuato Fernández-Miranda, ministros, militares... Las pisadas de todos resonaban en el asfalto como un tamtam trágico, bajo las miradas de cien mil madrileños. Había armas, odio, violencia, en cada esquina una bala podía llevar su nombre. ¡ETA podía volver a matar!

Se cantaba el «Cara al sol», se dieron los gritos rituales:

—¡Almirante Carrero Blanco! —Y la multitud enfervorizada, todos a una, rugió—: ¡Presente!

Un grupo de Fuerza Nueva lleva una pancarta: «Los asesinos crecen con los gobiernos débiles». Se intenta agredir al prelado que va a oficiar la misa, que tiene fama de aperturista, al grito de: ¡Tarancón al paredón!

El príncipe tenía miedo, la nuez de su garganta subía y bajaba, por momentos parecía encogerse esperando la bala fatal. Su mente bullía de pensamientos encontrados. No quería morir, pero si lo mataban, ¿de qué habría servido todo? Las peleas con su padre, esa infancia que no tuvo, su sumisión a Franco, su boda sin amor con Sofía..., ¡todo moriría con él! ¿Y qué provecho habría sacado de tanto sacrificio?

¿Y si el que moría era Franco? Estaba muy mal, su médico había tenido que recetarle ansiolíticos y Madopar. ¡Lo había jugado todo a una carta! Tendrían que irse al exilio, pero ¿con qué contaban? Él no quería ser como Federica, que vivía de la caridad, o como su padre, dependiendo de la voluntad de los demás, siempre a la última pregunta, sin dinero. ¡Hasta para pagar la boda de Margot había tenido que pedir prestado! Desde hacía años eran solo catorce nobles los que contribuían a su sustento; si un mes alguno se retrasaba, tenía que pedir al banquero Espíritu Santo que cubriera el hueco. Le había contado el fotógrafo Cardozo que de lo que sacaba de las fotos que hacía en Villa Giralda le tenía que entregar la mitad. Su padre lo había negado vehementemente, pero sabía que era verdad. ¡Qué vergüenza, Dios! ¡Se ponía colorado solo pensándolo!

Se oían gritos:

—Muerte al Borbón.

Pero siguió caminando, una cabeza por encima de los demás, y al final la gente calló, sobrecogida por este acto de valor extraordinario. ¡Se necesita ser muy valiente para hacer lo que hizo, teniendo tanto miedo!

Por la noche, en su casa, se derrumbó. Las perspectivas eran muy negras, le habían dicho que el ministro de Gobernación, Arias Navarro, podía sustituir a Carrero en la presidencia del Gobierno. Lo llamaban el Carnicerito de Málaga por su actuación despiadada como fiscal durante la Guerra Civil y, cómo no, era el candidato de la Señora y el marqués, alfonsino hasta las cachas, un miembro del búnker que iba a hacer un gabinete a su medida. ¡Todos sus amigos, los que habían luchado por él, iban a ser barridos de un plumazo!

Sus hijos ya estaban acostados, menos mal, porque no soportaría aguantar sus parloteos. Felipe estaba muy maleducado, pero cualquiera se lo decía a Sofía, que creía que había alumbrado a Dios, a Cervantes y a Rodolfo Valentino todo en una pieza.

—Pepe, tráeme un whisky.

Los rostros de su mujer y de su suegra eran de color gris, los ojos febriles, se notaba que habían estado hablando entre ellas todo el día. Sofía tenía una arruga en el entrecejo; cuando no sonreía, daba casi miedo.

Abatió los párpados, se recostó en el sofá, encendió un cigarrillo, pero estaba tan cansado que se consumió entre sus dedos sin haberle dado ni una calada.

Fue Sofía la que habló primero:

—Juanito, esto no puede seguir así.

No abrió los ojos:

—¿Qué quieres decir?

—Que no podemos seguir con esta angustia, con este miedo constante, ¡no contamos con nadie, no sabemos qué va a ser de nosotros! Si te pasa algo…

Él aún tuvo fuerzas para ironizar:

—Si me matan, quieres decir. —Se incorporó levemente—. ¿Y qué quieres que haga?

Entonces intervino la suegra:

—Mírate en mi espejo, Juanito… Ya ves cómo me veo por confiar en mi pueblo, vivo de lo que me dais vosotros o mis consuegros, los reyes de Dinamarca. Irene y yo somos tan pobres que no tenemos ni casa. El infeliz de Constantino tiene que hacer de vendedor de coches blindados para un sobrino del doctor Doxiades en Londres y le pagan a tanto el coche.

—Tampoco exageremos, Escámez me ha dicho que nuestra cartera…

Sofía elevó el tono:

—¡Nuestra cartera, con la crisis petrolera, es una mierda! ¡No es nada! ¡Calderilla! Si Franco muriera, ¿cómo quedaríamos nosotros? Además, si nos tuviéramos que ir de España, ¿tú crees que podríamos llevarnos este dinero? Mira, tu abuelo pudo vivir con lo que tenía en los bancos extranjeros, pero ¿y nosotros? ¡No estás solo, Juanito! Estamos los niños y yo… ¡Yo no soy como tu madre, que tiene alma de gitana y le es igual ocho que ochenta! Yo confié en ti, llevo aguantando en este país once años. ¿Para qué? Merecemos una recompensa.

Juanito se levantó, avanzó hacia ella, se le puso una nube roja ante los ojos y menos mal que Federica se interpuso con gesto de fiera:

—¿Te has vuelto loco? Lo que faltaba… ¿Ahora vas a pegarnos?

Se fue dando trompicones hasta su habitación y no es que estuviera borracho, sino desesperado. Esa noche durmió muy mal.

Cuando por la mañana entró en el despacho Manolo Prado, se lo encontró contemplando una foto de Alfonso XIII llegando a Marsella desde Alicante, con sombrero hongo, un traje de mezclilla, la marca del destierro en la boca y en los ojos…

Prado le preguntó con cuidado:

—¿Cómo estáis, señor?

Juanito suspiró.

—Muy jodido. —Dejó cuidadosamente la fotografía en un estante. La voz de su amigo denotaba preocupación sincera y se dio cuenta de que en nadie confiaba como en él. Con amargura se dijo que él era su Carrero Blanco—: Tú sabes los años que llevo luchando, Manolo…, y me encuentro que no tengo nada —las palabras salían torpemente primero, con fluidez después—. Os miro a ti y a tu mujer, a Carlitos, a Maná Arnoso, a todos mis amigos y todos tenéis casas, coches, barcos, vivís bien…, viajáis a lo grande, pero ¿yo qué tengo? ¡Si necesito un sitio para pasar las vacaciones, me lo ha de ceder el gobierno balear porque no tengo un duro! —Dirigió una mirada alrededor—: Nada de esto es mío, todo es de Patrimonio… Si tuviera que irme, solo me podría llevar las cucharillas de plata —intentó bromear—, y ni siquiera eso porque las robaron el día del bautizo de Felipe.

—Merecéis más, señor, es una injusticia que se os tenga en esta situación. Siempre lo he pensado y nunca me he atrevido a decíroslo.

Con la voz con gallos adolescentes, el príncipe gimió:

—Pero ¿qué puedo hacer? Estoy atado de pies y manos.

Bajando la voz, Prado se acercó y le dijo:

—Si me lo permitís, señor, yo puedo ayudaros. Recordad, además, que tengo la nacionalidad suiza, lo cual, en estos momentos de incertidumbre, es una gran ventaja y está a vuestra disposición. —Juanito le brindó una mirada de agradecimiento y no pronunció palabra. Prado se atrevió a cogerlo por el brazo y apretárselo, y añadió—: Pronto tendremos ocasión.

La ocasión se presentó poco después, gracias a la crisis petrolera mundial. Los países productores de crudo se habían aliado en la OPEP, forzado una subida de precios y cortado los suministros a Occidente por el conflicto con Israel. España estaba al borde del desabastecimiento. El nuevo gobierno de Arias, formado por pesos pesados del régimen como García Hernández, Licinio de la Fuente, Utrera Molina o Pita da Veiga, incompetentes y obsoletos, daba bandazos como un barco a la deriva.

Manolo Prado fue a visitar al príncipe:

—Alteza, me habíais hablado de vuestra relación con el príncipe Fahd de Arabia Saudí.

Juanito sonrió recordando aquellos días de vino y rosas en Persia.

—Sí, el mes pasado me invitó a visitarlo, pero, claro, dada la situación no pude ir.

—Señor, ¿os atreveríais a poneros en contacto con él para que nos proporcionara petróleo suficiente para aumentar nuestras reservas de crudo, que en estos momentos están bajo mínimos? Me he enterado de muy buena fuente que solo queda petróleo para un mes.

Juanito dudó y al fin respondió:

—No tengo nada que perder... Le haré una llamada. Pero antes informaré a Barrera de Irimo, el vicepresidente.

—Perdonad, señor, pero será mejor que antes habléis con el príncipe Fahd... Si no funciona el contacto, no gastaremos una bala en vano y entonces lo intentaríamos con el sha de Irán.

Pero Fahd accedió inmediatamente. «De hermano a hermano», le dijo. Juanito, leyendo las instrucciones que le iba escribiendo Prado en un papel, le indicó:

—Irá un emisario personal mío a negociar el acuerdo.

El príncipe lo entendió inmediatamente:

—Claro, hermano, todos nos quedaremos muy contentos.

Al vicepresidente solo le dijo que, enterado de la grave crisis energética en la que estábamos inmersos, había hecho una gestión con el príncipe heredero de Arabia Saudí y que este se había comprometido a enviar petróleo rápidamente.

Y conociendo el punto débil de los políticos, añadió:

—No hace falta que yo figure como intermediario…, que sea cosa tuya.

El vicepresidente asintió complacido porque así podía adjudicarse todo el mérito, y preguntó:

—Pero ¿cómo se harían los pagos?

—Los detalles ya los arreglará un emisario mío…, pero la semana que viene tendremos todo el petróleo que necesitamos.

A nadie le importó si Prado, el príncipe o quien fuera cobraba una comisión. ¡Era natural en el mundo de los negocios y con los árabes todavía más!

Al año siguiente, Juan Carlos tuvo la oportunidad de agradecerle personalmente el favor al príncipe Fahd visitando su país. El rey Faisal, que era el hermano de Fahd, les ofreció una recepción en medio del desierto digna de las mil y una noches y les regaló un par de soberbios caballos árabes valorados en varios millones de dólares porque eran grandes campeones, y tantas joyas para la reina que necesitaron un baúl complementario para llevarlas a España. El último día, que era domingo, no festivo en los países árabes, Faisal, Fahd y el príncipe de España se reunieron a solas y cerraron otros acuerdos relacionados con la cuestión petrolífera.

Cuando llegó a Madrid, no pudo evitar darle un abrazo a Manolo Prado. ¡Qué fácil estaba resultando todo! ¿Y a quién perjudicaba? ¡A nadie! ¡Todos salían beneficiados!

—Chiquito, ahora tenemos que hacer lo mismo con Irán.

—A sus órdenes, alteza.

El gobierno de Arias, al final, tampoco había representado una merma en la posición del príncipe. ¡Los salmones no pueden remontar río arriba y las agujas del reloj de la historia no pueden girar en dirección contraria! La coyuntura internacional y las aspiraciones de los españoles ya no propiciaban las dictaduras. Los dos únicos ministros aperturistas que quedaron de la escabechina que tuvo lugar después del asesinato de Carrero, Pío Cabanillas y Antonio Carro, trabajaron incansablemente a favor de don Juan Carlos, convencieron a Arias de que «solo se reforma lo que se quiere conservar», y el primer texto que leyó el presidente del Gobierno fue asombrosamente aperturista, contemplando una ley de asociaciones y dando más atribuciones al príncipe de España.

Franco se había retrotraído a la posguerra, alternaba los momentos de lucidez, cada vez más escasos, con largas diatribas:

—Los españoles solo nos identificamos con Isabel la Católica y con el espíritu del 18 de julio regado con la sangre de nuestros mártires.

A veces cantaba, recordando su infancia ferrolana:

Polo río abaixo vai
unha troita de pé.
Corre que te corre,
quen a puidera coller.

Cuando el príncipe iba los lunes, dormitaba, pero de repente se ponía a observarlo con ojillos astutos y le decía:

—Haga como yo y no se meta en política.

Y se despedía apresuradamente porque tenía que ver *Bonanza*, su programa favorito en televisión.

Juan Carlos se dio cuenta de que tenía la partida ganada cuando el marqués de Villaverde fue a visitarlo a la Zarzuela. Apareció con un paquete:

—Su excelencia me ha dicho que os trajera esto.

Era un cuadro del Cid Campeador, muy malo, pero que el príncipe agradeció tan vivamente como si se tratara de un Picasso. Después, sin que nadie se lo pidiera, el marqués de Vayavida según la sabiduría popular, se arrellanó en una butaca, cruzó una pierna sobre la otra, encendió un cigarrillo y con aire vagamente amenazador, pero con un brillo de miedo en el fondo de los ojos, dijo:

—Alteza, no prestéis atención a los agoreros que tratan de desunir a nuestras familias... Todos estamos en el mismo barco, y si el barco hace aguas, nos hundimos todos.

Juan Carlos le preguntó, con ingenuidad o mala leche, porque aún nadie en España sabía si el príncipe era muy tonto o muy listo:

—¿Y qué hace mi primo Alfonso?

El marqués descartó al primo Alfonso con un gesto:

—Mi suegro lo ha hecho director del Instituto de Cultura... Hispánica, creo, o algo así, una cosa que no sabemos muy bien para qué sirve.

Esta boda, por la que tanto luchó, no solo había perdido su brillo de oro enseñando el latón vulgar que había debajo, sino que estaba a punto de romperse porque Carmencita se había hartado de su marido.

Cuando se fue, Juan Carlos se echó a reír con incredulidad, recordando la chulería del marqués en tiempos pretéritos. Una vez, en una recepción, estaban tomando una copa de pie cuando se acercaron los camareros a servirles. El marqués dijo:

—Al príncipe póngale vino.

—No, gracias, prefiero naranjada —aclaró don Juan Carlos.

Entonces, el marqués gritó fieramente, señalando a su yerno Alfonso de Borbón:

—¡He dicho al príncipe!

¡Y ahora resultaba que todos estaban en el mismo barco!

Pero rápido, rápido, no había que entretenerse en el pasado. ¡Hay todo un futuro por estrenar! ¡La voluptuosidad de tener dinero, ah, no se parece a nada! Al sexo, quizás… No, no, se parece al poder, eso ¡al poder!

En Irán lo recibieron con honores de rey y una escuadrilla de Phantoms escoltó su avión antes de tocar tierra. Pasó revista al ejército y todos sus desplazamientos los hacían en helicóptero, que perfumaban con esencia de rosas. En el palacio de Niavarán se les ofreció una fastuosa cena de gala compuesta por veinte clases de caviar distintas. Juan Carlos le impuso al sha Reza Pahlevi el gran collar de la orden de Carlos III y a la emperatriz Farah, el collar de Isabel la Católica.

Después se retiraron al despacho del sha a tratar de negocios de «hermano a hermano» y cerraron importantes acuerdos petrolíferos.

En el hotel, el príncipe sacó una botella de whisky que llevaba en su equipaje, ya que el alcohol estaba prohibido en los países árabes, y un puro de los que le enviaba Fidel Castro. No pudo evitar decirle a su amigo haciendo un pase torero:

—Manolete, estamos en la buena senda… ¡En este año setenta y cinco, para variar, nos está saliendo todo de putísima madre!

19

—¡No queremos apertura, queremos mano dura!

—¡ETA al paredón!

—¡No somos muchos, pero somos machos!

Pero sí que eran muchos, decenas de miles de personas que abarrotaban la plaza de Oriente en ese 1 de octubre de 1975, en un acto de adhesión al Caudillo, el último que habría de recibir. Juanito pasaba la vista sobre el gentío desde el balcón del Palacio Real. La multitud era como un mar agitado, como un solo animal con miles de cabezas y miles de bocas que gritaban:

—¡Franco, Franco, Franco!

El airecillo del Guadarrama se colaba por los cuellos de los uniformes. Delante de él, la pequeña cabeza de Franco surgía como una vieja tortuga retráctil, con los pelos erizados por el viento, la boca semiabierta, la mandíbula suelta, las gafas oscuras tapando los ojos muertos. Pero, poco a poco, esa figura espectral iba cobrando vida, como si esos gritos, esas multitudes, ese bosque de manos alzadas en el saludo fascista fueran una transfusión de sangre para su cansado organismo.

¡Sangre! ¡La sangre que se había derramado hacía apenas quince días!

Cinco jóvenes antifranquistas, que habían preferido ser pasados por las armas que el garrote vil: Ángel Otaegui Echevarría fue ejecutado mediante una ráfaga de disparos por voluntarios de la Policía Armada en el patio de la prisión de Villalón, en Burgos. Tuvo que sufrir sus últimas horas en la más absoluta soledad, porque su abogado estaba enfermo y a su madre solo le permitieron visitarlo diez minutos. A Juan Paredes Manot, Txiki, de veintiún años, lo mató de once disparos un pelotón de la Guardia Civil en un descampado al lado del cementerio de Collserola, en Barcelona. Su hermano y sus abogados, Marc Palmés y Magda Oranich, lo oyeron cantar el «Eusko gudariak» en el suelo, hasta que el teniente que mandaba el pelotón le dio el tiro de gracia.

Magda Oranich, que estuvo de guardia muchas semanas en el Colegio de Abogados recabando apoyos contra la ejecución, fue contundente:

—¿El príncipe de España? Ni nos apoyó, ni se nos ocurrió pedírselo, ni esperamos que lo hiciera.

José Humberto Baena, de veintitrés años, José Luis Sánchez Bravo, de veinte años, y Ramón García Sanz, de veintisiete, fueron fusilados en el campo de tiro del Palancar, en Hoyo de Manzanares, al lado de Madrid. José Oneto escribió que cuando los periodistas que estaban a poca distancia oyeron los disparos, «nos recorrió un intenso escalofrío y uno de nosotros levantó la voz y gritó "cabrones". Muchos teníamos los ojos llenos de lágrimas».

En toda Europa arreciaron las protestas, se quemaron unas embajadas, se hicieron vigilias con velas frente a otras, el papa, Willy Brandt, Giscard, Echevarría de México..., Olof Palme, todos pidieron clemencia.

Los americanos no.

¡Juanito tampoco!

¡Nada, no había hecho nada!

Había permanecido en silencio, no hay que significarse, ahora que ya tiene un pie puesto en el futuro, que toca el poder con la punta de los dedos, no hay que arriesgarse a meter la pata. ¡Para meter la pata ya está su padre, que pide, no, exige a Franco desde Estoril que detenga esta carnicería!

Pero Franco, aquel enfermo que casi no podía tenerse en pie, que se quedaba dormido, que se tiraba la comida por encima, había puesto el pulgar hacia abajo y había decretado:

—Muerte.

Juanito trataba de consolarse, ningún ministro del Gobierno se opuso, hasta Cabello de Alba y Carro lo aceptaron. No tenía ningún poder, no era nadie, y sí, en España hay pena de muerte y él, al fin y al cabo, era un militar... Y Franco podía aplicarla, como lo había hecho el año anterior con un joven catalán, Salvador Puig Antich, y con un pequeño delincuente llamado Heinz Chez. ¡Y tampoco había dicho nada!

Estaba ocupado, estaba fuera, había tanto que hacer, tanto que conspirar, tanto que enmendar en este país que se iba desprendiendo poco a poco de la vieja piel para aparecer ante el mundo lustroso como un recién nacido... Porque lo único cierto era que Franco se iba a morir. Y que él iba a sucederle.

Y si no, pobres españoles.

Había que establecer contactos con la oposición y sosegar a los socialistas, y asegurar a Santiago Carrillo que iba a legalizar el Partido Comunista en cuanto llegara al poder... Y tranquilizar a las grandes fortunas para que no se llevaran los capitales del país; de hecho, cuando Franco padeció la flebitis el año anterior y parecía que fuera a palmarla, las bolsas subieron vertiginosamente. ¡Los magnates estaban a su lado!

Como incentivo para el príncipe, Alfonso Escámez, presidente del Banco Central, convocó a los patrones de los siete grandes bancos:

—Habría que preparar un buen colchón al futuro rey.

José Ángel Sánchez Asiaín, presidente del Banco de Bilbao, y el propio Escámez fueron los más generosos, y Emilio Botín, presidente del Santander, el más tacaño. Ni Juan Carlos ni Sofía tuvieron que dar las gracias, porque los banqueros lo hicieron, no por los príncipes, sino por ellos mismos.

Federica se lo dijo muy claro:

—Todo lo que hagan por vosotros me parecerá poco, habiendo visto cómo habéis vivido todos estos años de humillaciones y desprecios.

Juanito se removía inquieto cada vez que oía estos comentarios, porque una cosa era que lo dijera él y otra su suegra. Nunca contestaba y se limitaba a gruñir por lo bajo: «Calla, bruja», pero se alarmó cuando Federica le propuso directamente, con una mirada de complicidad a su hija:

—Mira, Juanito, he pensado que ahora que estáis mejor de dinero, me podrías hacer un préstamo hasta que el gobierno griego me devuelva mis bienes. Constantino, en Londres, vive con lo justo, porque el sobrino del doctor Doxiades...

—Sí, Alexis Mardas, me ha intentado vender un coche blindado, pero no tenía muy buena pinta...

La madre se sulfuró:

—Pues podías haber hecho un esfuerzo, piensa que Tino vive de esas comisiones —pero como tenía que pedir un favor, trató de apaciguarse—, bueno, tú verás. Pues te decía que si nos dejas el dinero, nos compraríamos una casa cerca, que a Irene le gusta España y ya sabes que sale con tu primo Gonzalo.

Juanito se horrorizó ante la perspectiva y aprovechó para soltarle lo que quería decirle desde hacía tiempo:

—Suegra, te voy a ser muy claro, y perdona, pero no nos conviene que estés aquí. ¡Yo he tenido que sacrificar a mi padre porque decían que me mangoneaba, no vas a estar tú intentado hacer lo mismo!

Federica lo miró con los ojos muy abiertos y aire de incredulidad:

—Pero ¿me estás echando?

—Tómate el tiempo que quieras, y cuando te apetezca venir de vacaciones, encantados, pero vivir en España no.

Sofía iba a protestar, pero pareció pensárselo mejor y guardó silencio.

Al día siguiente, Juanito llamó a Gonzalo con la excusa de darle el pésame por la muerte de su padre. Su primo se puso a llorar:

—Figúrate qué pena. En realidad, lo ha matado Carlota de un botellazo, pero como iban bebidos los dos, no hemos querido montar ningún escándalo ni denunciarla.

—Pobre tío Jaime.

—Qué mala suerte ha tenido toda su vida.

Juanito pensó en los dos hermanos tan desdichados, Jaime y su padre, el uno con sus taras físicas a cuestas y el otro viviendo oscuramente en Estoril, sin pasado y sin futuro, y suspiró:

—Y qué lo digas. —Luego cambió el tono—: Gonzalo, también quería pedirte que dejaras en paz a mi cuñada Irene… A ti no te sirve para nada y a mí me estás complicando la vida.

En familia siempre se había dicho que Gonzalo, a pesar de sus esporádicas aventuras con mujeres, era homosexual. Y, aunque Alfonso ya estaba desactivado y relegado a su oscuro trabajo en el Instituto de Cultura Hispánica, Juanito no quería tener a ningún otro Borbón Dampierre rondando por su vida.

Al cabo de unos días le sorprendió encontrar unos baúles en la puerta de casa. Preguntó y salieron unas sonrientes Sofía, Federica e Irene cogidas del brazo, como tres muchachas griegas:

—Sabes, Juanito, mamá va a dejarnos.

—He decidido irme a la India… —confesó con desenvoltura la exreina de Grecia—. Creo que Occidente se ha vuelto demasiado materialista para mi gusto e Irene y yo vamos a dar clases con el profesor Mahadevin en Madrás.

Se metieron en el coche y Freddy bajó la ventanilla. Su yerno se apoyó en el borde, la suegra le cogió la mano y en un arrebato le besó el camafeo del siglo v antes de Cristo que ella misma le había regalado por la boda y que llevaba en el dedo meñique.

—Vas a ser rey, Juanito. Que los dioses te sean propicios. —Y mirándolo con aquellos ojos seductores, le dijo con coquetería—: Yerno, me debes una.

—¡Una, grande y libre!

El eco se repitió por toda la plaza. Juanito miró de soslayo a su mujer. Estaba al lado de Franco, una presencia aniñada, cruzaba los brazos sobre el vientre con el bolsito colgando, su peinado casco, ponía sus finos labios en forma de media luna con la misma sonrisa con la que posaba para las fotos. Doña Carmen, sin embargo, al lado de Arias Navarro, reía ampliamente. ¿Cómo podían comportarse como si no pasara nada?

Juanito pasea la mirada errabunda por la multitud, por el cielo cruzado por grandes nubes, mira de vez en cuando a sus espaldas... Tiene ojeras azules y los ojos inyectados en sangre.

Franco levantó de pronto una mano vendada, gruesos lagrimones se escapaban por debajo de las gafas oscuras. Hizo varios visajes con la cara para ajustar la dentadura, que era nueva, y empezó a hablar con voz atiplada, cuatro minutos de discurso y la historia retrocedió cuarenta años:

—La conspiración judeomasónica izquierdista de la clase política, en contubernio con la subversión terrorista comunista en lo social... ser español vuelve a significar algo importante...

Las palabras, pronunciadas casi sin aliento, se perdían entre gritos y aplausos.

El príncipe tragó saliva. ¿Esta era la España que iba a heredar? ¿Estos hombres que vivían anclados en el odio, esta joven sangre derramada?

¿Por qué no había hecho nada? Temía que su pasividad le pasara factura. ¿Y si ahora las potencias occidentales no lo consideraban lo suficiente limpio como para estar a los mandos de este barco? ¡Doce presidentes del gobierno habían condenado los fusilamientos!

Tenía ganas de gritarle, no a aquella plaza, sino al mundo entero:

—¡Yo o el caos!

Miró aquella figura que se interponía entre él y el trono y pensó con rabia por qué no se callaba. Mejor, ¿por qué no se moría de una vez? ¡Su tiempo se había cumplido! ¿Por qué no se cae aquí redondo al suelo y nos ahorramos todo lo que ha de venir?

Pero Franco alzó los brazos como un niño pequeño y se volvió hacia él.

Entonces la plaza entera se puso a gritar:

—¡Príncipe, príncipe, príncipe!

Nunca un grito lo había avergonzado tanto.

Después, todo se precipitó, aunque para Juanito transcurrió tan lentamente que luego dijo: «Nunca creí que se podía sufrir tanto durante tanto tiempo».

Franco ya se encontraba mal, pero aun así su mujer lo obligó a asistir a un acto en el Instituto de Cultura Hispánica para apoyar a Alfonso de Borbón. Tuvo que estrechar manos entre toses y estornudos y el «príncipe» se quejó a Carmencita:

—No ponía entusiasmo... Tu familia me ha dejado caer.

Su mujer le dijo sencillamente:

—Cállate.

Pero el que estaba cayendo, ¿cómo cayendo?, precipitándose al abismo, a esa oscuridad tenebrosa de la que no se regresa jamás, era el Caudillo. Primero en El Pardo y luego en el hospital de La Paz. El día 30 de octubre se hizo el traslado de poderes a Juanito, que solo lo aceptó cuando se le aseguró que el estado del Generalísimo era irreversible.

Mientras Franco iba muriéndose, tuvo que correr a El Aaiún a apagar el fuego que había encendido el rey Hassan, una peregrinación de trescientos mil marroquíes llamada Marcha Verde para protestar por el dominio español en el Sahara. Desactivó la operación, de «hermano a hermano», tranquilizó al pequeño grupo de militares que estaban al frente de la colonia española y los detalles los dejó para los diplomáticos.

Por fin, en la madrugada del día 20 de noviembre, se paró el corazón de Franco y apareció plano el encefalograma. En el silencio de la noche se oyó un pitido siniestro, que solo escucharon los soldados que estaban con el fusil en posición de prevengan en la puerta. El doctor Vital Aza inició maquinalmente la maniobra de resucitación acostumbrada, pero el doctor Martínez-Bordiú lo detuvo:

—No. Ya está.

Sus últimas palabras habían sido en la lengua de su infancia:

—*Canto tardo en morrer.*

Llamaron a la Zarzuela. En esa época, Juanito y Sofía ocupaban cuartos contiguos. El príncipe estaba en medio de un agitado duermevela, como todas las noches, y dio un salto, pero Sofía, ante su asombro, se volvió a quedar dormida. Su marido no pudo soportarlo y le sacudió los hombros:

—Sofi, Sofi, al fin..., vamos a ser reyes.

—Ay, déjame, ¿y qué va a cambiar? —protestó la mujer en sueños—. Bueno, que en vez de altezas nos llamarán majestades.

Se dio media vuelta y siguió durmiendo, y como siempre Juanito se asombró de que el pueblo español siguiera diciendo que la inteligente de la familia era ella.

A partir de la muerte del Caudillo se ponía en marcha la Operación Lucero, supervisada por el propio Franco, que estaba tan milimétricamente diseñada que Juanito no tenía que tomar ninguna iniciativa. Se paseaba por el pasillo con movimientos espasmódicos y grandes suspiros, esperando que se hiciera de día, por su cabeza trascurría la película de estas últimas semanas. El marqués de Villaverde lo había abordado el día anterior frente a la puerta de la habitación donde agonizaba su suegro, la bata sucia de sangre abierta sobre un traje arrugado, él, que era tan peripuesto, y le preguntó con desesperación en la voz:

—Alteza, ¿qué va a ser de nosotros?

—No te preocupes, Cristóbal, no habrá un memorial de agravios y respondo con mi vida de la vuestra, porque todo lo que soy se lo debo a él —lo tranquilizó Juanito.

El mismo día de la muerte, Carmen Franco dio a conocer el testamento de su padre, donde se había añadido en letra de imprenta para que quedara meridianamente claro el nombre de Juan Carlos encima de la frase «que rodeéis al futuro rey de España del mismo afecto y lealtad que a mí me habéis brindado…».

Juanito, desde el fondo de su corazón, le rindió un mudo agradecimiento al que, desde que tenía diez años, había sido mentor, abuelo, Caudillo, jefe y tirano todo en una pieza. ¡Al final, el gallego no le había fallado!

Se secó una lágrima, la única, porque todo lo que había pasado lo había endurecido, y la satisfacción ganó a la tristeza. Sí, al final, lo había conseguido. Era el rey de España. El número dieciocho de su dinastía. ¡Lo que parecía imposible se había logrado! «Padre, perdóname, no has sido nunca nada, ya no serás nada, excepto en el corazón de tus fieles».

Según los planes de la Operación Lucero, el día 22 de noviembre se levanta por unas horas el luto para que don Juan Carlos sea proclamado rey en las Cortes. El día 23 es el acto final, el entierro solemne en el Valle de los Caídos. El féretro que contiene el cuerpo embalsamado del Caudillo llega a hombros de sus nietos, del marqués de Villaverde, Alfonso de Borbón y miembros de su casa. En lugar de ocupar sus puestos, la familia se mantiene al borde de la fosa, alguno se tambalea y parece que vaya a caerse. La tensión es tremenda, insostenible. Del fondo del templo surge una voz:

—¡No al rey!

Juan Carlos, de uniforme, con banda negra en el brazo, ojeroso y pálido, pero desafiante, sigue mirando al frente. Franco ha muerto, y con él una gran parte de su vida, dura y apasionante. En esa travesía azarosa ha consumido su juventud, ha perdido un padre, hermanos, amigos, cómplices y, lo peor de todo, su carácter bondadoso y su inocencia.

Cuando todo ha pasado y llega a su casa, se va al despacho y empieza a rebuscar en los cajones hasta que encuentra el viejo manuscrito del código de Armada y lo rompe en mil pedazos.

Después le pide a Sofía:

—¿No tendrás una de esas pinzas que usáis las mujeres?

Y delante del espejo de su cuarto de baño, se quitó los pelillos del entrecejo. Que fue como si a todo el país le quitasen de una puñetera vez la boina que había llevado durante treinta y cinco años.

Se suceden unos días frenéticos. Hay mucho que hacer, aunque las viejas estructuras permanecen funcionando por inercia burocrática. El día 24 preside su primer consejo de ministros y otorga un indulto que no satisface a nadie, porque unos creen que es demasiado generoso y los otros, demasiado cicatero. Empieza a mover peones, cesa a Rodríguez de Valcárcel, siniestro miembro del búnker, de su doble presidencia de Cortes y Consejo del Reino, y pone a su viejo maestro Torcuato Fernández-Miranda para que haga las funciones de sepulturero del franquismo. Arias Navarro trata de entorpecer todas sus iniciativas e intenta denigrarlo delante de sus ministros:

—Hablar con el rey es como pasear con un niño de cinco años, es muy tonto.

Es lo mismo que opina Santiago Carrillo, que declara desde París:

—Era un pelele de Franco, un pobre idiota.

El padre, aceptando ya su derrota definitiva, le dice con generosidad:

—Cuando quieras, renuncio y te paso el testigo.

Pero en vez de agradecerlo, Juanito le contesta malhumorado:

—¿Quién iba a entender eso? Ahora no es el momento.

Le gustaría favorecer a su cuñado y a sus amigos, a Miguel Primo de Rivera, a su primo Carlitos, a Jaime Carvajal, a Zu Tchokotua ¡no, a Zu no, que se ha casado con Marieta Salas y está nadando en la abundancia! Zu le había hecho un favor incluso, consiguiendo que el gobierno balear les prestara el palacio de Marivent para que pasaran los veranos.

Favorecer a los amigos, sí, pero sobre todo a Prado, que tanto le ha ayudado en estos días..., pero ¿cómo hacerlo? Ha heredado todos los poderes de Franco, puede inventar lo que le dé la gana y nadie lo va a cuestionar. ¿Por qué entonces siente esta extraña apatía? Mondéjar lo tranquiliza:

—Es normal, señor, todo es nuevo para nosotros, no hay nadie a quien preguntar... No hay precedentes ni protocolo, el personal que tenemos no está preparado, ¡nosotros tampoco!

Ese fondo de melancolía que aflora tan poco, después de la tensión inmisericorde de estos últimos años, se apodera de su espíritu.

Se encierra en el despacho y mantiene largas conversaciones con personas que Sofía no conoce. Oye voces airadas, gritos. Un día le pregunta:

—¿De qué habláis?

Él le responde, desabrido:

—Pues mira, estamos tratando de desmontar punto por punto los principios del Movimiento, ¿te parece poco?

Al final consigue meter en el gobierno a Fraga Iribarne, a Antonio Garrigues, a Leopoldo Calvo-Sotelo y a Areilza, del que no se fía ni un pelo porque ha traicionado a Franco, a su padre y ahora lo va a traicionar a él, pero, como ministro de Asuntos Exteriores, el conde de Motrico no tiene precio. Un joven Adolfo Suárez, que tanto lo favoreció en su etapa de director de Televisión Española, va como secretario general del Movimiento.

Esas Navidades las pasan en Baqueira, en el valle de Arán, y cogen una planta entera del hotel Montarto. Con ellos van los hermanos de Sofía, Irene y Tino, que se presenta con su socio en el negocio de los coches blindados, Alexis Mardas. Aunque de muy buena familia, era un aventurero imaginativo y cosmopolita, que había sido la mano derecha de los Beatles, había viajado con ellos a la India e incluso había tenido una aventura con la mujer de John Lennon. Era el tipo de persona que fascinaba a Juanito, y es tan buen vendedor que en un par de horas le saca la promesa de que les va a hacer un contrato como encargados fijos de la seguridad de la Moncloa y la Zarzuela.

Su cuñado Tino estaba tan agradecido que se puso a llorar e intentó besarle la mano.

Las infantas toman clases con sus monitores. Elena es una niña muy callada, introvertida, resulta difícil sacarle una palabra o una emoción, aunque tiene de pronto rasgos coléricos como su padre. La han tenido que cambiar de colegio porque el Rosales era demasiado exigente para sus capacidades y va al Virgen del Camino. Cristina es lista, simpática y natural, nadie le presta mucha atención, y Felipe está malcriado y es caprichoso, pero la madre todo se lo consiente y nadie se atreve a quejarse de él ni hacerle ninguna reconvención. Tiene la manía de dar patadas, lo cual, con las botas de esquiar, es bastante doloroso, pero la persona agraviada es la primera en decir:

—Déjelo, majestad, no tiene importancia.

El rey se reúne con sus amigos: Miguel Arias, Paquito Fernández Ochoa, Jesús Serra, Cuñat... Cenan juntos en Casa Irene. A veces, a la hora de las copas, van unas amigas de Barcelona, la mujer de un aristócrata de nuevo cuño y una actriz y modelo catalana. El rey necesita relajarse. Suele repetir en tono bromista, que sus amigos corean con risas:

—Tampoco hay que acostarse con todas..., pero tenemos que intentarlo.

Cuando regresan a Madrid, vuelve a encerrarse en su despacho.

La reina oye voces hasta la medianoche ¡y una risa de mujer! Entra de sopetón y se encuentra a Adolfo Suárez y a una chica rubia muy atractiva sentada en el borde de la mesa. El rey se la presenta de mala gana:

—Carmen Díez de Rivera.

Va vestida con pantalones vaqueros, un pañuelo al cuello, es moderna, desenfadada, muy joven, enérgica y chispeante. No le hace la preceptiva reverencia, sino que le estrecha la mano con la fuerza de un hombre.

Claro que sabe quién es, como lo sabe toda España. Es la hija de Sonsoles de Icaza y de su amante, el cuñadísimo, Ramón Serrano Suñer, aunque pasa por ser hija del marqués de Llanzol. Como en una novela, cuando Carmen era una adolescente, se había enamorado de un hijo de Ramón y le habían tenido que confesar que era su hermano para que desistiesen de casarse.

¡Y ahora esta mujer con una historia tan morbosa a sus espaldas está todo el día con su marido! Y no es una vieja decrépita, como Pilar Primo de Rivera, sino una muchacha elegante y rubia, del estilo de las que le gustan a Juanito. Pero tiene que esperar hasta las tres de la madrugada para preguntarle, ella, que normalmente es la calma personificada, esa noche se fuma un paquete entero de cigarrillos.

Entra en su habitación, donde el rey silba una melodía mientras se desanuda la corbata. La mira con el ceño fruncido:

—¿Qué quieres ahora? Estoy cansado. Y te rogaría que no volvieras a entrar en el despacho sin avisar.

—No te veo nunca. ¡No sé lo que haces!

—Te recuerdo el pequeño detalle de que tengo que gobernar un país. No solo soy el rey, sino el jefe de Estado.

—¿Y esa mujer?

—¿Carmen? Es la asistente de Adolfo, muy capaz.

—Pero tú y ella…

Juanito se acerca y la mira fijamente:

—Qué poca categoría es tener celos, Sofi. ¡No te pega!

El primer fin de semana después de vacaciones dice que se va a cazar. Que está cansado, que necesita dos días de asueto. Sofía, el domingo por la mañana, coge a los niños y le pide a Gaudencio que vaya donde está el rey. Sí, él ya sabe, en los montes de Toledo.

El conductor, sin decir palabra, enfila el Audi 100 por la carretera de Toledo, a la altura de Aranjuez se desvía... La inmensa casa palacio parece vacía. Las puertas y ventanas están cerradas, no hay nadie a la vista.

—Señora, no están —dice Gaudencio, aliviado.

—Bien, pues media vuelta.

Pero, en ese momento, Felipe grita:

—¡Mira, mamá, es Moro!

El enorme mastín negro del rey, del que no se separaba nunca, avanzaba hacia ellos moviendo la cola.

—Para, Gaudencio, que sí está el rey.

Ve los coches de vigilancia aparcados en la parte trasera.

Con el corazón en la boca les dice a los niños que esperen y va a golpear el portón. Al final, abrió el dueño, se puso firme delante de la reina y no pudo evitar el tartamudeo cuando mintió:

—Pe... pero, señora..., su majestad no está...

La reina aparta al grande de España de un empujón, entra en la casa, en la escalera ve a los miembros de seguridad de su marido y sabe que tiene que estar aquí. Sube la escalera y, con la intuición de las mujeres engañadas, se dirige hacia una de las puertas. Los escoltas balbucean:

—Majestad...

Tratan de detenerla, pero claro está que ninguno le puede poner la mano encima. Sofía abre la puerta. Ve una cama enorme y anticuada, un montón de ropa en el suelo, dos cuerpos, un rostro de mujer que emite un grito... La reconoce.

La escena dura apenas unos segundos.

Sofía sale corriendo.

Cuando llega a la Zarzuela, le pide a Laura, su secretaria, que saque pasajes para ir a la India. Como hizo cuando, recién casada, sospechaba de Juanito en Estoril, va a refugiarse en el regazo de su madre:

—Un billete —pero después añade, porque lo que quiere es hacer daño a Juanito—. No, cuatro, los príncipes vendrán también.

Castigar a Juanito. ¡Al rey! ¡Llevarse a los niños, que es lo que más dolor puede causarle! En realidad, las niñas no le importan, pero llevarse al heredero..., eso sí que es una puñalada en el corazón, ¡si es que ese malnacido tiene corazón!

Separarse.

Es cierto que ya no tenían relaciones desde el nacimiento de Felipe, pero le aterra vislumbrar cuál iba a ser su futuro sin la vigilancia de Franco. Una cadena de infidelidades, una mujer detrás de otra, como Juan, como Alfonso, como todos los varones de esa maldita dinastía... Humillaciones públicas que tendrá que tragarse.

Mondéjar le dice:

—Señora, sin querer entrar en sus problemas personales, mañana tenéis dos actos en los que no se puede excusar su asistencia.

Ese domingo de enero, con los labios muy apretados y el corazón lleno de odio, fue a una recepción del cuerpo diplomático en el palacio de Oriente y por la tarde, a un partido de fútbol.

Juanito la miraba de reojo, con furia y preocupación. No existía el divorcio, el adulterio estaba penado con seis meses de cárcel, ¡cómo iba a separarse el rey de España! Mal empezaba el reinado por culpa de ella, no por culpa de él, bastante había aguantado durante tantos años en los que se sentía amenazado por el código Armada. Sí, ahora tenía a Neneta, y después a una y a otra, las actrices que le iba a presentar Adolfo, y las antiguas novias que pululaban a su alrededor y... y... ¿no necesitaba el hombre a la mujer? ¿No estaba escrito en la Biblia? ¿Se iba a meter cartujo?

La prensa, sorprendida, decía: «Federica ha enfermado y su hija ha ido a verla» o «Es un viaje improvisado para que los nietos feliciten la Navidad a su abuela».

¡Diez días, diez días estuvieron fuera! Felipe contará después:

—Fuimos a Nueva Delhi, había muchos mosquitos, solo salíamos de noche. Olía muy mal.

Juan Carlos no está ocioso esos días. Hay problemas en todos los frentes: los estudiantes, los mineros, los sindicatos... ¡Hay que propiciar la dimisión de Arias! ¡Es un desastre sin paliativos! El ritmo de las reuniones es frenético, con López Rodó, con Torcuato, con los socialistas Solana y Felipe, trata de hacer que el encaje de los tiempos, el pasado y el futuro, sea tan preciso como una pieza de relojería. Los amigos que lo han ayudado todos estos años de travesía en el desierto van a verlo, ahora lo necesitan. A Prado promete hacerlo presidente de Iberia; a Jaime Carvajal le asegura la presidencia de Ford España, que tiene que inaugurar en unos meses en Almussafes; Miguel Primo será senador real, así como los banqueros a los que Escámez pasa la gorra todos los meses...

¿A alguno le cuenta sus problemas matrimoniales?

¡Se casó con Sofía porque una princesa está siempre a la altura de las circunstancias! ¿Por qué le ha hecho esta cabronada, y más en estos momentos tan complicados?

Un día se presenta en Zarzuela Charo Palacios, su amiga de Estoril. Se ríe de la decoración: «¿Estás viviendo en un parador de turismo?», y observa con una ceja alzada que hay juguetes de los niños tirados en medio de los jardines. Ahora es la condesa de Montarco, por su matrimonio con Eduardo de Rojas, y trabaja de relaciones públicas con Elio Berhanyer, aunque tiene muy claro que el modisto la ha contratado porque conoce su gran amistad con el rey:

—Juanito, perdón, majestad, sería un puntazo que nos encargarais los uniformes de Iberia.

Sonreía. Iba con una amiga y las dos competían en cuál resultaba más seductora. El rey a todo dice que sí, no podía apartar sus ojos de ellas. Ay, el poder era el mejor órgano sexual. ¡Todas las mujeres querrán acostarse con el rey!

Se lo había dicho su amigo de la academia Antonio Bouza:

—Es increíble el brillo de la corona... Solo tendrá que señalar, señor, y tendrá las que quiera.

¡Tendrá lo que quiera, y no solo mujeres! Le llama el príncipe Fahd:

—Que te digan en Mallorca lo que hay atracado para ti. Con mis mejores deseos para esta nueva etapa.

Telefonea al puerto de Palma y le comunican que, de parte de su alteza real, el príncipe Fahd de Arabia Saudí, hay un bonito barco de veinte metros a su disposición.

¡Ya sabe el nombre que le va a poner! ¡*Fortuna*! ¡Franco tenía baraka y él tiene fortuna!

Por la noche llama a su suegra sin contemplaciones:

—Dile a Sofía que estoy empezando a cansarme de este numerito... Que se vaya contigo a la India me importa un huevo; ahora, que se despida de ser reina. Haré anular el matrimonio, diré que ella no estaba convencida de hacerse católica y a la mierda. ¡Y Felipe, conmigo!

Sofía regresó con la cabeza baja y Juanito intentó alguna explicación. La reina, con altanería, le indicó desdeñosamente:

—No me interesa nada de lo que puedas decirme.

—Pues anda y jódete —contestó el rey, ofendido.

Sofía se le encaró con una risotada, tan gutural y prusiana que hasta se cuadraron los mirlos que volaban por el jardín:

—Tú más, porque, pase lo que pase, no te puedes divorciar de mí. ¡No me vengas con esa historia de la anulación porque no soy idiota! Yo me he ganado el trono tanto como tú, he luchado tanto como tú y me lo merezco lo mismo que tú —se señaló con el dedo pulgar el pecho—: ¡Porque soy la reina!

Encima de la mesa estaban los boletines de notas de sus hijos y los firmó de un solo trazo, con tanta fuerza que desgarró el papel: «Sofía, reina».

Al día siguiente, entraron operarios en la Zarzuela para emprender una nueva reforma. Se instalaron despachos en el semisótano, se añadió un nuevo pabellón acristalado para las audiencias... Y se hicieron dos apartamentos para los reyes, uno en la planta baja; el otro, en la primera.

El rey bromeaba con sus amigos:

—Es que la reina ronca.

Dejó de importarle aquella mujer a la que nunca había amado. Pero Sofía sí preguntaba; Juanito se convirtió en su obsesión, su idea fija. Trataba de averiguar por todos los medios qué hacía, quién ocupaba su corazón en esos momentos, quién era la favorita, pero le era muy difícil porque apenas conocía el idioma, no tenía amigas ni confidentes ni apoyos. Era reina, sí, pero ¡en el firmamento de la Zarzuela solo podía brillar un astro! Únicamente se fiaba de Mondéjar y esa fue una de las razones, además de que era ya muy mayor, por las que el marqués fue sustituido por Sabino Fernández Campo, que le comentó al general Armada, su segundo en la Casa:

—Es increíble lo de la reina, pregunta, pregunta y no para de preguntar... Y lo que más le interesa saber es si son muchas, o si es una, pero muy paseada.

—Señor, os quiero presentar a este grupo de estupendos artistas que apoyan a la UCD y a mi hermano.

Aunque Juan Carlos conocía a casi todos los hombres y se había acostado con casi todas las mujeres, fue saludando conforme José María Suárez se los presentaba:

—El boxeador Pedro Carrasco, Paloma Cela, Ágata Lys, Marisa Medina...

Una de las cosas que al rey le gustaba de Adolfo era su hermano Chema. Era su secretario, un hombre cordial y dicharachero que se dedicaba a las relaciones públicas, estaba muy metido en todos los ambientes de la farándula y podía organizar saraos como este en el hotel Eurobuilding:

—Paula Pattier, Marcia Bell, Danny Daniel, Mochi...

El simpático Mochi dijo:

—Sí, señor, queremos que se sepa que no todos apoyamos al Partido Comunista.

—Arturo Fernández...

Mochi bromeó y gritó «presente» con la voz de Franco, y Arturo Fernández, cabreado, decidió irse del cóctel. ¡Pero Juan Carlos no se daba cuenta de nada porque estaba perdido sin remedio! Por una rubia impresionante, de largas piernas, unos pómulos afilados como los de Olghina de Robilant y ojos oscuros, negrísimos y prometedores.

—Y esta es… —Chema, dándose cuenta de la impresión que había causado su amiga a Juan Carlos, se rio—, señor, supongo que no hace falta que os presente a la famosa Bárbara Rey.

Se miraron pupila contra pupila. La muchacha hizo una ligera reverencia, tan leve que pareció una burla, y dijo con voz sensual, mientras el rey no la escuchaba porque solo quería tenderla en el suelo y destrozarla y destrozarse:

—Majestad, podéis llamarme Marita.

20

El rey Juan Carlos le dictaba a la secretaria, con las manos en la espalda, paseando por el despacho arriba y abajo. El retrato de Alfonso XIII vestido de húsar, pintado por Joaquín Sorolla, lo observaba severamente desde la pared, mientras una fotografía de sus padres con una dedicatoria —«Para Juanito»— se apoyaba contra unos libros en la estantería.

—«Querido hermano…».

Se giraba de pronto hacia Manolo Prado con los brazos abiertos:

—¿Y qué más? No le voy a decir querido hermano y pegarle el sablazo del siglo directamente.

Prado soltó una carcajada:

—No, señor, claro que no, primero le hablaremos al sha de Irán de la situación del país, de que cuarenta años de franquismo…

—¿De dictadura? —se horrorizó Juan Carlos.

Prado movió la cabeza:

—No, señor, porque Irán tampoco es el país más democrático del mundo, vamos a decir simplemente cuarenta años de régimen personal... Y que vuestra majestad ha tenido que empezar desde cero, y que... —Se volvió hacia la secretaria—: Apunta: «Conseguí apartar a Arias Navarro, al que había colocado Franco, de la presidencia, y puse el gobierno en manos de Adolfo Suárez, un hombre de mi plena confianza que ganó las primeras elecciones celebradas la semana pasada, pese a haber creado tan solo un mes antes su propio partido, UCD, y sin contar con recursos. La derecha, sin embargo, está financiada por la banca y la izquierda, por Willy Brandt y Venezuela».

Pero Juan Carlos quería poner objeciones, no en vano era el rey:

—A ver, Manolo, no se puede pedir dinero así como así, necesitamos una excusa concreta.

—Digamos que se necesita para preparar las elecciones municipales... —dijo Prado, tras un momento de reflexión—. Sí, serán dentro de dos años y creo que, habiendo ganado ahora, estarán cubiertas; la banca se estirará seguro, ¡es muy fácil apostar a caballo ganador! Pero qué más da, los iraníes no se van a enterar nunca.

—Muy bien, entonces mintamos un poco: «Y de cara a las municipales, que necesitamos ganar forzosamente, si no caeremos en manos de una dictadura marxista...».

El manco de oro lo atajó:

—No, un momento, majestad, que ahora estoy inspirado, a ver cómo suena de esta manera: «El presidente Suárez claramente necesita más que nunca cualquier ayuda monetaria posible, ya sea de sus compañeros o de países amigos que buscan preservar la civilización occidental y las monarquías establecidas».

Juan Carlos palmoteó.

—Muy bien, de puta madre. —Levantó el índice—. Ahora entro yo, de hermano a hermano, «por esta razón, mi querido hermano, me tomo la libertad de pedir tu apoyo en nombre del partido político del presidente Suárez, en estos momentos en difícil coyuntura...». Ahora le metemos la pirula: «Las elecciones municipales se celebrarán dentro de seis meses y será ahí más que nada donde pondremos nuestro futuro en la balanza».

Manolo se admiró:

—Qué bien escribe vuestra majestad.

—Calla, pelota. «Por eso me tomo la libertad, con todos mis respetos, de someter a tu generosa consideración la posibilidad de conceder un millón...».

Prado se echó a reír.

—¿Un millón? Pero eso no es nada, señor, no vamos a molestar al sha del Irán por un millón.

—Pero es que como llevan tanto tiempo dándonos... —murmuró Juan Carlos, algo incómodo.

—Ese dinero se lo ha ganado vuestra majestad legítimamente —puntualizó el otro severamente—, ¡y más debería tener! Nos ha salvado de una crisis petrolera que nos ha permitido tirar adelante y, aunque los españoles no lo sepan...

—Mejor que no lo sepan... —se apresuró a declarar el rey.

—Majestad, no creo que nadie vaya a regatearle esos pocos céntimos por barril... Pero, aunque los españoles no lo sepan, este bienestar del que disfrutamos lo hemos obtenido gracias a su intermediación. No me imagino a ningún ministro de Franco llamándoles hermanos y visitándolos en sus jaimas.

—Por no contarte lo que tengo que comer…: ojos de cordero, albóndigas de carne que mi hermano amasa él mismo con dedos no muy limpios…

La foto de su padre parecía contemplarlo duramente desde su marco de plata y con disimulo Juanito le dio la vuelta.

—En fin, no hace falta hablar de eso. Entonces, ¿cuánto ponemos?, ¿dos?

La secretaria se mantenía frente al teclado de la máquina de escribir con las manos en alto y Prado se volvió teatralmente hacia ella y le señaló:

—Niña, apunta: «Diez millones de dólares como tu contribución personal al fortalecimiento de la monarquía española».

Juan Carlos se tapó la cara con las manos y le acometió una risa floja.

—¡Diez millones de dólares, pero tú estás loco!

Prado se acercó a él contoneándose.

—Señor, con todos los respetos, ¿no os acordáis de la bola del mundo del tamaño de esa cómoda hecha de oro macizo con el ecuador de esmeraldas gordas como huevos de paloma que tenía el sha en el vestíbulo del palacio? Para ellos, diez millones no son nada.

Al final cedió con un bufido:

—Tú ganas…, pon diez millones de dólares.

—«En caso de que mi petición merezca tu aprobación, me tomo la libertad de recomendar la visita a Teherán de mi amigo personal Alexis Mardas…».

Del rincón más oscuro del despacho se levantó un hombre medio calvo, muy delgado, que saludó como un actor entrando en escena:

—Señor.

Juan Carlos le sonrió.

—A ver cómo te desenvuelves, Magic Alexis.

Así, Magic Alexis le llamaban los Beatles.

Los coches blindados de Alexis y su cuñado habían resultado un desastre, tan pesados que apenas podían moverse y sin garantías respecto a que el blindaje fuera eficaz, pero Juanito se esforzaba en hacerles propaganda y distribuirlos entre sus amistades. Prado no confiaba demasiado en él, pero comprendía que el rey lo había impuesto en la negociación para favorecer a Constantino, que no tenía otro medio de vida:

—Lo hará bien, tiene buenas relaciones comerciales con los países árabes... gracias a la recomendación de vuestra majestad, todo hay que decirlo.

Juanito fingió no escucharlo, además de intentar favorecer a su cuñado. La verdad es que Alexis había organizado varias fiestas en Londres, «solo para hombres», a las que el rey había acudido en *jet* privado. Las llamaban las «fiestas de las fresas salvajes», y se lo había pasado muy bien.

—Diez millones de dólares, qué loco estás, Manolo.

Alexis volvió a sentarse y encendió un cigarrillo.

Como quien no quiere la cosa, mirándose las uñas de la única mano que tenía, Prado siguió:

—Y enviaremos la misma carta a Arabia Saudí, a Hassan de Marruecos y al sultán de Omán. Alexis está de acuerdo.

—Lo que tú digas, Manolo, si quieres la enviamos a la luna y las estrellas.

El otro siguió dictando en tono oficinesco:

—«... Mardas tomará nota de tus instrucciones».

El rey lo interrumpió:

—Espera, que tenemos que meter el hermano otra vez:

«Con todo mi respeto y amistad, se despide tu hermano...» —Elevó los brazos al cielo—. ¡*Per la Madonna*, diez millones de dólares!

Si lo dijo en italiano fue porque había tenido una breve aventura con una presentadora italiana muy conocida con la que se encontraba en el apartamento de un íntimo amigo suyo en la calle General Ibáñez de Ibero. Después iban a comer tranquilamente al restaurante Las Cuatro Estaciones. Le hablaba de la condesa Olghina de Robilant y le había dicho que ahora se había convertido en periodista.

Prado puntualizó:

—Entre hermanos se pueden pedir favores, ya se sabe...

¡Los dos lo sabían! Estaban seguros de que las cuatro monarquías orientales iban a ofrecer ese donativo que se les pedía. Y los dos sabían que gran parte de ese donativo, si no todo, descontada la comisión de Alexis y de Manolo, iría a parar a la Zarzuela.

De hecho, en las elecciones de 1979, el tesorero de UCD explicó que los bancos, desde el Popular al Hispano, desde el Central al Bilbao, se volcaron en la financiación del partido, seiscientos millones a fondo perdido y setecientos millones en créditos. No se mencionó el dinero de Irán, lo cual sería lógico, ni, lo que es más significativo, pareció que esa donación hiciera falta.

¡Y es que el rey se lo merecía todo! ¡Se lo había ganado! Porque gracias a él los españoles iban entrando en la modernidad sin necesidad de matarse los unos a los otros. Bueno, gracias a él, y a Fernández-Miranda, y a Adolfo Suárez, pero es que a los dos los había puesto él. Cada día Torcuato llegaba con sus carpetas debajo del brazo y le daba cuenta de sus avances, cada día caía una ley franquista como herida por el rayo e iba siendo sustituida por otra sin que nadie se diera cuenta. El régimen, que parecía que fuera a durar mil años, iba siendo desmantelado rápida y pacíficamente.

—Tengo baraka —decía Juan Carlos en esos días en los que todo parecía posible—. ¡Al final, la fortuna se ha puesto de mi lado!

Cuando ya se despedían Alexis y Prado, se oyeron voces en la antesala, abrieron la puerta para marcharse y la conversación se escuchó nítidamente. Eran Armada y Adolfo Suárez. El general le gritaba al presidente del Gobierno:

—El divorcio ese que quieres traer a España será el disolvente de la sociedad, ¿no te das cuenta? En este país de bragueta fácil los hombres dejarán desamparadas a las mujeres para irse con cualquier pelandusca.

—No es una cosa de hoy para mañana, general, pero vendrá, hazte a la idea, eres antiguo y carpetovetónico, tienes la mentalidad de un troglodita.

—Y tú eres un subversivo y un frívolo. ¡Pobre Amparo, no me extraña que esté con una depresión de caballo!

Suárez se lanzó contra el general, pero en el último momento entró Sabino, que apareció atraído por las voces:

—Sinvergüenza, cobarde, retira eso.

El otro contestaba desde detrás de Sabino, por si acaso, mientras Alexis, Prado y la secretaria huían por el pasillo de puntillas:

—No lo retiro, aunque me mates. Retira tú ese futuro proyecto de ley.

El rey, alarmado, lo agarró por la chaqueta:

—General, te lo ordeno, basta.

Armada se recompuso mientras rezongaba:

—Ya la hiciste buena legalizando el Partido Comunista, ¡a los violadores de monjas! ¡Ese Santiago Carrillo, el asesino de Paracuellos, sentado en el Congreso y no en la cárcel! Qué nos falta por ver, que los hombres se casen con los hombres... Aberraciones, monstruosidades...

Con un suspiro, don Juan Carlos cogió a Adolfo del brazo y lo hizo entrar en el despacho. Cerraron y se apoyaron en la puerta, escuchando:

—La pobre Amparo, ahí, loca perdida por tu culpa... Aún tengo que ver en la presidencia del Gobierno a esa murciana vampiresa hija del demonio...

Sabino, que a todo el mundo daba la razón y además se sentía en deuda con Armada porque había llegado a la Zarzuela de su mano, templaba gaitas mientras iba alejándolo del despacho del rey:

—Sí, Alfonso, es verdad... Vamos a nuestra zona y hablemos con calma.

El otro aún galleaba:

—Quiero hablar con la reina, ella piensa como yo, me lo tiene dicho muchas veces.

—Por supuesto, Alfonso, pero ahora está atendiendo a unas señoras de la Cruz Roja.

Se oía la voz cada vez más lejos:

—Elemento subversivo..., apóstata, hereje...

—Sí, Alfonso, cuidado con ese escalón...

Adolfo y Juan Carlos se miraron de reojo y rompieron a reír como chiquillos.

Juan Carlos palmeó la espalda de su presidente del Gobierno con afecto:

—Adolfo, Adolfo, somos cojonudos. ¡Tenemos baraka!

El otro se pasó la mano por el pelo, se anudó bien la corbata y, a pesar de la sonrisa, se le notaban los rasgos agostados de la persona que no ha dormido, no una noche, sino muchas noches:

—Señor, este es el pan nuestro de cada día. Mis hijos ya no pueden asistir al colegio, el otro día les tiraron un gato muerto… Amparo ni siquiera puede ir a la peluquería, le dijeron que no volviera, que las señoras les hacían boicot y el negocio se iba a la ruina…

—Qué cabrones, pero serás recordado como el artífice de la Transición…, a mi lado, los dos juntos ¡pasaremos a la historia, Adolfo!

Se miraron. Adolfo Suárez tenía seis años más que don Juan Carlos, era algo más bajo de estatura, aunque llevaba alzas, moreno agitanado, de barba tan cerrada que tenía que afeitarse dos veces al día; mientras el otro era rubiote, de cutis pecoso, tan alto que se le había formado una ligera chepa por tener que bajar la cabeza para hablar con sus interlocutores. Los dos iban muy bien trajeados, uno se vestía en Pajares, pero era consciente de que nunca alcanzaría la elegancia innata del rey, que lo hacía en Jaime Gallo.

—Si me quedo sin trabajo en la política, siempre podría despachar en la planta de caballeros de El Corte Inglés —repetía siempre con sorna.

Pero eran dos ejemplares magníficos de hombres en la flor de la vida, llenos de energía eléctrica, a pesar del cansancio, de las noches sin dormir y de las preocupaciones. El rey se acababa de poner carillas y las dentaduras de ambos deslumbraban.

Los ojos de los dos brillaban también, vivísimos.

Se dirigieron al sofá bajo de piel que el rey tenía para las conversaciones confidenciales. Señaló el mueble bar y Adolfo asintió. Mientras don Juan Carlos preparaba dos whiskys, Adolfo preguntó discretamente:

—¿Y cómo vais con… la de Totana?

Juanito puso cara de satisfacción y se señaló desde el hombro a la mano:

—Es una mujer desde aquí… hasta allí…, buf, me vuelve loco.

—Tenéis mucha competencia, que lo sepáis.

El rey sabía que los servicios secretos espiaban a todas las personas con las que estaba en contacto, que sus teléfonos seguían intervenidos y que nada había en su vida que no estuviera cuidadosamente registrado, pero a él, ¿qué le importaba? ¿Quién iba a toserle al rey de España?

Desde la muerte de Franco se había conseguido mucho, pero faltaba lo más importante, elaborar una Constitución. Juan Carlos sabe que la necesita como último paso para la consolidación definitiva de la monarquía, no solo a nivel interno, sino internacional. En septiembre, una comisión compuesta por siete representantes de las tendencias políticas que están en el Congreso deberá ponerse a trabajar.

Juan Carlos respira profundamente. Adolfo ya ha empezado a interpretar las expresiones del rey, al que intenta imitar con disimulo, pues lo admira con todas sus fuerzas. ¡El modesto hijo de un simple procurador de los tribunales, ahora sentado de tú a tú con el rey de España! ¡Él sí que tiene baraka!

Sabe que lo que va a decirle es importante, y se concentra para darle la respuesta adecuada:

—Mira, Adolfo, la verdad, no me voy a meter en el trabajo de esos siete sabios ni muchísimo menos, pero hay dos cosas que quería comentarte. Si derogamos la ley sálica... tú sabes lo que es eso, ¿no?

—Por favor, majestad, yo no seré un heraldista, pero aún recuerdo mis estudios de Derecho.

—Pues mi chica mayor no está en condiciones de reinar... Tiene que ser Felipe, que ya es Príncipe de Asturias... No lo vamos a degradar ahora, ¿no?

Una vez más, Adolfo se sorprende por la astucia del hombre que tiene delante y al que muchos siguen tomando por tonto. Nombrando Príncipe de Asturias a Felipe en enero, algo a lo que casi nadie dio importancia, coloca a los ponentes de la Constitución ante los hechos consumados.

Adolfo se ve obligado a presentar alguna duda:

—Entiendo, señor, pero ¿no será ir en contra de los tiempos? Carmen me decía el otro día que...

El rey se agitó y estuvo a punto de tener uno de sus célebres ataques de cólera. Adolfo sabía que debajo del sofá en que se sentaban estaban los trozos del último jarrón que rompió estrellándolo contra el suelo cuando le contaron que su primo Alfonso de Borbón Dampierre ahora reivindicaba el trono francés. Lo sabía porque él mismo los había empujado con el pie para que no los viera nadie. Ahora miró a su alrededor para ver si había algún objeto que pudiera romperse... Mientras, la voz del rey iba subiendo de decibelios:

—Me importa una mierda Carmen, esa... esa ¡feminista! ¿Y los tiempos? ¡Una mierda para los tiempos! ¡Elena no puede reinar y punto en boca! No tengo por qué dar más explicaciones. ¿Hay un chico? ¡Pues ese tiene que heredar, vamos a dejarnos de modernidades que a nada conducen!

Adolfo trató de apaciguarlo:

—Claro, claro, majestad…, entiendo. Perdonadme, no sé dónde tengo la cabeza.

El rey se metió el dedo entre el cuello y la camisa, tan congestionado que parecía que la cara le fuera a estallar, y resopló:

—Buf…, es que me sulfuráis con vuestras cominerías… Siempre me estáis poniendo obstáculos, así no se puede reinar. Y otra cosa…

—Lo que el señor quiera, por supuesto —musitó Adolfo, sumiso.

—A mí no me recortéis todas las atribuciones, ¿estamos? Ya veis que a generoso no me gana nadie, pero lo he hablado con Fraga y yo necesito, además de ciertas facultades que ya os detallaremos más adelante, inviolabilidad y no imputabilidad.

—Claro, señor, eso estará en manos de los legisladores, pero no creo yo que…

El rey se levantó y se puso a pasear por el despacho:

—No pretendo ser un rey absoluto, pero no quiero convertirme en una figura decorativa como el rey de Suecia e ir en bicicleta al despacho. A patriotismo no me gana nadie y todo lo que he aprendido lo quiero poner a disposición de mi país.

—Por supuesto, señor, no creo que haya ni un solo español que…

El rey se detuvo y se enfrentó con él:

—*Parole, parole, parole*… No quiero solo palabras, quiero que todo conste en acta. In-vio-la-bi-li-dad, *capisci*?

Adolfo se admiró del dominio de idiomas de su majestad, mecachis, en eso le ganaba de lejos porque él solo hablaba el bueno y viejo castellano de Ávila, y le respondió:

—¿Queréis decir que no se os pueda juzgar?

—Eso mismo.

Suárez, que estaba al tanto de por dónde iban los tiros, pero no quería inmiscuirse en tema tan espinoso, aceptó sin más:

—Me parece perfectamente natural, señor, no creo que nadie se oponga.

—Bien. No me defraudes.

El rey volvió a sentarse. Una de sus preocupaciones acababa de evaporarse, aunque no tenía ninguna duda de que iba a ser así. ¡Todos sabían que sin él nada de esto sería posible! ¿Y qué pedía a cambio?

¡Se lo merecía! ¡No estaba haciendo nada ilegal ni le robaba a nadie!

Encendió un cigarrillo.

—Y eso de Tarradellas, ¿qué tal?

—Las izquierdas han ganado en Cataluña, como sabéis, y ahora reclaman un trato aparte, un estatuto especial de autonomía. Y creemos que este señor que ha vivido muchos años exiliado en Francia es persona sensata y puede ser un buen aliado nuestro.

—Es el presidente de su Gobierno... ¿Cómo se llama el gobierno ese?

—Ellos le llaman *Cheneralitá*, que quiere decir Generalidad... En realidad, nadie le ha nombrado, pero sí, así se autodenomina. La entrevista con él fue como la seda. En el fondo, es un sentimental. Se fue encantado de que vuestra majestad le hablara en catalán.

Juan Carlos se levantó y cogió la foto de su padre:

—Mi padre siempre me ha dicho que o me entendía con Cataluña o todo se iría al carajo... Tenemos que hacerlo muy bien.

—A vuestra majestad le tienen allí mucho cariño... Se los metió en el bolsillo cuando fue la primera vez y les habló en su idioma. Son buena gente, como niños, con estos gestos se quedan contentos.

Pero Juan Carlos no lo escuchaba ya. Estaba pensando en su padre.

El 14 de mayo había culminado su proceso de autoinmolación y había abdicado en su hijo. Una ceremonia pobretona y desangelada en la Zarzuela en la que el único emocionado había sido el propio don Juan. Felipe iba con jersey y se le veía aburrido, Cristina ni se había molestado en venir desde Inglaterra, donde estaba estudiando... Doña María tenía tal expresión de amargura que parecía que iba a echarse a llorar de un momento a otro.

«Creo llegado el momento de entregarle a mi hijo el legado histórico que heredé y ofrezco a mi patria la renuncia de mis derechos a la monarquía...». Cuando acabó, don Juan se acercó a Luis María Anson con los ojos nublados y lo abrazó como a un hermano.

¡Tanto luchar, tantos años, para haber acabado en esto!

Sofía estaba de malhumor, enfadada, le había dicho a su marido que no veía la necesidad de celebrar esta ceremonia que a nadie interesaba. Que si quería hacer este paripé para contentar a su padre, que la cosa se hiciera por carta y santas pascuas:

—No sé a qué viene esta celebración cuando tu padre no ha hecho más que ponernos palos en las ruedas.

Juan se enteró de estas palabras de su nuera, y también se dio cuenta de que, aunque la dictadura había acabado, nadie decía a las claras que podía regresar a España y decidieron quedarse un tiempo más en Estoril, a pesar de que sus tres hijos vivían ya en Madrid. Le entristecía constatar la paradoja de que la muerte física de Franco, su enemigo, también había representado su propia muerte social, política e incluso familiar, porque su hijo había dejado de temerle.

¡Y lo curioso es que Juanito entendía a su padre! Lo imaginaba en Villa Giralda, con la mayoría de las habitaciones cerradas, sin la rotación habitual de nobles, porque los nobles se habían vuelto hacia la Zarzuela como hacia el sol, con las visitas únicamente de sus acérrimos fieles, como Anson, Joaquín Satrústegui, el duque de Alburquerque o un viejecito Pemán. Solo y desarbolado, añorando una patria que ya no existía, con una vida sin objetivos. Pero no podía apiadarse, era duro, tenía una tarea ingente por delante y no podía debilitarse sintiendo compasión.

¿De qué serviría? Como decía Ortega y Gasset y repetía Suárez: «El esfuerzo inútil conduce a la melancolía».

Tampoco era conveniente ir a verlo. Estoril era el pasado, el libro de su vida tenía que escribirse ahora con tinta nueva.

Adolfo lo observaba con expresión interrogante y algo impaciente. ¡Tenía tanto que hacer aún! Media docena de reuniones, departir con su cuñado Lito Delgado, su mano derecha, ver qué le había preparado Carmen, su mano izquierda... Eran cuatro gatos en la Moncloa, y por eso su trabajo se multiplicaba hasta el infinito, más allá de sus fuerzas... Se tomaría media docena de cafés, comería una tortilla fría de camino a su cama, donde caería rendido, pero insomne, de madrugada, cuando ya los pájaros cantaban y azuleaba el día a través de las persianas.

Pero el rey, con un gesto, le pidió que esperase, se asomó a la puerta y llamó a un ordenanza:

—¿Puedes decirle a la reina que venga un momento? —Luego se giró hacia Adolfo—: Espera, que querrá saludarte.

Sofía entró, impaciente, con el ceño fruncido y la boca convertida en una línea.

—¿Qué pasa? —preguntó a la defensiva.

Adolfo se dijo como siempre que menos mal que los españoles no sabían que su reina hablaba tan mal el castellano. Cuando había conocido a su mujer, la había saludado:

—Encantada de conocerrrte.

Y la pobre Amparo, deslumbrada y nerviosa, había respondido:

—Perdone, pero no hablo alemán.

El presidente inclinó la cabeza:

—Señora.

—Hola, Adolfo. ¿Qué quieres, Juanito? Estoy preparando las cosas para Mallorca.

—Ah, sí, Adolfo, irás este año, ¿no?

—No, señor, este verano vamos a Bagur, en la Costa Brava. Nos han invitado nuestros amigos Van de Walle. También estarán los Gutiérrez Mellado y los Abril.

—De cara a la operación Tarradellas... Me parece bien. Pero vendrás a Palma para reunirte conmigo, ¿no?

—Por supuesto, señor, iré una vez a la semana.

—Pues que una audiencia coincida con el 17 de agosto, que ese día siempre hacemos una comida en Cabrera. Después de la reunión saldremos con el barco y lo pasaremos muy bien.

—Muy bien, señor, será un honor.

—Y probaremos el coche blindado de Alexis... A los demás les cobra una millonada, pero a mí me lo ha regalado.

Como a todos los millonarios, le encantaba presumir de los regalos que le hacían cuando todos sabían lo caros que salían estos «regalos». El Magic Alexis había cobrado un millón de dólares por diseñar el aparato de seguridad de Marivent, instalando unos artilugios tan complicados que nadie sabía cómo demonios funcionaban.

El rey hizo ademán de manejar un volante de coche:

—Iremos tú y yo como unos potentados, ¿qué te parece?

La reina interrumpió:

—Juanito, ¿querías algo concreto?

Su marido se puso a mirarle la cabeza pensativamente. El mismo peinado de siempre, èn forma de casco, desde que la había conocido.

Ante su asombro, le preguntó:

—Oye, Sofi, tú ¿a qué peluquería vas?

—Bueno, a Isaac Blanco o Fausto Sacristán... Vienen a casa, yo no voy nunca a su local.

—Pues ahora sí que vas a ir. —Se volvió al presidente—: Oye, Adolfo, ¿cómo se llama esa peluquería de tu mujer? ¿Esos hijos de puta que le han dicho que no vuelva?

—No sé cómo se llama, está en Lagasca esquina Ortega y Gasset.

—Pues, Sofi, mañana pides hora y te presentas allí. Y vas unas cuantas veces.

Adolfo, emocionado, inclinó la cabeza y murmuró:

—Gracias, señor.

Lo acompañó hasta la puerta, la reina corrió escaleras arriba llamando al servicio. Sabino esperaba con unos papeles para firmar y el rey le dijo con voz de mando:

—Dile a Armada que venga... Eso que ha pasado no puedo consentirlo y ya está en la calle. —Cuando hablaba así no admitía réplica y los dos hombres se inclinaron acatando las órdenes de su rey. Y después, ya con el rosto relajado de sus buenos momentos, pasó el brazo por los hombros de Adolfo y le dijo—: Acuérdate, presidente, el día 17 en Palma... Los dos en nuestro cochazo, como jeques árabes. ¿Sabes que Hussein le ha comprado seis coches como el mío?

Adolfo, que no era nada aprensivo, misteriosamente se estremeció. Una contraventana golpeó en algún sitio del palacio, sonando como una detonación, y los dos hombres se miraron con un presentimiento espantoso que no supieron explicarse.

Fue Sabino el que dijo sin advertir nada:

—Empieza a llover.

21

La luz de media tarde apenas atravesaba el espeso follaje de los castaños centenarios que, como una celosía, cuadriculaban el azul del cielo. Una estrella parpadeaba cerca del sonrosado horizonte, donde se veía la pincelada mercurial del Mediterráneo.

—¿Me lo volvéis a contar, majestad?

—¿Lo del atentado? Pero, Martita, ¿no te aburre?

—No, señor, todo lo que pasó ese verano me gusta, porque fue el verano en que nos conocimos.

El rey levantó su copa y miró a través del cristal a la mujer que estaba delante de él. Sus ojos rasgados y atentos le fascinaban. No tenía la belleza explosiva y sin tapujos de Bárbara, tampoco el rostro siempre joven de su mujer; la sonrisa de Marta empezaba en la mirada y luego se extendía despacio, como cera caliente, por el resto de su cara. Se sentía cómodo con ella y las horas pasaban veloces a su lado.

—Sí, fue en la casa de Zu en Sa Mola, nos presentó Marieta, su mujer, ¿verdad?

Marta asintió complacida, porque siempre son las mujeres las que recuerdan este tipo de cosas y que se acordara él la hacía sentir importante. Juan Carlos le dio una chupada a su puro y trató de entristecerse por su amigo:

—Pobre Zu. Primero, la mujer lo deja por un oficialillo de la Armada, y después se mete en esos follones inmobiliarios, vendió unos pisos que estaban hechos una mierda y lo han denunciado por estafa y lo quieren meter en la cárcel... Yo no puedo volver a ayudarle.

—Claro que no, señor.

—Mi situación es muy complicada ahora, todo pende de un hilo. Yo pensaba que con la Constitución estaría todo arreglado, pero entre todos van a cargársela y detrás irá el país y después yo.

Su rostro se ensombreció. Marta, para distraerle, le sirvió de nuevo un poco de vino y le animó:

—... y ese verano estabais Suárez y vuestra majestad...

Aún rezongó Juan Carlos:

—Ese Suárez me la ha estado jugando. ¡Con todo lo que yo he hecho por él! Lo saqué de la nada, ¿sabes? Nadie lo quería, pero ¡si ni sabía vestirse! Tuve que ser yo el que le dijera que si quería llegar a algo en la vida no podía decir mi señora y que aproveche... ¡Ni llevar calcetines grises! Perdí a Torcuato por su culpa, a mi padre no le dejé volver a España... Todo se lo di... Ahora me pone verde a mis espaldas, que si lo he dejado tirado, borbonea el tío. ¡Se cree más rey que yo!

—Pero, en esa época, todavía no se le habían despertado esos delirios de grandeza, ¿verdad, señor?

Sonrió con una punta de nostalgia al recuerdo de la camaradería que había compartido con el hoy caído en desgracia presidente del Gobierno.

—No, es verdad... Entonces aún era un tipo modesto, consciente de sus limitaciones y muy agradecido a mi persona, ¡no sabes cómo movía el incensario! El 17 de agosto habíamos despachado en Marivent y después salimos con el *Fortuna*... Con el que teníamos antes, no con el que nos ha regalado Fahd.

—Pero el otro también os lo regaló él, ¿no?

—Sí, pero era demasiado pequeño y, además, ¿sabes qué pasa con estos príncipes árabes? —se echó a reír de nuevo, ¡con Marta las conversaciones eran tan fáciles!—, que compiten entre ellos y como cuando fuimos de viaje a Riad el príncipe Jalid nos había regalado una edición príncipe de *El Quijote*, que yo no sabía qué era eso, pero Oliart, el ministro de Industria que nos acompañaba, me dijo que costaba trescientos millones de pesetas por lo menos, y a la... ejem.

—¿Reina?

—Sí, le regaló unas joyas impresionantes, todo el conjunto —el rey con el puro se señalaba el cuello, la cabeza, las manos— de esmeraldas y brillantes, que nos dijo Oliart que costaban quinientos millones..., pues Fahd no quiso ser menos que su hermano y me envió este barco, que tiene veintiséis metros y está muy bien.

Marta lo observó con picardía:

—Los camarotes son muy cómodos.

Se miraron intensamente. Marta no era ninguna odalisca, no conocía otro arte amatorio que la entrega y el cariño...

pero sus cuerpos y sus deseos encajaban tan bien que el rey no se saciaba nunca de ella.

A esa hora, las cigarras emprendieron su canto estridente y el olor dulzón de los jazmines embriagaba los sentidos.

Marta insistió con su ligero acento mallorquín:

—E ibais en el *Fortuna*…

—Sí, el pobre Suárez se mareaba como un perro, pero disimulaba y se reía, y a la vuelta, en vez de ir con la…

—Reina.

—Sí, eso, volvimos los dos en el coche que me regaló Alexis Mardas.

Marta empezó a reírse.

—¡El Magic Alexis!

—Y allá íbamos los dos por el paseo marítimo con aquel trasto que no había dios que lo condujera de una forma normal porque pesaba mil quintales por lo menos, y de pronto pegó un salto sin venir a cuento, no pude controlarlo y se desvió, se subió a la acera…, fue un milagro —se tocó la cruz de oro que llevaba al cuello—, o una suerte increíble, la baraka, que si no…

—Porque en medio de la calzada había…

—Sí, una bolsa con Goma-2 que había puesto el GRAPO… Y chica…

—¿Qué?

—Pues que el volantazo nos salvó la vida a Suárez y a mí. Si hubiéramos pasado por encima, pum… Figúrate qué golpe hubiera sido, el Estado descabezado… Querían seguir la misma técnica que con el atentado a Carrero Blanco, pero claro, los del GRAPO, entonces, no eran tan hábiles como los de ETA, y les salió mal.

—¿Cómo mal? Nos salió muy bien —se estremeció—. Pensar que hubierais podido morir…

Se le humedecieron los ojos. Juan Carlos la contempló en silencio, el amor de ella iba poco a poco despertando el amor de él como no sabía que se pudiera sentir… ¿Alguna vez había estado enamorado realmente?

Se acercó la anfitriona para ver cómo estaban. Era la cómplice necesaria para que pudieran verse, organizaba unas reuniones muy privadas con Pepe Oliver, el rey de la noche, el arquitecto Luis García Ruiz y el hijo del dueño de Spantax, Rudy Bay y su mujer Marta Girod. Luego, el resto de los invitados entraban en la casa para jugar a las cartas y Marta y el rey se quedaban en el espléndido exterior, medio jardín, medio campo de labranza.

Mientras las dos amigas charlaban, se sirvió un poco más de vino. Tenían siempre el detalle de comprar Vega Sicilia Único, que era el que más le gustaba… Como en una rápida película pasaron por su cabeza las mujeres de su vida.

Bárbara había sido un volcán, un terremoto. No podía pensar en ella sin acordarse de la pasión irrefrenable que los anudaba. Y eso que sus últimos encuentros habían sido solo como amigos, porque Bárbara iba en serio con un abogado casado. Iban tan en serio que Bárbara incluso le preguntó cuándo iba a ser legal divorciarse:

—Nos queremos casar.

Pero un día lo llamó llorando:

—Mi novio tiene leucemia y se va a morir. Está con su mujer y ya no lo voy a ver más.

Aunque él estaba hasta arriba de trabajo, la invitó a comer en el reservado del Mesón de Fuencarral, en la carretera de Colmenar. El rey, que solo tenía ganas de llevársela a la cama, tuvo que aguantarse y limitarse a coger su mano para consolarla porque Bárbara estaba destrozada.

Por eso le sorprendió enterarse poco después por las revistas de que se iba a casar con un domador que solía ir a Estoril con su circo. ¡Se había hecho tan amigo de su madre que la dejaba entrar en la jaula de los leones! Se llamaba Ángel Cristo y cuando llamó a Bárbara para preguntárselo, ella le dio unas explicaciones confusas que él apenas escuchó porque la piel se le erizaba de deseo cada vez que oía la voz ronca de esa mujer. La interrumpió en medio de una frase:

—Pero ¿podremos seguir viéndonos?

La risa desgarrada de Bárbara aún resonaba en su cabeza.

¡Marta no le exigía nada, ni siquiera fidelidad!

Su relación no la favorecía. Al contrario. De ser una señora respetable, hija de una familia bien de la isla, separada de su marido como tantas otras y alternando con la sociedad mallorquina, había pasado al estatus de «querida» del rey. Su padre había dejado de dirigirle la palabra y muchos de esos amigos le hacían el vacío pensando que, por cuatro días que iba a durar la cosa, no iban a disgustar a la reina, que de todo se enteraba.

La dueña de la casa, que era casi la única que apostaba por Marta, se fue entre un revuelo de sedas y humo de tabaco. Juan Carlos extendió la mano sobre la mesa y atrapó la de ella:

—Sabes, Martita, que te estoy queriendo mucho.

Se ensanchó aún más su sonrisa e imitando las maneras de las damas dieciochescas de la corte, inclinó la cabeza con la gracia de un caballito de mar.

—Señor…

Juanito jugueteó con sus dedos y le dijo:

—Marta, creo que podrías dejarte de tratamientos, mira, te voy a contar una cosa y no te ofendas. Cuando me llamas señor, me cortas el rollo.

Marta se echó a reír. Eso era algo que hechizaba al rey, que tuviera sentido del humor y que se riera de sí misma..., nunca de él, por supuesto, eso no le hubiera gustado. Riendo aún preguntó:

—¿Y cómo os llamo? —iba a decir Juanito, pero se calló a tiempo, Juanito eran los padres, eran las hermanas, los amigos de la infancia..., era Sofía—. No se me ocurre.

—No sé, di tú... Johnny si quieres.

Marta recordó que cuando era pequeña tenía un amigo que se llamaba Juancho:

—Os llamaré Juancho.

—Te llamaré Juancho.

—Hola, Juancho. —Marta arrastró su silla hasta ponerse a su lado, levantó el dedo y le acarició la cara—. ¿Sabes, Juancho, que me encanta, cuando te ríes, cómo arrugas la nariz?

Él atrapó el dedo con la boca y le dijo:

—A mí me encanta el sabor de tu piel.

Se acercó la anfitriona con un candelabro con velas porque el día ya era noche:

—¿Cómo estáis?

—Pues de puta madre.

Y eso que motivos no había. Porque lejos de esa beatitud balear y las cuitas amorosas del rey, España se había convertido en un aspa sangrienta de este a oeste y de norte a sur. El país férreamente cogido por el cogote que Juan Carlos había heredado de Franco ahora era un nido de intrigas y conspiraciones, un lugar ingobernable, donde un Suárez sin fuerzas y sin apoyos se tenía que enfrentar al hambre de poder de los socialistas y al desprecio de los nostálgicos del franquismo que el 20 de noviembre llenaban la plaza de Oriente al grito de «Suárez, cabrón, canta el "Cara al sol"».

Y, sobre todo, tenía que hacer frente a los atentados, atroces, sanguinarios. Del GRAPO, que desde el frustrado asesinato del rey y Suárez en Mallorca había afinado los instrumentos de matar y, principalmente, de la ETA, tan siniestramente eficaz que Martín Villa, el ministro de Interior, había declarado:

—O nosotros acabamos con ETA o ETA acabará con nosotros.

Había diez atentados de media al mes. En tres años asesinaron a doscientas cuarenta y dos personas, desde políticos de UCD a generales, guardias civiles, soldados o víctimas colaterales, personas que pasaban por allí. Los funerales se convertían en batallas campales, se intentaba agredir al vicepresidente del Gobierno, el general Gutiérrez Mellado, y una vez trataron de volcarle el coche al grito de «¡Gutiérrez Mellado, al paredón!».

Los militares franquistas no paraban de conspirar, había ruido de sables en el ejército, y, en la cafetería Galaxia, un fanático y locoide teniente coronel llamado Tejero propuso dar un golpe de Estado. El militar al que se confió lo denunció y lo castigaron con una pena leve porque «es una forma de hablar». ¡No se querían exaltar aún más los ánimos creando un mártir!

Eran constantes las visitas de los generales a la Zarzuela. Exigían del rey un golpe en la mesa, que se pronunciara, incluso algunos políticos como Enrique Múgica, Alfonso Osorio o el mismo Fraga empezaron a mantener conversaciones con militares fieles a la Constitución para intentar un contragolpe o crear un gobierno de concentración nacional. El general Jesús González del Yerro, el más prestigioso, gritó desde Canarias:

—¡Hay que acabar con la inhibición suicida!

Juan Carlos escuchaba y callaba. Recordaba las enseñanzas de Franco, imitaba su actitud y con su silencio alentaba a hablar a los militares que, teniéndolo por uno de los suyos, se explayaban en su presencia.

—Prefiero que conspiren en mi casa que en la cafetería Galaxia o en los cuarteles —decía.

Sorpresivamente, a las siete cuarenta y cinco de la tarde del 29 de enero de 1981 se anuncia una comparecencia inédita del presidente del Gobierno en televisión. El rey enciende el aparato que tiene en su despacho y ve cómo su viejo camarada, con el que tanto ha compartido, con el que codo con codo ha tratado de gobernar este país excesivo e iracundo, mira fijamente a cámara con expresión abatida, ojeras y semblante lloroso: «Hay momentos en la vida de todo hombre en los que se asume un especial sentido de la responsabilidad».

El presidente del Gobierno, Adolfo Suárez, dimite en el medio que más domina, la televisión.

Juan Carlos se tapa la cara, debería sentirse satisfecho. Suárez y él ya no hablaban desde hacía meses, solo discutían. La última vez que se habían visto incluso habían llegado a las manos.

—Adolfo, necesitamos otro presidente del Gobierno, tú eres débil...

El otro contestaba tuteándolo, como hacía cuando aún no era rey y él era un simple director de Televisión Española:

—Tú a mí no me borboneas… Tú no me has hecho presidente del Gobierno, me han elegido los españoles en unas elecciones democráticas.

—¡Uno de los dos sobra y, como comprenderás, yo no voy a abdicar!

Juan Carlos, lleno de rabia, le dio un golpe en el brazo que Adolfo respondió con un empujón, forcejearon, y fue Sabino el que tuvo que separarlos.

El rey no podía olvidar que Suárez quería comerle terreno y actuar por su cuenta, y Suárez no entendía cómo ese rey en el que había confiado a muerte le había dejado a merced de los leones. Pero su dimisión fue una amarga victoria para Juan Carlos, porque comprendió que una parte de su vida política, la más importante quizás, se había ido por el sumidero de la historia.

Adolfo parecía mirarlo a él personalmente desde la pantalla del televisor: «He llegado al convencimiento de que, en mis actuales circunstancias, mi marcha será más beneficiosa para España que mi permanencia».

Así que ya estaba. Juanito se recostó pensativamente contra el respaldo del asiento. ¡Él solo contra todos!

Pero ¿no había sido siempre así?

Su primer acto por su cuenta y riesgo fue ir al País Vasco. Quería demostrarle al ejército que tenía más habilidad que ellos, más poder de seducción. ¿No le había funcionado en Cataluña donde los separatistas y el *president* Pujol, que había sustituido al viejo Tarradellas, comían de su mano y le hacían reverencias?

El 4 de febrero, cuando iba a empezar su discurso en la Casa de Juntas de Guernica empleando en parte el euskera, los batasunos se pusieron en pie y cantaron el «Eusko gudariak» una y otra vez, durante diez minutos, puño en alto.

El rey no perdió la compostura y se le clavó una sonrisa leve en el rostro; incluso, en algunos momentos, parecía animarlos. Se llevó la mano a la oreja y dijo:

—No se oye bien.

Cuando los revoltosos fueron desalojados por los servicios de seguridad del gobierno vasco, Juan Carlos, al que Sabino había preparado un discurso alternativo, por si acaso, dijo:

—Confío en la democracia y en el pueblo vasco a pesar de este incidente.

De todas formas, fue muy criticada esta iniciativa del rey, por ingenua, pues este incidente, previsible, cayó como un mazazo en los cuarteles, alentando nuevas conspiraciones.

Dos días después, como un colofón de sangre, ETA asesinó al ingeniero jefe de Lemóniz José María Ryan, que llevaba un mes secuestrado. Su cadáver apareció amordazado y atado, con un tiro en la nuca, en un camino forestal. Y el etarra Joseba Arregui murió en la cárcel de Carabanchel después de pasar diez días en manos de la policía. Agonizando, le confesó a un compañero de celda: «Ha sido muy duro, no he podido aguantar más».

La Zarzuela, que es casa, pero también despacho y centro de operaciones, se llena de visitas, militares, políticos, empresarios... Se teme una espiral de violencia en la que nadie se puede sentir seguro. Los teléfonos suenan obsesivamente, se refuerza la vigilancia, hay guardias hasta en la puerta del cuarto de baño.

Sabino, que observa que el rey está al borde de la extenuación, le sugiere:

—Ha llamado el general Armada para ver cómo está la situación..., que si vais al valle de Arán tendrá mucho gusto en presentaros sus respetos.

Armada es ahora gobernador militar de Lérida y, de pronto, el valle de Arán se le antoja a Juanito el paraíso soñado: ¡esas montañas blancas y puras, no holladas ni por las botas militares ni por la metralla! ¡Ese aire tan limpio que se te mete dentro barriéndolo todo!

Llama a Marta:

—¿Te apetece venirte este fin de semana al valle de Arán? —no espera su respuesta, sabe que Marta siempre le dice que sí—. Te recogerá un coche en el aeropuerto y te llevará al hotel Montarto.

La familia tiene ahora a su disposición unos estupendos chalés de estilo suizo en la Pleta de Baqueira.

Van las infantas también. Juan Carlos las mira a veces con sorpresa al ver lo mayores que se han hecho. Él no repara mucho en estas cosas, pero le llama la atención que vayan vestidas con ropa de su madre y con el mismo peinado. Una vez se atrevió a decirle en tono bromista a Sofía:

—Estas niñas, ¿no van muy anticuadas? Así no las vamos a casar nunca.

Y Sofía le contestó con la acritud de siempre, porque ya se había enterado de que Juanito alternaba la «fija» con una actriz de ojos verdes:

—No te metas en estas cosas, tú qué sabes. —Y añadió—: Tú el cuidado de los hijos déjamelo a mí, ya tienes un país para gobernar.

Felipe no puede ir, saca muy malas notas en el colegio, es indisciplinado y vago, ni siquiera le gusta hacer deporte, y se queda esos días en Madrid al cuidado de Federica, que le dice a su hija:

—Qué mal educado está este niño.

—Tú también has educado muy mal a Tino —responde la hija, picada.

Freddy ha venido desde la India para someterse a una operación de estética, aunque su hija no acaba de entender para qué la necesita si está siempre encerrada en el ashram de Madrás estudiando filosofía hindú con la única compañía de Irene y del gurú Mahadevin. ¡Aún serán verdad esas voces que le han llegado de que el gurú y su madre están liados! ¡Qué asco, prefiere no saberlo! ¿No hay nada limpio en la vida? ¿La gente no piensa en otra cosa?

—Voy a quitarme estos quistes de grasa que me han salido en los párpados y de paso que me estiren los ojos… Me lo hace el doctor Vilar Sancho. Me lo ha recomendado Carmen Franco, es el que le ha hecho la nariz a toda la familia.

Juanito comenta:

—¡Qué manía tenéis las mujeres con haceros cosas!

Aunque él también se ha sometido a pequeños retoques. Se ha quitado las ojeras y lleva un postizo en la parte posterior de la cabeza que todas las semanas le coloca en su lugar el peluquero Iranzo, que acude desde Barcelona.

Carlos Zurita, el marido de Margot, que está delante y algo sabrá del tema porque es médico, tranquiliza a Sofía:

—No tiene importancia, pero yo estaré presente, no es nada, no te preocupes.

Sofía no se preocupa. En realidad, pocas cosas le preocupan, aparte de las mujeres en la vida de su marido. Trata de adivinar a cuál se va a llevar al valle, porque no se hace ilusiones de que vaya a contentarse solo con la vida familiar.

El día 6 han estado esquiando todo el día y la reina se arregla en su habitación. Van a ir a cenar con el general Armada a Casa Irene, en Artíes, aunque no le apetece porque está muy cansada. Su doncella, Maribel, le está presentando la bandeja de las joyas cuando de pronto entró su marido en la habitación. Es algo tan raro que pega un grito.

—¡Le ha pasado algo a Felipe!

—No, no, es tu madre —le dice el rey—. Me ha llamado Sabino, que ha habido una complicación con la anestesia y le ha fallado el corazón.

Sofía empalidece:

—¿Cómo… está? ¿Muy mal?

Juanito le hurta la mirada. En realidad, ha muerto, pero no quiere ser el que se lo diga:

—Está mal, sí… El helicóptero te acercará a Zaragoza y allí te recogerá un avión militar. Llévate a las niñas.

Sofía primero se sorprendió y luego se indignó:

—Pero ¿tú no vienes?

Incómodo, Juanito adoptó un aire severo para evitar recriminaciones:

—No, tengo una entrevista con Armada. En estos momentos es importante. Sabino te ayudará, y Laura y Domínguez…

Sofía, alertada, le gritó con todo el desprecio del mundo:

—¿Armada? ¡Ya sé que te quedas por esa!

Caía aguanieve, hacía frío en el aeropuerto de Zaragoza cuando corrían del helicóptero al avión. El comandante al mando se cuadró y le dijo:

—Mi más sentido pésame, majestad.

Y así fue como se enteró Sofía de que su madre se había muerto.

En el avión hizo apagar las luces. Tino estaba en Londres, Irene, en la India. Tendrá que hacer frente a su dolor sola. Como había estado siempre. ¡Extranjera y sola, como su madre!

Llevaba en brazos a su perra Sancha, la iba acariciando. La azafata la oyó susurrar. Se inclinó creyendo que le pedía algo, pero la reina estaba hablando en el idioma de su infancia, mientras las lágrimas resbalaban por sus mejillas:

—*Auf wiedersehen, mutti.*

Adiós, mamá.

En el valle de Arán, el rey al final decide cenar en la casa de la Pleta y se hace subir la comida desde Casa Irene. Los escoltas tienen que hacer de improvisados camareros. La conversación con el general dura hasta la madrugada, pero nadie sabe de qué se habló en esa noche de luto y frío. En un momento dado al parecer alguien dijo:

—Les estaría bien empleado que les dieran un susto.

Después, el rey acompañó a Armada al parador de Artíes por veinte kilómetros de carretera endemoniada, evitando las placas de hielo. Conducía él mismo, y cuando llegaron, se bajó del jeep y le dio un estrecho abrazo, que duró largo rato.

A la vuelta, y a pesar de que eran las tres de la madrugada, se detuvo en el hotel Montarto. Marta lo esperaba y nunca fue su cariño tan cálido y acogedor como esa noche.

Solo faltaban diecisiete días para que el país se rajara de parte a parte.

22

El rey estaba solo en su despacho. Iba con un chándal blanco con raya azul y zapatillas de deporte, se estaba tomando una Coca-Cola y había subido para hacer dos llamadas importantes. La primera era a una novia de juventud con la que había seguido viéndose en un apartamento que tenía alquilado su servicio de seguridad en la calle Barquillo. Acababa de dar a luz a una niña.

—¿Cómo está la pequeñaja?

—Muy bien, rubia como su padre.

Después, la última llamada del día a Marta Gayá:

—Juancho, estoy a punto de salir a tomar algo con Rudy y Marta al Club de Mar.

—Qué bien vivís los ricos.

—Espera, que Rudy quiere saludarte.

Rudy Bay trabajaba de piloto en la línea aérea de la que era propietario su padre, Spantax. Era un hombre divertido, amante de la velocidad y sin otra pretensión que pasarlo bien en la vida. Vivía con Marta Girod, la hermana de la primera mujer de Carlos Falcó. Siendo su situación algo irregular también, se habían convertido en los fieles escuderos de su *girlfriend*, como el rey llamaba a Marta:

—Señor, hoy hemos salido con el barco y nos hemos acordado de vuestra majestad.

—¡Quién estuviera ahí con vosotros!

Y era verdad, porque a Juan Carlos se le había ido despertando un ansia inmoderada de molicie, boato y ganas de pasarlo bien. El poder le gustaba, le llenaba de satisfacción pensar que el ejército respondía a sus órdenes como un solo hombre, pero le parecía que no era un poder muy sustancioso cuando no le proporcionaba lo que más admiraba: la vida lujosa que llevaban sus amigos millonarios.

Aunque no podía quejarse. Manolo Prado había estado dos años muy activo negociando el suministro petrolero desde Arabia Saudí y los Emiratos. ¡La crisis empobrece, pero también llena bolsillos! El rey se había enterado de que un funcionario novato, demasiado puntilloso, había ido con quejas al ministro:

—Ministro, nos piden demasiado por esos barriles… Si los compráramos directamente a Kuwait, nos saldrían un par de dólares más baratos.

Pero, por suerte, el ministro había desdeñado el consejo y, sin querer complicarse la vida ni disgustar, sobre todo a su majestad, le había prohibido al funcionario cualquier gestión directa con los países árabes:

—No enredes, ese es territorio de Prado.

El rey y su amigo, cuando se enteraron, rompieron a reír ante la candidez de aquel hombre tan mal informado.

Como agradecimiento a los desvelos del manco de oro, Juan Carlos le había dado un cargo en la comisión del V Centenario del Descubrimiento y de la Expo conmemorativa que tendría lugar en Sevilla en 1992, un proyecto importantísimo que absorbía todo su tiempo. Demasiado. No quería que dejase sus negocios de lado. Tendría que darle un toque.

Miró la hora.

Las seis y cuarto.

Abajo le estaban esperando Nachi Cano y Miguel Arias para jugar una partida de *squash*. Necesitaba descargar tensiones, la última semana había sido de un estrés inmisericorde. Mientras se entrevistaba con generales, directores de periódicos y banqueros, el cadáver embalsamado de su suegra permanecía en uno de los salones. Si alguien se equivocaba de puerta, se encontraba el catafalco abierto con el cuerpo de Federica de Grecia, de la que solo se veían las manos porque habían tapado el rostro, rodeado de cuatro cirios.

El susto de los visitantes era morrocotudo, pero en palacio se habían acostumbrado tanto que el príncipe entraba tranquilamente antes de ir al colegio para saludar a la difunta reina:

—Buenos días, abuela, ¿cómo te encuentras hoy?

Estaban esperando el permiso de Karamanlis para que la familia real pudiera viajar a Grecia. Tardó seis días, y la orden del primer ministro fue tajante y con tintes homéricos: «Solo podrán permanecer en suelo griego hasta que se ponga el sol».

Juanito se había sentido muy incómodo en el entierro, rodeado de mujeres cubiertas con velos negros y el llanto de las plañideras como un coro hermenéutico de tragedia griega.

¡Qué lejana y extranjera le había parecido Sofía! Veintitrés años no habían conseguido españolizarla.

Casi prefería tratar con los generales, que venían a quejarse de este gobierno débil, que permitía asesinatos y atentados y a maldecir a ese general Gutiérrez Mellado, que se había vendido a la masonería y al oro de Moscú.

Antes de la investidura del sucesor de Suárez, Leopoldo Calvo-Sotelo, se había presentado Armada en la Zarzuela. No tenía cita. Sabino le informó a su majestad:

—A las doce tenéis audiencia con vuestro primo don Alfonso de Borbón.

Juan Carlos suspiró; su primo solo le traía problemas y complicaciones:

—¿Y qué quiere?

—La presidencia del Comité Olímpico —bajó la voz—, y también creo que viene a comentaros que su mujer se quiere acoger a la ley de divorcio que está a punto de aprobarse, pero que él está en contra.

Juan Carlos rio con satisfacción:

—Sí, ya me han dicho que Carmencita está pendoneando en París con un viejales... —frunció el ceño—. Supongo que no vendrá a pedirme que medie en su situación... Mira, ¿sabes qué?

—Señor.

—Cambia la fecha por otro día y mete a Armada.

El general entró lleno de ardor juvenil, hasta se le sonrosaban las mejillas de entusiasmo:

—Este gobierno no puede ser, majestad, necesitamos un golpe de timón... Calvo-Sotelo es más de lo mismo. La situación es de extrema gravedad y hay que reconducir la situación política.

¡Suárez, Suárez tenía la culpa de todo!

Juan Carlos apretaba los puños debajo de la mesa para que no se le notase. Había dimitido, sí, pero su espíritu seguía enquistado en el gobierno. El odio por ese hombre lo cegaba. Eran como dos enamorados que cortejaban a la misma mujer con las mismas armas, la apostura, la seducción, la juventud. ¡Solo uno de los dos podía quedar vivo!

Pero la solución Armada... No sabía, no quería saber qué solución era esta, un susto, ¿no? Mala no debía de ser cuando los socialistas y hasta Carrillo conspiraban, había palabras que no hacía falta pronunciar, los sobrentendidos estaban presentes en todas las conversaciones. El hecho de que hubiera quitado a Armada de Lérida para llevarlo a Madrid y hacerlo segundo jefe del Estado Mayor del Ejército lo interpretaban los conspiradores como un apoyo a sus intenciones. ¿Las apoyaba? Él era militar, siempre estaría a su lado.

Juan Carlos jugaba con fuego, pero quizás ni siquiera se daba cuenta.

Tenía la radio puesta con el soniquete adormecedor de la voz del diputado centrista Víctor Carrascal dando los nombres de los parlamentarios para que votaran la investidura de Calvo-Sotelo. Era la segunda, porque en la primera no había conseguido los votos suficientes. Iba por el número setenta y cinco.

—Núñez Encabo, Manuel...

Ya iba a bajar, ya iba a abrir la puerta, ya giraba el dial de la radio para apagarla cuando un repentino silencio le llamó la atención.

Después los gritos:

—¡Quieto todo el mundo! ¡Al suelo! ¡Todos al suelo!

La perplejidad lo inmovilizó y de pronto...

¡Dos aterradoras ráfagas de disparos!

Sabino abrió la puerta de golpe y dijo sin aliento:

—Majestad, hay tiros en el Congreso.

Lo vio tan pálido que se dio cuenta de que ya lo sabía.

A partir de ahí el maremágnum en la Zarzuela fue frenético, pero Juan Carlos no podía quitarse la espina que le atravesaba el cerebro. ¿Habría alentado sin querer el golpe? ¿Usarían su nombre? ¿Se había sentido Armada animado en sus intenciones?

Los generales que estaban en la conspiración, ¿cuántos eran? ¿Habían ido a la Zarzuela estos últimos días y habían creído que él daba el visto bueno?

Su obsesión ciega era quitarse a Suárez de encima, pero una vez dimitido, ¿qué excusa había? ¿Y si daban su nombre? ¡Pero nadie había hablado de tiros en el Congreso ni de violencia!

Estaba inmóvil, exangüe, sin fuerzas, sin saber qué hacer, aterrorizado. Al ver su pasividad suicida, Sabino sintió ganas de sacudirlo por los hombros, pero se contuvo:

—Señor, reaccione, estamos al borde de un precipicio, la monarquía está al borde del precipicio... Acuérdese de su abuelo, ¡por menos de esto perdió el país y se tuvo que ir al exilio!

La mención de su abuelo, y, sobre todo, el recuerdo de su padre en su retiro de Estoril, en absoluta soledad, abandonado por todos, lo hizo reaccionar inmediatamente. Su padre, precisamente, que había salido del cine para llamarlo:

—Juanito, ahora es tu momento, demuestra lo que vales, todo lo que te he enseñado.

Tenía la voz algo enronquecida. Lo acababan de operar de un cáncer de garganta en Nueva York, aunque ya se había recuperado.

En ese instante llegó Manolo Prado:

—Señor, el teléfono, Sabino…

—Mondéjar está aquí también… Tiene mucho contacto con los mandos medios del ejército —sugirió Sabino.

Juan Carlos pegó un salto como si le hubieran dado una descarga eléctrica. Y ya volvía a ser el de siempre, un amasijo de decisión y de nervios.

—¡Café y cigarrillos! —gritó.

Cuando llamó Armada y se ofreció a trasladarse a la Zarzuela, todos cayeron:

—Es el inductor del golpe.

Aunque en el fondo, ya lo sabían. Sabino le hizo señas desesperadas al rey para que le dijera que no, Juan Carlos le dio largas con voz tranquila, pero cuando acabó la conversación arrancó el teléfono de la mesa y lo tiró al suelo.

Cuando llamaron militares preguntando si Armada estaba en la Zarzuela, como confirmación de que el rey apoyaba la intentona golpista, Sabino pudo pronunciar su frase antológica, una más en una noche llena de frases que permanecerían en la memoria colectiva de todos los españoles que vivieron esos momentos:

—Ni está, ni se le espera.

A las ocho de la tarde ya se había contactado con los once capitanes generales del ejército. Todos habían luchado al lado de Franco en la Guerra Civil:

—¿Puedo contar con tu lealtad?

Alguno dijo:

—Sí, pero qué pena.

Otros declararon:

—Prometí obedecer al sucesor de Franco y lo voy a cumplir.

Otros más manifestaron su adhesión y su sorpresa:

—Creía que su majestad estaba de acuerdo.

El único rebelde fue el capitán general de Valencia, Jaime Milans del Bosch, de larga tradición monárquica, que dio a conocer un bando en el que se decretaba el estado de guerra y mandó recorrer Valencia con sus tanques. Fue una operación puramente intimidatoria, porque ninguno de esos armatostes iba provisto de armamento, pero logró su propósito: aterrorizar a la ciudad y, por extensión, a toda España.

Poco a poco, Zarzuela se fue llenando de gente. Llegaron las hermanas del rey, Margot y Pilar, con sus maridos. La reina Sofía, muy alterada y en el colmo de la insensatez, primero le propuso a Sabino:

—Dile al rey que le dé la orden a Tejero de que se vaya del Congreso.

—Señora, se lo hemos dicho, pero no quiere —contestó Sabino pacientemente.

—¡Pues tendríamos que asaltar el Congreso!

Afortunadamente, nadie le hizo caso.

También se dijo que Constantino llamó desde Londres ofreciendo sus valiosos consejos dada su experiencia en golpes militares. El rey, a la segunda llamada, le soltó a Prado:

—Dile que no puedo ponerme, ¡quítamelo de encima! —Y también—: Voy a hacer justamente lo contrario de lo que hizo él.

A Felipe lo obligó a estar despierto, pero el príncipe no prestaba atención: primero jugaba con un amigo invisible escondiéndose detrás de las cortinas, después acabó durmiéndose encima de un sofá. Ya no era un niño pequeño, tenía trece años.

Habló con los presidentes autonómicos Garaicoechea y Pujol. A este le dijo:

—Tranquilo, Jordi, tranquilo.

¿Qué más había que hacer mientras Tejero mantenía secuestrados a los representantes de la nación, ujieres y periodistas? Nada más entrar en el Congreso, Martín Villa dijo sin sorpresa:

—Vaya hombre, otra vez Tejero.

Suárez, Alfonso Guerra, Carrillo y Felipe González fueron encerrados aparte. Todos se temían lo peor para ellos. Pero fue Juan María Bandrés, presidente de Euskadiko Ezkerra, el que tenía más papeletas para ser fusilado en cualquier momento. Bandrés nunca olvidaría que, a pesar de sus ideas diametralmente opuestas, Manuel Fraga Iribarne se sentó a su lado y le garantizó que respondía con su vida de que no le pasara nada.

Pero como la situación estaba demasiado tranquila para aquel gallego excesivo, amante de los golpes teatrales, pero también muy valiente, en un momento dado se levantó, se abrió la chaqueta y gritó a los guardias civiles que los vigilaban:

—Disparad si queréis... ¡Esto es un atentado a la libertad y a la democracia!

Los diputados Óscar Alzaga, Fernando Álvarez de Miranda e Íñigo Cavero se sintieron obligados a seguirle y se abrieron también sus chaquetas y gritaron:

—Disparadme a mí también.

En la Zarzuela se alternaban los momentos de actividad frenética con otros en los que no se sabía qué hacer... Qué más, qué más... Muchos españoles habían emprendido el camino de la frontera, los locales de Comisiones Obreras estaban destruyendo papeles, los periodistas se mantenían acantonados en sus redacciones o seguían los acontecimientos desde el hotel Palace, y todos querían saber si el rey estaba detrás del golpe. ¿Cómo explicárselo? ¡La televisión! De algo le había servido al rey su larga relación con Suárez: para comprender el valor de la televisión. Se puso su traje de capitán general del ejército de tierra y a las veintitrés treinta y cinco grabó un mensaje ante un equipo técnico que se había desplazado hasta la Zarzuela.

Cuando le enseñaron las imágenes que habían grabado de forma heroica los cámaras que cubrían habitualmente el Congreso, de la entrada de Tejero con esos «coño», esos disparos al aire y esos tricornios, ordenó que se destruyeran.

—Lo sentimos, majestad, pero ya se han visto en las televisiones de todo el mundo.

Aunque el rey dijo que lo había pedido para no hacer daño al país, quizás también le fastidió observar que su odiado Suárez había permanecido inmóvil en su asiento, mientras los demás diputados, excepto Carrillo, se ocultaban debajo de los bancos. También era el único que había defendido a Gutiérrez Mellado de los viles empujones de Tejero y otros guardias mientras sus compañeros ametrallaban la cúpula del hemiciclo y helaban la sangre de medio país, que había escuchado el inconfundible sonido de las armas en directo a través de los micrófonos de la cadena SER.

A la una y veintitrés de la madrugada del 24 de febrero se emitió el mensaje por televisión, que habían escrito entre Sabino y Manolo Prado. El rey tenía un gesto tranquilo y severo:

—La Corona, símbolo de permanencia y unidad, no puede tolerar, en forma alguna, las acciones o actitudes de personas que pretenden interrumpir por la fuerza el proceso democrático que la Constitución, votada por el pueblo español, determinó en su día a través de un referéndum.

El álbum de Juan Carlos I

Los condes de Barcelona con sus cuatro hijos en Estoril: Alfonso, Juan Carlos, Margarita y Pilar (Getty).

Alfonso XIII, en el exilio romano, con sus nietos Juan Carlos y Gonzalo en julio de 1938 (EFE).

Juan Carlos en su época de estudiante en España (Getty).

Juan Carlos y Alfonso realizando uno de sus exámenes públicos
en el instituto de San Isidro de Madrid, 1950 (EFE).

En su rincón de estudio poco antes de terminar
el Bachillerato (Getty).

Tras el colegio, el joven príncipe ingresó en la Academia General Militar de Zaragoza en 1955 (Getty).

Entierro del infante Alfonso en Portugal el 2 de abril de 1956. Detrás de don Juan camina Juan Carlos junto a su primo Marco Torlonia (Getty).

La princesa María Gabriela de Saboya con su hermano Vittorio-Emanuele en el exilio portugués en 1957 (Getty).

La condesa Olghina di Robilant (Getty).

Don Juan y Juan Carlos navegando juntos (Getty).

Juan Carlos en Saint-Tropez con su amigo Bernardo Arnoso durante una escala del *Saltillo* en 1959 (Getty).

La reina Victoria Eugenia con su hijo y su nieto (Getty).

Sofía y Juan Carlos, acompañados del príncipe Constantino, la reina Federica, don Juan, el rey Pablo y doña María, anuncian su compromiso en Atenas en septiembre de 1961 (Getty).

Constantino y Juan Carlos practicando kárate (Getty).

Juan Carlos con el brazo en cabestrillo el día antes de la boda (Getty).

Sofía y Juan Carlos rodeados de los invitados reales que acudieron a su boda en Atenas el 14 de mayo de 1962 (Getty).

Los recién casados con su perro Topsy en los jardines de la Zarzuela, su nuevo hogar (Getty).

Con Franco durante un acto militar (Getty).

Sofía y Carmen Polo durante la celebración del veinticinco aniversario del final de la Guerra Civil (Getty).

La familia de visita en Lausana. De izquierda a derecha, sentados: don Juan, la reina Victoria Eugenia, la princesa Sofía con la infanta Elena, doña María y Alfonso de Borbón. Detrás: la infanta Margarita, el príncipe Juan Carlos, la infanta Pilar y Gonzalo de Borbón (Getty).

La reina Victoria Eugenia volvió por primera vez a España para amadrinar a su bisnieto Felipe. Durante la celebración habló distendidamente con Franco en presencia de los condes de Barcelona (Getty).

Navidad en Zarzuela. Delante, sentadas: las infantas Cristina y Elena y su prima Alexia. Detrás, sentados: la princesa Sofía con el príncipe Felipe, la reina Federica y Ana María de Grecia con su hijo Pablo. De pie: Irene de Grecia, el príncipe Juan Carlos y Constantino de Grecia (Getty).

Juan Carlos, detrás de Franco, en la celebración de los treinta años del régimen desde el balcón del Palacio Real (Getty).

Franco nombró sucesor al príncipe Juan Carlos en las Cortes el 24 de julio de 1969 (EFE).

El príncipe Felipe saluda a Franco a su llegada al pazo de Meirás para pasar unos días de vacaciones en presencia de su padre y del marqués de Villaverde (Getty).

Juan Carlos I fue proclamado rey el 22 de noviembre de 1975 (EFE).

Despachando en la Zarzuela (Getty).

Confidencias con Adolfo Suárez en presencia del general Gutiérrez Mellado (EFE).

En Palma de Mallorca con Zourab Tchokotua, su amigo de la infancia (EFE).

El Aga Khan y la Begum con los reyes. El rey y él también se conocieron en el colegio de Friburgo (Getty).

Los reyes charlan con Luis Rosales, en presencia de Manuel Prado, en un acto en Zarzuela (EFE).

La buena relación del rey con los países de Oriente Medio empezó con el sha de Irán (Getty).

El rey Juan Carlos y Hassan II de Marruecos se trataban de «hermanos» (Getty).

En Arabia Saudí con el rey Fahd Bin Abdulaziz (Getty).

En Abu Dabi con el jeque Zayed (Getty).

En Omán con el sultán Qaboos Bin Said (Getty).

Cena de gala en el castillo de Windsor con la reina Isabel II y el duque de Edimburgo durante una visita oficial de los reyes en 1986 (Getty).

Charla distendida con Diana de Gales durante una visita de la princesa a Toledo en abril de 1987 (Getty).

Los reyes saludan a la colonia española de Brisbane durante un viaje oficial a Australia (Getty).

La reina Sofía consuela al rey durante el funeral de don Juan en El Escorial (EFE).

Bárbara Rey en su época de esplendor (Getty).

Marta Gayá en Mallorca (Getty).

La familia real en la celebración de las bodas de oro de los monarcas británicos en 1997. De izquierda a derecha: los duques de Soria, el rey Juan Carlos, la reina Sofía, el príncipe Felipe y los entonces duques de Palma (Getty).

El rey, acompañado por Corinna, en una visita
a Alemania en 2006 (Getty).

La reina hace un gesto a la prensa congregada en el aeropuerto de Barajas después de un desplante del rey durante la visita del papa Benedicto XVI en agosto de 2011 (Getty).

Juan Carlos I firmó su abdicación en el Salón de Columnas del Palacio Real el 18 de junio de 2014 (Getty).

La reina Sofía besa a su marido en el balcón del Palacio Real tras la proclamación de Felipe VI el 19 de junio de 2014 (Getty).

Corinna zu Sayn-Wittgenstein (Getty).

Los reyes eméritos con el pintor Antonio López ante el cuadro *Retrato de la familia de Juan Carlos I* (Getty).

Sus hermanas y su mujer lo vieron desde la sala azul. Él estaba con Prado y con Sabino en el despacho y, sobrepasado por lo que acababa de vivir, cedió a un momento de debilidad, puso los codos en las rodillas y hundió la cabeza en las manos.

Milans, al fin, obedeció sus órdenes e hizo regresar sus tanques a los cuarteles. Cuando el gobernador militar de Valencia intentó detenerlo, el capitán general blandió su pistola y le espetó:

—¡Atrévete!

Todos se dieron cuenta de que el golpe había sido desactivado y que solo era cuestión de horas que Tejero dejara salir a los diputados del Congreso.

Al amanecer, oyeron un ruido bronco de motores y turbinas. La reina y su hermana se miraron aterradas y Sofía gritó:

—¡La Brunete!

Era el servicio de coches de línea que emprendía la ruta habitual de todas las mañanas.

El rey se echó una cazadora de aviador por encima del uniforme y acompañó a Prado a su coche. Se quedaron los dos callados largo rato, a pesar de que caía aguanieve, digiriendo los sucesos en los que se habían visto envueltos. Al final Juan Carlos suspiró:

—Menuda noche, chiquitín.

El mismo 24 de febrero por la tarde se reúnen en la Zarzuela los líderes políticos más importantes: Suárez, Felipe González, Fraga, Carrillo y Agustín Rodríguez Sahagún. Aún con el miedo pintado en el rostro, pero aliviados y sonrientes, se dan palmadas en la espalda, se cuentan anécdotas de aquellas dieciséis interminables horas que no se sabía cómo iban a acabar y todo tiene el aire improvisado y liberador de una reunión de colegiales en la fiesta de fin de curso.

Carrillo le da las gracias al rey:

—Usted nos ha salvado la vida.

Hay un conato de aplauso que Juan Carlos corta con una sonrisa, aunque por dentro está exultante. En esos momentos, no solo estos hombres creen que les ha salvado la vida, sino el país entero, como cuentan los periódicos hoy en sus portadas. El país y más allá, porque las llamadas de felicitación de los líderes internacionales, desde el francés Mitterrand hasta el alemán Honecker, de Sandro Pertini a la inglesa Margaret Thatcher, se suceden sin tregua durante todo el día.

¡El mundo está a sus pies!

Se dirige a los políticos en tono informal:

—Me alegro de que al final todo haya salido bien. Pero ya está. —Alza los hombros y abre los brazos expresivamente—. Mi papel no es el del bombero apagafuegos. Soy un rey constitucional, no gobierno ni puedo hacer política..., eso os lo dejo a vosotros. Es vuestra tarea. No me volváis a poner en este trance y vamos a respetar cada uno el lugar del otro.

Todos entienden que ese día de miedo y transistores don Juan Carlos se ha ganado su sueldo y un lugar en la historia. Y desde ese instante dejaba de ser el vigilante de la democracia y se podía dedicar a sus asuntos.

Trajeron una botella de champán:

—¡Por España!

—¡Por España! ¡Viva el rey!

El rey cruzó una mirada con todos ellos, solo Felipe González se la mantuvo y amagó un brindis con la copa que todos tenían en las manos.

Calvo-Sotelo aún estaría un año y medio en el gobierno, hasta que lo desalojaron los socialistas y sus diez millones de votos.

Felipe González se cuadró ante el rey e inclinó la cabeza.

—Presidente.

—Majestad.

—Si mi abuelo y Pablo Iglesias hubieran podido abrazarse como hoy lo hacemos nosotros, quizás la Guerra Civil nunca se hubiera producido.

Y es que la conexión entre Felipe y Juan Carlos fue inmediata. El andaluz extrovertido y pragmático tiene una extraña afinidad con el divertido y espontáneo monarca. Es el mismo enamoramiento a primera vista que al rey le había ocurrido con Suárez. Pero en aquella época Juan Carlos era un ingenuo que se entregaba ciegamente y Adolfo, un Julián Sorel de provincias que quería comerse el mundo. Pero ahora, Juan Carlos y Felipe tienen más conchas que un galápago y saben muy bien lo que cada uno busca en el otro: Felipe quiere hacer una política de manos libres y el rey pretende vivir la vida sin que nadie lo fiscalice. La época de los tutores, los abuelos, los severos censores que siempre le estaban dando lecciones se ha acabado. ¡Juanito ha cumplido cuarenta y tres años y quiere que lo dejen en paz!

El rey y el presidente se reúnen los martes en el despacho de la Zarzuela y ambos compiten en quién cuenta más chistes verdes.

El del rey:

—Una mujer llega a su casa con ropa nueva y su marido le pregunta que dónde la ha conseguido, y ella contesta: «¡En el bingo!». A la semana llega con un abrigo de pieles carísimo y le dice al marido de nuevo: «¡En el bingo!». Después con joyas y otra vez: «¡En el bingo!». Al final un día la mujer se desnuda, se mete en la bañera y el marido asoma la cabeza por la puerta y le dice: «¡Ten cuidado, no se te vaya a mojar el cartón!».

Hablan todos los días por teléfono, se intercambian chismes y marcas de puros. El primer ministro de Agricultura socialista, Carlos Romero, pone a disposición del rey varios cotos de caza para que pueda invitar a sus amigos y se le ceden los mejores caballos a la infanta Elena para que compita profesionalmente. Felipe da la orden de que cuando el rey acuda a una celebración no vaya nadie del gobierno para no quitarle protagonismo, aunque sí lo acompañe un ministro de jornada. Se sugiere a los directores de los principales periódicos que respeten a Juan Carlos y su familia y no se publiquen informaciones que afecten a su intimidad. Los secretos de la vida privada del rey, que son pasto de rumores en los cenáculos de la «gente enterada», se guardan bajo siete llaves y nadie osa escribir de Bárbaras, Martas, comisiones, regalos, barriles de petróleo…

Lo dijo muy claro años más tarde el ministro de Defensa Julián García Vargas:

—Con quien mejor siempre va a estar la monarquía es con los socialistas. Nosotros no nos metemos en intrigas cortesanas ni nos interesan los cotilleos aristocráticos.

Todos los acontecimientos los observaba el pobre don Juan desde Estoril, apeado ya de toda influencia, huérfano de asesores y cortesanos, que ahora acuden en romería al santo de don

Juan Carlos, el 24 de junio, en el Campo del Moro, a rendirle pleitesía. Quiere creer que, desaparecido Adolfo, que se oponía a su regreso a España, y sabiendo que Sofía ya no tiene ninguna influencia en el ánimo de su hijo, ahora es el momento en que pueden volver definitivamente, poniendo fin al exilio más largo que ha sufrido cualquier español. Se lo anuncia tímidamente a su hijo:

—Juanito, mamá y yo queremos vivir en Madrid.

Y solemnemente a su mujer:

—María, ha llegado la hora de regresar a la patria.

Doña María se gira hacia su dama de compañía:

—Vendrás, Amalín, ¿verdad?

—Claro que sí, señora.

—¡Y yo también! —añade Pilar, su doncella.

—¡Y yo! —interviene el chófer José Felipe.

Solo entonces María acepta entre lágrimas.

Regresan, pero ya solo van a ser «los padres del rey». Excepto para Luis María Anson, que sigue dándoles el tratamiento de «majestad», pasan a ser «alteza» o simplemente les tratan de usted, algo que le duele a doña María:

—Prefiero que me tuteen a que me hablen de usted.

Juanito ha sido aceptado por todas las fuerzas políticas como su salvador y ha empezado su proceso de canonización bajo el nombre de «motor de la Transición», del que ya no se apeará nunca. ¡Cuánto orgullo, pero también cuánta envidia le deben de producir al viejo león de Estoril estos ditirambos! No puede dejar de pensar que si él hubiera estado al frente de la Corona, la intentona golpista ni siquiera se hubiera producido.

Pero, vencido al fin, agacha la cabeza y se ofrece:

—Aquí estaré, Juanito, para lo que me necesites.

—Papá, tú ahora a descansar y a pegarte la gran vida, que te lo has ganado.

Con esta frase le queda claro que va a tener en esta España que ha surgido del 23-F la misma presencia que en la anterior: igual a cero.

Liquida las propiedades que le había devuelto Franco años antes con poca fortuna, mucha torpeza y demasiada prisa, porque ya se alzaban voces que denunciaban que no le pertenecían a él, sino a Patrimonio. Con una punta de impaciencia, el hijo le pide discreción:

—Papá, ahora esto no convenía.

A don Juan se le atropellan las palabras en la boca, pero, cosa rara en él, guarda silencio. También es verdad que, a causa de su operación de laringe, el médico le ha dicho que hable poco.

Por Miramar, donde habían estudiado sus hijos, le dan solo ciento dos millones de pesetas. Estaba lleno de objetos de época, cuatrocientos cuadros y hasta veinte servicios de mantel de hilo hechos a mano para cuarenta personas, que se reparten en la familia, pero tanto Pilar como Margot se los ceden a su cuñada:

—Nuestras casas son demasiado pequeñas.

Es otro reproche, porque consideran que la situación de su hermano no les ha reportado ningún privilegio. Ambas disfrutan de sus títulos de duquesa de Badajoz y duquesa de Soria, pero poco más, porque viven con relativa modestia y casi en el anonimato. Existe una consigna no escrita de que a las hermanas del rey no hay que prestarles mucha atención. Como decía Simoneta, la hija mayor de Pilar: —Mi tío es rey, mi madre es infanta, pero nosotros no somos nada.

Por la Magdalena de Santander y las veintisiete hectáreas de la península donde se encuentra el ayuntamiento pagó solo cincuenta millones, lo mismo que cuesta un buen chalé en esa época. Y la isla de Cortegada, enfrente de Carril, en Pontevedra, que fue expropiada a los lugareños para ser regalada al rey Alfonso XIII, que solo había pasado unas horas en ella, la vendió por sesenta millones de pesetas.

Con el producto de estas ventas, el conde de Barcelona se compró una casa en la calle Lanzahita de Puerta de Hierro, que tampoco será su residencia definitiva. Juanito va a visitarlos, siempre apresuradamente:

—Papá, tú a pasarlo bien, navega y eso.

Navega y eso. Todo, con tal de tenerlo alejado de los centros de poder.

—Papá, tú pide lo que quieras.

¡Su vida desperdiciada en pos de un sueño que no se ha cumplido pediría!

¡Pediría todos esos años que le han sido arrebatados! ¡Que le devuelvan la fuerza de la juventud, gastada en empresas ilusorias que se han desvanecido como pompas de jabón! Pero Juan sabe que no hay que molestar. Se siente un paria, se queja de que no posee estatus, que ni siquiera protocolariamente tiene un lugar asignado en las ceremonias:

—Voy detrás de un subsecretario…

En el Congreso, en los actos importantes, tendría que sentarse en el «gallinero» y entonces opta por no acudir, para ahorrarse humillaciones innecesarias y dolorosas. Se embarca y recorre las costas españolas como el judío errante, sin un momento de reposo, surcando ese mar que no le ha fallado nunca.

Si siente algún remordimiento por la situación de su padre, Juan Carlos no lo deja ver. Al hombre siempre preocupado, con una arruga permanente en el entrecejo, inseguro y pendiente de la aprobación de los demás, le ha sucedido un rey que cree que no debe nada a nadie y que está tan seguro de sí mismo que pasa largas jornadas de caza sabiendo que nadie va a reprochárselo. Y que incluso oculta a su amigo Zu, prófugo de la justicia, en la Zarzuela, donde sabe que nadie va a buscarlo.

Le gusta sentarse en el banco de piedra que hay adosado a la casona de la Encomienda de Mudela, debajo de las ventanas ojivales, con la única compañía de su perro Arky y de Manolo Prado, que es lo más parecido a estar solo que conoce. Habla distraídamente, casi sin pensar, sabe que Manolo es una tumba… Es delante de la única persona que desnuda sus sentimientos más íntimos:

—Manolo, yo veo que todo el mundo es rico. Mira los Albertos, Juan Abelló, los March, Botín, hasta mi primo Carlos, todos están megaforrados… Nosotros nos contentamos con migajas. ¿Por qué no vamos a lo grande?

—Sí, señor.

—¿No les he salvado el culo a todos? Están agradecidos y me parece natural. Ahora me ha prometido Felipe que va a enviar a Julio Feo a Grecia a ver si la reina recupera el patrimonio de su familia… Oye, que todos estos me cuestan un huevo, ahí donde los ves.

—En efecto, señor, desde que se ha muerto el sha, vuestro cuñado se ha quedado a la quinta pregunta. Ya sabe vuestra majestad que intenté convencerle de que reclamara los bienes de Grecia personalmente, pero no quiso.

—Mejor. Con lo torpe que es, la cagaría.

Juanito hundía su mano en el pelaje espeso de su pastor alemán, que ronroneaba imperceptiblemente. La totanera lo esperaba en la habitación, pero estaba tan a gusto que le daba pereza hasta subir la escalera.

—¿Y ese amigo catalán del que me hablaste?

—¿... Javier de la Rosa?

Se frotó el índice con el pulgar castizamente:

—¿Tiene parné?

—Mucho.

23

En Mallorca, Sofía siempre era la más madrugadora. Aunque se tomaba un té en su habitación mientras la doncella le preparaba el baño y la ropa que debía ponerse, desayunaba en el porche de Marivent, donde ponían un bufé para que se sirvieran los miembros de la familia a medida que se iban levantando. Cruasanes, pan recién hecho que se mantenía caliente cubriéndolo con servilletas, mantequilla y leche fresca que se enviaba directamente de una granja, mermeladas de ciruela y albaricoque caseras, y no faltaban los típicos embutidos de la zona, como la sobrasada picante que enviaba el exalcalde de Palma, Joan Fageda.

—Señora.

Un criado, vestido con chaquetilla y guante blanco, inclinaba la cabeza.

Ella le contestaba apenas con un gesto. Cuando no había nadie delante, no se molestaba en sacar a pasear su famosa sonrisa de Gioconda.

En los primeros años de Marivent habían puesto sillas de plástico de las más baratas, porque eran fáciles de limpiar con un manguerazo, que las dejaba húmedas todo el día, y una mesa de pimpón ocupaba un lugar principal. Después, se habían cambiado por sillas de mimbre y la mesa se había arrinconado, pero seguía siendo un espacio poco acogedor, como de paso. Sin embargo, la reina no estaba por estas minucias decorativas porque despreciaba todo lo que consideraba superfluo y en ningún otro sitio del mundo se encontraba tan a gusto como aquí.

Cantaban los pájaros, se oía el ruido lejano de un cortacésped. El servicio tenía su propio alojamiento en otra residencia, la Masía, y solo acudían al edificio principal para cumplir funciones específicas.

La casa todavía estaba en silencio. La primera en levantarse era ella y el último, siempre Felipe. Había terminado el bachillerato con notas regulares, se había embarcado unos meses en la fragata *Asturias*, y había regresado con unas ganas locas de fiesta y aventura. Iba con sus primos Pablo de Grecia y Simoneta, la hija de la infanta Pilar, y con sus amigos, los hermanos Escalas, los hermanos Fuster, sobre todo Álvaro, con el que estuvo en los Rosales, o Kyril de Bulgaria o con Vicky Carvajal, de la que medio se enamora, a la discoteca Clam hasta las tantas, pero su madre todo lo disculpaba, hasta que faltara a alguna recepción oficial. ¡Y es que solo tenía dieciocho años!

El bufé, hoy, y como atención especial a sus huéspedes, los Príncipes de Gales, se enriquecía con riñones, *muffins*, *scones* y siete clases distintas de té… Lady Di había llegado el jueves con sus hijos y el príncipe Carlos, el viernes. La princesa, delgadísima y con aspecto enfermizo, lo había excusado con argumentos tan inconsistentes que Sofía tenía ganas de decirle:

—No te esfuerces, te engaña con otra, ¿verdad? Yo sé lo que es eso.

Aguantar y tener que tragarte las penas. Ella lo entendía porque lo llevaba haciendo desde hacía muchos años. Desde siempre, desde aquellos malditos días en Estoril y aquellas noches solitarias.

Diana la sentía como a una hermana de sufrimiento y en ocasiones quisiera confiarse a ella. Todas las familias reales europeas, tan endogámicas e indiscretas, estaban al tanto de que Juanito era Borbón por los cuatro costados, como su padre y como su abuelo. Sobre todo, hablaban las dinastías desterradas de su país, los Saboya y los Francia, porque en el exilio uno se aburre mucho y la gran diversión era calcular el número de las amantes de Juanito y cuál estaba en auge en esos momentos.

Detallaban con delectación:

—Bárbara, Marta, la andaluza parece que ha tenido un hijo de él... El marido se pavonea con eso por todo Sevilla.

Ya iba Lady Di a vaciar su corazón delante de Sofía, ya iba a verter en su oído sus penas de mujer engañada y humillada públicamente, cuando la echaba atrás el aire seco y severo de la reina española, tan poco propicio a las confidencias. Cuando la periodista francesa Françoise Laot le había preguntado a Sofía en quién depositaba su amistad, contestó con franqueza:

—¿Dice usted amigas para contarles cosas y eso? Pues no, no tengo ninguna.

Y la periodista concluía en su reportaje en la revista *Point de Vue:* «Es fría, una mano de hierro en guante de terciopelo que carece del encanto de su marido».

Desde entonces *Point de Vue* había dejado de comprarse en la casa, ay, esta prensa extranjera, que escribía lo que le daba la gana, ¡qué peligrosa resultaba!

Sofía se sentó en su butaca de mimbre hojeando *¡Hola!*, que cogió del montón que los empleados del departamento de prensa repartían a primera hora de la mañana. Al cabo de un momento la dejó a un lado. Como siempre, la portada la ocupaba Isabel Preysler: se acababa de divorciar del marqués de Griñón. Todo el mundo sabía que lo había abandonado por Miguel Boyer, que acababa de dejar el gobierno. No se hablaba de otra cosa y Sofía había comentado a la hora de la cena:

—Qué inmoralidad... Juanito, creo que tu amigo Carlos Griñón está en Palma, espero que no los recibas más, ni a ellos, ni a ella.

Su marido se había echado a reír burlonamente:

—Miguel Boyer es un muermo y no me importaría no volverlo a ver en la vida, pero ¿qué culpa tiene el pobre Carlos? Cornudo y encima apaleado.

Y para fastidiarla se había ido a cenar con él, su hermano el marqués de Cubas, su compañero de regatas José Cusí y el primo Fernando de Baviera a Flanigan.

¡Qué asco le daba la impudicia de esta gente!

Te casabas y a la primera de cambio, si a tu mujer le salía una arruga, hala, a cambiarla por otra.

Pero una lucecita de satisfacción iluminó los ojos verdes de la reina porque Juanito eso no podía hacerlo. ¡Tenía que joderse!

Lanzó una carcajada que el criado escuchó sin mover ni una pestaña, y cogió una manzana: ella solo tomaba fruta, naranjas de Valencia y los deliciosos higos de Sóller y de Porreras. Pero no podía apartar aquellos pensamientos de su mente. ¡Qué asco le daba el materialismo de la..., cómo la llamaban, *beautiful people*...! Esa filipina que solo alternaba con hombres de dinero..., fiestas, lujo...

A ella, todo eso no le iba.

Contempló los cincuenta mil metros cuadrados de finca, la mañana apacible con el cielo tan claro que parecía incandescente, el mar lejano punteado de velas blancas. Cogió un cigarrillo de la bandeja que le presentaba el sirviente y aspiró con fuerza el delicioso humo de tabaco, que se mezclaba con el del café y el ramo de mimosas que estaba en el centro de la mesa.

—Tenías razón, mamá, las cosas sencillas son las más apetecibles —le dijo a su madre.

Porque Federica no había muerto para ella y siempre estaba a su lado.

No pudo evitar que una sonrisa de satisfacción aflorara a sus labios. Era el segundo verano que venían los Príncipes de Gales a Mallorca y cien fotógrafos ingleses se habían desplazado a la isla detrás de ellos. Esa tarde tenían sesión de fotos en los jardines, y Sofía era consciente de que esas imágenes aparecerían al día siguiente en la portada de los periódicos más importantes del mundo, de Hong Kong a Argentina, de Manila a Londres. No iban a ser los únicos invitados reales: también la reina Fabiola de Bélgica y Balduino se desplazarían desde Motril para visitarlos, y la reina Beatriz de Holanda y su marido, el príncipe Klaus.

Palma era el centro del mundo. Ser invitados por los reyes de España, esa pareja moderna e icónica que había sacado al país de las tinieblas de la Edad Media hasta la modernidad más rutilante, estaba de moda. Cerró un momento los ojos, ay, mamá…, ¿te acuerdas de cuando fui a la India queriendo dejarlo todo? Qué tonta era.

¿Te acuerdas cuando en Sudáfrica hacías sopa con la hierba que recogíamos en los caminos? No, no, de eso no había que acordarse.

Le pareció sentir sobre su frente una leve caricia y el olor de su madre, ¡el olor de las madres!

Su hermana Irene, vestida con un sari indio, le preguntó mientras cogía un cruasán:

—Sofi, ¿qué te pasa? Te veo muy contenta.

Movió la cabeza sin saber qué responder. En ese instante se coló por la ventana abierta del despachito del rey su voz sonriente, un tono que no empleaba nunca con ella:

—Sí, ¿estuvisteis en el Club de Mar? ¿Con los Bay? ¿Y José Luis de Vilallonga y Syliane? ¿Y eso?

Porque el marqués de Castellbell, José Luis de Vilallonga, había vuelto al entorno del rey, y ahora era uno de los caballeros andantes de Marta.

Después, Juan Carlos bajaba la voz y hasta cerraba la ventana, pero aún se colaba alguna risa.

Sabía con quién estaba hablando. Con esa mujer…

También podía ser la baronesa. Se lo había preguntado a Sabino, como hacía siempre:

—Dime la verdad, no porque vaya a decirle nada, sino para saber a qué atenerme.

Atenerme era odiarla e intentar hacerle la vida imposible.

Si Sabino la miraba de cierta manera, a Sofía una bola de hierro se le instalaba en medio del pecho sin dejarla ni respirar y entonces ya sabía.

Por mucho esfuerzo que esa mujer hiciera, por mucho que se comprara un barco mejor que el *Fortuna*, por mucho que adquiriera en las subastas joyas que habían sido de la reina Victoria, ella no la iba a recibir nunca, ¡nunca! Ya había conseguido que no le vendieran la casa que pretendía, el palacio de Maricel, muy cerca de Marivent, y le estaban poniendo pegas para hacerse socia del Club de Mar y por el amarre:

—El barco es demasiado grande y tendría que fondear fuera del puerto.

Su altiva cuñada, Pilar, a la que Sofía nunca había perdonado la fidelidad a su padre por encima de Juanito, se había tenido que rebajar llamándola y suplicándole:

—Sofi, no seas así, cede, hazlo por mí. Luis trabaja con el barón, ya sabes en la mala situación que nos quedamos después de...

Y es que Luis Gómez-Acebo ha estado enfermo. Muy enfermo. Un cáncer linfático lo ha obligado a tratarse en Nueva York durante nueve meses. Una sangría económica que se ha comido todo su patrimonio. Cuando regresan a España, sus recursos se han agotado, ¡y no sabe de qué va a vivir su familia! ¡Y son cinco hijos que mantener!

Dejan el chalé y se cambian a un piso, reducen sus gastos al mínimo hasta que un día su suegro le llama desde Sotogrande. Don Juan procura no coincidir nunca con su hijo en Mallorca para no ponerle en un compromiso:

—Luis, bajad a Marbella, que te voy a presentar a los barones Thyssen. Tienen una gran fortuna y son muy amables. No sé si los conoces...

¿Cómo no conocerlos? Carmen Cervera es la mujer más famosa de España, junto a Isabel Preysler. Ha sido *miss*, actriz de cine, ha salido desnuda en *Interviú*, se ha casado con el actor Lex Barker y el *playboy* Espartaco Santoni, ha tenido una vida aventurera y misteriosa, pero es su matrimonio con el fabulosamente rico barón Thyssen lo que la catapulta a la cima del poder económico y social de esos años. La flor de su corona es la colección de arte de valor incalculable que atesora su marido en Lugano. Tita, como la llaman todos, quiere traerla a España y está en tratos con el Ministerio de Cultura, a cuyo frente se encuentra Javier Solana, pero las negociaciones son largas y difíciles. Hay otros países que también optan a la concesión y el barón y sus hijos dudan.

Tita decide tener un hombre en España. ¡Qué gran trofeo que sea nada más y nada menos que el cuñado del rey! Es muy consciente de que esa aproximación, dado su pasado, nunca se hubiera producido si no fuera por las necesidades económicas de la familia, y pretende que esa relación la acerque a los reyes, su obsesión, su sueño más preciado.

Quizás si consigue que la colección venga a España, el rey le dé un título. El de baronesa es de cortesía y no puede heredarlo el hijo que tuvo con Manolo Segura y que Thyssen ha adoptado... ¡Marquesa! ¡Quién la ha visto y quién la ve! ¡Marquesa de Sant Feliu de Guixols, su pueblo de veraneo!

Pilar también sabe las verdaderas intenciones de Tita y se ve obligada a pedirle a su cuñada:

—Tienes que invitarlos a cenar... o permitir que ellos os inviten. O venís a casa a tomar una copa.

A Sofía no le hace ninguna gracia. Ella prefiere apartar las tentaciones, reales o imaginarias, del camino de su marido. Es su poder, en el ámbito doméstico ella mantiene las riendas en la mano. Y sus intenciones son muy claras: ya que no puede evitar que él vaya con otras mujeres, sí puede apartarlas de la «corte». La condesita sevillana con la que se acostó Juanito, misteriosamente desapareció del santo del rey el 24 de junio, en el Campo del Moro, donde acudían cuatro mil personas. La señora catalana rubia y guapa fue descabalgada de las recepciones que solían hacerse en el palacete Albéniz de Barcelona. Otra dama, también amiga del rey, de Barcelona, estaba comprando tranquilamente en una tienda del paseo de Gracia cuando se le dijo amablemente que tenía que irse. Órdenes de la reina, que estaba eligiendo regalos para las infantas.

Los viajes a Barcelona se habían restringido durante una temporada, porque la reina se había enterado de que era el propio gobernador civil el que había organizado unos encuentros «culturales» solo para señores en un piso de Gavá, con unas impresionantes «azafatas» a las que no conocía ninguna azafata de verdad de Barcelona.

Sofía vigilaba que no se colara la inmoralidad hecha mujer en su entorno. En una recepción en Palma se presentó la exmujer de Zu Tchokotua con su nueva pareja. Los guardias de seguridad le dijeron que tenían órdenes de no dejarlos pasar.

¡Ya que no podía desterrar la indecencia de España, lo iba a hacer de su casa! Ella era la reina, las infidelidades de su marido habían sido su 23-F y también se había ganado su puesto. Juan Carlos la necesitaba a su lado, aunque luego no le dirigiera la palabra, aunque a veces la mirara con un chispazo de odio en el fondo de los ojos.

Le daba lo mismo, ¡era la reina! Eso no se lo iba a quitar nadie. Sus labios se convirtieron en una línea y echaba fuego por los ojos. Manolo Prado, que entraba en ese momento llevando su cartera de trabajo, le preguntó:

—¿Señora? ¿Os encontráis bien?

Se le veía fresco, limpio, descansado.

La reina se rehízo:

—Claro, Manolo, buenos días.

—Señora.

Se fue directamente al despacho. Cuando el rey lo vio entrar, colgó el teléfono:

—*My friend*, ¿cómo va todo?

—Parece que la reina me ha perdonado que me separara de mi mujer.

—Eso es que te aprecia, porque si no, menuda es ella con estas cosas... Al pobre Miguel Primo, cuando dejó a María Oriol para irse con Reyes, que ya sabes que era amiga de su hija, estuvo sin hablarle durante años. Dice que nunca va a olvidar que Calvo-Sotelo trajo el divorcio a España, y con lo rencorosa que es...

El amigo se sentó. Llevaba la camisa arremangada a medio brazo y dejaba ver el impresionante Rolex de oro y brillantes que le había regalado el rey Fahd en su último viaje a España. Juan Carlos lo señaló burlonamente al verlo:

—¿Te lo pones? A mí me parece una horterada.

—Sí, señor, pero me gusta, debo de ser un poco hortera... A los ministros también les regaló uno a cada uno y lo han depositado en la caja fuerte de sus departamentos. ¡Un socialista no puede ir por ahí con un reloj que cuesta diez millones de pesetas!

—A la reina le han regalado unas joyas que ríete tú de las de la corona; al príncipe, una daga con unas piedras preciosas gordas y muy caras... Hasta las infantas han mojado —de pronto se echó a reír—. ¿Sabes que vino el vice a decirme que había que regular el tema de los obsequios, que no se podía aceptar todo, y que si se tenían que donar a Patrimonio o devolverlos y bla, bla, bla?

—¿Y qué contestó vuestra majestad?

—¡Que yo ni de coña iba a ir a devolverlos! Que es de mala educación y que además me los he ganado: ¿sabes cuántos viajes hago al año, y encima con esos empresarios que son unos rollos y que no hay dios que los aguante? ¡Noventa! ¡Estoy todo el día aquí pringando, y con el 23-F y toda la pesca, y me piden que rechace estos detalles!

—Hombre, detalles, señor…

—¿Lo dices por ese dinero que me dio el rey Fahd? Eso no es delito, ¿no? Si me quiere regalar dinero…

—¿Los cien millones de dólares? Le recuerdo a vuestra majestad que son un préstamo, los tendrá que devolver dentro de diez años… sin intereses, eso sí.

—Claro, claro, lo bien que me han venido porque ya ves tú el gasto que tengo —dio una vuelta sobre sí mismo—. ¿Cómo te crees que se mantiene todo esto?

—Pero os dan partidas suplementarias, ¿no?

—No me llega, chico. Si mis cuñados están aquí a pan y cuchillo, los barcos, la Biblia en verso.

—Menos mal que lo de… Bárbara lo hemos podido resolver. En todo caso, yo os propongo que los cien millones, en lugar de ponerlos a plazo fijo, los invirtamos en el mercado de futuros.

El rey ya no escuchaba y agitó la mano por encima de su cabeza:

—Bueno, eso tú, lo que veas, ya sabes que confío en ti.

Ojeaba distraídamente un catálogo que le habían enviado de Suiza:

—Mira, estos relojes sí que son cojonudos... Este Gerald Genta deportivo me gusta, voy a encargarlo para mi colección —con aire inofensivo, sin mirar a su amigo, dejó caer—, creo que Javier de la Rosa también colecciona.

—A Javierín lo tengo comiendo de mi mano... —contestó Prado mientras guardaba los papeles—. Como sabe que el presidente quería avisar a los kuwaitíes para que le dieran puerta y que vuestra majestad y yo dimos la cara por él y lo recomendamos al emir... Dice que le pidamos lo que queramos.

El rey se hizo el despistado:

—Bien, algo se nos ocurrirá.

—Ahora estará en posición de ayudarnos, como representante de los kuwaitíes en España maneja un presupuesto de quinientos mil millones de pesetas.

—¿Sabes qué, Manolo? Le voy a enviar un rotor automático para dar cuerda a los relojes y no tener que andar manipulándolos.

—Le hará mucha ilusión, señor.

El citado artilugio costaba doscientas pesetas.

Llegaban voces femeninas del porche. Juan Carlos se levantó:

—Ven, que te presentaré a la famosa Lady Di... No sé por qué dicen que es tan guapa, no tiene culo, ¿te has dado cuenta?

Prado rio:

—No, señor.

—Pues mírala y lo verás. Ahora, coqueta es un rato largo: ayer se timaba conmigo delante del marido, que no se enteraba de nada, pobre infeliz. —Lo detuvo y se puso a parpadear aparatosamente—: Mira, me hacía así... Es un saco de huesos.

Ojo, que a mí me gustan las mujeres elegantes y delgadas, pero no tanto... Además de que este tipo histérico es muy peligroso, porque te meten en cada lío. —Empezó a caminar—. A ver cuándo se largan y podemos hacer una cena de hombres... Están aquí Karim y Cusí, Miguel Primo y Zu. ¿Ves? Otro al que tengo que echar una mano, está a la cuarta pregunta y con todos esos procesos judiciales...

Por la tarde tenían el posado con la prensa. Se sentaron en la escalera de Marivent: Lady Di, de amarillo, la reina, de blanco y negro, pero el que brillaba como si tuviera luz propia era el rey. Bronceado, con el pelo peinado hacia atrás de color tabaco claro, alto y elegante como un dandi de leyenda, con una camisa de rayas de Bel y mocasines blancos de Gucci, era la viva imagen del chico de oro, el hombre en la plenitud de la vida, rezumando virilidad y poder por todos los poros de su atlético cuerpo. ¡No solo era el rey de España, sino el amo del universo!

Eran como el sol y los planetas, todos giraban a su alrededor. En un momento dado las manos de Lady Di y las de Juan Carlos se encontraron en el pelaje de Arky e intercambiaron una mirada de fuego que todos los periodistas notaron.

Luego, Lady Di dijo del rey:

—Sé que le gusto, intentó ligar conmigo.

No sabía la pobre ilusa que el rey se comportaba así con todas las mujeres, aunque no le gustasen.

Las hijas, Elena y Cristina, lo contemplaban con adoración y se peleaban por sentarse a su lado. Al príncipe Carlos se le veía apagado como una foto en blanco y negro. Los únicos inmunes a la magia del monarca eran los dos hijos de los príncipes de Gales, que estaban malhumorados, huraños y con ganas de irse.

A pesar de ser ingleses, tenían miedo de los perros, el pastor alemán del rey y el lhasa apso de la reina, un tibetano con un pedigrí tan impecable que el rey a veces decía:

—Tiene un linaje más puro que el mío. —Y añadía—: A la reina le gustan mucho los perros, pero solo los de raza... No sé cómo se ha podido enamorar de mí, que soy un mil leches.

El príncipe Felipe imitaba en todo a su padre, en la forma de sentarse y de ir vestido e incluso llevando el reloj en la mano derecha. Pero el rey lucía, además, una pulsera que le había regalado Marta por su santo, como una señal de que, aunque posara con su familia de sangre, ella también estaba a su lado. Por eso la risa de Sofía tenía más mérito y ahí se ponía en evidencia lo que constituía su mejor cualidad, lo que unos llamaban profesionalidad y otros, ambición, es decir, aguantar pasara lo que pasara.

Las revistas y los periódicos de todo el mundo estaban retrasando sus cierres para incluir esa imagen, la más preciada del verano. Los fotógrafos se volvieron locos: los españoles, vestidos correctamente, y los británicos, con bermudas e incluso algunos descalzos. Llevaban varios días a la gresca. Los ingleses tenían información privilegiada, sabían dónde iba a pintar sus acuarelas el príncipe Carlos, donde se bañaba Lady Di con sus hijos, se movían en lanchas de mucha potencia, y los servicios de seguridad, con ellos, hacían la vista gorda. Alquilaban helicópteros, pagaban fuertes sumas por chivatazos o por utilizar fincas privadas. Disponían de medios ilimitados porque tenían la esperanza de conseguir la foto del millón de dólares que los retiraría de la profesión para siempre. Los *paparazzis* españoles, sin embargo, tenían que buscarse la vida por libre, incluso meterse en el agua e ir a nado, o escalar la abrupta costa mallorquina a pie con sus equipos a cuestas. Nadie les daba información, tenían que rehuir a la competencia y a los escoltas que llegaron a detenerlos y velarles los carretes.

El día del posado en Marivent protestaron por la brutalidad de sus colegas británicos, y también porque ocuparon los mejores sitios para hacer fotos, las tres primeras filas. Hubo gritos, codazos, empujones, se rompió alguna cámara, al fotógrafo Tony Monka, de *Lecturas*, lo derribaron al suelo...

Asustados, la familia real y sus invitados se retiraron. Solo el rey se dirigió tranquilamente a los periodistas españoles y les dijo, exhibiendo su sonrisa más seductora:

—¿Necesitáis algo más? Si queréis, les digo a esos —señaló con el pulgar a la tropa de asustados *royals* que se habían agrupado en lo alto de la escalera y miraban con prevención lo que estaba haciendo Juanito— que posen de nuevo.

Los chicos y chicas de la prensa, agradecidos, se apresuraron a negarse, no, no, ya estaba bien. Algunos eran de medios locales y otros llevaban años acudiendo a Mallorca y el rey conocía por su nombre a casi todos:

—Hola, tocayo, qué tal, Carrero... Hombre, Carmen, Pepe, argentino, qué alegría... —De pronto, se detuvo ante una chica guapísima, muy morena, de aspecto deportivo, con una sonrisa tan amplia como la del rey, que había dejado la cámara en el suelo y fumaba tranquilamente un cigarrillo—. Tú eres nueva, no te conozco.

—Es que yo no me dedico a esto... Soy fotógrafa en el Congreso, pero mi director me ha enviado aquí este año.

El rey le cogió la credencial que llevaba colgando del cuello y se la acercó a los ojos para ver de qué medio era. Después prosiguió, sonriendo con coquetería:

—¿Y qué te parece esto?

Con el dedo trazó un círculo que abarcaba no solo Marivent, sino la isla, el verano, y quizás su vida entera. La muchacha rio espontáneamente:

—Pues... qué quieres que te diga, ¡un circo!

Su compañero le dio un codazo, escandalizado, y la fotógrafa se llevó la mano a la boca fingiendo arrepentimiento:

—Ay, perdón, majestad.

Pero Juan Carlos, que era muy estricto con el protocolo, excepto con las mujeres guapas, se rio también. La agarró del hombro y le susurró al oído alejándola del grupo:

—Vamos a ver, me gustaría que continuaras viniendo, ya hablaré yo con tu jefe, que es muy amigo mío... Mira, te voy a dar un número de teléfono, pero no se lo cuentes a tus compañeros, esos buitres de ahí, porque es solo para mis amistades especiales —le dio un estrujón—, y tú lo vas a ser, ¿verdad, chiquitina?

¿Cómo resistirse?

La reina interceptó la mirada de asombro primero y celos después de Lady Di a Juan Carlos y tuvo ganas de decirle:

—¡Chúpate esa!

24

Cogió el teléfono, pero solo se oían sollozos y «Juancho, Juancho».

El rey se asustó.

—¿Qué pasa? Marta, por favor, cálmate, ¿qué ha pasado?

Al final se oyó una voz masculina:

—Juanito, soy Zu.

—Hombre, dime qué pasa, ¿está enferma Marta? ¿Qué ha pasado?

Instantáneamente se ha puesto de pie, como presto a ir corriendo desde Madrid, atravesando montañas y mares en auxilio de su amada... Ese día tiene cinco audiencias, una de ellas con la Cámara de Comercio Americana, otra con el ambicioso financiero Mario Conde, presidente de Banesto.

Pero todo lo dejaría por ir al lado de Marta:

—No, ella está bien…, bueno, mal, pero los que están mal del todo son Rudy y su mujer porque están muertos.

¿Cómo? ¿Muerto el ser más vivo que conoce? ¿Muerto Rudy Bay, que una vez había aguantado despierto cuarenta y ocho horas haciendo vuelos transoceánicos y después había ido nadando hasta la isla de Cabrera?

Se frotó la frente tratando de entender:

—Explícame, Zu, no entiendo, ¿qué ha sido? ¿Un accidente de vuelo?

—No, de coche, en la carretera de Santa María.

Tenían que ir a la discoteca Can Tiá. Con Marta. Habían ido a buscarla a su elegante piso de trescientos metros cuadrados que estaba delante del Club de Mar, pero a última hora Marta no había querido salir. Lo hacía muchas veces. Al final, sin su Juancho no le apetecía trasnochar. Además estaba cansada, acababa de llegar de Ciudad Real, donde habían pasado el rey y ella unos días cazando con los Alcocer. Los anfitriones se cuidaban de ponerlos en habitaciones contiguas y comunicadas, porque se habían acabado ya aquellos escrúpulos iniciales a la hora de tratar a la amante del rey, ya que todos se habían dado cuenta de que había venido para quedarse y que a don Juan Carlos le importaba mucho que a Marta se le diera el lugar que le correspondía.

Había habido más de un real cabreo porque ella se quejó de la falta de respeto de alguna persona. De Sabino, por ejemplo:

—Te organiza la agenda para que no nos veamos. En el fondo le encantaría que te cansaras de mí.

Juanito gruñe, sabe que Sabino rechaza su forma de vida y se ha convertido en el paño de lágrimas de su mujer, pero no se siente preparado aún para tomar una decisión. El jefe de su casa le perdona las Bárbaras y las otras, que siguen existiendo, pero sabe que Marta es importante para él, y eso le preocupa.

A Marta, estos viajes al campo con el rey le encantan. Se sienten libres. Después de cazar se reúnen frente al fuego en un ambiente de camaradería y al mismo tiempo de respeto, que llena su vida. Sabe que esto durará mientras el rey la ame..., pero tiene la íntima sensación de que lo suyo será para siempre, porque a la pasión arrebatadora de los primeros tiempos se ha añadido el cariño, y el rey no tiene muchas personas que lo quieran de verdad. Cuando ella se levanta para hacer cualquier cosa, él la busca:

—¿Dónde está mi *girlfriend*?

La pena es que, cuando se queda sola, la nostalgia le impide disfrutar de la vida cómoda que su relación con el rey le ha proporcionado. Añora los momentos de pasión, pero también de conversaciones y risas.

Rudy y Marta insistieron tanto para que fuera a la *boîte* con ellos que al final les prometió:

—Iré luego.

Tenía coche y un conductor particular a su servicio las veinticuatro horas del día.

Se ponía una copa sentada en su cómodo sofá, hablaba un rato por teléfono con el rey, pero después... no podía soportar la soledad y terminaba saliendo con los amigos.

—Pero, dime, Zu, ¿se han muerto los dos?

Sí, él le había sobrevivido a ella una hora, y esa hora, aunque entonces no lo sabían, iba a dar lugar a largos años de litigios entre los hijos de los anteriores matrimonios de la pareja para ver quién heredaba a quién.

—Qué horror, pobre padre... Pásame a Marta.

Dando grandes suspiros se puso Marta. Apenas podía hablar por la emoción y porque se había tomado un sedante:

—Chiquita, vete a casa de Marieta, quédate allí hasta que yo llegue, no te hundas... Salgo para ahí en cuanto pueda.

Zu volvió a coger el teléfono y tranquilizó al rey:

—No te preocupes, Juanito, que la voy a cuidar.

—Ocúpate, Zu, por favor, ya sabes que es muy frágil... Esto ha sido un palo tremendo para ella.

Para él también. Se recostó en el asiento. Entró, obsequioso, Sabino y le dijo:

—Ahora tenéis a don Manuel y don Javier ,que vienen para ese asunto de Grand Tibidabo.

Manolo Prado tiene despacho propio en la Zarzuela, pero lo ocupa poco porque casi siempre está viajando y además ahora tiene su centro de operaciones en Sevilla. No solo es su trabajo en la Expo, que se ha abierto en abril, sino que además se ha casado con una andaluza, Celia García-Corona, con la que incluso ya ha tenido dos hijos:

—Que esperen, Sabino, por favor.

En ese momento no puede hablar ni de negocios ni de dinero. En realidad, él nunca lo hace, para eso tiene a Prado, que se ha asociado con Javier de la Rosa en las distintas inversiones que realiza por cuenta del grupo Kio, de las que se lleva suculentas comisiones. Según cuenta el catalán, el rey lo llama siempre, después de estas operaciones, para darle las gracias.

Pero no ahora:

—Diles que vengan mañana, por favor —mira el reloj, llamaría al aeropuerto para que le prepararan el avión—, o mejor aplázalo todo.

Sabino, que sospecha que Marta está detrás de esta decisión, protesta:

—Pero, majestad, tenéis esta tarde la reunión con los directivos de la Expo y con Pasqual Maragall, el alcalde de Barcelona, que viene a dar cuenta de la ceremonia de apertura de los Juegos Olímpicos.

—¡He dicho todo! —le grita, iracundo.

Está afectado, no solo por la muerte de Rudy, sino por la pena de Marta. La quiere mucho. Normalmente la llama varias veces al día para escuchar su voz serena, sus risas o para contarle algún suceso que sabe que solo entenderá ella. El CESID controla sus líneas telefónicas y los espías se burlan del patrón, como ellos lo llaman en clave, porque cuando habla con sus amigos les dice:

—No sabía que se podía ser tan feliz.

También quedan registradas las llamadas a Bárbara:

—Nos encontramos en el chalé de Sextante o en el Villamagna, como quieras.

Los espías cruzan los dedos, porque Sextante es suyo y tienen micros y en el hotel, no.

—Vale, pues en el Villamagna.

Pero no son solo los líos de faldas los que quedan registrados en las cintas del CESID. También toman nota de sus conversaciones de negocios, concretamente las palabras de agradecimiento del emir de Kuwait por el apoyo del rey en la guerra del Golfo:

—Hermano, ya le he dicho a nuestro amigo Javier de la Rosa que te envíe cien millones de dólares como pequeña muestra de mi gratitud.

A él no le importa que lo escuchen, sabe bien que el jefe de los servicios secretos, el general Emilio Alonso Manglano, al que había nombrado primero Calvo-Sotelo y confirmado Felipe González a su instancia, era monárquico y no tenía en este mundo otra misión que protegerle. Y no solo lo grababa a él, sino que le daba cuenta de las conversaciones jugosas y comprometedores de sus enemigos, ¡y también de sus amigos!

Dicen que la información es poder, pues pocos españoles hay en esos años mejor informados, y con más poder, que el rey de España.

Pero ahora no hay que pensar en eso. Enciende un cigarrillo… La muerte le ronda con paso de lobo, siente un escalofrío. Rudy y su mujer. Y su primo y su cuñado. Se han ido los dos, uno después de otro. Eran de su generación. ¡Demasiado jóvenes para morirse, joder!

No puede evitar una sonrisa triste y menea la cabeza con incredulidad al recordar a Alfonso y su pobre vida desperdiciada. ¡El Doño lo llamaban! ¡Pensar que hubo un tiempo en que lo vio como un rival! ¡Que incluso le quitó el sueño!

Había muerto decapitado por un cable tendido en la pista de esquí de Beaver Creek. Una muerte tan absurda como su vida.

El veneno del rencor se le había ido infiltrando a Alfonso en todo su cuerpo. Era un hombre crepuscular, que vivía amargado, aunque había que reconocer que atraía la mala suerte… Lo había abandonado su mujer, la sociable Carmencita, y su proyecto de vida se había venido abajo. Se le había muerto un hijo en un accidente de coche con él al volante, pero se sentía a gusto en su papel de víctima, no sonreía nunca y achacaba sus desgracias a una mano negra, la del rey. O la de su padre. También culpaba a los masones, los comunistas y hasta al papa Juan Pablo II, al que veía como un enviado del infierno porque le había concedido a Carmencita la anulación de su matrimonio.

Lo fue a visitar días antes de su viaje a Estados Unidos, y ahora a Juanito le sabía mal recordarlo, porque había tenido que aplazar esta visita que tan desagradable le resultaba varias veces. Al final lo había recibido con desgana, a contrapié:

—¿Qué pasa, Alfonso?

En tono plañidero, el primo le había contestado:

—Nada, ¿qué va a pasar? No tiene ninguna importancia lo que me pase a mí, porque ya no soy nadie… Me quieren echar del Banco Exterior… El presidente, ese socialista llamado Miguel Boyer, me está segando la hierba bajo los pies porque me odia, ya sabes que su mujer, esa… filipina, es la culpable de mi separación.

Juan Carlos preguntó con una punta de interés, porque era bastante cotilla:

—Ah, ¿sí?

El otro contestó con suficiencia:

—¡Claro! Eran amigas, vivía también en la finca de San Francisco de Sales, y la arrastraba a salir y a moverse en ese ambiente farandulero… Una manzana podrida termina por pudrir todo el cesto. —Y añadía en tono calderoniano—: ¿Cuál es mi delito? Simplemente, existir.

El rey sabía que su primo, ocupado en reivindicar sus derechos al trono de Francia, apenas pisaba su despacho, por lo que se valoraba seriamente su despido, pero fingió no estar al tanto y preguntó con impaciencia:

—¿Qué quieres que haga yo?

Pero Alfonso no tiene prisa. Arrellanado en su asiento, mira a su alrededor: el cuadro de Dalí, el retrato de Alfonso XIII, las carabelas de plata… En una vitrina, en un rincón, parte de la valiosa colección de jades de la reina Victoria. Dice lentamente, con su tono lastimero habitual:

—Ya sabrás que me he tenido que ir a vivir a una casita modesta en Pozuelo. Juanito, mi vida no ha sido fácil, yo soy inofensivo, pero aun así se me persigue y ofende.

Juanito sintió un súbito ataque de ira:

—Déjate de cuentos, que ya sé que hablas muy mal de mí.

Y el otro, sin inmutarse, le había respondido entrecerrando los ojos hasta dejar una ranura:

—Donde estás sentado tú debería estar yo ¡si no hubieras hecho trampas!

Se levantó, airado, apoyó las manos en la mesa y se inclinó amenazadoramente sobre él:

—¡Si no hubieras jurado unos principios del Movimiento que no pensabas cumplir! ¡Eres un hereje y un perjuro!

Juan Carlos ni siquiera llegó a enfadarse, su ira se desvaneció y se limitó a señalar la puerta:

—Vete y no vuelvas más.

¿Por qué se habían peleado?, se preguntó Juanito cuando supo que su primo se había muerto. ¿Qué importancia tenía eso ahora? En su entierro, en las Descalzas Reales, su madre le había girado la cara con desprecio y solo Gonzalo, su hermano, lo había abrazado con fuerza y en ese abrazo estaban los días de Estoril, las confidencias compartidas y su juventud entera.

Al funeral todavía había ido su cuñado, Luis Gómez-Acebo, el marido de Pilar. Comido por el cáncer, sin apenas tenerse en pie, pero luchando hasta el final para cumplir con la baronesa, para traer la colección de arte a España. No lo hacía ni por los Thyssen ni por su país, sino por su familia: era su única forma de asegurarles el futuro, porque Tita le había prometido mantener a su mujer en el patronato del museo. Con sus últimas fuerzas, casi sin poder caminar, acompañó a su hija Simoneta al altar, en la catedral de Palma, la primera de las nietas de don Juan de Borbón en casarse.

Cuando ingresaron a Luis en la clínica La Luz, ya muriéndose a chorros, se llevó un librito de poemas de San Juan de la Cruz:

El pez que del agua sale
aun de alivio no carece,
que en la muerte que padece
al fin la muerte le vale.
¿Qué muerte habrá que se iguale
a mi vivir lastimero,
pues si más vivo más muero?

El 3 de marzo de 1991 falleció sin haberse recuperado de la última operación que se le practicó a la desesperada, extirpándole un metro veinte centímetros de intestino. La infanta Pilar, en una ocasión en la que le pidieron que resumiera su existencia, confesó:

—No volvería a vivir mi vida, todo ha sido demasiado duro.

El despacho ha quedado en sombras, el rey se olvida de encender la luz. Se levanta con esfuerzo de la silla y camina con cierta torpeza hasta la estantería. Hace unos meses tropezó con otro esquiador en Baqueira y se rompió la tibia, una fractura que se unió a la rotura de pelvis que sufrió en Gstaad, donde había acudido con Marta años atrás. Ha ido con muletas durante cuatro meses y cuando lleva mucho tiempo sentado se resiente y le cuesta ponerse en movimiento.

Sabe lo que busca, la foto de su hermano Alfonsito. Está abrazado a su perro Rusty y ríe a su padre, fijado eternamente en sus catorce años.

No puede evitar que los ojos se le llenen de lágrimas.

En ese momento entra Antonio Eraso, tan amigo que no necesita anunciarse. Y el rey, sin mirarlo, pasándose el dorso de la manga por los ojos como los críos, suspira:

—¿Sabes? A nadie he querido como a él.

La tristeza de Marta es avasalladora y terrible. No solo se ha quedado sin sus mejores amigos de verdad, los que la querían con independencia de si estaba con el rey o con su porquero, sino que se siente sola. Su familia no le habla y Juan Carlos nunca le va a pertenecer completamente. No tiene hijos, una de las renuncias más dolorosas que ha debido hacer por Juanito. Le gustan mucho los niños y se entristece cada vez que se tropieza con uno por la calle. Tenía solo treinta y cuatro años cuando conoció al rey. Le había dicho:

—Júrame que no te vas a quedar embarazada.

Y ella le había obedecido.

Tapada con la manta hasta debajo de la barbilla porque, a pesar de que el día es cálido, tiene frío, lo mira con sus grandes ojos muy abiertos, no pronuncia palabra. El rey, que no está acostumbrado a deparar consuelo ni a preocuparse por los demás, se ve acometido por una pena inédita y honda llamada compasión:

—Te quiero, Marta, reponte, por favor, no estés así.

Viaja hasta en cuatro ocasiones a Mallorca. Lo deja todo para acudir a su lado. El país está tan ocupado preparando las

Olimpiadas y visitando la Expo de Sevilla que lleva abierta desde el mes de abril, en ese año noventa y dos los dos ejes de la vida española llenos de esperanzas y posibilidades, que nadie repara en que el rey ha cancelado viajes y audiencias y está ausente de Madrid la mayor parte de ese mes de mayo.

Ni Manolo Prado interfiere; está totalmente inmerso en los negocios que comparte con Javier de la Rosa. Grand Tibidabo, sociedad presidida por el catalán de la que es consejero, le otorga un préstamo de mil quinientos millones de pesetas para sus promociones inmobiliarias, ya que preside la entidad Cartuja 93, que pretende aprovechar después los inmuebles que se han construido para la Expo. No lo devuelve nunca. Grand Tibidabo, una compañía de *leasing* formada por pequeños accionistas que han metido los ahorros de toda la vida, se encamina así indefectiblemente a la bancarrota.

Solo Sabino menea la cabeza con desaprobación ante el comportamiento de su rey, y es que doña Sofía se pasea por la casa como una sombra y eso le duele. Cuando la reina le pide juntando las manos:

—Pero ¿qué hace? Sabino, cuéntamelo, por Dios. No puede resistirse y la consuela como puede:

—Pasará, señora, será un capricho… El rey es inconstante como un niño.

Los hijos, de los que nadie se ocupa, sufren las consecuencias de esta situación. Elena, la más vulnerable, debe acudir a un psicólogo y es Sabino el que la acompaña. Cristina, que ya ha terminado su carrera de Ciencias Políticas, se ha ido primero a Nueva York, a hacer un curso de relaciones internacionales, y luego a París, a un posgrado en la UNESCO. el ambiente de la Zarzuela le resulta irrespirable y su intención es irse a vivir a Barcelona.

Pero las infantas no inquietan a nadie, han sido educadas como personas particulares, aunque ocupen el segundo y tercer lugar en la sucesión a la Corona, y nadie les da demasiada importancia. Es el heredero el que se lleva todas las miradas y cuidados. La madre querría verlo casado con una princesa europea como Astrid de Bélgica, pero él, a sus veinticuatro años, ha preferido a una chica espectacular, Isabel Sartorius, la sirena del Mediterráneo.

Lo que empezó como un romance de verano en Mallorca, con fotos en una lancha rápida incluidas, está desembocando, cuatro años después, en algo más serio. Felipe ha mandado deshacer la daga que le regaló el rey Fahd, y con las piedras preciosas de la empuñadura le ha hecho a Isabel una pulsera de compromiso. Se ven en la casa del padre de la novia, el marqués de Mariño, en Peralada de la Mata, donde se le trata como un miembro más de la familia. Isabel ha pedido ayuda ante al acoso de los *paparazzis*, y seguridad le ha asignado una escolta tan numerosa como la que llevan las infantas.

La prensa, cada día más desacomplejada, empieza a fijarse en este príncipe que está haciendo unos estudios universitarios que nadie entiende muy bien en qué consisten, que solo se rodea de amigos pijos y cuya tarea oficial se limita a la lectura de un discurso en los Premios Príncipe de Asturias que ni siquiera escribe él y que tampoco lee demasiado bien. Se ataca a Isabel, pero el objetivo real es Felipe. «La Zarzuela no quiere una nueva Lady Di». «Isabel es una persona errática e inestable, como todos los Sartorius». Los periódicos se ceban con la chica, que llama llorando a Sabino, siempre a Sabino, para quejarse. Joaquín Bardavío da voz a los monárquicos y regaña a Felipe: «El Príncipe de Asturias deberá casarse con una princesa de sangre real, una profesional profundamente consciente de lo que es el servicio al Estado».

Sofía cree que puede ser una buena ocasión para buscar complicidades con su marido y va a hablar con él a su despacho. Está con cuatro teléfonos a la vez y cuelga con desagrado:

—¿Qué pasa ahora?

Ya le ha pedido a Luis Monreal, que dirige la Fundación La Caixa, que enchufe a Cristina en algún puesto: «Le gustaría ir a vivir a Barcelona». Monreal le había dicho que sí, por supuesto. ¿Qué querría ahora la pesada de su mujer?

La reina le explica que Isabel no es la persona adecuada para el príncipe: sus padres están separados, su madre tiene problemas psicológicos graves y ella es frívola, mayor que Felipe, no es religiosa, es demasiado moderna, ha tenido muchos novios... Ahora le ha dado por hacer de modelo. ¡Es impensable que pueda ser reina!

Su marido le contesta con brusquedad:

—Será una tontería..., el mismo Felipe se irá desanimando. Estas chicas tan intensas y apasionadas son un latazo. Además, estos asuntos son cosa tuya, es lo que me has dicho siempre, ¿no? Que no me metiera y que Felipe es igual que tu padre, que no es como —y aquí echó mano de la ironía— *nosotros*.

«Nosotros».

Ay, su padre.

¿Por qué está pasando todo en este año? ¿Es que le ha mirado un tuerto? ¿Lo habrá abandonado su baraka? Don Juan de Borbón tampoco está bien, el viejo cáncer de laringe ha ido extendiéndose, haciendo su labor silenciosa y eficaz, diseminándose por todo el cuerpo, y presenta muy mal aspecto. Se cansa, pero aun así continúa recorriendo obsesivamente las costas españolas a bordo de su barco. Los Thyssen han sido sustituidos por Mario Conde como acompañante.

Don Juan sigue fumando a escondidas, las hijas le piden que no lo haga, pero él contesta como su padre:

—Bah, con las pocas ganas que tengo de vivir…

Juan Carlos ha llamado a Conde a espaldas de Manolo Prado, que lo detesta porque lo ve como un rival en los afectos del rey:

—Oye, Mario, que mi hermana está sin un duro, lo de los Thyssen no le llega, son dos pesetas. ¿No tendrías algo para ella?

El banquero le pone a doña Pilar un despachito en el Banesto que no hace falta que ocupe, la nombra vocal de la fundación y le asigna un sueldo todos los meses.

Mario Conde le dice:

—Majestad, no os preocupéis por vuestra familia. Mientras yo viva, no les faltará de nada.

Don Juan sabe que todos se acercan a él para aproximarse a su hijo, pero lo acepta con resignación, no le importa con tal de tener compañía.

Pero Juanito ahora no piensa ni en su hermana ni en su padre ni en su madre, solo le preocupa Marta. Cuando lo llama Zu, le da un vuelco el corazón:

—Oye, ven…, está muy mal.

Juan Carlos se acuerda de su madre, de la tristeza que le embargó cuando murió Alfonsito. No era lo mismo, pero… ¿quién puede medir la tristeza? ¡No hay ningún instrumento que nos indique cuánto desconsuelo se puede soportar!

Como en el caso de su madre, acuden a un psiquiatra, quien dictamina que la única forma de curarla de esa depresión perniciosa es ingresarla en una clínica y estar pendiente de ella veinticuatro horas. En España es imposible: la prensa ha empezado a dar muestras de indisciplina en las noticias que atañen a la familia real, aunque aún se utilizan eufemismos y se habla de «la gaya dama» y de la «corte de Mallorca».

Julián Lago, que dirige la revista *Tribuna*, recibe una llamada de Sabino:

—Por favor, no habléis de los amoríos del rey…, no por él, al que todo esto importa poco porque está por encima del bien y del mal, sino por la reina, que sufre mucho.

Zu propone Suiza. Él tiene casa allí y podrá buscar una clínica adecuada, cerca de Saint-Moritz. El matrimonio Vilallonga, José Luis y Syliane, se desplazarán con ella.

Marta se deja llevar y dice que sí a todo. Juan Carlos, conmovido por su docilidad de perrillo abandonado, le coge la mano:

—Te acompañaré, no te preocupes, estaré a tu lado todo el tiempo que sea preciso.

Con voz de niña, ella le pregunta:

—¿No me dejarás nunca? Sin ti no podría vivir.

El rey se emociona. Nadie lo quiere como ella. Todos lo rodean y lo adulan, pero es por interés. Si algún día dejara de ser rey, cosa que no se imagina ni harto de vino, la única que permanecería a su lado sería Marta. Es más, ella muchas veces le susurra:

—Si no fueras rey…

Y también:

—Ojalá te hubiera conocido cuando eras un cadete en Zaragoza. Nos hubiéramos casado en una iglesita pequeña, tendríamos muchos hijos y ahora serías… serías…

Y Juanito reía, emocionado:

—Pues sargento, por lo menos.

Ingresa en Suiza, y del 15 al 23 de junio el rey está con ella. Solo lo sabe Sabino.

¡Pero todo está a punto de saltar por los aires! El ministro Fernández Ordoñez sigue muy enfermo. Un periodista le pregunta al presidente del Gobierno si ha consultado con el rey el nombre del sucesor y Felipe contesta simplemente:

—No he podido hacerlo porque el rey no está.

¡Qué! ¿El rey no está?

Estas cuatro palabras desatan un huracán que erosionará por primera vez en todo su reinado la figura de don Juan Carlos. Aunque él todavía no lo sepa. Porque no hay ningún viaje programado en la agenda oficial, y cuando se le pregunta a Sabino, este contesta de manera sibilina:

—Lo que se me ha dicho es que su majestad está descansando en Suiza.

Las redacciones empiezan a hervir de informaciones contradictorias. Se menciona incluso la palabra «falsificación» porque hay una ley firmada por el rey y fechada en 18 de junio en Madrid, cuando él ya se encontraba ausente. Es un presunto delito y por primera vez se insinúa en un periódico que «quizás un presidente de la república nos saldría más barato».

Sabino le suplica al rey que regrese a España, Juan Carlos lo hace a regañadientes. Está un día, despacha con Felipe, se hace una foto y regresa a Suiza. Marta se ha sometido a una cura de sueño y quiere estar a su lado cuando se despierte para que sepa que no la va a abandonar nunca.

—Aquí estoy, chiquita.

Mientras, su hermana Pilar celebraba el setenta y nueve cumpleaños de su padre con una fiesta en su casa. Don Juan está tan deteriorado que todos advierten que será su último año de vida.

El príncipe Felipe, quizás estimulado por el ejemplo de su padre, dijo que tampoco podía ir: prefería pasar esos días con su novia Isabel Sartorius. La relación daba sus últimos coletazos, incluso había salido su ruptura en la prensa, pero Isabel no se daba por vencida y ponía en marcha sus múltiples armas de seducción, y el príncipe volvió a caer en sus redes como un pardillo.

Al final, a casa de Pilar solo acude Sofía. Fue llorando en el coche y Gaudencio, que a pesar de llevar mucho tiempo en la familia no tenía ninguna confianza con ellos, paró y esperó a que la reina se repusiera, fingiendo no oír sus sollozos ni sus suspiros ni los puños que golpeaban el respaldo de los asientos. Sofía en esos momentos no era la reina, sino una mujer dolorida, humillada, con heridas antiguas y recientes que no habían cicatrizado.

Gaudencio esperó a que la reina se calmara, se recompusiera, se retocara el maquillaje y puso rumbo a la casa de Puerta de Hierro. Nadie notó nada y algún invitado comentó:

—Qué fría es. El hijo y el padre de picos pardos, el suegro muriéndose y tan tranquila... Se nota que es extranjera.

La situación es tan escandalosa que empieza a salir el nombre de Marta por primera vez en letra impresa... en las revistas extranjeras *Oggi* y *Point de Vue*, donde hablan tranquilamente de que «Marta Gayá es la amante del rey de España y estuvo con ella en Suiza». Pero el rey no se inmuta, se siente fuerte y seguro. ¡Tenían tanto que agradecerle!

En la inauguración de los Juegos Olímpicos de Barcelona, en la que Felipe fue abanderado, la familia real se mostró unida y su imagen, moderna y pletórica de entusiasmo deportivo, dio la vuelta al mundo. «Gracias a este rey, el país se ha librado del sopor de cuatro décadas de franquismo y enseña sus bíceps. Dice ¡sí!, ¡tenemos músculos!», celebra con júbilo la prensa extranjera. Los deportistas llaman a Juan Carlos su rey Midas y su talismán, porque si está presente en una prueba, ganan, y en una encuesta que realiza *La Vanguardia*, los catalanes puntúan al rey y al alcalde Maragall como los mejor valorados de los juegos. El mismo presidente Pujol declaró que pocas personas en España tenían la sensibilidad de entender el hecho catalán como el rey, y que él lo admiraba mucho.

Cuando leyó estas declaraciones, Juan Carlos sonrió satisfecho. ¡Se los había metido a todos en el bolsillo!

Nadie había advertido las tensiones entre el rey y la reina ni que apenas se dirigieran la palabra en público. Se alojaban en el palacio de Pedralbes, una vivienda no muy grande, para la que se había tenido que contratar personal externo. Contaron luego que, aunque los reyes ocupaban estancias distintas, sus peleas y sus insultos a grito pelado por las noches se oían desde el jardín. Don Juan Carlos, en sus escasos momentos de asueto, salía solo con rumbo desconocido, arreglado como un pincel. En una ocasión, una persona despistada abrió sin querer la puerta de uno de los comedores privados del restaurante Vía Véneto y se lo encontró cogido de la mano de una dama que no era la reina..., pero tampoco Marta. Don Juan Carlos saludó tranquilamente sin soltar la mano de su rubia y casadísima *partenaire*, que se puso a mirar hacia otro lado.

Al final, en España, fue la revista *Época* la que puso nombre y foto a la mujer de la que todo el mundo hablaba, sacándola en portada y llamándola «la dama del rumor». Dicen que es el propio Sabino el que lo filtró para que el rey se llevara un buen «susto» y rectificara su forma de actuar. Lo sigue considerando un niño, y esa fue su gran equivocación.

Juan Carlos se siente inmune a todo, sabe que el hecho de que el rey sea mujeriego no solamente no se lo van a tener en cuenta los españoles, sino que puntúa a su favor. Y se comporta con un regodeo infinito. Se lo debe a Marta.

En el mes de agosto la anfitriona más importante de Mallorca da una cena para cien personas. Todo el que es alguien en las islas está presente. Asisten Juan Carlos y Sofía. Pero cuando entra el matrimonio Vilallonga acompañando a Marta, el rey se dirige a ellos y ya no los deja en toda la noche. Se sientan juntos, hablan desenfadadamente, cenan, toman copas. Era la primera salida de «la dama del rumor» después del episodio de Suiza. Estaba guapa, muy elegante, con un brillo nuevo en los ojos, porque Juanito le había hecho promesas...

El rey pasa el brazo por detrás de su silla mientras se fuma un enorme puro.

La reina intenta fingir que no lo ve o que si lo ve, no le importa. Habla con su prima Tatiana Radziwill que no sabe qué hacer para encontrar un tema de conversación. Al final se une a ellas Tomeu Catalá, fundador de Proyecto Hombre, una de las ONG en las que la reina está más volcada.

El rey le dijo a José Luis:

—Chico, cuando quieras seguimos con el libro.

José Luis de Vilallonga le había propuesto escribir su biografía y habían grabado unas cintas magnetofónicas, aunque eso había significado desairar al escritor mallorquín Baltasar Porcel, que llevaba trabajando en un libro sobre don Juan Carlos desde hacía años. Pero el matrimonio Vilallonga se había portado muy bien con Marta y esta había intercedido por su amigo.

Cogió la mano de su amada y se la besó:

—Todo lo que mi Martita quiera.

Los cien invitados a la cena se quedaron boquiabiertos ante esta demostración palmaria de que en España había dos reinas y en el corazón del rey solo una mujer.

Sofía se levantó demudada y regresó a Marivent. Nunca se había sentido más humillada, y cuando se encontró a su marido, trató de hacerle una escena, pero ni siquiera podía hablar de la rabia que tenía, y él le contestó tranquilamente:

—No te hagas la sorprendida, Sofi, esto es lo que hay. ¿Cómo le decías a tu madre? Aguantaformo, ¿no?

Ella gritó, con su acento germánico más fuerte que nunca y las erres más guturales:

—¡Soy la reina!

Él se volvió y levantó el dedo:

—¿Y te parece poco? Y que no se te olvide que si lo eres, es gracias a mí.

Y eso no fue todo. Al cabo de dos días organizó una cena con su padre y le presentó a Marta y la puso a su lado. Poco a poco se fueron sentando en la mesa los amigos de siempre, Zu, Miguel Primo, Cusí, Fernando de Baviera, su primo Carlitos, Jaime Carvajal... Tessa de Baviera, ya separada del marqués de Castro, con su novio, el atractivo catalán Beto Iriarte. Cuqui Fierro. Hasta su nieta Simoneta Gómez-Acebo. Venían a cumplimentar a don Juan, pero no se olvidaban de saludar respetuosamente a Marta. La dama del rumor.

Y todavía una semana después, en la entrega de premios de una competición de vela en la que habían participado el Príncipe de Asturias y las infantas, don Juan Carlos estaba charlando con un grupo del que formaba parte Sofía cuando vio entrar a un matrimonio mayor que, al verlo, pareció querer dar media vuelta.

Y el rey dijo en voz alta para que lo oyera el matrimonio, pero también su mujer:

—Perdonadme, voy a saludar a mis suegros.

Eran los padres de Marta.

Solo faltaba complacer el último deseo de «la dama del rumor»: servirle en bandeja la cabeza de Sabino.

No solo porque se lo pedía ella. También se había hartado de este viejo gruñón, su presencia era un recordatorio andante de sus faltas y pecados. ¡No necesitaba ni censores ni tutores, que ya era mayorcito!

¡Todo se lo había ganado! ¿O no contaban los noventa viajes oficiales que hacía al año, las decenas de negocios que había propiciado con su presencia y sus contactos, los desaciertos del gobierno que había tenido que arreglar con sus hermanos árabes?

Conde le había comentado:

—Con todo el respeto, señor, si la noticia de su… amiga ha salido en la prensa ha sido porque Sabino se lo ha filtrado a Pedro J. Ramírez.

El pulgar del rey se volvía hacia abajo.

El tonillo de reproche de Sabino, la fiscalización constante de sus actos, sus complicidades con la reina, sus relaciones de amistad con ciertos periodistas y, sobre todo, esa sensación de que le leía la mente porque lo sabía todo sobre él, incluso sus secretos más íntimos, acabaron por hacerle insoportable su presencia. Parecía imposible, porque llevaba cuarenta años en la casa y ya formaba parte del mobiliario y, lo que era peor, de su conciencia.

No lo consultó con nadie. Le dijo a la reina cuando el general estaba delante:

—¿Sabes que Sabino nos deja?

El primer sorprendido fue el propio Sabino. Nunca había creído que Juan Carlos osara despedirlo; pero si ser rey no valía ni para eso…

25

Don Juan, el viejo gladiador, está a punto de doblar la rodilla y caer a la arena. Tiene un cáncer irreversible enroscado en la garganta. Está ingresado en la Clínica Universitaria de Navarra. Durará lo que dure su viejo corazón.

Pero antes de irse para siempre, se lo dice casi por señas a Juan Carlos, porque no puede hablar. No es una súplica al rey, es una orden al hijo:

—Hay que traer a Alfonsito.

La madre dolorosa gime, protesta:

—No, Juan, el niño está muy bien en Cascaes... Desde su tumba se ve el mar.

Pero, aunque Alfonsito había nacido y muerto en el exilio, los infantes de España deben ser enterrados en El Escorial. María, como siempre, se resigna y se consuela a su manera:

—Bien, así estaremos todos juntos en la patria.

Lo que peor lleva es que Amalín, su fiel compañera, que tanto quería al infante, ya se ha muerto también.

Juan se había atragantado comiendo en su barco, atracado en el Guadalquivir, con Mario Conde como invitado, y tuvieron que ingresarlo de urgencia en Pamplona. Ocupa una habitación en la sexta planta y, gracias a que el CESID consideró conveniente también instalar micrófonos, sabemos que en esos meses las visitas fueron incesantes.

Va a verlo el príncipe Felipe, que le comunica:

—Abuelo, no te preocupes, que lo de Isabel se ha acabado.

Don Juan le aconseja que escoja una mujer adecuada, si es de sangre azul, mejor, como había hecho él mismo, y antes su padre y después su hijo. Y, temiendo que la educación que ha recibido su nieto haya sido demasiado blanda, le pregunta con severidad:

—¿Crees que vas a tener todas las ventajas de ser Príncipe de Asturias y ninguno de sus inconvenientes?

El rey, que se instala casi permanentemente en el hotel Blanca de Navarra, a veces acompañado por Marta, quien ha cogido una habitación contigua que no ocupa nunca, tranquiliza a su padre:

—Felipón se porta bien.

Las horas pasan lentamente porque don Juan no puede hablar. A veces juegan al mus. Desde el cuarto del enfermo, el rey llama a su hija Elena. Se ha caído del caballo y la riñe porque no quiere ir al médico. Y a Cristina, que está en Barcelona y ha empezado a trabajar en La Caixa, le pide que se lleve bien con todo el mundo, pero que no olvide quién es y que no deje que lo olviden sus compañeros.

Al hotel va a despachar Manolo Prado, desde Madrid o desde Sevilla. Le da cuenta de la evolución de sus negocios con Javier de la Rosa:

—Señor, desde que lo invitasteis a comer en la Zarzuela, a él y a su mujer, está muy agradecido, porque eso ha sido un respaldo tremendo delante de sus jefes kuwaitíes, que no estaban muy contentos con sus gestiones.

—¿Cómo de agradecido? —pregunta el rey.

Prado le enseña discretamente un talón por cuatrocientos veintinueve millones de dólares. El rey abrió los ojos como platos y soltó un sonoro:

—¡Coño! Escríbele y dale las gracias de mi parte.

Al manco de oro tiene que ocultarle que Mario Conde visita a menudo a su padre. Entra por la cocina del hospital para que no lo descubra la prensa, apostada en el vestíbulo. El rey y él aprovechan para fumar un cigarrillo en el pasillo y conspirar un poco. Para la vacante de Sabino, Conde recomienda un compañero suyo de la Universidad de Deusto:

—Fernando Almansa es un gran diplomático, es vizconde y monárquico desde siempre... Os servirá con mucha lealtad y es un hombre joven.

El rey, cuando lo ve, comenta:

—Coño, si eres un tío muy guapo... Me vas a quitar todas las novias.

El rey le cuenta que al diplomático José Joaquín Puig de la Bellacasa, que era el segundo de Sabino y pariente del que fue secretario de su padre, Ramón Padilla, le ha cogido un odio africano y no lo puede aguantar. En realidad, le tocaba a él ser jefe de su casa por escalafón:

—¡Pero es un meapilas de los cojones! Le dije que me arreglara la agenda para poder estar un par de días con mi novia y me dijo que él era católico y que sus treinta años de servicios a la causa monárquica y su conciencia no le permitían ser cómplice de ningún adulterio. —El rey hizo un gesto expresivo con las manos—. Me quedé plof... También preguntó por esos pagos que le damos a Marita y a Marta, y esa calderilla para las amigas de la que disponemos —gruñó—, como si este tío no supiera que estos pagos y mil más me los merezco... ¿Sabes cuántas audiencias concedo al año? ¡Tres mil! ¿No merezco relajarme y alguna recompensa?

Conde lo halagaba:

—Claro, señor..., todos los empresarios que conozco quieren que vaya a los viajes oficiales, los ministros de Exteriores saben muy bien que cuando vuestra majestad va con ellos, los acuerdos y los negocios se disparan... ¡Pero si hasta en Rusia y en China sois un ídolo!

—Yo lo hago ante todo por mi país, pero creo que también me he ganado estar en el reparto de premios.

Mario Conde le aseguró que Almansa tenía una actitud moderna y abierta y era muy consciente de cuánto había hecho la Corona en general y don Juan Carlos en particular por la estabilidad del país.

Pero aún refunfuñaba:

—Hay que modernizar la casa, que ya estamos hartos de vejestorios que solo ponen palos en las ruedas al progreso.

Y los dos sabían a qué progreso se refería concretamente.

Rocío Ussía, la fiel asistente, sale para comunicarles que don Juan se aburre y quiere que entren y hablen delante de él. El rey y Conde intercambian miradas cómplices, como si estuvieran tratando con un niño caprichoso, y esos momentos forjarán su amistad, que llega a ser muy estrecha. A diferencia de Javier de la Rosa, que era un hombre excesivo, con grandes ansias de dinero por pavor a arruinarse como había hecho su padre, y cuya máxima aspiración social era que su helicóptero fuera, con el del rey, el único autorizado a cruzar los cielos araneses, la ambición de Conde no conoce límites y sus miras son las más altas: quiere ser presidente del Gobierno, y porque no puede ser rey, que sería su sueño secreto... A Javier de la Rosa le gusta el dinero. A Conde le gustan el dinero y el poder.

Doña María, a causa de la dificultad de desplazarse con la silla de ruedas, el Mimi Móvil, como lo llaman los nietos, va una vez a la semana a Pamplona. Con Margot y el doctor Zurita.

La habitación es tan pequeña que Rocío tiene que decir:

—Cuidado con el manto del Pilar, no os sentéis encima.

El mismo manto que había estado en la cámara del Grand Hotel de Roma en la que se moría Alfonso XIII y en la habitación de Franco en El Pardo.

Entonces, si está Margot delante, hasta se bromea, se recuerdan episodios de juventud y en las cintas se oye la voz abrupta de la infanta ciega:

—Qué cabroncetes erais.

También les dice don Juan a sus hijos:

—No quiero que me hagáis un entierro triste.

Y don Juan Carlos le contesta con una risa velada por las lágrimas:

—Hombre, papá, que a los muertos tampoco se los lleva a los toros.

Un día, su médico, el doctor García Tapia, le regala una pizarra y lo primero que apunta es: «Estoy cansado..., veo como una liberación el día en que suelte todas mis ataduras». Y también: «A las enfermeras, cuando me muera, les dais a cada una cinco pesetas».

Al final se consigue el permiso de inhumación y el duque de Alburquerque va a hacerse cargo del traslado de los restos de su alteza real don Alfonsito desde el cementerio de Cascaes a Madrid.

Los médicos dicen que es una locura que Juan se mueva de Pamplona, pero él no atiende a razones. ¿Cómo va a llegar el hijo adorado a Madrid y no estar su padre para recibirlo? El rey le cede el Mystère, y del aeropuerto se dirige a El Pardo, donde la Guardia Real está velando el féretro de palosanto con incrustaciones de plata. Acaricia la caja donde yace su Senequita. Aún le parece oír su grito: «¡El *afiladog*!». «Se va el caimán…». Se siente mal porque cree que en su breve paso por la tierra no le hizo suficiente caso. Y no puede evitar un chispazo de odio para Franco. ¡Si no le hubiera puesto las cosas tan difíciles! ¡Si no le hubiera entregado el arma a Juanito! Si, si…

Al día siguiente, el rey recoge a su padre en la nueva Villa Giralda, en la calle de Guisando de Puerta de Hierro. Van solos en el coche. Cincuenta kilómetros. ¿Qué se dirían? ¿Recordarían esa aciaga tarde lluviosa del 29 de marzo de 1956? ¿O permanecerían en silencio? Un silencio cargado de reproches por parte de Juan y de culpa por parte del hijo.

Después de aquel hecho fatal, ninguno de los dos volvió a ser el mismo.

¡No es el morir lo que duele, lo que duele es el quedarse!

Don Juan regresa sin fuerzas a la clínica de Pamplona.

A finales de enero, Navarra le concede su medalla de oro. Cuando entran en el salón del trono del Palacio Foral, doña María, en silla de ruedas, y don Juan, apoyado en su bastón, suena la «Marcha real». Él permanece dificultosamente en pie, le tiemblan las rodillas, y ella prueba a levantarse en un intento agónico que pone un nudo en todas las gargantas.

Es su nieto Felipe el que debe leer el discurso de agradecimiento: «... Hemos tenido la dicha de ver encarnarse en nuestro hijo la institución a la que hemos dedicado nuestras vidas...». Cuando el Príncipe de Asturias pronuncia la última frase, «Señor, deber cumplido», don Juan se vuelve hacia su hijo, da un taconazo e inclina la cabeza.

Muere el 1 de abril de 1993. Ha sobrevivido dieciocho años a su íntimo enemigo Francisco Franco, que contemplaría con asombro inaudito su entierro con honores de rey cuando, aunque fue padre de rey e hijo de rey, no ha reinado ni un solo día de su vida.

Claro que a Franco también lo enterraron como a un faraón, en la cripta del Valle de los Caídos. Los dos grandes protagonistas de una historia que ya casi nadie recuerda distan diez kilómetros el uno del otro.

Pero mientras a Franco terminarán trasladándolo al cementerio de El Pardo, Juan descansará para toda la eternidad en el panteón de los reyes, debajo del altar mayor de la basílica del monasterio de El Escorial. Bajo una losa de mármol en la que pone Juan III. María, en su silla de ruedas frente al ataúd del que fue su compañero durante cincuenta y ocho años, se cubrió la cara con las manos y se echó a llorar.

La pareja real, como otros miembros de la familia, estuvieron de pie, vestidos de luto, durante la larga ceremonia. Juan Carlos, como hacía habitualmente, no le dirigió ni una mirada a la reina. ¡Le gustaría tanto que a su lado estuviera otra persona! Marta lo había apoyado en ese duro trance día a día, acompañándole, prestándose a las situaciones más humillantes con tal de estar a su lado. En Pamplona se escondía en otra habitación del hotel y fingía que no se conocían, aunque viajaban juntos en el Mystère, mientras la reina iba en vuelo regular. Hablaban por teléfono hasta la madrugada si no estaban juntos... Solo a ella le confesó sus remordimientos y esa sensación que siempre nos queda con los padres:

—¿Lo he hecho bien? ¿Él sabía cuánto lo quería?

Tiene la boca seca, traga saliva, está profundamente conmovido. También la reina que, por un instante que las cámaras recogen y eternizan, después de observarlo un segundo de reojo, solloza y se atreve a depositar la mano en el hombro de su marido, buscando complicidad, tratando de consolarlo o consolarse y queriendo también dar una imagen de unidad frente a la tragedia. Es un contacto físico que no tienen nunca, al rey no le gusta y se lo tiene prohibido.

Así se lo hace saber cuando la foto sale publicada en todas las portadas:

—No sé a qué venía, tú siempre metiendo la pata.

No hace ningún gesto para corresponderle, es más, caminó un paso para alejarse de ella. La reina, que se ha ido acostumbrando a lo largo de los años a disimular los desplantes públicos de Juan Carlos, fingió no darse cuenta, pero quitó la mano como si le hubiera picado una avispa y retrocedió hasta mezclarse con el resto de la familia.

Ha sido un momento de tirantez, solo visible para los ojos más avezados, o para la televisión, que retransmitió la ceremonia de principio a final.

El rey no quiere su compasión. Además cree que su mujer, que hizo todo lo posible para alejar a su padre de sus vidas, no merece llorarlo. ¿No entiende que su dolor empequeñece el suyo?

No se movió. Se limitó a dejar que las lágrimas corrieran libremente por su rostro recordando a su padre y, quizás, desde el fondo de su alma, le pidió perdón.

Es duro volver a la Zarzuela y reintegrarse en la vida cotidiana.

Su padre ha muerto. Ha roto con su pasado. Debería ser una liberación: ya no tiene que dar cuentas a nadie, nadie tiene tampoco la potestad de reñirle o afearle su conducta.

Debería sentirse satisfecho de ser libre… Pero está triste. Desconcertado. Pasa el tiempo y una extraña apatía se apodera de él. Está melancólico. Permanece muchas horas de pie, junto a la ventana francesa, viendo pasar los gamos y cómo los mirlos picotean las flores. Quizás alguno de ellos sea su suegro, que se ha reencarnado y viene a regañarle. ¡No has hecho feliz a mi hija! ¿No? ¿No era esto lo que quería por encima de todas las cosas? ¡Ser reina! ¿Qué haría si no lo fuera? Vivir pobremente en la India con su hermana Irene o vender coches con su hermano en Londres, aunque ahora que Constantino se ha convertido en el hombre fuerte de la familia del sha parece que las cosas le van bastante bien. El sha murió en el exilio, es cierto, pero su fabulosa fortuna sigue viva y bien viva.

Gracias a las gestiones de Felipe González y su secretario Julio Feo se consiguió que el gobierno griego devolviera los bienes de la familia de Sofía que les habían sido confiscados cuando Constantino fue destronado. No era mucho, y además Sofía había regalado su parte a sus hermanos, que estaban en peor posición. La pobre Irene se había gastado todo lo suyo en una ONG llamada Mundo en Armonía y había comprado vacas para alimentar a la famélica población india, desconociendo que dichos animales se consideraban sagrados en ese país y ahora las citadas vacas deambulaban libremente por las calles de Delhi. E Irene, sin un duro de nuevo, tenía que vivir a expensas de su hermana y su cuñado, como había hecho siempre.

Estarían juntas ahora las dos hermanas en su cuarto. Juanito sabía que cenaban con una bandeja delante de la televisión y se estremecía al imaginárselas, tan iguales, tan griegas, tan ajenas. Sofía, sin Sabino, no tenía a nadie a quien preguntar y se fiaba solo de su instinto: una pulsera nueva, una ausencia sin anotar en «el libro», que era donde se apuntaban los compromisos comunes… Cualquier cambio, por mínimo que fuera, a los ojos de la celosa se convertía en una nueva amante.

Sonaron a la vez los veinte relojes que hay en la Zarzuela. Las siete. Esa hora entre dos luces, la más triste de todas.

Porque al atardecer, cuando los ciento sesenta empleados terminaban de trabajar, el palacio se quedaba extrañamente vacío. Todos se van a reunir con sus familias, pero ¿dónde está la suya? Su madre vive, sí…, pero… Su familia era su padre y se ha muerto. Su familia era Alfonsito y se ha muerto. Su familia es Marta y…

Cristina está en Barcelona. A Felipe, al final, su madre lo ha enviado a la Universidad de Georgetown, nadie sabe muy bien por qué, quizás para que no haya más Isabeles en su vida y también para alejarlo de la influencia nefasta del padre en este terreno, aunque la reina siempre dice:

—Felipe es igual que mi padre y que yo, muy poco Borbón. —Para añadir, arrebatada—: ¡Estoy enamorada de mi hijo!

Todos sus afectos los concentra en Felipe.

Elena empieza a salir con un chico; su padre ha sido el primero en saberlo:

—Papá, es importante, toma medidas para que nadie nos descubra, por favor, para que no se estropee como me pasó con los otros.

La infanta creía que si sus otras relaciones no habían llegado a buen puerto había sido por la presión de la prensa y el entorno.

Le había enternecido que su hija se hubiera acercado a él en lugar de a su madre y había llamado a su amigo Manglano, el director del CESID:

—Emilio, que mi chica necesita un poco de intimidad, está saliendo con uno. Ya te pasaremos el nombre, domicilio, etcétera. Nada de cámaras ni micros. Ocúpate, por favor.

Ocuparse quería decir que ningún periodista fuera a acercarse, que habría maniobras de despiste con los coches, que las citas tendrían lugar en sitios perfectamente vigilados...

Siente abrirse la puerta de su despacho, se gira sonriendo, creyendo que es Mario Conde, pero es Manolo Prado. Lleva, como siempre, una carpeta debajo del único brazo y luce una expresión taciturna: problemas.

Olfatea problemas. Su padre le decía:

—Tú, cultura no tienes porque no creo que te hayas leído un libro en tu puta vida, pero a listo no te gana nadie, además de que has nacido con una flor en el culo.

Él prefería llamarlo baraka.

Franco también se admiraba:

—No sé por qué dicen que de los Juanitos la lista es ella... El príncipe tiene el olfato y la astucia del chico de la calle, y eso no se aprende en la universidad.

Su tono es de aburrimiento cuando le pregunta:

—¿Qué pasa, Manolo?

—Perdón, señor, me ha dejado entrar Almansa, sabe que tengo prisa. Veo que Puig de la Bellacasa ya no está.

Juan Carlos responde malhumorado:

—Me miraba todo el día con aire de reconvención... No quiero cenizos a mi alrededor, bastante he tenido que aguantar en la vida. Tú, cuando eras niño, ¿jugabas, Manolo?

—Pues, claro, señor, con mis hermanos formábamos una buena cuadrilla.

—Pues yo no recuerdo haber jugado nunca. Si lo hacía con mis compañeros de colegio era para posar para las fotografías... Mientras ellos jugaban, yo tenía que responder cartas, firmar fotos, recibir a señoras pesadas monárquicas que se arrodillaban al verme. —Se fijó en la carpeta—: Bien, ¿qué traes ahí?

—Señor, son los justificantes de los pagos que Javier de la Rosa me ha hecho por asesorías y dictámenes, para que veáis que no me he metido dinero en el bolsillo, como va diciendo por ahí desde que los kuwaitíes lo acusan de haber vaciado la caja.

El rey dio un respingo:

—Pero ¿qué me dices? ¿Tan mal está la cosa?

El otro contestó con humildad, ya apeado de su legendaria arrogancia:

—Sí, señor, los jueces españoles van a tomar cartas en el asunto, creo que primero en Barcelona por el caso Grand Tibidabo. De momento, el jeque ha acusado ante la Corte Comercial de Londres a Javier de apropiarse de cien mil millones de pesetas y de acumular pérdidas por valor de quinientos mil millones. No creo que me implique, pero el señor no tiene que preocuparse. Ya sabéis que mi lealtad está por encima de todo.

Juanito se emocionó y fingió bromear:

—Ahora no seas melodramático y no digas eso de que mis labios están sellados. —Se levantó para darle más énfasis a sus palabras—. Ya lo sé, Manolo, confío en ti más que en nadie en la vida, pero oye, este tío, ¿no tendrá algo que me incrimine? —Se queda pensando, de pronto chasquea los dedos—: Joder, no me digas que escribiste esa carta dándole las gracias de mi parte cuando mi padre estaba en el hospital.

Prado bajó la mirada:

—Sí, señor, yo vuestras órdenes las cumplo a rajatabla.

Se dejó caer en la butaca con la cabeza entre las manos:

—Madre mía, madre mía. ¿Tú crees que la sacará?

—Me gustaría poder contestarle que no, pero yo creo que si se ve acorralado, la sacará..., la presentará como prueba. —Y añadió, sin mirarle a los ojos—: También dice que tienen unas grabaciones que se le hicieron a vuestra majestad en el hotel Claridge's de Londres en las que le da las gracias.

El rey se yergue con una luz de esperanza en los ojos:

—Pero cuando Ruiz-Mateos intentó hacer lo mismo y empezó a contar que me había dado mil millones de pesetas, que me los traía en un maletín y me los tiraba encima de la mesa y qué sé yo, ¡no pasó nada!

El hombre le dijo suavemente:

—Es que esa vez, señor, era mentira. Pero lo de Javier de la Rosa es verdad.

Juan Carlos sale del despacho dando un portazo y coge su Ferrari, seguido a duras penas por su escolta. ¿Por qué se le acumulan los problemas?

Necesita despejarse. Pone el coche a doscientos kilómetros por hora. Podría ir a jugar al tenis a casa de Alberto Alcocer o tomar una copa con Fernando Falcó en el Club Financiero. Claro que conoce otra forma de relajarse. Hay una *madame* que, a precios de jeque árabe, proporciona modelos, actrices y chicas de televisión. Ya ha estado con varias, casi todas extranjeras, pero ahora le ha pedido esa rubia elegante que habla de famosos; no se dedica al puterío, pero la *madame* le ha prometido que se la conseguirá... Al final lo más discreto y seguro es recurrir a las profesionales. Sale caro, pero estás tranquilo, a salvo de chantajes y de que te endosen algún embarazo. Sin darse cuenta, el coche coge la carretera de La Coruña, luego el desvío de Boadilla del Monte y de pronto está delante del chalé de Bárbara Rey.

Aún no sabe por qué ha venido.

Sonríe al recordar lo loco que había estado por ella, suelta incluso alguna carcajada al rememorar aquellos primeros tiempos. Hace ya... ¡dieciocho años!

Se metían en la habitación y tenían dos horas, tres, por delante, y cuando se cansaban, susurraban palabras de ternura, porque tenía que confesarse que se había enamorado de ella, fuese lo que fuese eso del amor. Bárbara, graciosa, desgarrada, le contaba sus historias de la niña alta, guapa y rubia que había sido, le hablaba de sus películas, que la habían convertido en la mujer más deseada de España, eso al menos decía la revista *Lib*, en la que llegó a protagonizar treinta portadas, dos de ellas completamente vestida.

Él le hablaba de sus padres, de su infancia. Después volvían a hacer el amor hasta que llamaban a la puerta:

—Señor, es la hora.

Al principio apenas se escondían. ¡A nadie interesaba airear la vida privada del rey de España! Incluso se veían libremente en Barcelona: ocupaban la *suite* romana del hotel Ritz, que les reservaba el propietario, además de enviarles una botella de champán a la habitación. El rey protestaba:

—Mira, que no envíe más, que es una ordinariez.

Pero los años iban pasando. Nunca habían dejado de verse, pero la llama de la pasión se había ido apagando, muy lentamente. El declive se manifestaba en pequeños gestos: se espaciaban las visitas, si preguntabas, te contestaba con impaciencia... Las escenas de celos, que antes daban pie a reconciliaciones gloriosas, ahora solo provocaban reacciones malhumoradas:

—Yo tampoco te pregunto con quién estás... No me importa.

Y a Bárbara le dolía porque se daba cuenta de que era verdad que no le importaba porque había dejado de amarla.

El coche de escolta, impaciente, hacía luces preguntando si se iban a quedar, y el rey pidió tiempo sacando la mano por la ventanilla.

No sabía si bajar o no bajar.

Le costaba cada vez más ir a verla. Después de que se divorciara del domador, iba a visitarla a su nueva casa, pero su relación había perdido el encanto de lo prohibido y había caído en la tan temida rutina: ¡los escollos de la cotidianeidad hacen naufragar la pasión más encendida! Los niños llegaron a acostumbrarse a aquella figura masculina y lo llamaban tío Juan. Bárbara intentó incluirlo en su familia, con su batín colgado detrás de la puerta de su habitación, su cepillo de dientes en el cuarto de baño y paellas los domingos en el jardín, posando para la cámara de Angelito.

Procuró que se sintiera cómodo. Empezó a comprarle su vino favorito, sus puros… Lo hacía todo para complacerle, pero es tan difícil resucitar una pasión que ya se ha extinguido… A veces, solo a veces, se reavivaba la hoguera, cuando ponía una ranchera en el tocadiscos:

Un viejo amor
ni se olvida ni se deja…

El criado ya lo había visto y había abierto la verja del jardín. Juan Carlos bajó del coche con un suspiro, se acercó al escolta:

—Tardaré poco.

Bárbara estaba con su amiga Cristina Ordovás hablando de trapos, y Juan Carlos se arrepintió de haber ido. Cogió una revista de encima de la mesa y la hojeó distraídamente. Cuando la amiga se fue, se acercó Bárbara:

—¿Has hablado del programa de televisión?

—Sí, mira, aquí me lo han apuntado todo.

Le tendió un papel. Bárbara leyó *Esto es espectáculo,* con Ramón García, Televisión Española, los sábados por la noche. Setecientas mil pesetas.

Bárbara, en lugar de alegrarse, se sintió triste, porque le sonaba a despedida. Se acercó más a él y le pasó el dedo por el brazo:

—¿Te quedas a cenar?

—No, tengo prisa, solo he venido a decirte que voy a estar muy ocupado y nos vamos a ver poco.

Ella asintió decepcionada. ¡Hace unos años él la hubiera lanzado sobre el sofá y la hubiera desnudado a puñados!

Un día había estado hablando con una condesa consorte que contaba por todo Madrid que había tenido una hija de Juanito. La verdad es que la niña se parecía mucho a la infanta Cristina. La mujer le había advertido:

—El rey es como un niño, se cansa de todo y se cansará de ti también.

Bárbara se había echado a reír desdeñosamente: ¡con ella, eso no pasaría!

Pero tenía razón, aunque al final había durado dieciocho años. No estaba mal, ¿no? Para una chica de Totana que no tenía otra ambición que salir de su pueblo.

Trató de que no se le notase la tristeza, no hay nada más detestable que una amante regañona:

—Pero vendrás a celebrar tu cumpleaños como haces siempre, ¿no?

Juanito se puso de pie y le enseñó la revista:

—Pero no sé cuándo... Mira —le señaló una foto de Gianni Agnelli—, este reloj que lleva es un Rolex Daytona..., si no sabes qué regalarme...

Parpadeó rápidamente con coquetería y Bárbara le dijo:

—Qué canalla eres.

Es más caro de lo que pensaba, quinientas mil pesetas. Pero lo compra.

De camino a casa, pasa a ver a Antonio Durán, el dueño de un negocio que se llama La Tienda del Espía. Son muy amigos y le enseña el reloj:

—Muy bonito.

—Ya sabes para quién es.

—Me lo figuro. ¿Quieres liquidar la factura que tenemos pendiente?

Le firma un talón de trescientas veinticinco mil pesetas.

Es sábado por la noche de un frío día de febrero de 1995. El Vega Sicilia que le gusta a veintidós grados y dos copas. Un plato de jabugo. Los cohibas en su caja metálica.

Han pasado muchos meses desde su última visita. Bárbara está nerviosa y levanta la cortina, la noche se echa sobre Boadilla del Monte, la elegante urbanización donde está su chalé. Hace frío, pero el ambiente de la casa es cálido y acogedor. Los niños están con su padre. El matrimonio dominicano de servicio se ha ido a una fiesta caribeña organizada en Alcorcón. Estarán solos.

Se ven unos haces de luz en la oscura carretera: ya llegan los coches. Pero, no sabe por qué, Bárbara tiene una horrible premonición de desastre. Se aprieta los puños contra el estómago y se pone en pie. Porque él va vestido de sport, con una «teba» verde caza y botas de ante, seguramente lo están esperando en la finca de sus amigos en los montes de Toledo. Un lugar a donde a ella no la han invitado nunca, y ya no lo harán.

Allí estará Marta, la mallorquina, esperándole.

Ahora es la favorita. Juanito nunca le ha hablado de ella, pero sabe quién es. La dama del rumor ya tiene nombre, Marta Gayá. ¿Se cansará de ella también?

Con Juanito entró una ráfaga de aire frío. Le dio un beso distraído. Se había dejado patillas. Traía las mejillas heladas y un perfume que no conocía. Ella le enseñó su regalo y le señaló su silla de siempre sin poder articular palabra, pero él negó con la cabeza, sacó a pasear su más encantadora sonrisa y le dijo con algo de nerviosismo:

—Marita, vengo a decirte que lo nuestro se ha acabado.
Después cogió la caja con delicadeza:
—Y muchas gracias.

26

—¡Joder! ¡La cola!

El grito iracundo de la infanta Elena fue escuchado a la perfección por los espectadores sevillanos que habían hecho guardia durante toda la noche para situarse en un lugar privilegiado y no perderse ni un detalle de la boda, la primera que se celebraba en la familia real. La fastuosa cola de cuatro metros de organza de seda se enganchaba con la alfombra, le impedía caminar y amenazaba con arrancarle el velo que cubría su rostro. Las damitas de honor, la hija pequeña de Constantino, la del secretario de la infanta, Carlos García Revenga, y las sobrinitas del novio, no sabían cómo arreglárselas para que la indignada Elena pudiera recorrer con la majestuosidad debida, del brazo de su padre, los metros que separaban los Reales Alcázares de la catedral, donde la esperaban Jaime de Marichalar y mil quinientos invitados. Una de las niñas se puso a hacer pucheros y estuvo a punto de echar a correr.

Cada vez que la infanta, con el ceño fruncido y jurando como un carretero, se colocaba el velo y le daba un tirón a la cola para poder avanzar, su padre veía las estrellas. Varias veces tuvo que reñirla:

—Basta, coño, Elena.

Porque el brazo derecho, el que llevaba doblado en un ángulo de cuarenta y cinco grados para que la infanta se agarrara, estaba enyesado desde el codo hasta los nudillos. Se había roto la muñeca esquiando en Candanchú y a pesar de que había avisado a su hija de que fuera con cuidado, era tal la furia de la infanta al ver que no podía caminar que en un momento dado el rey palideció de dolor y pareció que iba a desmayarse.

Al final, se puso a los mandos de la cola la prima de Elena, María Zurita, la hija de Margot, y mal que bien pudieron cumplir con el recorrido. Aunque la infanta llevaba el rostro cubierto, el tul ilusión era tan sutil que dejaba ver su expresión de enfado, y las cámaras de televisión se guardaron muy bien de realizarle primeros planos.

El brazo enyesado, pensó el rey, como el día de su boda en Atenas, hacía mil años. A veces le parecía que Sofía siempre había estado allí, con su sempiterna sonrisa. De pronto se sintió abrumado por un cansancio infinito.

En el altar, al lado de los sacerdotes, esperaba su futuro yerno. Pertenecía a la pequeña nobleza castellana, no tenía estudios y cobraba un sueldo trabajando como administrativo en la Banca Nacional de París, lo que le permitía vivir en un pisito cerca del Sena. Pero no era eso lo que le molestaba de él... O sí, porque en realidad le molestaba todo. No quería confesárselo, pero desde el mismo momento en que lo conoció sintió por el pobre Jaime una tremenda aversión. Lo primero de todo, porque lo consideraba un cursi. Todo podía perdonarlo, menos que fuera cursi... Se lo decía a Marta:

—Lleva el pañuelito así, a juego con los calcetines y la corbata.

Marta trataba de interceder por el chico:

—En París será elegante.

—¡Martita, eso es una cursilada aquí y en la Conchichina!

Le habían dicho que, desde que supo a ciencia cierta que iba a casarse con Elena, trataba a los servidores de la Zarzuela con arrogancia y tenía pretensiones desmesuradas, desde conseguir un trabajo mejor hasta tener un piso bueno en París y más escolta.

Incluso la misma Sofía llegó a dudar de la conveniencia de esa boda, pero las reticencias de los dos se disiparon cuando una tía de Marichalar pidió audiencia. La tía Coco, como la llamaban en familia, fue muy clara:

—He nombrado a Jaime mi heredero universal... Mil millones de pesetas, un paquete de acciones y un dúplex en la calle Ortega y Gasset.

La buena señora tuvo la delicadeza de morirse enseguida y de repente Jaime se convirtió en el yerno soñado.

Una dama elegante, desde la primera fila, saludó al rey levantando la mano en un gesto de complicidad, porque también la llevaba vendada.

¿Quién sería?

Se lo preguntó a su mujer, que le susurró:

—Es la madre de Jaime.

Vaya, su consuegra. Y los otros, los hermanos. Tenían buena pinta. ¿De dónde habría salido ese petimetre?

Pero, bueno, lo importante era que hiciera feliz a su hija, pero Elena ¿estaba enamorada? ¿O temía llegar a los treinta años sin ningún pretendiente a la vista y convertirse en una nueva tía Irene?

Desde su asiento al lado del altar el rey tuvo tiempo durante la larga ceremonia de observar a sus tres hijos. ¡Niños mimados! ¡A ninguno de ellos le habían protestado una letra! Ninguno había tenido que soportar lo que había debido aguantar él. Felipe se había criado entre algodones, cuidado por una madre que todo se lo perdonaba y le permitía cualquier capricho, ¿pues no se había enamorado ahora de una americana llamada Gigi Howard? Hasta los escritores monárquicos empiezan a poner en cuestión la educación que se le había dado. «El príncipe es un niño mimado que en su vida ha dado un palo al agua», escribe José Luis de Vilallonga en *La Vanguardia*, y lo compara con un miembro de la *jet set*, mientras su padre a su edad estaba luchando a brazo partido para devolver la corona a este país.

Juan Carlos se removió, incómodo, en su asiento y la reina lo observó con severidad. Le riñó con la mirada.

Pero el rey continuaba cavilando: ¿cómo eran sus hijos? En realidad, los había tratado muy poco. ¡Era tan duro y absorbente intentar reinar en un país con cuarenta millones de personas!

Ahora recordaba una conversación que había tenido con su amiga de juventud, Diana de Francia, casada con el príncipe Karl Württemberg. Tenían casa en Mallorca y Felipe, Elena y Cristina habían pasado unos días con ellos.

Habían tomado algo de pie en el club náutico de Palma antes de salir con sus respectivos barcos. Diana era una bohemia de espíritu libre, que hacía escultura e iba vestida como una *hippie* de lujo. A Juanito le encantaba mirarla y hablar con ella. Diana le preguntó por Sofía y el rey le contestó entre risas:

—Figúrate que se escandaliza cuando me baño desnudo en el barco.

Diana soltó una carcajada burlona y le preguntó si era verdad que le habían hecho fotos desnudo, y el rey le contestó que sí, pero que le daba lo mismo que las publicaran o no.

La persona que estaba con el rey lo miró con preocupación, porque los amigos trataban de protegerlo de él mismo, que no era muy discreto en sus comentarios. Y se apresuró a entrar al quite y decirle a la princesa para disipar la mala impresión que pudiera llevarse:

—La reina es una gran madre.

Y Diana, que había estado enamoriscada de Juanito y sentía por Sofía una pizca de envidia, porque ser princesa estaba bien, pero mejor era ser reina, le dio la espalda al amigo metomentodo para soltarle al rey:

—Pues no los ha educado muy bien, Juanito, no saben dar conversación a la gente mayor, son poco sociables... Los hemos tenido en casa invitados y las muchachas de servicio se han quejado porque daban malas respuestas, dejaban las toallas por el suelo y ni siquiera se hacían la cama.

Juanito había abierto una boca tan grande como las cuevas del Drac:

—¿Hacerse la cama?

Y la princesa, de sangre tan azul como la suya, le había respondido con presteza:

—Nuestros cinco chicos se hacen la cama… y siempre dan las gracias al servicio. Más de una bofetada se han ganado por haberlo olvidado.

Bien, ahora la pelota pasaba al tejado de Jaime, a ver qué tal les iba. Se iban a vivir a París, él no pensaba mover ni un dedo para cambiar su situación. ¡Que se espabilara solo!

Todo eran peticiones, exigencias, problemas, ¡no podía más! ¡Que no era el banco de España!

El recuerdo de Bárbara le atravesó el cerebro como un punzón de hielo.

¡Bárbara, Bárbara! Aquella Marita graciosa, la totanera que le había robado el corazón, la rubia sexy de largas piernas, divertida, complaciente, generosa, se había convertido en un peligro.

Se lo había dicho Manolo Prado:

—Tiene unas cintas que ha grabado durante varios años mientras estabais en su casa…, unos audios, unos vídeos y unas fotos también.

El rey se había echado las manos a la cabeza. Pero esto ¿era posible?

Si habían sido muy felices, si ella había sonreído con dulzura cuando se habían despedido… Si había comentado a sus amigos que Bárbara se había comportado con mucha clase… Si llevaba muchas veces el reloj que le había regalado para que viera que la seguía recordando…

Si la había dejado muy bien, muy arregladita, con su mensualidad y sus programas de televisión. ¡Ah, ingratitud, tienes nombre de mujer!

Prado le informó:

—No le parece suficiente, dice que ha sido como un matrimonio que ha durado dieciocho años, que eso la ha apartado de su vida profesional, que es un secreto a voces que la perjudica y no se siente recompensada. Quiere más.

Había llamado a Manglano, que lo tranquilizó:

—No os preocupéis, majestad, la cosa no ha trascendido... ni lo hará.

No dijo si ellos los habían grabado también, aunque el rey suponía que sí, pero eso no le importó.

¡Un pequeño esparcimiento, una historia como tenían tantos hombres, venía a complicarle la vida! Había salido indemne de seis intentos de atentado, de un golpe militar, de una infancia horrible, de padres tiránicos, auténticos y postizos, de la muerte de su hermano, ¿y ahora la vida le salía con esto?

El único que había entendido su desazón y la sensación de injusticia había sido Prado. Lo miró sabiamente y le dijo:

—Señor, no os preocupéis. Yo lo arreglo.

—¿De verdad, Manolo? —preguntó con voz estrangulada.

—De verdad, no penséis más... No os acordéis más. Dedicaos al país, que os necesita, y dejadme a mí que lo resuelva. Los españoles necesitan creer que su rey está puro y limpio como un recién nacido.

—Y lo estoy, Manolo, tú lo sabes —protestó él, y luego añadió con la mirada insegura de un niño acorralado después de alguna travesura—: Porque esos negocios que hacemos son legales, no le robamos a nadie, a nadie obligamos, ¿no? Nos dan el dinero voluntariamente.

—Claro, señor.

—¿Me olvido, entonces?

—Sí, señor. Si no, ¿para qué me tenéis a mí?

Olvidarse no se había olvidado, y leía los periódicos con cierta prevención, pero como vio que el tema no aparecía, creyó que la vía de agua estaba controlada.

Vías de agua. ¡Cuántas iban apareciendo! Apenas daba tiempo a taponarlas. Paseó la vista por la catedral... Si la boda se hubiera celebrado dos años atrás, el año pasado, entre los invitados de honor hubieran estado Mario Conde y Javier de la Rosa.

Ambos, los más destacados financieros de su generación, los nombres más rutilantes del panorama económico, el ejemplo a seguir por los estudiantes de finanzas, estaban ahora en la cárcel. Mario Conde, en Alcalá Meco, condenado por haber vaciado el Banesto en provecho propio: dijo el juez que había sacado seiscientos millones de pesetas para ingresarlos en una cuenta suiza a su nombre. Él se defendería de esta y de las siguientes acusaciones de apropiación indebida y estafa, que lo obligarían a pasar varias temporadas en prisión, explicando que todo era una trama política utilizando falsos testimonios y manipulando documentos.

Juan Carlos había pasado un momento de pánico, porque tenía una cuenta en Banesto en la que Conde había depositado ciento cincuenta millones de pesetas. Pero no tenía motivos para preocuparse porque, cuando fue intervenido el banco, Alfonso Fierro abrió otra cuenta igual, por la misma cantidad, en el Sindibank, del que era presidente, para que no se viera perjudicado. Había intentado hacer alguna gestión a favor de Conde, pero lo cierto es que no prosperó y dejó de insistir.

No lo volvió a tratar, al menos públicamente. Tampoco el financiero amenazó con «tirar de la manta», al menos contra él personalmente, como sí hacía Javier de la Rosa, cumpliendo condena en Can Brians. Su mujer llamaba a la Zarzuela y no se le ponía nadie. Entonces cada mes De la Rosa dirigía un telegrama al rey y otro al *president* Pujol recordándoles «sigo aquí». Contaba que, si no se le prestaba ayuda, explicaría quién era el beneficiario final de los trescientos millones de dólares que reclamaban los kuwaitíes en Londres. Que tenía grabaciones realizadas en el hotel Claridge's en las que el rey le daba las gracias, y que también tenía cartas comprometidas con membrete de la Casa Real. ¡Su forma de salvarse era esparciendo sospechas que la prensa, cada vez más suelta, recogía con delectación y grandes titulares!

Una llamada de Juan Carlos a su «hermano» el jeque de Kuwait consiguió que su nombre fuera borrado del procedimiento que se seguía contra de De la Rosa en la Corte Comercial de Londres. También el fiscal general del Estado, Carlos Granados, afirmó que «el rey era ajeno a los negocios de Javier de la Rosa», pero el «calumnia, que algo queda» aleteó por primera vez sobre la figura del rey, hasta entonces intocable.

Cada vez que se acordaba de lo cerca que había estado de ver su nombre arrastrado por el fango se le escapaba a Juan Carlos un suspiro que hizo que su mujer dejara de abanicarse y lo mirara con desconfianza.

Adusto, barbotó:

—¿Qué pasa? ¿Qué miras?

La mujer sonrió y movió la cabeza como si le hubiera dicho algo amable. Lo hacía muchas veces y así aparecía en las fotos, sonriendo y cabeceando, como si estuvieran manteniendo una agradable conversación. Juanito se asombraba de la flema de su mujer, pero al mismo tiempo en el fondo la admiraba: esto se llama profesionalidad, sí, señor, por más que él fuera incapaz de hacerlo, aunque se jugara la vida.

Todos le fallaban. ¡Cada vez se sentía más solo! Menos mal que Manolo seguía estando ahí, firme como una roca.

De él había sido la idea de celebrar la boda de la infanta en Sevilla:

—Señor, esto dará continuidad al impulso que ha significado la Expo para la ciudad. Que no caigan en saco roto todos los planes que teníamos para relanzarla como la capital del sur.

Le habían llegado a insinuar a don Juan Carlos que sería conveniente no invitarlo. De la Rosa insistía en que «el manco» estaba al tanto de todo, que había recibido una fuerte cantidad de dinero de Kio, no por su trabajo como asesor, sino para intermediar en ciertos negocios opacos, sí, esos cuyo beneficiario era «el más alto nivel institucional». Como no podían ir a por el rey, los periodistas empezaron a asociar el nombre de Prado a las tramas de corrupción que se iban destapando. Sí, «ese» Manuel Prado y Colón de Carvajal, el intendente de don Juan Carlos, su administrador.

Almansa se llegó a enfrentar con él en la Zarzuela, donde seguía teniendo despacho:

—Manolo, presumes de tu amistad con el rey para medrar.

Y Prado contestó, indignado:

—Mi lealtad al rey está más que probada, ¡tú solo eres leal a Mario Conde, que es quien te ha puesto ahí!

Incluso la reina comentó que le desagradaba que alguien divorciado y casado en segundas nupcias asistiera a la boda de la hija. Se lo dijo a su marido cuando estaban en el salón donde se exponían los regalos de boda y el rey le contestó desabridamente:

—Tú qué sabes..., cállate. Esta boda me va a costar un huevo y no te autorizo a que metas tus narices en mis invitados o en mis amigos. ¡Llevo treinta años aguantando a toda tu parentela!

La reina rio con desdén:

—Manolo te tapa todos tus asuntos, ¿crees que no lo sé?

Juan Carlos alzó la vista, rabioso, y cogió lo que tenía más a mano, un plato de porcelana de Sargadelos. Y lo estrelló contra la pared.

¿Desechar a su mejor amigo como un trapo viejo? Sí, él ya había oído hablar de la legendaria ingratitud de los Borbones. ¡Pero él no era así! Habían pasado tantas cosas juntos...

Sonrió al recordar la última hazaña, cuando el rey Fahd había reclamado el préstamo de cien millones de dólares que le había hecho diez años atrás, unos dineros que nadie recordaba. Había enviado a su primo desde Marbella a Mallorca para que el rey le pagara. Don Juan Carlos, desesperado, mandó a Prado a que lo recogiera en el aeropuerto mientras él lo esperaba en Marivent con todo lujo de atenciones, pero sin la pasta, que no habían podido recaudar en tan poco tiempo.

La mala suerte quiso que Manolo se equivocara de hora y de aeropuerto, y el árabe regresó a Marbella compuesto, cabreado y con los bolsillos vacíos.

Rápidamente, el rey tuvo que ir al palacio del rey Fahd a Marbella a postrarse de hinojos y darle explicaciones, y tan bien debió hacerlo que su «hermano» le aplazó la deuda cinco años y encima le concedió cien millones más para pagar la boda de la hija y otras menudencias. Bueno, para conseguir más dinero también, había que reconocerlo. Al rey ya nada le parecía suficiente.

Cuando estaban en el campo, después de la jornada de caza, se quedaban al lado de la chimenea con una copa de whisky, sus puros y sus perros, mientras el resto de los invitados se iba a dormir. Rememoraban sus aventuras juntos, y Juan Carlos se decía que si Alfonsito viviera, sería como Manolo.

¿Y pretendían que lo repudiase?

Había vertido en su oído las revelaciones más íntimas, confiaba en él como en nadie.

Prado le decía a veces:

—Señor, el otro brazo que tengo lo daría si me lo pidierais.

El amigo, después de la ceremonia, se colocó en el largo besamanos en la puerta del Alcázar. Sofía lo saludó con algo de frialdad. Cuando quedó frente al rey, inclinó la cabeza, sintiendo en su nuca la mirada de los mil quinientos invitados. Y el rey, en uno de esos gestos espontáneos que constituían su mejor patrimonio, avanzó y le dio un abrazo.

Con esta boda le había rendido homenaje no a Sevilla, no a su hija, no a su madre, que era sevillana, sino al amigo fiel. Venían tiempos duros para ambos y ya no iban a recorrerlos juntos, como habían hecho durante treinta años. Prado podría decirle al rey lo mismo que su padre antes de morir: «Señor, deber cumplido.

Porque empezaba a descorrerse el velo que protegía a la familia real de las miradas indiscretas del pueblo llano. Aún no se decía nada, pero se insinuaba, y eran peores las insinuaciones que los hechos porque los hechos pueden combatirse y las sospechas no. Se cebaban en el Príncipe de Asturias que recorrió un kilómetro del Camino de Santiago impecablemente vestido y en *El Mundo* se publicó un artículo que se titulaba: «Lo ridículo». Un escritor monárquico, Alfonso Ussía, escribía en *ABC*: «Lo que tanto nos ha costado establecer —cuarenta años de exilio y un reinado admirable— no puede estar sometido al secuestro permanente que del heredero de la Corona ejercen sus amigos y su insaciable cortecilla de advenedizos mamporreros». Para disipar esta mala impresión, se le hizo una pequeña entrevista. Le preguntaron cómo seguía la actualidad. Tras un momento de duda, el príncipe respondió:

—Escucho bastante la radio.

A pesar de haber salido de las tres escuelas militares con el título de teniente, durante la guerra del Golfo declaró:

—En solidaridad con los acontecimientos, he decidido suspender mis entrenamientos de vela para las regatas.

Se convirtió en un blanco fácil porque cambió a Gigi Howard por una modelo de ropa interior noruega llamada Eva Sannum, con lo que, como dijo sombríamente el rey: —Hemos ido de Guatemala a Guatepeor.

Los españoles devoraban ávidamente todo lo que atañía a la vida sentimental de los hijos de los reyes como si fueran artistas de cine. El compromiso de la infanta Cristina en Barcelona con un jugador de balonmano llamado Iñaki Urdangarin los democratizó tanto que la gente empezaba a preguntarse: «Si son como nosotros, si pueden hacer lo que quieran, ¿por qué tenemos que seguir manteniéndolos?».

Los tres hermanos se convirtieron en protagonistas de la prensa del corazón y sus aventuras y desventuras fueron pasto de portadas. Los españoles necesitaban zonas de esparcimiento frente a las graves noticias de corrupción generalizada que afectaban, sobre todo, al partido que estaba en el poder. Los socialistas perdieron las elecciones a manos del Partido Popular después de catorce años gobernando y el rey perdió también a su gran amigo y aliado Felipe González.

Lo primero que hizo José María Aznar al llegar a la presidencia, ese «desaborío», el «estirao», el «bigotes», que así lo llama el rey en la intimidad, fue pedir las cuentas de los fondos reservados. Le señalaron un apartado especial.

—¿Qué es? —preguntó Aznar.

—Lo que se paga a las amistades del rey.

—Pues que se deje de pagar —ordenó el presidente secamente, sin medir las consecuencias.

Se fotografía a Eva y Felipe de viaje, comiendo en casa de los amigos del príncipe en el pantano de San Juan, paseando con los hermanos de ella, y en actitudes cotidianas que hacen pensar que el compromiso oficial está cerca. La reina no es un obstáculo, porque cree que «si los hijos quieren casarse con quien escogen libremente, ¿qué vas a hacer? Arropar a la nuera, porque lo van a hacer de todas formas».

Peñafiel indica que Felipe «es un niño caprichoso y hasta déspota». Apezarena opina que sus amigos son «vividores, algunos fachas y no pocos impresentables», mientras Manuel Vicent concluye: «¡Una endogamia de amigos pijos!».

El rey, sin saber qué hacer, envía a los cuatro presidentes del Gobierno que ha habido en España —Suárez, Calvo-Sotelo, Felipe y Aznar— para que traten de convencer a su hijo de que no puede ser reina de España quien ha estado colgada semidesnuda en las cabinas de los camioneros. El más duro con el príncipe es Aznar. El presidente del Gobierno y el rey no se tragan, Juan Carlos cree que Aznar intenta robarle protagonismo y lo detesta tanto que lo trata de usted. Aznar, en el fondo de su corazón, ha heredado el republicanismo de los viejos falangistas y además conoce todos los pecados del rey.

Por eso le dice a su hijo:

—Los comportamientos frívolos no tienen razón de ser en una monarquía moderna, que podría verse cuestionada por los ciudadanos.

Felipe González, en cambio, que era en quien el rey había depositado más esperanzas, le recomienda al príncipe románticamente:

—Déjese llevar por su corazón.

Juan Carlos se indigna:

—¡Me falló el andaluz!

El príncipe está ciego de amor y no hace caso a nadie. Al final, el padre decide enfrentarse con él personalmente, lo cita en su despacho y le grita tanto que mandan despejar la zona para que no los oigan:

—¡Si no lo hacemos bien, nos largarán, que estos tíos no se andan con chiquitas y por menos de nada nos botan y nos ponen en la frontera!

—¿Qué tíos? ¿Aznar? —inquiere el príncipe con curiosidad.

—Ese también, pero me refiero a los españoles —gruñe el rey.

—No eres el más indicado para darme lecciones, que yo al menos estoy soltero, en cambio tú… —le responde el hijo despectivamente.

Sabe perfectamente lo que ha sufrido su madre y la existencia de Marta Gayá y de las otras, la última, la exmujer de uno de sus propios parientes, a la que ha paseado en barco por Mallorca sin importarle el qué dirán. El padre levantó la voz:

—En cambio yo ¿qué? He aguantado estoicamente por la institución y por la estabilidad del país, en ningún momento se me ha pasado por la cabeza romper mi matrimonio y he llevado mis asuntos, ojo, que yo no digo que los haya tenido, pero si los hubiera tenido, los habría llevado con discreción ejemplar.

—¡Discreción ejemplar! —lo interrumpe Felipe—. ¿Estás de broma? ¡Lo sabe todo el mundo! ¡Se ha enterado toda España! ¡No vas a poder esconder más tus líos de faldas!

—¿Qué quieres decir?

El hijo le arroja un periódico encima de la mesa:

—Léelo tú mismo.

27

—Respire fuerte, señor.

El médico introdujo con pericia el líquido rellenador en la profunda arruga del entrecejo mediante una aguja hipodérmica, después de haber frotado la zona con un trozo de hielo para insensibilizarla.

Jeringuilla en alto le indicó:

—Ya está, podéis incorporaros.

El rey sacudió la cabeza y se sentó en la camilla con el rostro lleno de pequeños pinchazos, continuando su conversación anterior:

—Lo de Bárbara fue tremendo, doctor, ahí empezó la debacle, me parece… —El médico asentía mientras se quitaba los guantes, los tiraba a un *container* junto con la jeringuilla y la ampolla vacía—. No me lo esperaba, y mira que me las han hecho de todos los colores.

El médico apenas recordaba el escándalo de Bárbara Rey. La vedete había denunciado el intento de robo de unas cintas «comprometedoras que atañen a una persona importante de este país», y afirmaba que ese material lo conocían Mario Conde, el periodista Antonio Herrero y Manuel Prado, al que señalaba como el sospechoso del asalto a su casa. La noticia apareció en la prensa y la radio, y además la vedete había acudido a un programa de la televisión valenciana para contárselo en vivo y en directo a una España que sabía leer entre líneas y había comprendido que el rey no solo había tenido una amante, cosa que no sorprendía a nadie, sino que estaba en el centro de una conspiración de película de James Bond.

El buen doctor ignoraba los detalles del hecho, porque en esa época vivía en Estados Unidos y era poco chismoso, pero conocía a don Juan Carlos lo suficiente como para saber que lo único que necesitaba era un oído en el que verter sus cuitas:

—Qué ingratitud, señor.

—Pues sí, yo me he portado siempre muy bien con ella y con todas... Tuve que llamar personalmente al director de la televisión valenciana para que no la dejaran entrar en el programa. ¡No te quiero contar lo humillante que fue para mí tener que suplicar!

—Ya me figuro, señor —murmuró el médico compasivamente.

—Y luego un enviado mío ya se entendió con ella; no nos ha salido barata, no.

—Sois muy generoso, señor.

El rey, que se estaba quitando la bata de papel que le cubría la camisa, se volvió hacia él con la indignación pintada en el rostro:

—¡Pues sí, nadie me puede llamar tacaño! Pero si a otra le estoy pagando un piso de puta madre aquí en Barcelona, eso que ni siquiera la veo… ¡Creo que es una gran recompensa por una sola vez!

—¿Os referís a…? Muy guapa.

Pero el rey ya la había desechado al país donde yacen los amoríos pretéritos y olvidados:

—Pero a Bárbara no la perdono… Contar a esos periodistas cabrones, que lo único que quieren es clavarme una estaca en el corazón y meterme en la caja de pino, que yo la había amenazado y entrado en su casa y qué sé yo. ¡Me arrastró por el fango, y yo callado como una puta porque a ver cómo te enfrentas a eso!

El médico respondía maquinalmente:

—Todo mentira, señor.

El rey, ya a punto de salir del pequeño quirófano, se detuvo manoteando:

—Bueno, vamos a ver, yo le pedí a Manolo Prado que lo arreglara, quizás se sintió obligado, no sé. ¡Él, con tal de protegerme, era capaz de todo!

Entró la enfermera y el médico le hizo una seña disimulada al rey para que salieran. Don Juan Carlos no tenía empacho en hablar delante de desconocidos de los asuntos más íntimos, y aunque él confiaba en su personal, prefería no ponerlos a prueba. Pero el rey continuó lamentándose con voz perfectamente audible mientras recorrían el pasillo de la clínica dirigiéndose a las estancias privadas porque, como todas las personas duras de oído, hablaba muy alto:

—Manolo tenía una mano para estas cosas —se rio enternecido al recuerdo de su amigo y ante el chiste involuntario—, bueno, sigue teniendo una mano, solo una… Pero para él mismo no le ha servido de mucho.

—Al final ¿va a entrar en prisión? —preguntó el médico con delicadeza.

El semblante del rey se ensombreció.

—Sí, ya es inevitable, lo han condenado a más de dos años. Entrará dentro de un mes. Maldita sea, ni siquiera puedo hablar con él por teléfono, ya sabes que tenemos las comunicaciones pinchadas. —El médico, que no lo sabía, se sobresaltó y dio un rápido repaso a lo que eran sus conversaciones... En su mayoría, temas médicos, pero a pesar de eso pensó que a partir de ahora debía tenerlo en cuenta. El rey prosiguió con amargura—: Todo por mi culpa, van a por él por ser amigo mío, ahora es un pecado en este país. ¡Con todo lo que he hecho! Con dos cojones me enfrenté al ejército en el 23-F. ¿Y lo que me odiaban los falangistas por haber desmantelado el franquismo? Pero si los servicios de seguridad me decían que no sabían quiénes tenían más deseos de asesinarme, si los de la ETA o los de Fuerza Nueva.

El médico se apresuró a comentar:

—Señor, muchos no hemos olvidado su gran tarea a los mandos del gobierno.

El rey le palmeó la espalda, agradecido, y abrió la puerta de su pequeño apartamento. Había visitado tantas veces esta clínica, en la parte alta de Barcelona, pionera en técnicas de rejuvenecimiento, que al final había alquilado dos estancias de forma permanente. Incluso cuando iba a hacerse chequeos a otros centros de Barcelona, se alojaba aquí. Y cuando acudía a actos oficiales, prefería estar en su «choza», como la llamaba, que en el frío palacete de Pedralbes. Aunque en la mayoría de las ocasiones estaba de incógnito, con una pequeña protección de seguridad. Solo el jefe de su Casa, Alberto Aza, sabía de sus viajes a Barcelona, pero él mismo le había pedido que no informara ni siquiera a la reina, ¡sobre todo a la reina!

—¿Nos tomamos un whisky?

El doctor miró con disimulo su reloj, pero aun así contestó con entusiasmo algo forzado:

—Claro que sí, señor.

Fue el rey mismo el que le sirvió los dos whiskys —«Espera, que te pongo unas puñetitas también»—, y vertió una latita de aceitunas en un plato.

El médico lo observaba pensativamente mientras el rey llevaba a cabo estas tareas cotidianas, las únicas que había hecho en su vida. Y recordó al hombre enfermo, avejentado, que había pisado por primera vez su consulta. Lo acompañaba su amigo José Cusí, se quejaba de dolores difusos, pero el médico se dio cuenta de que su mayor mal era la soledad.

Le hizo un plan *antiaging*, como ellos lo llamaban, a base de inyecciones de vitaminas y hormonas, cremas y tratamientos con bótox, ácido hialurónico y un régimen especial de comidas, aunque no había podido evitar que siguiera fumando tres puros diarios y bebiendo... Prefería no saberlo.

El personal de la clínica y los hijos y nueras del médico se habían convertido en su nueva familia. Organizaban cenas improvisadas y se quedaban hablando hasta la madrugada. Nunca faltaba una mujer guapa y cariñosa, porque el rey no podía vivir sin compañía femenina. Marta Gayá iba a menudo, pero no era la única.

A todos les sorprendía que recibiera tan pocas llamadas y que ninguna persona de su familia viniera a verlo, ni siquiera su hija Cristina, que vivía en Barcelona. Si tenía algún contratiempo de salud, como cuando se operó de varices o cuando se sometía a un chequeo, su única compañía era Cusí.

Hoy no, hoy era un día especial, se lo había dicho nada más levantarse a su enfermera favorita:

—La infanta Cristina vendrá luego a buscarme para que vaya a ver la casa que se quiere comprar.

Era un chalé que estaba frente a la clínica.

El rey se sentó en su cómoda butaca, cara a cara con su médico, con la copa en la mano dando un suspiro de satisfacción y encendió un puro. Se le notaban los pinchazos recientes, en las arrugas de la zona frontal y en los surcos que van de la nariz a la boca. Además le había aparecido un pequeño hematoma junto al ojo, pero él no era consciente de eso. Miró a su alrededor y, como si estuviera en el palacio de Versalles, dijo:

—Me encuentro muy bien aquí, doctor.

—Todos sentimos mucho aprecio por el señor.

—Tus hijos son cojonudos.

El médico se vio obligado a decir:

—Los de vuestra majestad también.

El rey miró la punta de su puro:

—Cristina ha acertado con su matrimonio, y mira que eso de que se casara con un jugador de balonmano nos sentó como un tiro. ¡Si al menos hubiera sido futbolista, que ganan más dinero! Pero Iñaki es un buen chico, muy servicial, está deseando que le encarguemos cosas. Dice que él no quiere ser una carga para la casa, lo que le honra. Y, además, Cristina está muy contenta, no como Elena con Marichalar.

—¿No se llevan bien? —preguntó el amigo.

—¡Claro que no! A los tres años y con dos hijos ya se quería separar, pero a él le dio el ictus y la infanta ha tenido que aguantar en condiciones terribles. ¡Ha sufrido mucho!

El médico, cuyos hijos estaban divorciados y casados por segunda vez, opinó:

—Pues ya es hora de que se divorcien.

Pero el rey se enfadó:

—No, yo no quiero que lo hagan y así se lo he dicho a mi hija: ¿qué es una mujer sola en España? ¡Nada, menos que nada! Socialmente, una mujer separada es un cero a la izquierda.

—Pero, señor, si está en juego su felicidad...

—¡Pues que se aguante, como hemos hecho todos, cojones! —Mordió el puro hasta destrozarlo y luego, más calmado, añadió—: Pero si es inevitable, le he pedido que se esperen hasta que se case el príncipe. Y luego ya hablaremos.

Se asomó una enfermera:

—Doctor, tiene una visita.

Pero fue tal la mirada de desconsuelo del rey, que el médico fue tajante:

—Que la atienda mi hijo. —Se dirigió a don Juan Carlos—: Prefiero quedarme con vuestra majestad..., vuestra conversación siempre es interesante.

—Muchas gracias. Chico, para ser sinceros y ahora que no nos oye nadie, la familia es una lata.

El médico se echó a reír:

—Señor, no digáis eso.

—No te rías..., quitando a mi madre, que era una santa y que se murió como una santa, sin molestar a nadie como había hecho toda su vida.

—Fue en Lanzarote.

—Sí, habíamos ido a pasar las Navidades hace tres años, se acostó a dormir la siesta y ya no se levantó. —Su mirada se licuó por un momento, pero enseguida se rehízo—. Pues excepto mi madre, a mí la familia solo me trae problemas. ¡Se dejan enredar y firman cualquier cosa! Y encima una hija de Javier de la Rosa se ha hecho novia de un hijo de mi hermana

Pilar y el príncipe no ha tenido más remedio que invitarla a la boda. ¡Una hija del que tanto daño nos ha hecho en la boda del Príncipe de Asturias! ¿Cómo se come eso?

—Pero el príncipe…

La rabia que llevaba largo rato hirviendo a fuego lento dentro del rey al fin se desbordó:

—¿El príncipe? ¡El príncipe se casa con una… periodista! Ya me dirás tú, con la de profesiones que hay en el mundo y tiene que ser periodista —puso todo su desprecio en la palabra—, y con unas opiniones que ya, ya… Es divorciada, vale, pero no estaba casada por la Iglesia, o sea, que da igual, y yo tampoco estoy por esas cominerías. Y yo creo que es comunista, pero oye, Santiago Carrillo es muy amigo mío.

—Lo que molesta a vuestra majestad es que sea periodista.

—Es que, a ver, ¿cómo vamos a hablar libremente delante de ella? ¿Y si se lo cuenta luego a sus amigas? Es tener una espía en palacio. Y como encima se ha ido a vivir con el príncipe, tenemos Letizia hasta en la sopa.

El médico se sintió obligado a protestar:

—Pero, señor, es bueno tener una princesa que haya trabajado y haya tenido contacto con la gente.

—¡Narices! Lo que quiere la gente es que los reyes sepan estar en su sitio. —Y añadió con amargura—: Mira la reina, lo bien que lo ha hecho. Es mucho más tiquismiquis que yo. Ella es reina desde la punta del pelo hasta el dedo meñique del pie, que no sé cómo se llama, por cierto…

—No tiene nombre —musitó el médico.

El rey le hizo un gesto con el puro para que se callase:

—Creo que nunca le ha dirigido la palabra a nadie de rango inferior, habla muy mal el español porque en el fondo nos desprecia, pero como sabe comportarse, la gente la tiene por el ángel de la familia y yo soy el demonio, ¡y te aseguro que si no tiene ningún amigo es porque cree que nadie está a su altura! Ay, si yo te contara…

—Pero, señor…

—Mira, yo puedo imaginarme a mí mismo como persona particular, pero ¿ella?, ¿no ser reina ella?

—Se comporta con una gran dignidad.

Aquí se le encendieron las entrañas a don Juan Carlos. Se atropellaba tanto al hablar que el médico temió que le diera un ataque y levantó la mano para detenerlo, pero ya era imparable:

—¿La reina? ¡La reina es la que tiene la culpa de todo! ¡Lo único que tenía que hacer, que era educar al heredero, lo ha hecho mal, fatal, peor imposible! Lo ha mimado, lo ha consentido, y ahora finge que Letizia le cae muy bien y está todo el día Letizia por aquí, Letizia por allí, que ella le va a enseñar cómo comportarse, que nadie nace sabiendo. Pero la asturiana le pega cada corte… —Se puso a reír con regodeo—. El otro día le estaba contando una de esas chorradas en las que cree, que si los muertos se reencarnan en los vivos, que si la piedra de Nazca, que si la iba a llevar a las apariciones de no sé dónde…, y Letizia le dijo: «Es que yo soy atea». ¡La reina casi se desmaya!

El médico se seca las lágrimas de risa porque el rey imita las voces de su mujer y de Letizia:

—¿Y qué habéis hecho?

—Rápidamente le hemos enviado al obispo a que le dé unos cursillos. ¡Una cosa absurda! Bah, ese matrimonio va a durar menos que un caramelo en la puerta del colegio y mi hijo, él solito, se va a cargar la monarquía, pero mira —hizo un ademán chulesco de sacudirse las solapas—, a mi plin, después de mí el diluvio.

En ese momento apareció su ayudante:

—Señor, está su alteza la infanta Cristina esperándoos en la puerta.

Su rostro se animó. Se levantó, nervioso, puro en mano:

—Pues no vamos a hacerla esperar.

Cristina, vestida con un plumífero más apto para las pistas de esquí que para la ciudad, le riñó:

—Papá, ¿fumando?

—Ay, no seas pesada. ¿Y los niños?

—En el cole, e Iñaki en el despacho.

El padre la cogió por el hombro y la miró con cariño:

—Trabaja mucho, ya lo sé, eso es bueno, pero ¿te trata bien?

—Sí, papá. —A la infanta se le puso una expresión tan soñadora que el padre entendió que seguía perdidamente enamorada—. Tiene que trabajar, ya sabes que queremos comprarnos una casa, que en el piso ya no cabemos.

—Pero vais a parar, ¿no? Con tres hijos es suficiente.

—Nos falta la niña…

—Pero tú en La Caixa estás cobrando bastante, supongo. Si no llamaré a Fainé.

La hija lo interrumpió:

—No, papá, déjalo, gracias, haría un efecto horrible, ya dicen que estoy enchufada por ser tu hija. Pero a Iñaki sí que le podrías echar una mano.

El padre la miró con curiosidad.

—Pero ¿a qué se dedica exactamente? —preguntó.

—A asesorar empresas, conseguir patrocinios… Tú, con un par de llamadas, seguro que le proporcionas clientes.

—Claro que sí. Lástima que Manolo ya no pueda intervenir en eso. Pensaré en otra persona.

—Papá, tendría que ser alguien de confianza.

—Vale, entiendo. ¡Oye, pero esto que vamos a ver es una casa adosada! ¡Pero cómo va a vivir mi hija en un adosado!

Eran dos chalés de aspecto deteriorado cuyo único encanto era un cierto romanticismo decadente, acentuado por las buganvillas que trepaban por las paredes y el hililllo de humo que salía por la chimenea.

La infanta casi se echó a llorar:

—Pero, papá, no seas así, son dos casas independientes, la zona es fantástica y tiene jardín.

Llegaron a la puerta, y antes de que llamaran la abrió un hombre alto y elegante, que inclinó la cabeza y se presentó:

—Adelante, señor, es un honor... Y alteza, soy Mario Herrera.

—Papá, es el propietario. Y abogado.

El rey entró y el pequeño vestíbulo se llenó con el olor a puro. Lo primero que dijo fue:

—Hace un frío de cojones.

Mario se disculpó:

—Es que la calefacción va con aire y no funciona muy bien. Si queréis, os enseño la casa.

—Adelante.

El rey iba haciendo comentarios: «Oh, esta tela de cuadros era igual a una que tenían mis padres en Estoril», «Huele un poco a cañerías, ¿no?», «Las habitaciones tienen poca luz». En el último piso, el propietario tendió la mano con orgullo:

—Mirad qué vista.

Se veía el mar a lo lejos, una cinta de seda gris más oscura que el gris del cielo. La infanta, que se acababa de operar de miopía, exclamó con evidente exageración:

—Yo veo hasta las luces de Mallorca.

Bajaron al salón que daba al jardín, con árboles frondosos y una piscina con el agua verdosa llena de hojas. El abogado fue a pedir al servicio que preparara un aperitivo y la hija lo miró ilusionada:

—¿Te gusta, papá? Habrá que hacer mucha obra, eso sí.

—Cómprala.

—No tenemos dinero, nos piden seis millones y medio —contestó Cristina tímidamente.

—Coño.

—Pero en La Caixa nos van a dar una hipoteca por la mitad, tres millones, y tenemos algo ahorrado.

—Pues yo te regalo lo que falta.

Cuando el abogado entró, Cristina le comunicó alborozada:

—Mario, nos la quedamos, al rey le gusta mucho.

—Como le gusta a la infanta, me gusta a mí.

Si Mario se asombró de que padre e hija se llamaran entre ellos infanta y rey no lo demostró, porque era hombre habituado a moverse en ambientes aristocráticos. Sí dijo:

—Si queréis, el fin de semana podemos hacer un pequeño piscolabis con mis hijos y mi novia Natalia.

—¿Es guapa tu novia?

—Mucho.

—Qué cabronazo..., pero otra vez será: me voy a La Garganta, la finca del duque de Westminster, en Ciudad Real. ¿Sabéis que el duque es el hombre más rico de Inglaterra, veinte veces más rico que la reina? Hace un par de años compró La Garganta por diecisiete mil millones de pesetas, ¿qué os parece?

Mario se apresuró a contestar:

—Pues una barbaridad de dinero.

Pero Cristina lo miró con preocupación:

—Pero, papá, tanto moverte, ¿ya te va bien?

—Oye, hija, que manía tenéis todos de tratarme como a un anciano.

Porque el rey se había convertido en una especie de bohemio de lujo, tenía el mal del viaje, como su padre, que navegaba sin fin como el holandés errante, sin tocar puerto, por el único placer de moverse, de no estar siempre en el mismo sitio. Sus nuevos amigos, los Albertos, Juan Abelló, Samuel Flores, Florentino Pérez, Villar Mir, la aristocracia del dinero, lo cobijaban encantados en sus fincas, a veces solo, con un pequeño maletín, a veces con Marta o con otras damas, y únicamente acudía a Madrid para ceremonias oficiales. Había dejado de hablarse con su mujer, se ponían de acuerdo las secretarías respectivas para combinar su presencia conjunta en los actos en los que se les requería y la reina desplegaba todo su arsenal de sonrisas y confidencias en el oído del rey, que se veía obligado a inclinarse fingiendo escuchar con atención. La reina se limitaba a bisbisear:

—Bsss bsss…

Los fotógrafos inmortalizaban el momento, que después aparecía etiquetado como «Buena sintonía y complicidad entre los reyes en la recepción al cuerpo diplomático, que pone en evidencia que su matrimonio es ejemplar», tratando de hacer olvidar a los españoles todas las Martas y Bárbaras de este pícaro mundo. Además de los innumerables romances del rey, unos auténticos, otros inventados y otros exagerados a veces por las mismas damas, que si bien no se publicaban en los periódicos, sí se insinuaban en las radios o en los programas de la televisión, cada vez más descarados.

Al finalizar la ceremonia, cuando salían los reyes del salón de audiencias y se cerraban las puertas detrás de ellos, se daban la espalda y se iban cada uno a sus estancias de la Zarzuela sin haber intercambiado palabra, si acaso algún: «Boba», «*Stupid*» dicho entre dientes.

Claro que ahora la casa entera se había vuelto loca con la preparación del casamiento del príncipe. A veces, al rey le daba pena su futura nuera, intentando participar en la preparación de su propia boda:

—Me gustaría que fuera más íntima... Mi familia se sentirá desplazada. Todas estas personas que van a venir. En realidad, no son amigas de nadie, ni de vosotros.

Los miembros del *staff*, que tenían esos ademanes majestuosos y arrogantes que suelen exhibir los individuos que por su trabajo tienen trato con la realeza, cosa que les hace sentirse especiales, la miraban con aire de superioridad y le aconsejaban displicentemente:

—Señora, lo mejor será que os vayáis unos días a Barcelona a probaros el traje y nos dejéis a nosotros.

Su vestido de novia, que le hacía Pertegaz, era lo único en lo que ella tenía cierta autoridad. Así, lo hizo modificar tantas veces que al final el mismo Pertegaz no reconocía su propio diseño.

El rey se sentía tan abrumado por la situación que se iba a Barcelona o llamaba a sus amigos en tono lastimero:

—Este fin de semana voy ahí.

Y el amigo se apresuraba a montar una cacería, reclutando a los participantes a toda prisa, porque los deseos del rey seguían siendo órdenes y no dejaba de ser un gran honor recibirlo en tu casa.

Llegó el rey a La Garganta con su habitual revuelo de escoltas y asistentes. Lo esperaba un comité de recepción impecablemente formado en dos filas en la puerta. No en vano, el duque de Westminster, lord Gerald Cavendish, era caballero de la reina y estaba acostumbrado al florido protocolo de la corte inglesa.

Alto, delgado, con la piel enrojecida por el frío y su pelo rubio en el que aún se notaban las rayas del peine, muy bien vestido por el mejor sastre de Savile Row, lord Cavendish inclinó la cabeza:

—Majestad.

El rey le palmeó la espalda en ese saludo que está entre el abrazo y el estrechar de manos, y se metió dentro de la casa. El interior era monumental, con muebles de madera oscura, tapices en las paredes e innumerables trofeos cinegéticos. El fuego ardía alegremente en la enorme chimenea.

El rey se detuvo de pronto y se llevó la mano al corazón.

Al lado del fuego, resplandeciente como una antorcha, estaba una mujer alta, rubia, de labios sensuales, sonriente y seductora. En aquel ambiente tan masculino, su femineidad resultaba casi obscena, eso que era una mujer muy elegante, vestida con prendas muy sencillas, pero que se notaba que eran muy caras: un suéter marrón de cuello alto y unos ajustados pantalones de cuero.

El rey se sintió tan deslumbrado que tuvo que cerrar los ojos como si hubiera visto mil soles. La mujer permanecía inmóvil pero vibrante, a la expectativa.

El duque se dio cuenta de que algo importante había pasado entre ellos y se apresuró a presentarlos:

—Perdón, majestad, esta es la princesa Corinna zu Sayn-Wittgenstein... Es muy amiga mía y además es la profesional que ha organizado la cacería.

Si el duque albergaba sentimientos tiernos en su corazón por la mujer, en ese momento los estranguló para siempre.

Ciego a todo lo que no fuera la princesa, Juan Carlos se dirigió en línea recta hacia donde estaba, tropezó con una silla y estuvo a punto de caer. La mujer le sostenía la mirada, sin arrogancia, pero también sin servilismo. Era delgada, pero muy fuerte, como una guerrera, como una valquiria.

Dejó la copa de jerez que sostenía en la mano y se inclinó con una pequeña reverencia, pero sin dejar de mirarlo a los ojos.

—Señor.

El rey no pudo pronunciar palabra porque, de pronto, su corazón protestó por tantas emociones y empezó a latir furiosamente; temió que lo oyeran, temió no poder aguantar las ganas de tocarla y abrazarla.

Se desvanecieron Marta y las otras, adiós, adiós. Fue el choque de dos planetas, de dos constelaciones solares, de dos universos... o, simplemente, el encuentro de dos almas gemelas.

Hasta la noche siguiente no pudieron estar solos.

Habían pasado todo el día cazando. A Juan Carlos le llamó la atención la seguridad con la que se movía la princesa, la pericia con la que cogía la escopeta, cómo tiraba, tenía el aplomo y la agresividad de un hombre en el cuerpo más femenino que había visto en su vida.

Cuando regresaron a la casa, no pudo dejar de advertir con admiración la forma profesional con la que organizaba la intendencia, cómo daba órdenes al servicio. Allí todos, desde el anfitrión hasta el último guarda, se movían al son que ella tocaba.

Incansable. Solo se oía:

—Corinna... Princesa... Señora...

Le dijo, apartándole un mechón de pelo que le caía sobre el ojo:

—Eres como un general arengando sus tropas.

Se sentaron en un salón pequeño, con una copa en las manos.

Corinna no intentó deslumbrarle, como hacían todos, eso causaba el efecto contrario en el rey, que se aburría como un niño pequeño y buscaba diversiones nuevas. ¿Qué podía deslumbrarle a él que todo lo tenía, que lo había visto todo?

Al contrario, Corinna le contó que trabajaba en la armería Boss de Londres y que al mismo tiempo organizaba cacerías y todo tipo de eventos en Europa, África y América aprovechando los privilegiados contactos que había adquirido en la tienda. Muy joven, se había casado con un americano, Philip Adkins, «que me cuidaba mucho», con el que había tenido una hija, y luego con un príncipe alemán, Casimir zu Sayn-Wittgenstein, «al que tengo que cuidar yo», con el que había tenido un niño, entonces de dos años.

—Estamos separados —le aclaró con candidez—. Casimir no me pasa dinero, porque no tiene un euro. Sin embargo, tengo derecho a utilizar su título, lo cual me viene muy bien, sobre todo para los clientes norteamericanos.

Todo esto lo explicaba con sencillez y de forma tan divertida que el rey se sintió encantado por su naturalidad y rectitud.

También le fascinó que fuera tan lista y se ganara la vida. Él solo había conocido mujeres cuya mayor ambición era que un hombre las mantuviera. Chicas desamparadas, floreros, mujeres objeto, incapaces de ser independientes o de ejercer una profesión.

—No he conocido a nadie como tú.

—Soy una *working class girl*.

El rey la escuchaba como si estuviera presa de un sortilegio, le hechizaba su modo de mover las manos cuando hablaba, la expresividad de su rostro, su pelo sedoso, que se movía como si tuviera vida propia, su humor, sus carcajadas...

Por primera vez con una mujer se sintió en inferioridad y no sabía qué hacer para retenerla. Se le ocurrió de pronto:

—Me gustaría regalarle a mi hijo un viaje de novios especial, una vuelta al mundo como la que me regaló mi padre, o la que le regaló a él mi abuelo. Es difícil, porque todos los sitios están muy explotados ya, pero querría que fuera algo que no vayan a olvidar nunca.

Corinna se echó a reír:

—Para mí será fácil y me divierte el encargo... Decidme qué presupuesto tenéis y yo os lo monto.

—No sé. ¿Cien mil euros?

Ella hizo un gesto de desprecio con la mano:

—Es poco..., necesito más.

El rey no quería dar la sensación de que era un pobretón o un tacaño, ¡ahora, era él el que quería deslumbrarla! Que supiera que el único rico en La Garganta no era Cavendish.

—Pues no sé, ¿el doble? ¿Trescientos mil?

—Medio millón.

El rey la miró intensamente: su piel parecía pan caliente, dorada por el fuego. En ese momento le hubiera dado, no medio millón, sino su reino entero. Alargó la mano y cogió la de ella: le sorprendió su fuerza, la energía que desprendía fue como una corriente eléctrica que se diseminó por su cuerpo a través de las venas y los capilares; joven, ¡volvía a ser joven, como cuando estaba con Olghina y el sexo le quemaba!

Su corazón volvía a tener veinte años.

—¿Hecho?

—Hecho.

—¿Y por mí? ¿No vas a hacer nada por mí? —le preguntó con voz enronquecida.

Acercó su cuerpo al suyo, se rozaron y se vieron irremediablemente perdidos.

28

—A las cuatro tengo una reunión con la prometida de tu hijo para hablar del viaje de novios. Estoy a punto de coger un avión.

El rey agarró el auricular con fuerza y se repantingó en su butaca, puro en mano y, como siempre que hablaba con Corinna, se le iluminó la cara:

—Ah, ¿sí? A ver qué te parece la asturiana.

—Por teléfono resulta muy enérgica y me ha dado a entender que ella ya se valía y sobraba para preparar su viaje de novios, que estaba acostumbrada a viajar con sus padres por toda Europa desde que era pequeña…, iban de *camping*.

El rey lanzó una risotada:

—¿De *camping*? ¿En tiendas de campaña?

La princesa se amoscó:

—Oye, que a mí me parece muy bien que me lo haya dicho, creo que es un tanto a su favor... Pero me hablaba de París y de Berlín con suficiencia, como si los hubiera fundado ella, aunque me he dado cuenta de que en el fondo está nerviosa y asustada por todo lo que le espera.

Al rey le sorprendió la capacidad de Corinna para juzgar a las personas sin dejarse engañar por las apariencias:

—Joder, tú en los negocios debes ser un competidor terrible.

—Será competidora, digo yo —protestó la otra con coquetería.

—Para ti los negocios son un juego, como para muchos hombres —rio el rey complacido.

—¿Me estás llamando marimacho?

—Para unas cosas eres muy mujer y para otras, muy hombre. —Tuvo una sonrisa torcida acordándose de..., carraspeó para reponerse—. Oye, pero no me extraña esto que me dices de la asturiana. El duque de Abrantes está sometiéndola a un tercer grado con todas esas chorradas del protocolo, quién va delante en los tratamientos y las preferencias, los saludos, las reverencias, ¡pero si yo tampoco sé una mierda de eso y mal que bien he salido adelante!

—Querido, es que tú lo tienes muy fácil, siempre estás arriba de la pirámide... Son los otros los que tienen que alinearse, tú no tienes competencia.

—Yo soy el pastor y ellos son mi rebaño.

—Algo así.

El rey se quedó pensativo; Corinna siempre le estimulaba y le divertía, pero sacudió la cabeza y volvió a Letizia:

—Y que si su familia tiene que comportarse de una manera o de otra. La hermana al parecer no está casada con ese chico, no sabes cómo se puso la reina cuando se enteró de que vivían en pecado y que habían posado en la foto de la petición... Es empleado de la limpieza, por cierto.

—¿Pero no había que democratizarse? Pues que los dejen ser naturales.

—Eso digo yo, prefiero a un barrendero que al cursi de Marichalar —sacudió la punta del puro en el cenicero y se echó a reír—. ¿Sabes que a la segunda mujer del padre la han borrado de la foto?

Se oyó lo voz de Corinna hablando con alguien y luego se dirigió a él:

—Perdona, es que he tenido que pasar por la tienda antes de ir al aeropuerto... ¿Qué quieres decir?

—Que el padre dejó a la madre, se ha casado con otra, y las hijas se han puesto al lado de la madre... Pero ahora, de cara a los cabrones de los periodistas, que ya sabes que quieren meter la nariz en todo, los obligan a aparecer juntos en amor y compañía, aunque no se dirigen la palabra, y a la otra la esconden.

—Pero qué anticuados estáis, por favor.

El rey se puso a reír, alborozado como un chiquillo:

—¿Y sabes lo más bueno? Que el abuelo taxista ha amenazado con pegarle una hostia al yerno en la boda... Será un día muy bonito, ¡todos a hostias!

Rieron los dos:

—Pero ¿tú cómo te enteras de todo esto?

—Me lo cuentan mis hijas... Cristina se ha hecho bastante amiga de ella. —Cambió el tono de voz—: Oye, ya sabes lo que te dije de Iñaki, mi yerno.

—Y ya sabes lo que te dije de esa mallorquina.

El rey frunció el ceño. Corinna se había empeñado en que dejara de ver a Marta y el encargo se le antojaba duro de cumplir…, aunque no quería disgustarla. Se le ponían ojos de pantera y le amenazaba con dejar de verlo; ¡dejar de verse no! Ella, que estaba en su vida desde hacía muy pocos meses, convertía en insignificante toda su vida anterior, Marta incluida.

—Mujer, si ahora solo somos amigos… Siempre la he amparado, depende de mí, no la voy a dejar tirada ahora.

Corinna rio con sarcasmo:

—Prométeme que vas a hablar con ella y a decirle que lo nuestro va en serio.

—Sí, ya lo haré —respondió el rey con impaciencia.

Como Corinna sabía perfectamente cuándo tirar de la cuerda y cuándo aflojar, puso su voz más zalamera:

—Lo de tu yerno está en marcha. Dile que venga a comer conmigo a Londres, quizás haya algo para él.

—Tiene una fundación, se llama Nóos o Nas, o no sé cómo coño. Está en conversaciones con el presidente de la Generalitat valenciana, Francisco Camps, que es muy amigo mío, para organizar un evento deportivo.

—Qué manía tenéis con las fundaciones…

El rey, incómodo, cambió de tema:

—Oye, princesa, te van a buscar al aeropuerto, supongo.

—Sí, claro, ¿podré verte?

—A ver, chiquita, ¿cuántas veces he ido a Londres? ¿Diez?

Corinna rio halagada:

—Unas cuantas, sí.

—¿Y tú crees que voy a dejar que vengas aquí y que no te voy a ver?

Colgó el teléfono y empezó a dar vueltas por el despacho, nervioso como un adolescente. Se asomaba al jardín y veía correr los gamos a lo lejos. Estaba tan acostumbrado que ya no reparaba en ellos. El viento en las encinas canturreaba Co-rin-na... Llamó a Alberto Aza:

—Cuando la princesa Corinna acabe con la prometida del príncipe, por favor, que venga a verme que quiero discutir unos asuntos con ella.

—Tengo entendido, señor, que regresaba hoy mismo a Londres.

—Pues cógele hotel y que se quede hasta mañana.

Los dos estaban al cabo de la calle de los asuntos que tenía que tratar el rey con la princesa alemana. Don Juan Carlos no se molestaba en disimular porque, por una parte, se sentía más allá del bien y del mal y, por otra parte, la opinión de su familia había dejado de importarle.

—Señor, ha llegado el fisio.

Se tendió en la camilla. Sus antiguas lesiones le causaban dolores en la espalda y en la cadera que solo se aliviaban con un buen masaje, pero debía reconocer que desde que estaba con Corinna se notaba rejuvenecido, aunque los doctores de Barcelona atribuyeran el mérito a sus tratamientos *antiaging*. Su masajista se lo confirmó:

—El señor parece que haya recuperado su buena forma de hace veinte años, vaya musculatura.

Él sonreía, secretamente complacido, y se decía: «No solo la musculatura, amigo». El bueno de Bouza, su compañero de la academia, creyendo que le halagaba, comentaba en las reuniones de antiguos alumnos que «el rey no tiene problemas de próstata, ni de nada, todo le funciona muy bien».

Demonios si le funcionaba.

Claro que Bouza había sido apartado inmediatamente de la casa y cuando intentaba ir a verlo, no se le recibía ya.

—¡Ay!

—Sí, aquí duele un poco, ¿no? Este músculo está agarrotado.

Su imaginación vagaba por los espacios siderales mientras lo envolvía el olor mentolado de la loción de masaje. ¿Cómo se entenderían Corinna y su futura nuera?

Corinna aún no sabía hablar español, aunque lo aprendía muy rápidamente, y Letizia solo chapurreaba inglés... Estarían viéndose ahora en la Casita del Príncipe, donde iban a vivir después de casados. Donde vivían ahora, por mucho que dijeran que «Letizia se ha trasladado a la zona de invitados». ¡Narices! ¡Si le habían contado que la asturiana se había enfadado porque los Abelló les habían puesto habitaciones separadas en su finca de Las Navas! Por exceso de celo, ya que no veía él ni a Juan ni a su mujer como unos meapilas.

Pero ¿qué sabía él de Letizia? Lo ignoraba casi todo sobre la novia de su hijo. Le había presentado a su familia varias veces, pero nunca había logrado retener los nombres ni quién era quién.

—Tú eres el primo abogado.

—No, yo soy el padre, Chus.

Había empezado a usar un pequeño audífono, tan minúsculo que no se veía, pero a pesar de eso lo solía llevar desajustado y terminaba por quitárselo con disimulo.

¡Letizia! ¡Hacía cuatro días nadie la conocía en palacio y ahora ocupaba todas las conversaciones, memorándums y comunicaciones internas!

Nadie sabía muy bien qué tratamiento le correspondía. Hasta que saliera de la iglesia no se le podía llamar «alteza» y todo era señora por aquí, la prometida del príncipe por allá, doña Letizia por acullá... Al principio, abrumada, Letizia les decía a aquellos severos señores de gris:

—Llamadme Letizia, por favor, y tuteadme.

Se le hizo ver que eso era imposible y entonces ella saltó:

—Pues yo les voy a hablar de usted y de don.

Volvieron a decir que eso también era imposible, los usos y maneras de la familia real era que tuteasen a todo el mundo y nadie pudiera tutearlos a ellos. La convencieron cuando le informaron de que el rey utilizaba el usted con Santiago Carrillo, porque así quedaron al principio, y con Aznar, porque lo detesta.

Letizia le preguntó a la infanta Cristina si no le resultaba incómodo que la trataran con tanto protocolo, incluso sus amigas, y le hicieran reverencias.

—Te diré, a nosotras empezaron con los tratamientos cuando teníamos diez años, hasta entonces éramos Elena y Cristina —le dijo—. Al principio nos parecía una broma, nos reíamos y les hacíamos reverencias a ellos, pero enseguida te acostumbras.

Y así fue. Al cabo de poco, a Letizia le pareció normal que ancianos que apenas podían doblarse se inclinaran a su paso, bajaran la cabeza y la llamaran señora.

Y que, tocando un botón, viniera un servidor y pudieras decir: «¿Me traes un vaso de agua?».

Cuando el príncipe les había dicho a sus padres que se quería casar con esa periodista que salía en televisión, y que si no lo dejaban, renunciaría a la Corona porque la quería por encima de todo, Juan Carlos se había sentido aliviado de que le apearan de la obligación de enfrentarse a su hijo. ¡Pensar que con Eva había tenido que recurrir a cuatro presidentes del Gobierno para que le llamaran la atención! ¡Qué inmenso ridículo! ¡Y para lo que sirvió! Al final habían tenido que tirar de chequera para quitarle a la noruega de encima.

Que lo pusieran ante los hechos consumados no dejaba de ser un descanso. Solo le había advertido a Felipe:

—¿No será un capricho? Piensa que nos jugamos mucho.

—Papá, tengo treinta y seis años y he tenido las suficientes novias como para saber que Letizia es la mujer de mi vida.

—Ya... —pero no pudo dejar de hablar el escéptico que llevaba dentro—, eso de la mujer de mi vida está muy bien para las novelas y las películas, pero no eres tú el que tiene que estar satisfecho, sino la institución.

—Papá, si yo no soy feliz, no seré un buen rey.

—Bueno, bueno, para eso falta mucho, que yo no tengo ninguna intención de abdicar, y menos de morirme... Me ha dicho tu hermana que os conocisteis hace unos meses en casa de un periodista, ¿no?

Felipe, que era incapaz de mentir, le confesó con algo de vergüenza:

—No, papá, eso lo hemos dicho para quedar bien, pero es falso. Llevamos juntos tres años, hemos viajado mucho, prácticamente no nos hemos separado. Por eso estoy tan seguro de mis sentimientos.

—Pero ¿no estabas con la noruega? —se asombró el padre—. Menudo lío te traes, o me lo traigo yo. —El hijo se encogió de hombros y el rey entendió—: Ah, estabas con las dos... O fingías que lo estabas para llevar lo tuyo en secreto. ¡Vaya, vaya con Felipón!

La madre, que había permanecido en silencio hasta entonces, aprovechó la circunstancia para lanzarle a su marido, al que nunca tenía a tiro, un dardo envenenado:

—Es que tú, Juanito, nunca te enteras de nada porque siempre vas a lo tuyo. O a la tuya.

Se volvió con violencia hacia su mujer:

—¿Pero tú lo sabías?

Felipe se apresuró a intervenir, previendo tormentas familiares:

—No, mamá tampoco.

Y luego se había puesto muy serio, tan serio como no lo había visto nunca, tan serio que dejó entrever el rey que podría ser cuando tocara, y les dijo eso que luego se iba a tergiversar tantas veces:

—Sé que no puedo estar sin ella, no me veo capaz de trabajar por España sin ella a mi lado. Es inteligente, con ganas de aprender, conoce los problemas de los ciudadanos porque ha vivido con estrecheces, y estoy seguro de que será tan buena como...

La madre enrojeció de placer:

—No, mamá, como tú, no, porque no os parecéis en nada. Letizia es dura e intransigente, es una luchadora y sería incapaz de perdonar o de aguantar... —no se atrevió a ser más explícito; los ojos heridos de su madre, la actitud altanera de su padre se lo impidieron— ciertas situaciones.

El padre se rio por dentro. Menudo chasco para su mujer. Le estaba bien empleado por creerse lo que publicaban esos periodistas que, para ir contra él, se dedicaban a ensalzarla por encima de todas las cosas, poniéndola en un altar como si fuera la madre Teresa de Calcuta y *madame* Curie, todo en una pieza. ¡Y ella se lo había creído!

¡Se consideraba la reina por excelencia! ¡El modelo de las reinas!

—Cree que después de ella se rompió el molde —se burlaba delante de sus amigos con grandes risotadas, que ellos coreaban con la boca pequeña porque nunca se sabía qué oídos indiscretos podían estar escuchando.

En realidad, estaba tan harto de supervisar las novias del príncipe, de hacer cábalas sobre su futuro, de pensar que iba cumpliendo años y que no había ni nueras ni, lo que es peor, herederos en el horizonte, o de imaginar qué podría venir después de Eva Sannum, qué horrores le esperaban, que la elección de Letizia no le había parecido tan mal.

Felipe, que se había dado cuenta, corrió alborozado a contárselo a su novia y el padre se fue silbando a su despacho.

Pero su mujer lo siguió hasta sus estancias, algo que le molestaba mucho, y no dejaba de tocarle el brazo para llamar su atención:

—Juanito, esa chica es tremenda. Hemos comido juntas y ha dicho que le parecía muy bien que los… maricas se casaran.

—¿Y a ti qué te importa? Además, tienes varios primos maricones.

El rey opinaba como ella, pero le encantaba llevarle la contraria:

—Ya sabrás que ha estado casada y que su marido está vivo.

—Lo mejor será que le pidamos a Alberto Aza que busque a un sicario para que se lo cargue.

—¡No tiene gracia, Juanito! ¡No te tomas nada en serio! —Suspiró con hartazgo, pero ella fingía no darse cuenta y proseguía—: Felipe hubiera podido casarse con quien le diera la gana, es el heredero mejor preparado de Europa.

Él se detuvo en la puerta de su despacho, porque no quería que ella entrara, y le dijo con hastío:

—Sofi, que aquí no hay periodistas delante, no hace falta que mintamos. Tu hijo, de momento, es un niño pijo al que has malcriado. Si tiene madera, está por ver todavía.

—Pero, Juanito, mira la nieta de Beatriz de Holanda…

—Pero si es una niña, por Dios, que no estamos en la Edad Media… Tu hijo es casi cuarentón. ¿De verdad te has creído que Felipe se iba a casar con una princesa? Aún gracias que no nos ha traído una actriz porno o una nieta de la Pasionaria.

No, Letizia no era tan mala elección, aunque a él le daba igual con quién se casara, pero sabía que la prensa, empeñada en beatificar a Sofía, iba a decir que él la despreciaba y que la reina la había acogido amorosamente, con los brazos abiertos.

¿Despreciarla? No era verdad. La ignoraba. Como a casi todo el mundo.

Le reventaba que fuera tan redicha, que intentara llevar siempre la voz cantante, pero después de que le pegara un par de bufidos, la chica reculó y dejó de molestar.

Mejor que supiera quién mandaba allí. Quién era el «jefe», como lo llamaban sus sobrinos. Su hermana Pilar le comentaba mientras ensayaban la entrada en la iglesia, que iban a hacer juntos:

—Haces muy bien en no encabezar el desfile nupcial con la madre, menudas pintas haríais los dos, pareceríais el punto y la i. —Al rey no le hubiera importado y se encogió de hombros. De la boda solo había preguntado a qué hora tenía que estar vestido y a qué hora acabaría. La hermana proseguía en tono horrorizado—: Pero, qué desgracia, Felipe, con lo bien educado que parecía, ¿cómo ha podido traernos a casa a esa chica? ¿Has visto a su familia? El abuelo taxista, yo no sé de qué hablar con ellos… Del precio de la carrera, supongo. Ay, Juanito, si papá levantara la cabeza… Por no hablar de que ha estado casada y de que sale desnuda en la portada de un disco, ¿sabías eso? —Juanito estaba impaciente por que se fuera. Esperaba una llamada de su amigo Cusí para ir a la finca El Palomar de Samuel Flores y asentía a todo sin escucharla. La infanta se envalentonó—: A mí me viene mi hijo con una novia así y lo echo de casa.

Y aquí el rey se levantó, la cogió por el codo, la llevó hasta la puerta y le dio un ligero empujón:

—No me hables de novios de hijos, Pilar… Que Juan se va a casar con la hija de Javier de la Rosa. No te atrevas a darme lecciones.

Y dio un portazo tan grande que uno de los escoltas se llevó la mano al arma creyendo que había sido una detonación.

La ducha lo vivificó. Después del masaje se sentía como si pudiera correr por los montes de El Pardo diez kilómetros… Corinna y Letizia estarían tomando un té seguramente. Lista era la asturiana: lo iba aprendiendo todo pasito a pasito, ahora ya no hablaba mucho, callaba, escuchaba, preguntaba…

Se distraía con sus pensamientos para no enfrentarse al momento fatal: llamar a Marta. Llevaban meses sin hablar. Desde que había conocido a Corinna y su mundo se había trastocado, sus veinticuatro años juntos se habían borrado como rayas en el agua.

Sabía que no podía posponerlo más, iba a coger el teléfono, iba a marcar, cuando de pronto le invadió un tedio espantoso. Marta, su fidelidad, su voz serena, las tranquilas veladas que pasaban juntos en el campo, con sus amigos de confianza, le causaron un profundo aburrimiento. Sin querer, bostezó. Tanto, que estuvo a punto de dislocarse la mandíbula.

Sí, le tenía mucho cariño, pero ya no la amaba y, lo que era peor, no le divertía. No podía olvidar sus cualidades, Marta era como un sorbo de agua fresca y clara, pero Corinna era una bebida burbujeante, un champán muy caro que entraba despacio en el cuerpo y cuando te dabas cuenta, estabas embriagado.

—Señor, la princesa Corinna zu Sayn-Wittgenstein.

Se levantó con el corazón galopando como un corcel joven. Se arregló la corbata, corrió hacia la puerta cuando entraba Corinna trayendo el frío de la calle, llena de risas, energía y planes. Iba con una camisa de seda abierta hasta el segundo botón y un traje pantalón azul marino. La casa, de pronto, se vio vieja y oscura:

—Esta decoración es horrible..., como la de tu hijo. ¡Pero si parece la vivienda de unos señores mayores!

El rey le había respondido formalmente, mientras se ponía un dedo sobre los labios:

—Muy bien, princesa, cuéntame, por favor, cómo van los planes... —Cerró la puerta y con la mano libre la inmovilizó y le empezó a besar el cuello tentador. Le susurró—: Vente a vivir aquí, hay una casa cerca que se podría amueblar.

La princesa trato de desasirse y rio:

—Pero ¡estás loco! ¿Y mi hijo? ¿Y mi trabajo?

Con temblores de calentura en la voz, balbuceó:

—A tu hijo te lo traes, y a tu trabajo que le den por el culo.

—¿Y la reina?

La hizo pasar, le ayudó a quitarse la chaqueta y le dijo lentamente:

—¿Qué pasa con la reina?

—Que si se entera...

—Ya lo debe saber porque esa se entera de todo... Lo que me importa a mí...

En realidad, lo sabían la reina, el personal de la casa y hasta Letizia, que había protestado delante de Felipe:

—Es inaudito. Aunque yo siga enfadada con mi padre por lo que le hizo a mi madre, no deja de ser una putada que tengamos que esconder a Ana como si fuera una amante clandestina. ¡Y tu padre, mientras, metiéndonos aquí a su querida para que nos prepare el viaje de bodas, restregándonosla por los morros!

Felipe le respondió con su calma acostumbrada:

—Nosotros teóricamente no sabemos nada, es una amiga de mi padre y ya está.

Mordaz, Letizia, que se movía arriba y abajo del salón, estrujándose las manos, presa del nerviosismo, preguntó:

—Entonces Marta, Bárbara, las aristócratas, las actrices, las presentadoras de televisión, la periodista, las catalanas, ¿todas son amigas de tu padre?

—De esos temas nunca hablamos en casa, la verdad es que no lo sé —replicó Felipe, molesto.

Ella detuvo su frenético caminar:

—¿Me quieres decir que nunca lo has hablado con tus hermanas?

—Jamás, te lo juro.

Lo miró fijamente, pero se dio cuenta de que decía la verdad y siguió moviéndose. Para bien o para mal, en su familia todo se hablaba, se discutía, se gritaba. Las tres hermanas, Telma, Erika y ella, estaban días enteros sin dirigirse la palabra y después se abrazaban y lloraban las unas en brazos de las otras. El divorcio de sus padres, por ejemplo, del que se enteró el día en que se casaba con Alonso Guerrero en Almendralejo, ¡cuántos lloros! ¡Cuántos portazos! ¡Cuánto drama provocó!

Dejaron de hablar al padre, y su relación nunca llegó a normalizarse después de aquello. Chus, como lo llamaban en familia, que era un hombre culto y decente, tuvo la impresión de que había perdido a sus hijas, cosa que le dolió porque las quería mucho.

¡Su boda con Alonso! ¿Cómo se le había ocurrido casarse? Llevaban diez años juntos, pero en los últimos tiempos apenas se veían, Letizia se había ido con una beca a México, lo había olvidado... Y cuando volvió a España, decidieron contraer matrimonio. De la boda ya no se acordaba casi, pero el divorcio había sido tan civilizado que incluso habían tenido el mismo abogado: su primo David Rocasolano.

Y es que no había nada que repartir, tan solo el piso, que vendieron y la mitad para cada uno. Sin embargo, si se divorciara de Felipe, le quedarían dos casas, una de verano y otra de invierno, servicio, escoltas, coches, viajes, asignaciones... ¡En las capitulaciones matrimoniales que había firmado quedaba mejor que Lady Di, le repetían los amigos que estaban en el ajo!

Claro que, si tenían hijos, estos se quedarían con el padre, pero el primo abogado ya le había advertido:

—Esa cláusula es ilegal..., no te costará impugnarla.

Pero Letizia no quería pensar en eso. Amaba a Felipe. Para toda la vida.

A pesar del ambiente en el que había crecido, su novio era una persona de principios, firme como una roca. ¿Por qué le tocaban siempre hombres tan tranquilos? ¿Por qué los atraía, ella, que era un manojo de nervios?

¡Misterios del alma humana!

Miraba a Felipe, que leía el periódico. A Letizia le daba pena pensar cuánto dolor sordo y silencioso había habitado su infancia. Pero no podía dejar de preguntar, la curiosidad formaba parte de su naturaleza:

—Pero tu madre ¿qué piensa?

Felipe, intranquilo, miró alrededor porque sabía que había micrófonos; solo esperaba que no fueran de mucha potencia y que los oídos que escucharan fueran discretos:

—Pues no nos comenta nada, como comprenderás, y no sé si lo sabe. Como ves, vive muy aislada.

Letizia soltó una carcajada sin alegría ninguna:

—Sí, hombre, cómo no lo va a saber... Sus cuernos los conoce toda España.

La expresión dolorida de Felipe la avergonzó y le acarició el brazo pidiéndole disculpas, pero el príncipe respondió:

—Pues si lo sabe, se aguanta, como ha hecho siempre. Tiene un gran sentido de la dignidad.

—Felipe, comprendo que a tu madre la quieras mucho, porque además te da pena, lo sé..., pero para mí la dignidad es otra cosa —masculló Letizia.

Pero se calló porque Felipe frunció el ceño, la máxima muestra de contrariedad que se permitía. Le costó, pero Letizia optó por el silencio. Cuando se casaran, ya le diría que...

Se sentó y cogió un bloc que tenía encima de la mesa. Le temblaban las manos. Empezó a hacer listas con las cosas que se tenía que llevar en el viaje de novios, ¡era lo único que le dejaban hacer! Como le había contado la princesa Corinna, iban a ser treinta y dos días por tres continentes y muchos cambios de temperatura.

—Te aseguro que no te va a pillar ningún *paparazzi*.

Era curioso constatar que Letizia, que era periodista e hija de periodista, había adoptado de su nueva familia el mismo aborrecimiento que sentían ellos por esa denostada profesión.

Listas, solo podía hacer listas que luego no servían para nada.

Los ayudantes de Felipe, que ahora eran los suyos, no le impedían actuar, por supuesto, pero alzaban las cejas ante cualquier propuesta:

—Bien, señora, lo miraremos... Hum. Nunca se ha hecho así, pero intentaremos... Aquí, en la casa, no es costumbre.

Y ella, desalentada, terminaba por ceder:

—Es igual, déjalo, tampoco es importante.

Cuando Felipe la vio enfrascada en sus notas, suspiró de alivio e iba a salir del salón de puntillas. Pero Letizia, que parecía sosegada y serena, entró de pronto en erupción, como el volcán que aparenta ser inofensivo y de repente se pone a escupir lava y piedras. Y arrojando el maldito bloc al suelo, gritó:

—¡Felipe!

El príncipe advirtió, sorprendido, que las lágrimas resbalaban incontenibles por las mejillas de su novia, cuando él nunca la había visto llorar. Se sentó a su lado y le preguntó, lleno de preocupación:

—Pero ¿qué te pasa?

Pasaba que se habían roto los diques de autodominio y Letizia no había podido aguantar la presión. Las palabras salían a borbotones y era difícil entenderla:

—¡Júrame que tú no vas a hacer nada de eso! ¡Yo no podría vivir como tu madre! Mira que lo estoy dejando todo por ti, mi familia, mi trabajo, todo... Estoy aguantando mucho.

Felipe le cogió las manos:

—Pero ¿cómo aguantando? Jaime Alfonsín, Palomo, el duque de Abrantes, todas esas personas trabajan para nosotros, para ti, para ayudarte, para que todo salga muy bien. Ni tú ni yo tenemos ni idea de llevar esta casa, piensa que aquí trabajan setecientos guardias civiles, trescientos empleados en los despachos... Y, encima, organizar una boda para tres mil invitados...

Ella sollozaba con grandes suspiros, como los niños:

—Ya lo sé, ya lo sé. ¡Pero es que la boda ya no me hace ilusión!

Él la miró, sorprendido:

—¿Qué quieres decir?

—Estar contigo sí, es lo que más quiero del mundo, pero estoy deseando que pase ese día. ¡Pero no es solo la boda, Felipe! —se secó las lágrimas con rabia—. ¡Yo no lo voy a aguantar como tu madre, que lo sepas!

Felipe la estudió cariñosamente, la nariz roja, los ojos hinchados, se había quedado tan delgada que se le notaban todos los huesos, pero nunca la había encontrado tan guapa. Ni tan deseable. Porque la sentía frágil y sensible, por primera vez indefensa, ella, que era tan fuerte. Con su calma habitual, la cogió por la muñeca y le dijo:

—Escúchame bien, Letizia, por favor. Ya sé que tú no lo vas a aguantar, pero yo no lo voy a hacer por eso. Nunca te voy a ser infiel porque me he enamorado de ti para siempre y porque te quiero. —Y añadió, no ya para Letizia, sino para sí mismo—: Y, además, yo no soy como mi padre.

Letizia se sintió conmovida por la sinceridad de sus palabras, dejó de sentir miedo por su futuro extraordinario y lo abrazó en silencio.

29

—¿Me voy a morir?

—No, claro que no, ¿cómo dices eso, mi amor?

—Tengo miedo.

Corinna notó cómo el rey le cogía la mano con fuerza, pero lo que más le conmovió fue el tono de voz, débil y vacilante.

—No me dejarás solo, ¿verdad?

—No te voy a dejar solo ni un minuto… —le repitió por enésima vez—. Te acompañaré a la puerta del quirófano, te estaré esperando cuando salgas y ya verás como todo va a ir bien.

Pero no estaba segura. Los médicos habían sido claros: el rey tenía un nódulo en el pulmón y no se sabría si era benigno o maligno hasta que no abrieran. Podría ser cáncer. De hecho, había más posibilidades de que fuera maligno de que no lo fuera, y le habían dicho a Corinna que debía prepararse para lo peor.

Era sábado, el amanecer del 10 de mayo de 2010. Ni la reina, ni los hijos, ni los amigos, ni los socios, ni los periodistas, ni los políticos, nadie sabía que esta operación se iba a llevar a cabo, nadie conocía la gravedad del rey de España. Tan solo, además de los miembros de la Casa, había sido informado el presidente del Gobierno, José Luis Rodríguez Zapatero.

Y ella.

Notó que se le había dormido la mano. Llevaban muchas horas de vigilia, esperando que dieran las ocho para ir al Hospital Clínico de Barcelona, donde iba a tener lugar la operación. Esa noche la habían pasado en la parte alta de la ciudad, en el pequeño apartamento de la clínica privada donde tantas noches de amor habían vivido, tantos ratos de tertulia y conversaciones había albergado, tantos negocios se habían iniciado con una simple llamada:

—Hola, soy el rey..., sí, Juan Carlos. No es una broma, claro que no. Deberíamos reunirnos para tratar del tema de ese tren a La Meca que queréis construir... Nuestros contactos privilegiados...

Pero hoy este pequeño trozo de paraíso era una celda de castigo, y el sofá donde pasaban las horas previas a la intervención, un potro de tortura en el que no gozaban ni de un segundo de descanso, como si les clavaran mil alfileres.

¡El rey podía morirse!

Tenía el rostro embotado, las mejillas le colgaban, se le notaba aturdido, pero eran sus ojos los que impresionaban. Porque por primera vez en su vida tenía miedo, un miedo espantoso. Esta vez el enemigo no eran unos militares traidores, un grupo terrorista, no era su padre, no era Franco; era un tumor de un centímetro que estaba alojado en su pulmón izquierdo. El pulgar hacia arriba era la vida, el pulgar hacia abajo, la muerte.

Se revolvió, incómodo, se quejó:

—¿Qué hora es?

—Falta aún, intenta descansar.

¡Como si fuera tan fácil! Desde que lo habían operado del brazo y del tendón de Aquiles, dos intervenciones casi seguidas con anestesia general, tenía dolores constantes que requerían inyecciones de cortisona. Por eso tenía los rasgos deformados y una sed infinita. Caminaba muy mal. Cuando no lo veían esos periodistas cabrones, utilizaba una muleta. Se sentía viejo y gastado, mientras Corinna resplandecía, convertida en la mujer de moda en los cenáculos económicos europeos. La única. Al lado de severos y encorbatados señores vestidos siempre de gris, su melenita rubia, sus labios carnosos, su cuerpo de modelo formaban un contraste sorprendente.

—Tengo frío.

Corinna abrió al azar uno de los armarios, cogió una manta ligera y se la echó sobre las rodillas. Lo miraba con piedad y comparaba esta criatura deshecha que ahora tenía delante, derrumbada en el sofá como una mole informe, con aquel rey lleno de seguridad en sí mismo, aquel hombre pletórico, lleno de fuerza, egoísta, seductor y enamorado, que había conocido seis años antes, cuando ella vendía armas en una tienda de Mount Street, organizaba safaris modestos y soñaba con un futuro mejor para ella y para sus dos hijos.

Ella tampoco era la misma, porque en estos seis años su vida había cambiado radicalmente. Ahora vivía con su hijo pequeño en la Angorrilla, un palacete a diez minutos de la Zarzuela, en los montes de El Pardo, propiedad de Patrimonio Nacional, exquisitamente decorado por Jaime Parladé. Alexander era un niño muy inteligente y parlanchín. Un día jugueteaba sobre las rodillas del rey, le metía los dedos en los ojos, en las orejas y el rey se reía encantado ante sus travesuras, algo que nunca había hecho con sus propios hijos. El niño lo abrazó:

—Papá.

—No, Alexander, tu papá es el príncipe Casimir zu Sayn-Wittgenstein —le riñó Corinna.

—Entonces, ¿quién eres? ¿Cómo tengo que llamarte?

Juan Carlos recordó cómo llamaba su madre a Alfonso XIII y le dijo, abrazándolo.

—Llámame tío rey. Soy tu tío rey. No te olvides nunca, pase lo que pase.

Corinna se acercó insinuante y le dijo:

—Y yo ¿cómo tengo que llamarte? ¿Qué soy para ti?

Él la cogió por la cintura y hundió la cabeza en su vientre sintiendo esa clase de amor desgarrado que, de tan profundo, está teñido de desesperación:

—¡Todo, lo eres todo!

De momento, Corinna era la Señora del Pabellón para el personal de la Zarzuela. Tenía su propio servicio de seguridad, sus criados, sus coches oficiales. Cuando acudía a algún lugar de Madrid, aunque fuera una simple tienda de ropa, la precedía una llamada de palacio para que le hicieran los mismos honores que a la reina.

Asistía junto al rey a reuniones de fundaciones o con empresarios.

En estas comidas de trabajo, los asistentes se dirigían al rey, pero muchas veces era ella la que contestaba mientras don Juan Carlos clavaba la mirada en la copa y no pronunciaba palabra.

Nadie conocía muy bien su papel, pero todo el mundo le daba el máximo nivel de importancia. Si ella arrugaba su naricilla por algún presunto desaire, el rey podía levantarse enfadado de la mesa y dejarlos plantados.

Con inconsciente osadía, don Juan Carlos se entrevistó con el presidente del Gobierno, el socialista José Luis Rodríguez Zapatero:

—Mi matrimonio está roto desde hace tiempo y desearía que no me programaseis más viajes con la reina y que también aumentaseis mis contactos con los países del área del Golfo... Ya sabes los tradicionales lazos de amistad que tengo con ellos.

El leonés se quedó boquiabierto ante esta exigencia, pero cuando estaba en presencia del rey se emocionaba tanto que no puso ninguna objeción y acató su deseo.

Y Corinna se convirtió en su acompañante semioficial. Don Juan Carlos la colaba en sus desplazamientos a espaldas del gobierno y del propio jefe de su Casa; se dijo que Alberto Aza, por la tensión de esos años, había desarrollado una enfermedad y, agotado, había presentado su dimisión. Le sucedió el solvente diplomático Rafael Spottorno, quien se encontró la insólita situación de que España tenía dos reinas.

Alberto Aza declaró antes de irse:

—Vienen tiempos difíciles para esta casa.

¡Maldita sea, eran muy difíciles! El único punto positivo de este complicado escenario radicaba en que los españoles estaban en la inopia, en la más completa ignorancia, ocupados en criticar a Letizia, que no había resultado tan dócil ni tan manejable como se esperaba. Se criticaba su forma de vestir, de comportarse, se le reprochaba incluso que hubiera dado a luz a dos mujeres en lugar de un varón... Cuando su pobre hermana Erika se suicidó, muy pocos se enteraron de que su antiguo compañero se había enfrentado al rey en el funeral a puerta cerrada:

—¡Vosotros la habéis matado!

Juan Carlos, que vivía en su propio mundo de Corinnas, jeques árabes y negocios millonarios, se había visto obligado a acudir al funeral porque la reina estaba de viaje. Y no entendió qué se le censuraba y creyó que el muchacho, que no sabía ni quién era, había enloquecido de dolor. La prensa, como siempre, dijo que la que tenía la culpa era la familia de Erika. La periodista que Letizia había sido, y que sigue siendo, porque, aunque uno abandone el oficio, el oficio no nos abandona nunca, seguro que suspiró:

—Si pudiera contar todo lo que sé y todo lo que veo.

Y en ese *todo lo que veo* figurarían las actuaciones de Iñaki Urdangarin, aquel vasco sanote y algo ingenuo que había pensado que si el rey estaba metido en el mundo de las actividades comerciales, ¿por qué no podía hacerlo él, que encima se había licenciado en una potente escuela de negocios?

Cuando empezaron los rumores de que Iñaki captaba fondos públicos en su propio beneficio, Felipe fue a hablar con su padre. Estaba a punto de partir a Rumanía a cazar osos y Corinna lo esperaba en el coche para ir al aeropuerto. Le preguntó con impaciencia:

—¿Qué pasa ahora, Felipe?

—Papá..., se dice que Iñaki...

El padre lo descartó con un gesto:

—Bah, que exagerados sois... No será para tanto.

A estas cacerías solía acudir Philip Adkins, el primer marido de Corinna, un adinerado banquero de inversiones, y los tres componían una extraña familia que se llevaba muy bien. A veces iba con ellos el niño; Corinna y el rey se registraban en los hoteles con el nombre de señor y señora Smith y nadie sabía quién era el padre o el abuelo de Alexander, aunque su verdadero padre, el príncipe Casimir, también se había reunido con ellos, llevando a su novia del momento. Era un grupo abierto, que se desvivía por el rey, cuando en su propia casa nadie le hacía mucho caso.

La mayoría de los periodistas desconocía la relación íntima de Corinna y don Juan Carlos, los que lo sabían callaban en connivencia con los miembros de la Casa, y si algo se escapaba, una llamada oportuna al director del medio borraba el reportaje indiscreto.

La situación llegó a ser tan descarada y anómala que los embajadores protestaron por los viajes de la pareja de amantes, que no sabían cómo gestionar: eran privados, pero se hacían con fondos públicos y se entrevistaban con los líderes políticos. ¿Cómo se comía eso?

Porque Juan Carlos y Corinna todo lo hacían juntos. Si viajaba por Occidente, Corinna figuraba como asesora; si viajaba por los países árabes, ocupaba un lugar con las esposas de los reyes y las jequesas; protocolariamente se la consideraba la segunda esposa del rey de España, cosa que a nadie sorprendía en unos territorios en los que era normal que los monarcas tuvieran harenes. Viajaron a Marruecos, donde se vieron con Mohamed VI, a Arabia Saudí, a Kuwait y a Abu Dabi, donde ocuparon la *suite* real del Emirates Palace, presidiendo la entrega de premios en las carreras de Fórmula 1. Salían fotografiados a menudo en la prensa árabe, junto a los reyes y los emires.

Pero ahora, ¿qué importaba? El dinero, las joyas, el poder… ¡El miedo a la muerte lo cubría todo!

Corinna acarició al rey, lo sintió temblar e intentó tranquilizarlo:

—Procura dormir.

Don Juan Carlos cabeceó y soltó un ligero ronquido.

Quizás se moriría en la operación... No se descartaba... ¡Tantas anestesias en un hombre tan desgastado! ¿Y si estaba invadido por el cáncer?

Entonces, ¿qué sería de ella?

Corinna sentía que todo lo que había conseguido se lo merecía, ¡todo y más! Porque había hecho más por España que la propia reina..., pero los españoles no lo sabían. Lo sabía solo Juan Carlos, porque la condición era que sus implicaciones fueran secretas. ¡Los embajadores, que tan puntillosos eran, hubieran puesto el grito en el cielo! Había organizado una visita privada del rey a Moscú para entrevistarse con Putin, por ejemplo, para mejorar las relaciones de Rusia con el gobierno español, y una comida con el presidente alemán Wulff con el fin de tranquilizar a Europa sobre los recursos españoles para hacer frente a la crisis económica. Y también, gracias a ella, el gobierno de Abu Dabi había instalado un parque tecnológico en Sevilla, con una fuerte inversión de dinero árabe.

Deberían conocer sus desvelos, deberían conocerla a ella...

¿Y qué era? ¡Nada, menos que nada! Había luchado, pero aun así no tenía el estatus que se había merecido, el rey no le daba el sitio que le correspondía... Ella quería ser... ser... reina no, sabía que eso era imposible, pero tampoco quería pasar a la historia como una simple amante real, como una Bárbara, una Marta, una Paloma.

El rey protestaba:

—¿Qué más quieres? Pídeme lo que quieras.

No podía hacerla reina, pero no podía vivir sin ella; esa combinación de refinada sexualidad femenina y cerebro privilegiado para los negocios lo había embrujado. En una palabra, la amaba. La amaba con locura.

¿Cómo podría retenerla?

A Alexander le gustaba esquiar y el rey compró dos lujosos apartamentos en Villars-sur-Ollon para pasar temporadas en invierno. En el Bellevue de Gstaad se cruzaron con la princesa María Gabriela de Saboya. Juan Carlos, extrañado, la detuvo:

—Ella, ¿no me dices nada? —bromeó—. ¿No me conoces?

La italiana, su confidente, su primera novia, lo miró con frialdad:

—Juanito, no te reconozco yendo con esta mujer, te estás desacreditando en toda Europa. ¿Qué ascendiente tiene sobre ti? ¿Te has vuelto loco?

El rey le giró la cara y nunca más volvió a hablar con ella. Se rompió ese lazo que los unía desde la juventud, esas reuniones en Ibiza, a donde llegaba el rey con su helicóptero, en las que reían y se cogían de la mano como viejos camaradas. Se acabaron para siempre.

Marta Gayá. Corinna se enteró de que cuando se murió Manolo Prado, el rey la había llamado buscando consuelo. Y le obligó a telefonearla delante de ella para decirle:

—Marta, ha sido muy bonito... Pero mi vida es la princesa Corinna y comprende que no estaría bien que continuásemos viéndonos.

Claro que, a escondidas, le pidió a Karim que la paseara en su fabuloso yate *Zenobia* y la colmara de atenciones y le envió un mensaje tranquilizándola acerca de su futuro.

La fama de Corinna subía como la espuma, se decía que tenía la mejor agenda de Europa. Pero cuanto más arriba estaba, más se alejaba del rey, que se lamentaba:

—No me haces caso, siempre estás tan ocupada...

Se pasaba tardes enteras sin hacer nada en el despacho, esperando su llamada. Y si ella olvidaba ponerse en contacto con él, cogía el aparato y lo tiraba al suelo, rompía objetos. Un día lanzó un pesado cenicero de cristal de roca contra las ventanas y las hizo añicos, haciendo sonar todas las alarmas del recinto.

Otra vez tiró al suelo uno de los barcos de plata que le habían regalado por su boda. Milagrosamente no se rompió. Llamó a un servidor y le ordenó:

—Recógelo.

—Recójalo usted —respondió el sirviente. Se desabotonó la chaqueta y se fue para siempre.

Y es que sus ataques de cólera eran tan frecuentes que muchos de sus servidores terminaron despidiéndose.

Había desarrollado un odio implacable contra su mujer, la veía como un obstáculo en su relación con Corinna y al mismo tiempo envidiaba la forma en que se había metido a los periodistas en el bolsillo. Una vez, en una recepción oficial, dijo en voz tan alta que lo oyeron los ministros:

—La odio, la detesto, no puedo verla.

La reina conocía perfectamente la existencia de Corinna, sus primos alemanes la informaban de todos los detalles al respecto, ya que trataban mucho a la familia de Casimir, al que definían como un «bala perdida». Ya no sufría, al contrario, se reía de su obsesión ciega por esta mujer, porque los golpes continuados la habían endurecido hasta llegar a sentir indiferencia por su marido, y comentaba desdeñosamente:

—Que se joda… Nunca va a divorciarse de mí.

Una vez, en la catedral de Santiago, intentó ayudarlo a subir la escalera, en parte porque veía que no podía, pero también porque se había dado cuenta de que él no lo soportaba, ya que el gesto ponía en evidencia aún más sus limitaciones físicas. El rey retiró el brazo y le gritó:

—Déjame en paz, coño.

La reina se sintió satisfecha cuando, a raíz de este episodio, la prensa empezó a hablar con timidez del extraño nerviosismo del rey, su «comportamiento irracional», ensalzando, como siempre, el papel de doña Sofía. En otra ocasión, para que se apartara y le dejara el lado derecho del papa Benedicto XVI, de visita en Madrid, Juan Carlos le dio tal muletazo que casi la tiró al suelo. «La reina sufre la cólera real», dijeron los periódicos, y alguna feminista comentó en la radio: «Como muchas mujeres de su generación, la reina es humillada por su marido».

A partir de entonces, los miembros del *staff* no solo debieron procurar que no viajaran juntos, sino que no compartieran ni siquiera sencillas ceremonias en España porque no se podían hacer responsables del comportamiento del rey.

Y es que todo lo que no fuera Corinna, le causaba enfado y hastío. Su recuerdo lo hacía vibrar, era el centro de su vida, lo único que contaba. Ya no veía a sus amigos, solo se relacionaba con las personas que elegía Corinna y actuaba según sus órdenes y sus planes. Con sus fuerzas físicas muy mermadas se veía obligado a viajar, a asistir a cacerías, a fiestas sociales con millonarios rusos o árabes. Ella le decía, cautivadora:

—Todo lo hago por ti.

Si argüía que estaba cansado:

—Pues no vengas.

Pero él se moría de celos: ella era una mujer atractiva, sexy, elegante, muy simpática... Sofisticada. ¿Qué hombre no querría estar con ella?

Claro que la pasión total y acuciante no deja de ser una carga difícil de soportar para quien la recibe, y Corinna llegó a hartarse de sus exigencias, de sentir siempre su aliento en el cogote, de sus miradas de reproche; se sintió agobiada por este amor excluyente y creyó que ya no lo necesitaba y que podía volar sola. Decidió un «cese temporal de la convivencia», según habían puesto de moda Marichalar y la infanta Elena en su comunicado de separación. Desesperado, el rey llamaba a Philip Adkins para que Corinna volviera a su lado. Incluso intentó darle celos con una mujer joven y atractiva, Sol Bacharach. Pero al final se dio cuenta de que no era más que una sustituta, la dejó, y Corinna accedió a volver a su lado, aunque con una condición:

—Oficializa mi estatus. Habla con tus hijos y emite una nota diciendo que la reina y tú ya no sois matrimonio, que formáis solo un equipo profesional, y que tu vida privada la vas a compartir conmigo.

El rey, aun sin tenerlo claro, habló con la gente de su Casa. Sus asesores intentaban disuadirlo, pero él no les hacía caso. Si no contestaban lo que él quería, los despedía con cajas destempladas, les hablaba de malos modos... Se sentía también mermado de fuerzas, temía no estar a la altura de una mujer tan joven y ardiente, y multiplicaba sus tratamientos, tomaba pastillas, se sometía a terapias para adquirir más vigor. Tenía un humor cambiante, días de euforia y fuerza inaudita en que parecía capaz de todo, y momentos de melancolía, de pena negra, en la que su alma vieja se arrastraba deseando que llegara el final.

Un antiguo amigo estuvo hablando un día con él y se dio cuenta de que todo lo que decía eran frases de Corinna, como si se hubiera instalado en su cerebro. Y le preguntó con auténtica preocupación:

—Mírate cómo estás... Ni los españoles ni tus amigos merecemos que nos hagas esto. ¿Qué te pasa?

¿Qué le pasaba? ¡Que se había enamorado! ¡Que no quería ser viejo! ¡Que no quería morirse, coño! ¿Tan difícil era de entender?

Viejo, enfermo y asustado. Porque quizás lo que tenía en el pulmón era un cáncer. Quizás iba a morirse, pero quería morirse con ella de la mano.

—No me dejes —suplicaba.

La operación duró siete horas. Si el doctor Molins se sorprendió al ver que quien lo recibía en la puerta del quirófano era una mujer joven y rubia en lugar de la reina, no lo demostró y dijo con satisfacción:

—Parece que es benigno.

Corinna se puso a llorar y llorando fue cogida de la mano de Juan Carlos desde el quirófano hasta la UCI, donde ya no la dejaron entrar.

Después, sin ningún tipo de miramientos, porque el rey no estaba en condiciones de defenderla, fue sacada a la fuerza de la clínica porque llegaba la reina.

Y es que toda España se preguntaba dónde estaba la reina mientras operaban a su marido a vida o muerte... Empezaron a crecer las sospechas de que el matrimonio no iba bien, pero solo eran eso, sospechas. Nadie comentaba nada públicamente, todavía.

Como es natural, nadie sabía que cuando le habían dicho a la reina que estaba quedando muy mal no acudiendo a la clínica al lado de su marido, contestó:

—No quiero ir porque está esa.

Solo cuando se le garantizó que no iba a verla, y al rey tampoco si no le apetecía, accedió a coger un vuelo regular a Barcelona.

No entró en la UCI, por supuesto, ni siquiera echó una mirada al enfermo a través del cristal. Permaneció unas horas en una salita hablando con los relaciones públicas del hospital y leyendo un libro, mientras el jefe de comunicación explicaba al pequeño y desconcertado grupo de periodistas apostados en el vestíbulo, secándose el sudor de la frente con un pañuelo:

—La reina está hablando con el rey…, le coge la mano…, están emocionados.

El rey, semidormido aún, solo preguntaba por Corinna.

Media hora antes de que saliera el último vuelo a Madrid, la reina ofreció la que seguramente ha sido la única rueda de prensa de su vida. Con un notorio acento extranjero que sorprendió a los presentes, mintió con la pericia que dan años de práctica en engaños y disimulos:

—El rey está muy bien, bromeando y con ganas de volver al trabajo… Me ha dicho que os dé muchos recuerdos y muchas gracias por las muestras de afecto de todos los españoles.

Solo se desconcertó cuando un periodista ingenuo o malicioso preguntó:

—¿Cuáles han sido sus primeras palabras?

La reina se quedó como el muñeco al que de pronto se le agotan las pilas, totalmente inmóvil, la sonrisa congelada en el rostro, y fue Iribarren el que tuvo que salir al paso:

—Su majestad ha preguntado por sus hijos.

No es fácil imaginar el sufrimiento de un navarro tan recto y formal como Ramón Iribarren, teniendo que improvisar esta catarata de falsedades, ya que las primeras palabras de don Juan Carlos habían sido:

—¿Dónde está Corinna?

Y después:

—No dejéis que entre la reina.

Al poco, el buen navarro presentó la renuncia a su puesto.

El lunes siguiente, Corinna volvía a estar en Barcelona, donde pasó con su novio su lenta recuperación. Y en esas semanas se anudaron aún más los lazos que los unían. Porque no solo jugaba la pasión de un hombre que va entrando en esa época de la vida en la que lo mejor queda ya a sus espaldas, sino la necesidad material que el rey tenía de Corinna: ¡en los momentos claves estaba claro que solo podía contar con ella!

Bien. Ahora sí. Se sentía en la obligación moral de dar el paso que ella tanto le había pedido. Reunió a sus tres hijos en el restaurante Landó de Madrid. Cristina acudió desde Washington, donde estaba viviendo un exilio de oro mientras la justicia seguía su curso, Felipe fue sin Letizia y Elena, sola también.

Los observó alrededor de la mesa. ¿Por qué habían llegado a convertirse en unos extraños? ¿O es que en su corazón solo cabía el afecto por una sola persona? Ellos lo miraban también con curiosidad, y además temor. Su padre se había convertido en una persona ajena, había perdido su capacidad de encantamiento, ese magnetismo que hacía que todos, hombres y mujeres, hijos y perros, se movieran en su órbita como si fuera el Rey Sol.

Pidieron la comida, un buen vino, que solo probaron él y Felipe, y fue muy directo:

—Ha llegado el momento en que necesito tener tiempo para mi vida privada... Hasta ahora solo he mirado por este país, creo que lo he encarrilado bien y creo que me merezco una recompensa: he decidido divorciarme de vuestra madre y casarme con Corinna. Lo he hablado ya con el jefe del Gobierno.

No había explicado la respuesta del pragmático Rajoy:

—Señor, no voy a opinar sobre vuestra vida privada, pero no es el momento de que abdiquéis en medio de esta crisis económica sin precedentes, dejándole a vuestro hijo el marrón de la infanta Cristina y encima ahora que la popularidad de la princesa Letizia está bajo mínimos.

Los hijos se miraron los unos a los otros y empezaron a hablar todos a la vez... No era justo, eso mataría a mamá, cómo quedaban ellos y sus hijos... El rey se enfureció, dio un golpe en la mesa que llamó la atención de los camareros y habló con palabras que no eran suyas, sino de Corinna:

—Sois unos egoístas, todos tenéis derecho a hacer lo que os da la gana. Tú, Felipe, te has casado con una divorciada, menuda elección, ¡que sepas que los españoles no la quieren! Han tenido que dejar de hacer sondeos porque su puntación era muy baja... Te aconsejo que, si tantas ganas tienes de ser rey, te divorcies de ella.

El hijo primero cerró obstinadamente los labios en un gesto que recordaba a su madre y después dijo con tenso sosiego:

—Papá, formamos un matrimonio muy unido, Letizia es la más íntegra de todos nosotros y la quiero. Nada de lo que me digas me hará cambiar de opinión.

El rey prosiguió, señalando como la aguja de una brújula ahora a Elena:

—Tú te has divorciado de tu marido, que era insoportable, sí, hija, ya lo sé, pero eso lo sabías tú también cuando te casaste. ¿Por qué no aguantaste? ¿Y tu religión?

La hija bajó la cabeza aceptando su pecado, pues, a pesar de que había hecho todo lo posible para mantener su matrimonio, se sentía culpable por haber privado a sus dos hijos de la compañía diaria de su padre. Pero fue para Cristina para la que el rey guardaba las flechas más ponzoñosas:

—Y tú... tú —extendió el índice tembloroso—, te hemos tenido que apartar de la familia por tu mala cabeza y por el torpe de tu marido. ¡Por seis millones de euros! ¡Por seis millones de euros ha quedado como el chorizo mayor del reino! Tú también tendrías que divorciarte.

La hija se rebeló y dijo con valentía:

—Si dices eso de que Felipe y yo nos divorciemos, lo haces no por nuestro bien, sino para utilizarnos, ¡para que tu divorcio pase más desapercibido!

—¿Qué quieres decir? —barbotó el padre.

—¿Crees que no sé que todo lo que sale de mi marido es una cortina de humo para que no se hable de tus cosas? ¿Crees que somos imbéciles?

Los hermanos, a los que no se les había ocurrido esta posibilidad, la miraron con incrédulo asombro, pero el padre enrojeció de indignación, trató de levantarse de la mesa y al no conseguirlo, aún se enfureció más. Cogió una servilleta como si quisiera arrojársela a su hija, que lo miraba desafiante. Al final se dejó caer, impotente:

—Me parece increíble que te enfrentes a mí, no sé de qué me hablas... Tú y tus hermanos no tenéis sentido de Estado, sois unos memos, para lo bueno os creéis especiales y para lo malo hacéis lo que os da la gana. Bien que os gustan los privilegios, pero luego ¿qué dais a cambio?

Cristina no se calló:

—¿Y de quién es la culpa? ¡Vosotros nos habéis educado así!

Pero el padre ya no la escuchaba, perdido en sus lamentaciones:

—Yo llevo toda la vida, desde que nací, luchando para sacar a este país adelante, para darle brillo a la dinastía, para hacer que se olviden los errores de mi abuelo y de mis antepasados.

Sollozó. No pudo continuar hablando. Felipe se apresuró a consolarlo mientras le tocaba el brazo:

—Y todos te lo agradecen mucho —dirigió una mirada severa a sus hermanas, que iban a decir algo—, nosotros, tus hijos, también te lo agradecemos y te admiramos. —Le habló con la voz calmada con la que se habla a los niños o a los locos—: Papá, por eso no puedes cargártelo todo ahora.

—No me voy a cargar el país por divorciarme.

—No, te vas a cargar la institución, la monarquía, y eso es lo que siempre me has enseñado por encima de todas las cosas: ¡la institución está por encima de las personas, de nosotros mismos! ¡Lo decía el abuelo!

Don Juan Carlos se quedó en silencio, se apagó la voz de Corinna en su cabeza como un grifo que se cierra y recordó tanta guerra, tantas generaciones luchando por lo mismo, que hubiera un Borbón sentado en al trono de España. ¡La baraka! ¿Qué pasa con la baraka? ¿Ha caducado, como un billete de lotería no cobrado?

Franco le decía:

—Alteza, que sepáis que a la baraka también hay que cuidarla; si se pierde, ya no vuelve.

Y Camilo Alonso Vega, al que a sus espaldas llamaban Camulo, le dijo un día en un aparte:

—Eso que el Caudillo llama baraka nosotros le decimos tener una flor en el culo.

¡La flor se había marchitado!

Sacudió la cabeza:

—Me voy de cacería a Botsuana y después seguiremos hablando.

—¿Otra vez? Pero ¿no acabas de llegar? —se extrañó Felipe.

—No, he estado en Namibia y maté un elefante. Lo he mandado traer al pabellón donde guardo todos mis trofeos. ¿Sabéis que ya tengo cuatrocientos cincuenta animales disecados, incluyendo el rinoceronte blanco que cacé en África? Dicen que no es de buen gusto que cuelguen de las paredes del palacio. ¡Con lo orgulloso que estaría de que vieran los cincuenta colmillos de marfil que tengo!

—Papá, te informo con sinceridad de que no creo que vayamos a visitarlo nunca —se estremeció Felipe.

—Afeminado.

Los dos se rieron. Cristina puso un gesto de desagrado, pues era la ecologista de la familia y se había vuelto incluso vegetariana:

—Papá, no entiendo qué placer puedes sacar matando a esos pobres animales… El oso de Rumanía me dio mucha pena.

Sin embargo, Elena se colgó de su brazo, porque ya se levantaban para irse:

—Tienes que llevarme algún día, ya estoy cansada de tirar solo a perdices y conejos. Matar un animal tan grande debe estar guay.

El reinado de don Juan Carlos tuvo muchos finales, pero uno de ellos, el más importante, fue el de Botsuana. Porque ahí, como en las buenas novelas de misterio, se resolvió todo, no hubo ni un solo cabo que quedara suelto.

El rey tuvo un accidente mientras cazaba elefantes en el país africano con Philip Adkins, Corinna y su hijo Alexander. Mató al indefenso animal de siete tiros y después comió y bebió tanto que Philip lo tuvo que acompañar a su tienda. Corinna y su hijo ya dormían.

El rey se cayó al suelo y estuvo varias horas tumbado sobre una cadera rota, con intensos dolores. Cuando lo encontraron, estaba desorientado y con los pies fríos, y temieron que si no le hacían una trasfusión, muriera.

A la amante se le dijo cuando pidió que el avión medicalizado parara en Suiza antes de tocar Madrid:

—Primero vamos a ir a Madrid, y después usted puede irse a la mierda.

Era una descortesía porque además el avión lo había alquilado su exmarido, Adkins, pero ahí, en esa frase soez de un miembro de seguridad que hasta el día anterior le rendía pleitesía, se dio cuenta Corinna de que su «reinado» había acabado.

El accidente y las circunstancias en las que se había producido salieron a la luz y así, por primera vez, supimos que la pareja del rey se llamaba Corinna. Supimos todos los detalles, hasta la cantidad que había costado el safari: setecientos cincuenta mil euros.

Cuando agonizaba el padre de Sofía, su hijo le había dicho que los griegos rezaban por él. Pablo había contestado:

—Son mis hijos también. Dales las gracias y diles que los quiero mucho.

Don Juan Carlos también era el padre de los españoles, además de ser su rey, y los había engañado. No se lo iban a perdonar porque, además, como pasa siempre, una mentira puso en evidencia todas las mentiras.

Por mucho que su equipo se empleara a fondo, por mucho que pidiera perdón en el pasillo del hospital como un escolar cogido en falta, los españoles, todos a una, se dieron cuenta de que habían sido estafados. Y, lo que es peor, no solo por un hombre, porque, al fin y al cabo, un hombre no es más que un hombre, sino por toda una institución.

Continuó arrastrándose en viajes que a nadie interesaban, visitando países, trece en dos años, acompañado de un médico, asistiendo a eventos sin brillo. Su figura deteriorada, renqueante, su rostro abotargado aparecían cada vez menos en los medios de comunicación… Sin embargo, sí se vio el vídeo en el que se enfrentaba de forma agresiva con los periodistas:

—Queréis matarme, enterrarme con un pino en la tripa.

Era muy injusto, pues su equipo tenía sometidos a un férreo marcaje a los periodistas que solían acompañarlo en los viajes. La consigna era:

—Destacad los acuerdos comerciales y los encuentros con empresarios.

Si algún corresponsal intentaba salirse del guion escrito, como cuando Ana Romero escribió en *El Mundo* que el rey había «trastabillado», recibía reproches y miradas gélidas por parte del mismo monarca.

Se volvió paranoico, veía conspiraciones por todas partes, los que le rodeaban le parecían enemigos. Llamó a su hijo y le gritó:

—Que sepas que no voy a abdicar. Díselo a esos que tienes al lado. ¡Y a Letizia! Tengo cuerda para muchos años.

Se operó de la cadera, y la nueva prótesis se le salió varias veces de sitio. Tenía artrosis, infecciones generalizadas que requerían nuevas intervenciones. Iba en silla de ruedas, lo trasportaban en vehículos militares o en helicóptero, las muletas se convirtieron en sus más fieles compañeras, pero se escogían las fotos en las que parecía caminar sin apoyos y los vídeos estaban cuidadosamente recortados.

Era un auténtico milagro que la verdadera situación no trascendiera. Cuando creían que, al día siguiente, el comportamiento huraño del rey, su forma de hablar, tan balbuceante que apenas se entendía, la incapacidad para moverse con soltura iban a ser destacados en los titulares, lo que copaba el interés informativo era un último descubrimiento en el caso Urdangarin o la delgadez de doña Letizia y algún chisme sobre su conducta.

Aunque eran informaciones incómodas para la Princesa de Asturias, el equipo del rey suspiraba de alivio. No eran ellos los que ponían en circulación las revelaciones sobre su carácter o su familia, por supuesto, pero la verdad es que les iba muy bien para aplazar el inevitable juicio de la opinión pública, que ya consideraba amortizado el papel del rey.

Se dio la paradoja de que mientras el CNI y el gobierno trataban por todos los medios de que la princesa Corinna se alejase de España, el propio rey la llamaba incesantemente:

—Corinna, no puedo vivir sin ti, por favor, casémonos… Ya te he girado los sesenta y cinco millones de euros para que estés contenta. Te los has ganado, es un regalo para Alexander. ¿Cómo está? Ya sabes que lo quiero mucho, dale muchos besos del tío rey. Dime cuándo te apetece que celebremos la boda, ya he hablado con la reina.

La conversación con Sofía había sido muy sencilla:

—Sofi, tú y yo ya no pintamos nada juntos, lo mejor es que nos divorciemos.

—Ni lo sueñes.

Pero fue Corinna, desilusionada y muy ofendida por el trato recibido, la que resolvió de forma seca y tajante:

—No, nuestro tiempo juntos ha pasado... Ahora ya no me apetece ni me interesa.

De ese golpe ya no pudo levantarse, como dice una de las rancheras que tanto le gustaban. Pero seguía siendo el rey. ¿Quién tenía cojones para echarle? ¡Que vinieran todos, podía con todos! ¡Venga, venga! ¡De uno en uno!

¡La bestia estaba herida, pero seguía en pie!

Aunque de pronto le ganaba el desaliento, la certidumbre de que estaba asistiendo a su propia y lenta caída. Como su abuelo, Alfonso XIII, que decía con amargura:

—Mi pueblo ha dejado de quererme.

Pero lo que más le jodía era que no lo quisiera Corinna.

Los españoles asistían perplejos al crepúsculo wagneriano del símbolo de la democracia. Caía el último mito del siglo XX, el hombre que nos había salvado del franquismo y del golpe de Estado, el mejor embajador que, con una sonrisa y una palmada en la espalda, arreglaba conflictos internacionales, el adulado, el donjuán con multitud de amantes, el rompecorazones, el encantador de serpientes, el seductor profesional..., pero ahora solo lo seguía siendo en el corazón de algunos acérrimos monárquicos. El elefante de Botsuana no era solo un elefante, era una manada entera que había arrasado con todo: honra, fama, reputación, confianza, biografía... Y lo más curioso de todo fue que este trabajo titánico, matar a un rey, lo había hecho un animal ya muerto.

Era inevitable. Alguien puso encima de la mesa la única solución. Los momentos duros exigen comportamientos duros.

El príncipe dio un paso al frente:

—Mi padre tiene que abdicar.

Se negó. Lo maldijo y le escupió que moriría con las botas puestas.

Se encerró en el despacho. Lo llamó Felipe González, su viejo compañero de tantos años, y no se sabe qué le dijo. Intentó dar un último y desesperado zarpazo, amagó una última dentellada, peleando por su supervivencia como los centenares de fieras salvajes que había abatido, pero dobló la rodilla, vencido al fin.

Y el rey abdicó.

30

Había dejado de llover y la aterciopelada oscuridad se colaba por las lamas de la persiana. El rey se sirvió el tercer whisky de esa tarde de domingo, 15 de marzo de 2020, y hasta el sonido de los cubitos tenía una cadencia melancólica.

El palacio estaba en silencio, no solo porque era domingo, sino porque la cuarentena lo había vaciado de personal de servicio. Únicamente quedaban Benito, dos asistentes y la escolta reducida al mínimo. La puerta del despacho estaba entreabierta y el rey escuchó la televisión que tenían puesta en la antecámara: el locutor leía el comunicado de su hijo: «El rey se desvincula de los negocios de su padre y le retira su asignación del presupuesto del Estado. Asimismo, don Felipe dice reconocer que sabía que era el beneficiario de una cuenta en Suiza, que hace un año renunció ante notario a los posibles beneficios de su cuenta y de las otras en las que pudiera estar nombrado. El rey renuncia a la herencia que pueda venirle de su padre. Don Juan Carlos manifiesta en el mismo comunicado que jamás proporcionó información a su hijo sobre sus cuentas en Suiza». Juan Carlos hubiera querido levantarse y cerrar la puerta, pero le era imposible moverse sin ayuda. ¿Habría más? ¡Inconscientemente tendió el cuello a la guillotina, porque seguro que había más! La voz metálica del locutor bajó la hoja con precisión cirujana: «Hay que recordar que el año pasado ya se retiró a don Juan Carlos de toda actividad institucional u oficial, apartándolo de la vida pública».

Bien, al final había salido todo. El agua subterránea, que hasta entonces circulaba por las cloacas, se había desbordado.

Tuvo ganas de mirar a su alrededor y preguntar: señores, ¿me he muerto ya? ¿Este es mi epitafio? ¿Qué soy? ¿Un espectro, un fantasma que provoca fastidio a los mayores y miedo a los niños?

Pero el muerto seguía incómodamente vivo. Su naturaleza desgastada seguía empeñada en aferrarse a la vida y, para desgracia de su hijo, su corazón seguía latiendo. Su hijo protestaría ahora:

—Papá, qué cosas dices, ¿cómo voy a desear que te mueras? Te quiero mucho.

Ah, sí, como hijo me quieres, y bien sabe Dios que no lo merezco, pero ¿cómo rey? ¿Cuántas veces has dicho yo no soy como mi padre? ¿Cuántas veces has tenido que aclarar que vas a hacer lo contrario de lo que he hecho yo? ¿Cuántas veces me has negado, cuántas?

Yo también sé lo que es eso, hijo... No quiero ser el heraldo aciago del futuro, pero Leonor hará lo mismo contigo: ¡para que la monarquía perviva, has de cortarle la cabeza a tu padre! Yo lo hice con el mío, él lo hizo con el suyo.

¡Qué distinto sería todo si me hubiera muerto en mi última operación! La Parca se hubiera ocupado del trabajo sucio y ahora todo serían loas y alabanzas y un funeral con honores de Estado con esos caballos empenachados que se sacaron para el entierro del alcalde de Madrid, Tierno Galván. Yo le pregunté a Felipe González:

—Coño, si a este lo enterráis así, a mí ¿qué me pondréis? ¿Tigres y elefantes?

No, no. De elefantes no hay que hablar. Dicen que los de la trompa hacia arriba traen buena suerte. ¡Pues a mí todos, los de la trompa arriba y los de la trompa abajo, me han traído una suerte de mierda!

Un día, el príncipe Salman de Arabia Saudí le había comentado, cogiéndole de la mano y con esa naturalidad con la que los árabes hablan de la muerte:

—Hermano, cuando te mueras, en nuestros países te haremos honores de rey, porque eres uno de los nuestros.

Con una carcajada teñida de emoción, Juan Carlos le había dicho:

—¿Me levantarás un Taj Mahal, hermano?

¿Qué honores le harán en España cuando muera?

Seguro que el entierro ya está diseñado al minuto. ¿Cómo llamarán al operativo? El de Franco se llamaba Operación Lucero. El de él, «apaga y vámonos».

¡Que lo tiren al mar y que sirva de alimento a los peces!

Había procurado que todos los miembros de su familia fueran enterrados de forma grandiosa, muy por encima de sus méritos. ¿No decían que este país enterraba muy bien? A su padre le habían dado honores de rey cuando no lo había sido. ¡Papá, no sabes lo que te ahorraste! Un país no te deja de querer poco a poco, no, lo hace de golpe y después se comporta como una amante despechada. Como Corinna.

¡Todo lo que le había hecho y aun así no podía olvidarla! Hacía un año que había ido a verla a su casa de Eaton Square. La excusa era que quería arreglar sus diferencias, que dejara de verter en los periódicos informaciones que lo desacreditaban. Discutieron, porque ella alegó que no hacía más que defenderse de las amenazas de los servicios secretos españoles.... Hablaban y hablaban, pero él solo podía recordar el tiempo en que habían estado juntos, no podía dejar de mirar su piel, que tantas veces había acariciado, la seda de su pelo, sus manos grandes y fuertes, que le habían sujetado cuando estaba enfermo, cuando sufría... Cuánto, ¡cuánto la había amado!

A su vuelta, Felipe le había preguntado ansiosamente:

—¿Qué? ¿Cómo ha ido?

Tenía ganas de contestar: «¡Mal! ¡No he conseguido que vuelva conmigo!». Pero se limitó a encogerse de hombros.

Solo con ella se había sentido vivo.

Sí, había vuelto a tratar a Marta. ¡Era tan buena! Hasta Sofi lo decía, como si a él le importara lo que opinase su mujer. Claro que lo decía cuando no se veían, porque ahora volvía a detestarla. ¿No se cansaba de este juego?

Filtraba a los periodistas:

—Ahora Juanito y yo estamos muy bien.

No la veía desde hacía cuatro meses.

Marta no le había formulado ningún reproche, habían reanudado sus viajes, hablaban todos los días por teléfono... Marta era como esas zapatillas cómodas y usadas que te pones cuando llegas a casa. Pero qué falta de clase y de todo hablar de zapatillas viejas y de Marta. Marta, su adorada, su querida y fiel compañera. Si la lealtad tuviera nombre, se llamaría Marta.

Sí, pero Corinna... Ah, Corinna.

Se llevó la punta de los dedos a la nariz, como si ahí se hubiera refugiado su olor..., el olor a hembra, picante, tónico. Querría morir con ese olor y su nombre en los labios.

Cuando trajo a Alfonsito para enterrarlo en El Escorial... Senequita, muriéndote niño no has conocido el sufrimiento, porque ¿qué ha sido mi vida? Un largo sufrimiento con estallidos de felicidad, de euforia, pero también de tristeza, de esta pena negra que me invade cada vez que recuerdo ese cuarto de juegos..., ese día de marzo, como hoy, de hace sesenta y cuatro años... El grito de mamá, ay, mamá, se te paró la vida.

Perdonadme todos por mis faltas, yo lo hice lo mejor que supe, a pesar de mis genes.

He amado mucho a Corinna, a nadie como a ella, la amo todavía. Pero más he amado a este país, esta patria desdeñosa que me ha vuelto la espalda y se ha girado hacia mi hijo, expulsándome del paraíso, enterrándome bajo paletadas de ignominia, calumnias, desdenes. ¿Tan mal lo he hecho? Quizás sí... Yo no puedo juzgarme a mí mismo. ¿Me absolverá la historia?

¿Me quedan amigos? ¿Algún español, un solo español, que no me odie? ¿Que siga conmigo, no por interés, sino porque me quiere realmente? No me fío ya de nadie.

Amigos de la infancia, venid, hablemos de aquellos días deslumbrantes. Antonio, Ella, Diana, Marie Claire, Charo, Olghina, Babá, Chantal, Margot, Pilar... Los muertos también. Alfonsito. Miguel, Zu y Manolo, que también fuisteis hermanos.

He sido hombre siendo rey. He sido rey, pero no he dejado de ser hombre. Y este ha sido mi pecado.

Palabras finales

Como en la larga docena de biografías que he escrito hasta el momento, mis libros se apoyan en dos ejes fundamentales: documentación e imaginación. A la par de ilustres autores como Heródoto, Homero, Stefan Zweig, André Maurois o Fest, he puesto palabras en los labios de mis personajes que nunca he oído y he recreado escenas en las que no estaba presente, aunque he contado con la suficiente documentación como para pensar que esos aconteceres, si no se han producido, podrían haberlo hecho, y por tanto resulten verosímiles. Vargas Llosa lo ha dicho con genialidad a propósito de sus propias obras: los recursos y la visión del novelista resaltan y enfatizan los hechos históricos, los escritores podemos movernos en el terreno de la realidad y de la ficción a nuestro antojo.

Son incontables los libros que se han escrito sobre Juan Carlos de Borbón o algún miembro de su familia y, aunque creo que los he leído casi todos, he tenido que seleccionar por razón de espacio los que más han contribuido a la elaboración de esta semblanza. Yo misma he escrito las biografías de su madre, de su abuela, de la amante de su abuelo, de su mentor (Franco), de su mujer la reina Sofía y dos libros más sobre las vicisitudes generales de la familia Borbón, además de cientos de artículos periodísticos. Son muchos años, pues, de búsquedas documentales y también muy abundantes los testimonios que he recabado sobre la figura de don Juan Carlos, de personas que lo han conocido en algún momento de su vida y han contestado a mis preguntas con una generosidad que nunca podré agradecer bastante. Este libro es, pues, la culminación de una especialización que se materializó en el año 2005, con un encargo muy preciso de la editora Ymelda Navajo: quiero conocer a las personas que están debajo de los títulos.

Espero haberlo conseguido.

Bibliografía

Anasagasti, Iñaki, *Una monarquía nada ejemplar*, Los Libros de la Catarata, Madrid, 2020.

Anson, Luis María, *Don Juan*, Plaza y Janés, Barcelona, 1994.

Apezarena, José, *El príncipe*, Plaza y Janés, Barcelona, 2000.

—, *Felipe y Letizia a la conquista de un trono*, La Esfera de los Libros, Madrid, 2014.

Aranguren, Begoña, *Emanuela de Dampierre. Memorias*, La Esfera de los Libros, Madrid, 2003.

Armada, Alfonso, *Al servicio de la corona*, Planeta, Barcelona, 1983.

Balansó, Juan, *Los reales primos de Europa*, Planeta, Barcelona, 1992.

—, *Trío de Príncipes*, Plaza y Janés, Barcelona, 1995.

BARDAVÍO, Joaquín, *Las claves del rey*, Espasa Calpe, Madrid, 1995.

BORBÓN, Alfonso de, *Memorias*, Ediciones B, Barcelona, 1989.

BORRÀS, Rafael, *El rey de los rojos*, Los Libros de Abril, Barcelona, 1996.

—, *El rey perjuro*, Los Libros de Abril, Barcelona, 1997.

BOUZA, Antonio, *El rey y yo*, La Esfera de los Libros, Madrid, 2007.

CACHO, Jesús, *Un intruso en el laberinto de los escogidos*, Temas de Hoy, Madrid, 1994.

—, *El negocio de la libertad*, Temas de Hoy, Madrid, 1999.

CIERVA, Ricardo de la, «Franco, Don Juan, los reyes sin corona», *Época*, 1992.

DEBRAY, Laurence, *Juan Carlos de España*, Alianza Editorial, Madrid, 2013.

DÍAZ HERRERA, José y DURÁN, Isabel, *El saqueo de España*, Temas de Hoy, Madrid, 1996.

DUERTO, Carmen, *La infanta Elena*, La Esfera de los Libros, Madrid, 2010.

EYRE, Pilar, *Dos Borbones en la corte de Franco*, La Esfera de los Libros, Madrid, 2005.

—, *Secretos y mentiras de la familia real*, La Esfera de los Libros, Madrid, 2007.

—, *María la Brava*, La Esfera de los Libros, Madrid, 2009.

—, *La soledad de la reina*, La Esfera de los Libros, Madrid, 2011.

—, *Franco confidencial*, Destino, Barcelona, 2013.

FRANCO SALGADO-ARAUJO, Francisco, *Mis conversaciones privadas con Franco*, Planeta, Barcelona, 1976.

García Abad, José, *La soledad del rey*, La Esfera de los Libros, Madrid, 2004.

—, *Adolfo Suárez. Una tragedia griega*, La Esfera de los Libros, Madrid, 2005.

González, Gustavo, *Diario de un paparazzi*, Plaza y Janés, Barcelona, 2005.

González de Vega, Javier, «Vida y recuerdos», testimonio de la condesa de Barcelona, revista *¡Hola!*, n. 2.421, 3 de enero de 1991.

—, *Yo, María de Borbón*, El País-Aguilar, Madrid, 1995.

Grecia, Federica de, *Memorias*, G. del Toro, Madrid, 1971.

Gurriarán, José Antonio, *El rey en Estoril*, Planeta, Barcelona, 2000.

Harto, Carmen y Morillas, Joana, *Mi vida con Gonzalo de Borbón*, Plaza y Janés, Barcelona, 2007.

Hernández, Abel, *Suárez y el rey*, Espasa, Madrid, 2011.

Herrera, José Luis, *Doña Sofía*, Círculo de Lectores, Barcelona, 1984.

Jaudel, Françoise, *Los reyes de hoy*, Javier Vergara, Barcelona, 1986.

Laot, Françoise, *Juan Carlos y Sofía*, Espasa Calpe, Madrid, 1987.

López Rodó, Laureano, *La larga marcha hacia la monarquía*, Noguer, Barcelona, 1997.

Martínez Inglés, Amadeo, *Carlos I. El rey de las cinco mil amantes*, Chiado Books, Madrid, 2018.

Mateos Sáinz de Medrano, Ricardo, *Estoril, los años dorados*, La Esfera de los Libros, Madrid, 2012.

Montero, Antonio, *Paparazzi Confidencial*, Foca, Madrid, 2015.

Oliart, Alberto, *Los años que todo lo cambiaron*, Tusquets, Barcelona, 2019.

Ónega, Fernando, *Juan Carlos I, el rey que pudo reinar*, Plaza y Janés, Barcelona, 2015.

Palacios, Jesús, «Los informes secretos de Franco», *Tiempo*, 1990.

Peñafiel, Jaime, *Retrato de un matrimonio*, La Esfera de los Libros, Madrid, 2008.

Pérez Mateos, Juan Antonio, *El rey que vino del exilio*, Planeta, Barcelona, 1981.

Powell, Charles, *Juan Carlos, un rey para la democracia*, Planeta, Barcelona, 1996.

Prado y Colón de Carvajal, Manuel, *Una lealtad real. Memorias*, Almuzara, Córdoba, 2018.

Preston, Paul, *Juan Carlos I, un rey para el pueblo*, Debate, Barcelona, 2012.

Quintans, Rebeca, *Juan Carlos I, la biografía sin silencios*, Akal, Madrid, 2016.

Robilant, Olghina de, entrevista en la revista *Oggi*, 13 de septiembre de 1989.

—, *Reina de corazones*, Grijalbo, Barcelona, 1991.

Rocasolano, David, *Adiós, princesa*, Foca, Madrid, 2013.

Romero, Ana, *Final de partida*, La Esfera de los Libros, Madrid, 2015.

—, *El rey ante el espejo*, La Esfera de los Libros, Madrid, 2018.

Rueda, Fernando, *Las alcantarillas del poder*, La Esfera de los Libros, Madrid, 2011.

Sagrera, Ana de, *Ena y Bee, en defensa de una amistad*, Velecio Editores, Madrid, 2006.

Sainz Rodríguez, Pedro, *Testimonios y recuerdos*, Planeta, Barcelona, 1978.

—, *Un reinado en la sombra*, Planeta, Barcelona, 1981.

Sierra, Ramón, *Don Juan de Borbón*, Afrodísio Aguado, Madrid, 1965.

Soriano, Manuel, *Sabino Fernández Campo. A la sombra del rey*, Temas de Hoy, Madrid, 1995.

Torío, Marcos, *Veranos en Mallorca*, La Esfera de los Libros, Madrid, 2010.

Tusell, Javier, *Juan Carlos I*, Arlanza, Madrid, 2002.

Uboldi, Raffaello, *Juan Carlos, King of Spain*, Mondandori, Barcelona, 1985.

Urbano, Pilar, *La reina*, Plaza y Janés, Barcelona, 1996.

—, *El precio del trono*, Planeta, Barcelona, 2012.

Vilallonga, José Luis de, *Franco y el rey*, Plaza y Janés, Barcelona, 1998.

—, *La cruda y tierna verdad*, Plaza y Janés, Barcelona, 2000.

Zavala, José María, *La maldición de los Borbones*, Plaza y Janés, Barcelona, 2013.